# LES CARACTÈRES

# DANS LA MÊME COLLECTION

*Contes de Noël* \*, par Anatole France, Pierre-Alexis Ponson du Terrail, Erckmann-Chatrian, Alphonse Daudet, Guy de Maupassant, Jules Verne, Anatole Le Braz, Nikolaï Gogol, Hans-Christian Andersen, Charles Dickens

*Contes de Noël* \*\*, par Jean Lorrain, Hans-Christian Andersen, Anatole Le Braz, G. Lenôtre, Anatole France, Arthur Conan Doyle, Charles Dickens

*Le Colonel Chabert*, par Honoré de Balzac

*Lettres de mon moulin* ; *Le Petit Chose*, par Alphonse Daudet

*Les Mères*, par Alphonse Daudet

*Robinson Crusoé*, par Daniel Defoe

*La Reine Margot* ; *Les Trois Mousquetaires*, par Alexandre Dumas

*L'Affaire Dreyfus*, par Pierre-Robert Leclercq suivi de *J'accuse... !* par Émile Zola

*Frankenstein*, par Mary Shelley

*L'Ile au trésor*, par Robert Louis Stevenson

*La Boum*, par Danièle Thompson et Patrick Besson.

*Le Traité des passions*, par René Descartes

# LA BRUYÈRE

# LES CARACTÈRES

*Avant-propos de Jérôme Leroy*

*Les Grands Classiques*

ÉDITIONS DU ROCHER
Jean-Paul Bertrand

© Éditions du Rocher, 1996

ISBN 2 268 02277 3

## AVANT-PROPOS

## L'équation La Bruyère

La Bruyère, dites-vous ? Et aussitôt ressurgissent des atmosphères de lycée, des cours de français ennuyeux, des extraits du bon vieux *Lagarde et Michard XVII* siècle ou même, parfois, ces fort justement nommés « petits classiques » dépenaillés que l'on se passait de grande sœur à petit frère, couverts de gribouillis dans les marges et de taches d'encre sur les notes en bas de page, comme si, par un paradoxe ironique, ce que notre littérature a donné de plus lumineux, de plus évident avait pour destin de devenir, à chaque génération, un peu plus illisible...

Mais oui, La Bruyère, cela vous revient maintenant : c'est Ménalque le distrait qui ne se rase qu'un côté du visage, c'est Gnathon l'égoïste-goujat qui laisse les sauces lui dégoutter du menton et de la barbe, c'est Iphis le coquet dont vous aviez compris, à la dernière phrase du portrait, « aussi ne l'ai-je pas mis dans le chapitre des femmes... », qu'il ressemblait à ces messieurs dont les petits garçons doivent se défier. La Bruyère... Dans son genre, c'était le moins ennuyeux du lot, avec peut-être La Fontaine, et Molière.

Pourtant, autant vous prévenir tout de suite, ce livre est dangereux, aussi inquiétant, à sa manière, que ces romans noirs sans héros où tous les hommes sont des salauds et toutes les femmes des garces. On a tort de croire que le temps neutralise les classiques, que les siècles les statufient et leur offrent de beaux mausolées seulement visités par des lycéens pressés et des universitaires respectueux. Il suffit d'un lecteur, d'un seul, qui lise un « classique » comme on discute avec un ami pour que les perspectives changent radicalement, pour que les statues du Commandeur se réveillent et vous invitent à un festin que vous n'êtes pas près d'oublier. Particulièrement en ce qui concerne ce terrifiant commando d'élite connu sous le nom de code de « Moralistes français du XVIIe siècle » : Pascal, La Rochefoucauld, La Bruyère, ou comme les appelait aussi joliment Julien Benda : « les miliciens de l'écriture sporadique ». De Nietzsche à Cioran, même les athées sont nombreux à savoir la dette qu'ils ont contractée à l'égard de ces catholiques jansénistes qui écrivent comme un corps franc nettoie une ligne adverse : de nuit, en silence et à l'arme blanche. Ils leur ont appris, en effet, *à désespérer de l'homme jusqu'au bout*. Et peu importe ce qui doit venir ensuite : on pourra au choix, se jeter dans les bras de Dieu ou partir se promener sur les sommets en compagnie de Zarathoustra. Ce qui compte, avant tout, c'est la méthode, la technique, la tactique. On reste entre professionnels de la désillusion et il faut que nos petits egos meurtriers, orgueilleux, cruels, cupides, comprennent enfin quels sinistres et ridicules pantins ils sont. Ce qu'avoue d'ailleurs Sainte-Beuve, non sans une pointe de regret, à la fin de son « portrait littéraire » consacré à La Bruyère : « Par malheur, on arrive à le goûter et on ne le découvre, pour ainsi dire, que lorsqu'on est déjà soi-même au retour, plus capable de voir le mal que de faire le bien, et ayant déjà épuisé à faux bien des ardeurs et bien des entreprises. C'est beaucoup néanmoins que de savoir se consoler ou même se chagriner avec lui. »

Un commando d'élite, avons-nous dit, parce que Pascal, La Rochefoucauld et La Bruyère savent la très ancienne histoire des cœurs trop sensibles, brisés par les ruses de leur époque et le spectacle du monde tel qu'il va dans sa confusion mortifère. Ils sont de fortes têtes qui n'ont plus rien à perdre et c'est ce genre de combattants qui font les meilleurs baroudeurs : héros sans emploi dans un siècle persuadé de sa grandeur, ils vont former l'unité de choc idéale pour une mission suicide.

Il faut d'abord imaginer, légèrement en retrait, Pascal. Il est là comme un chef occulte, un très subtil logisticien mettant en place le projet janséniste de déstabilisation de l'homme, comme un agent secret de la littérature. Aujourd'hui encore, on disserte pour savoir si les *Pensées* obéissent à un ordre souterrain, à une intention délibérée ou si elles n'étaient que les rameaux adventices d'un arbre qui n'eut jamais le temps de pousser. Qu'importe, pour le lecteur moderne chaque fragment pascalien, chaque éclat se suffit à lui-même, constat brûlant sur les temps crépusculaires qui sont, plus que jamais, les nôtres. Dans un univers indécidable où la vérité, l'amour et la justice sont relatifs aux coutumes et aux frontières, où l'homme perdu entre deux infinis n'est plus que la dupe de son imagination et la proie consentante de ses divertissements, Pascal est un visionnaire qui pratique une écriture de la fluctuation, une rhétorique du vertige. Non seulement il a défini l'objectif mais il a aussi inventé l'arme : l'écriture discontinue, la forme courte. A mille lieues de tout traité achevé et donc fermé, de toute thèse explicitée, progressant grâce à ses gros bataillons.

Ensuite, telle une avant-garde profondément infiltrée en territoire ennemi, arrive La Rochefoucauld. La Rochefoucauld, le grand seigneur, l'hypocondriaque, le frondeur vaincu dont la moitié du visage fut emportée par une arquebusade. Puisqu'il ne pouvait plus se battre contre les mousquetaires du roi sur une barricade du faubourg Saint-Antoine, les salons devinrent son champ de bataille et son épée, la maxime. Mondain, hautain, de l'écriture il ne garde que la pointe. Le monde est une comédie ridicule, peuplée de masques et de rictus, d'imbéciles et de poseurs. La Rochefoucauld ne leur laisse aucune illusion : même leur héroïsme, leur fermeté devant la mort ne sont que des paravents pour cacher leur honte d'être si faibles, si prétentieux, si vains. Il les asphyxie par un vocabulaire raréfié comme l'air de haute montagne et il tranche à vif par un style dont la syntaxe ressemble à un couperet.

Quant à La Bruyère, lui, il se trouve en compagnie de ses deux frères d'armes dans la position la plus délicate qui soit pour un écrivain. Il est en parfait accord avec ceux qui sont aussi ses prédécesseurs, mais justement, ce sont des prédécesseurs et ils ont déjà tout dit avec une bonne vingtaine d'années d'avance : *Les Caractères* paraissent en 1688 alors qu'on pouvait lire les premières *Maximes* de La Rochefoucauld dès 1665 et les *Pensées* de Pascal dès 1668. La Bruyère ne peut que constater, dans sa célèbre phrase inaugurale qui lui sert autant d'excuse que de mise au point : « Tout est dit et l'on vient trop tard depuis plus de sept mille ans qu'il y a des hommes et qu'ils pensent. »

Il n'empêche, il aura le mérite de savoir utiliser les mêmes armes stylistiques, celles de la forme courte, en les adaptant à un nouveau champ de bataille : si Pascal combat sur le front métaphysique et La Rochefoucauld sur celui du cœur humain, La Bruyère, lui, se lancera à l'assaut de toute la société et l'attaquera de manière frontale. A sa façon, il se fera ethnologue, ce que rappelle assez clairement le titre entier de son ouvrage : *Les Caractères ou les mœurs de ce siècle*. Si on le compare aux deux autres, il paraît pourtant, de prime abord, plus onctueux, plus rond. Son faux air de drapier enrichi rassure et ses portraits sont apparemment moins brûlants que les illuminations pascaliennes ou les coups d'épée imparables de La Rochefoucauld. Avec La Bruyère, il nous arrive même de sourire. Nous avons l'impression que tout cela, au fond, ne porte pas vraiment à conséquence. Il ne peut pas nous vouloir du mal, ce La Bruyère, avec sa manie de donner des prénoms bizarres à ses personnages, Capys, Elamire, Théodat, Canidie, comme s'il se refusait à généraliser. Pour un peu, avec un rien de mauvaise foi, nous ne nous sentirions pas concernés.

Eh bien, détrompez-vous, il est tout aussi ombrageux, tout aussi désespéré derrière l'humour et l'ironie, tout aussi efficace dans son entreprise de démolition que les précédents. Contrairement à La Rochefoucauld et à sa théorie de l'amour-propre, il n'a pas de clé unique pour expliquer ce désastre, cette faillite que représente la société des hommes. Il se contente de décrire mais ses esquisses sont cinglantes, ces épures ne gardent que le pur mouvement et personne n'est épargné. *Les Caractères* ont quelque chose d'un who's who des petites et grandes infamies, d'un bottin mondain des névroses et des vices les plus divers. Courtisans obséquieux, petits marquis vaniteux, faux dévots, vraies coquettes, efféminés, envieux, distraits, chefs de guerre plus soucieux d'ameublement que de victoires militaires, La Bruyère montre *nommément* et avec une inimitable acuité que le monde se résume à une fascination du pouvoir, de l'argent, que c'est un monde conditionné jusqu'à l'absurde par des réflexes de castes et des passions qui n'ont plus rien de noble. Sous sa plume, ce fameux Grand Siècle rejoint le cimetière des éléphants des mythes démonétisés, comme la grandeur des Romains, le bon sauvage ou les baleines blanches. Alors, peut-être que l'écriture, la création seraient l'ultime consolation ? Il n'en est rien, il suffit de lire la partie intitulée « Des ouvrages de l'esprit » pour se rendre compte que c'est sans doute, avec les *Illusions perdues*, ce qui s'est écrit de plus juste et de plus cruel sur la condition de l'artiste : « Il n'y a point d'ouvrage si accompli qui ne fondît tout entier au milieu de la critique, si son auteur voulait en croire tous les censeurs qui ôtent chacun l'endroit qui leur plaît le moins. »

Au siècle suivant, Vauvenargues, un autre de ces miliciens de l'écriture sporadique, observera justement : « La Rochefoucauld est philosophe, La Bruyère peintre. »
C'est bien là « l'équation La Bruyère », sa botte secrète. Il est toujours possible de réfuter un philosophe, d'opposer un système à un autre, mais comment démentir un peintre, comment refuser l'évidence d'une couleur quand c'est la couleur même du monde ?

Jérôme Leroy

# PRÉFACE

Je rends au public ce qu'il m'a prêté : j'ai emprunté de lui la matière de cet ouvrage ; il est juste que, l'ayant achevé avec toute l'attention pour la vérité dont je suis capable, et qu'il mérite de moi, je lui en fasse la restitution. Il peut regarder avec loisir ce portrait que j'ai fait de lui d'après nature, et, s'il se connaît quelques-uns des défauts que je touche, s'en corriger. C'est l'unique fin que l'on doit se proposer en écrivant, et le succès aussi que l'on doit moins se promettre. Mais, comme les hommes ne se dégoûtent point du vice, il ne faut pas aussi se lasser de leur reprocher : ils seraient peut-être pires s'ils venaient à manquer de censeurs ou de critiques : c'est ce qui fait que l'on prêche et que l'on écrit. L'orateur et l'écrivain ne sauraient vaincre la joie qu'ils ont d'être applaudis ; mais ils devraient rougir d'eux-mêmes s'ils n'avaient cherché, par leurs discours ou par leurs écrits, que des éloges : outre que l'approbation la plus sûre et la moins équivoque est le changement de mœurs, et la réformation de ceux qui les lisent ou qui les écoutent. On ne doit parler, on ne doit écrire que pour l'instruction ; et, s'il arrive que l'on plaise, il ne faut pas néanmoins s'en repentir, si cela sert à insinuer et à faire recevoir les vérités qui doivent instruire : quand donc il s'est glissé dans un livre quelques pensées ou quelques réflexions qui n'ont ni le feu, ni le tour, ni la vivacité des autres, bien qu'elles semblent y être admises pour la variété, pour délasser l'esprit, pour le rendre plus présent et plus attentif à ce qui va suivre, à moins que d'ailleurs elles ne soient sensibles, familières, instructives, accommodées au simple peuple, qu'il n'est pas permis de négliger, le lecteur peut les condamner, et l'auteur les doit proscrire : voilà la règle. Il y en a une autre, et que j'ai intérêt que l'on veuille suivre, qui est de ne pas perdre mon titre de vue, et de penser toujours, et dans toute la lecture de

cet ouvrage, que ce sont les caractères ou les mœurs de ce
siècle que je décris : car, bien que je les tire souvent de la
cour de France, et des hommes de ma nation, on ne peut
pas néanmoins les restreindre à une seule cour, ni les renfermer en un seul pays, sans que mon livre ne perde beaucoup de son étendue et de son utilité, ne s'écarte du plan
que je me suis fait d'y peindre les hommes en général,
comme des raisons qui entrent dans l'ordre des chapitres, et
dans une certaine suite insensible des réflexions qui les composent. Après cette précaution si nécessaire, et dont on pénètre assez les conséquences, je crois pouvoir protester contre tout chagrin, toute plainte, toute maligne interprétation,
toute fausse application, et toute censure ; contre les froids
plaisants et les lecteurs malintentionnés. Il faut savoir lire,
et ensuite se taire, ou pouvoir rapporter ce qu'on a lu, et
ni plus ni moins que ce qu'on a lu ; et, si on le peut quelquefois, ce n'est pas assez, il faut encore le vouloir faire : sans
ces conditions, qu'un auteur exact et scrupuleux est en droit
d'exiger de certains esprits pour l'unique récompense de son
travail, je doute qu'il doive continuer d'écrire, s'il préfère
du moins sa propre satisfaction à l'utilité de plusieurs et au
zèle de la vérité. J'avoue d'ailleurs que j'ai balancé dès l'année 1690, et avant la cinquième édition, entre l'impatience
de donner à mon livre plus de rondeur et une meilleure
forme par de nouveaux caractères, et la crainte de faire dire
à quelques-uns : Ne finiront-ils point, ces caractères, et ne
verrons-nous jamais autre chose de cet écrivain ? Des gens
sages me disaient d'une part : La matière est solide, utile,
agréable, inépuisable ; vivez longtemps, et traitez-la sans interruption pendant que vous vivrez ; que pourriez-vous faire
de mieux ? il n'y a point d'année que les folies des hommes
ne puissent vous fournir un volume. D'autres, avec beaucoup
de raison, me faisaient redouter les caprices de la multitude et la légèreté du public, de qui j'ai néanmoins de
si grands sujets d'être content, et ne manquaient pas de

me suggérer que, personne presque depuis trente années
ne lisant plus que pour lire, il fallait aux hommes, pour les
amuser, de nouveaux chapitres et un nouveau titre : que cette
indolence avait rempli les boutiques et peuplé le monde, depuis tout ce temps, de livres froids et ennuyeux, d'un mauvais style et de nulle ressource, sans règles et sans la moindre justesse, contraires aux mœurs et aux bienséances, écrits
avec précipitation, et lus de même, seulement par leur nouveauté; et que, si je ne savais qu'augmenter un livre raisonnable, le mieux que je pouvais faire était de me reposer. Je
pris alors quelque chose de ces deux avis si opposés, et je
gardai un tempérament qui les rapprochait : je ne feignis
point d'ajouter quelques nouvelles remarques à celles qui
avaient déjà grossi du double la première édition de mon ouvrage; mais, afin que le public ne fût point obligé de par-
courir ce qui était ancien pour passer à ce qu'il y avait de
nouveau, et qu'il trouvât sous ses yeux ce qu'il avait seulement envie de lire, je pris soin de lui désigner cette seconde
augmentation par une marque particulière : je crus aussi
qu'il ne serait pas inutile de lui distinguer la première augmentation par une autre marque plus simple, qui servît à
lui montrer le progrès de mes caractères, et à aider son choix
dans la lecture qu'il en voudrait faire [1] : et, comme il pouvait craindre que ce progrès n'allât à l'infini, j'ajoutais à toutes ces exactitudes une promesse sincère de ne plus rien hasarder en ce genre. Que si quelqu'un m'accuse d'avoir manqué
à ma parole, en insérant dans les trois éditions qui ont suivi
un assez grand nombre de nouvelles remarques, il verra du
moins qu'en les confondant avec les anciennes par la suppression entière de ces différences, qui se voient par apos-
tille, j'ai moins pensé à lui faire lire rien de nouveau, qu'à
laisser peut-être un ouvrage de mœurs plus complet, plus fini
et plus régulier, à la postérité. Ce ne sont point au reste des
maximes que j'ai voulu écrire : elles sont comme des lois

[1] On a retranché ces marques, devenues actuellement inutiles.

dans la morale ; et j'avoue que je n'ai ni assez d'autorité ni assez de génie pour faire le législateur. Je sais même que j'aurais
péché contre l'usage des maximes, qui veut qu'à la manière
des oracles elles soient courtes et concises. Quelques-unes de
ces remarques le sont, quelques autres sont plus étendues :
on pense les choses d'une manière différente, et on les explique par un tour aussi tout différent, par une sentence, par
un raisonnement, par une métaphore ou quelque autre figure,
par un parallèle, par une simple comparaison, par un fait
tout entier, par un seul trait, par une description, par une
peinture : de là procède la longueur ou la brièveté de mes
réflexions. Ceux enfin qui font des maximes veulent être crus :
je consens au contraire que l'on dise de moi que je n'ai pas
quelquefois bien remarqué, pourvu que l'on remarque mieux.

---

# CHAPITRE PREMIER.
## *Des ouvrages de l'esprit.*

Tout est dit : et l'on vient trop tard depuis plus de sept
mille ans qu'il y a des hommes, et qui pensent. Sur ce qui
concerne les mœurs, le plus beau et le meilleur est enlevé :
l'on ne fait que glaner après les anciens et les habiles d'entre les modernes.

Il faut chercher seulement à penser et à parler juste,
sans vouloir amener les autres à notre goût et à nos sentiments : c'est une trop grande entreprise.

C'est un métier que de faire un livre, comme de faire
une pendule. Il faut plus que de l'esprit pour être auteur.
Un magistrat allait par son mérite à la première dignité,
il était homme délié et pratique dans les affaires ; il a fait
imprimer un ouvrage moral qui est rare par le ridicule.

Il n'est pas si aisé de se faire un nom par un ouvrage
parfait, que d'en faire valoir un médiocre par le nom qu'on
s'est déjà acquis.

Un ouvrage satirique ou qui contient des faits, qui est donné en feuilles sous le manteau, aux conditions d'être rendu de même, s'il est médiocre, passe pour merveilleux : l'impression est l'écueil.

Si l'on ôte de beaucoup d'ouvrages de morale l'avertissement au lecteur, l'épître dédicatoire, la préface, la table, les approbations, il reste à peine assez de pages pour mériter le nom de livre.

Il y a de certaines choses dont la médiocrité est insupportable : la poésie, la musique, la peinture, le discours public.

Quel supplice que celui d'entendre déclamer pompeusement un froid discours, ou prononcer de médiocres vers avec toute l'emphase d'un mauvais poëte !

Certains poëtes sont sujets dans le dramatique à de longues suites de vers pompeux, qui semblent forts, élevés, et remplis de grands sentiments. Le peuple écoute avidement, les yeux élevés et la bouche ouverte, croit que cela lui plaît, et à mesure qu'il y comprend moins, l'admire davantage ; il n'a pas le temps de respirer, il a à peine celui de se récrier et d'applaudir. J'ai cru autrefois, et dans ma première jeunesse, que ces endroits étaient clairs et intelligibles pour les acteurs, pour le parterre et l'amphithéâtre ; que leurs auteurs s'entendaient eux-mêmes ; et qu'avec toute l'attention que je donnais à leur récit, j'avais tort de n'y rien entendre : je suis détrompé.

L'on n'a guère vu, jusqu'à présent, un chef-d'œuvre d'esprit qui soit l'ouvrage de plusieurs. Homère a fait l'Iliade ; Virgile, l'Énéide ; Tite-Live, ses Décades ; et l'Orateur romain, ses Oraisons.

Il y a dans l'art un point de perfection, comme de bonté ou de maturité dans la nature : celui qui le sent et qui l'aime a le goût parfait ; celui qui ne le sent pas, et qui aime en deçà ou au delà, a le goût défectueux. Il y a donc un bon et un mauvais goût, et l'on dispute des goûts avec fondement.

Il y a beaucoup plus de vivacité que de goût parmi les hommes ; ou, pour mieux dire, il y a peu d'hommes dont l'esprit soit accompagné d'un goût sûr et d'une critique judicieuse.

La vie des héros a enrichi l'histoire, et l'histoire a embelli les actions des héros : ainsi je ne sais qui sont plus redevables, ou ceux qui ont écrit l'histoire à ceux qui leur en ont fourni une si noble matière, ou ces grands hommes à leurs historiens.

Amas d'épithètes, mauvaises louanges : ce sont les faits qui louent, et la manière de les raconter.

Tout l'esprit d'un auteur consiste à bien définir et à bien peindre. Moïse [1], Homère, Platon, Virgile, Horace, ne sont au-dessus des autres écrivains que par leurs expressions et leurs images : il faut exprimer le vrai, pour écrire naturellement, fortement, délicatement.

On a dû faire du style ce qu'on a fait de l'architecture ; on a entièrement abandonné l'ordre gothique que la barbarie avait introduit pour les palais et pour les temples ; on a rappelé le dorique, l'ionique, et le corinthien : ce qu'on ne voyait plus que dans les ruines de l'ancienne Rome et de la vieille Grèce, devenu moderne, éclate dans nos portiques et dans nos péristyles. De même on ne saurait en écrivant rencontrer le parfait, et, s'il se peut, surpasser les anciens, que par leur imitation.

Combien de siècles se sont écoulés avant que les hommes dans les sciences et dans les arts aient pu revenir au goût

---

[1] Quand même on ne le considère que comme un homme qui a écrit. (*Note de la Bruyère*).

des anciens, et reprendre enfin le simple et le naturel!

On se nourrit des anciens et des habiles modernes; on les presse, on en tire le plus que l'on peut, on en renfle ses ouvrages; et quand enfin l'on est auteur, et que l'on croit marcher tout seul, on s'élève contre eux, on les maltraite, semblable à ces enfants *drus* et forts d'un bon lait qu'ils ont sucé, qui battent leur nourrice.

Un auteur moderne[1] prouve ordinairement que les anciens nous sont inférieurs en deux manières, par raison et par exemple : il tire la raison de son goût particulier, et l'exemple de ses ouvrages.

Il avoue que les anciens, quelque inégaux et peu corrects qu'ils soient, ont de beaux traits, il les cite; et ils sont si beaux qu'ils font lire sa critique.

Quelques habiles[2] prononcent en faveur des anciens contre les modernes; mais ils sont suspects, et semblent juger en leur propre cause, tant leurs ouvrages sont faits sur le goût de l'antiquité : on les récuse.

L'on devrait aimer à lire ses ouvrages à ceux qui en savent assez pour les corriger et les estimer.

Ne vouloir être ni conseillé ni corrigé sur son ouvrage, est un pédantisme.

Il faut qu'un auteur reçoive avec une égale modestie les éloges et la critique que l'on fait de ses ouvrages.

Entre toutes les différentes expressions qui peuvent rendre une seule de nos pensées, il n'y en a qu'une qui soit la bonne; on ne la rencontre pas toujours en parlant ou en écrivant. Il est vrai néanmoins qu'elle existe, que tout

---

[1] Il est probable que la Bruyère désigne ici Charles Perrault, de l'Académie française, qui venait de faire paraître son *Parallèle des anciens et des modernes*.

[2] Boileau et Racine.

ce qui ne l'est point est faible, et ne satisfait point un homme d'esprit qui veut se faire entendre.

Un bon auteur, et qui écrit avec soin, éprouve souvent que l'expression qu'il cherchait depuis longtemps sans la connaître, et qu'il a enfin trouvée, est celle qui était la plus simple, la plus naturelle, et qui semblait devoir se présenter d'abord et sans effort.

Ceux qui écrivent par humeur sont sujets à retoucher à leurs ouvrages. Comme elle n'est pas toujours fixe, et qu'elle varie en eux selon les occasions, ils se refroidissent bientôt pour les expressions et les termes qu'ils ont le plus aimés.

La même justesse d'esprit qui nous fait écrire de bonnes choses, nous fait appréhender qu'elles ne le soient pas assez pour mériter d'être lues.

Un esprit médiocre croit écrire divinement : un bon esprit croit écrire raisonnablement.

L'on m'a engagé, dit *Ariste*, à lire mes ouvrages à *Zoïle*, je l'ai fait ; ils l'ont saisi d'abord, et, avant qu'il ait eu le loisir de les trouver mauvais, il les a loués modestement en ma présence, et il ne les a pas loués depuis devant personne ; je l'excuse, et je n'en demande pas davantage à un auteur ; je le plains même d'avoir écouté de belles choses qu'il n'a point faites.

Ceux qui, par leur condition, se trouvent exempts de la jalousie d'auteur, ont ou des passions, ou des besoins qui les distraient et les rendent froids sur les conceptions d'autrui : personne presque, par la disposition de son esprit, de son cœur et de sa fortune, n'est en état de se livrer au plaisir que donne la perfection d'un ouvrage.

Le plaisir de la critique nous ôte celui d'être vivement touchés de très-belles choses.

Bien des gens vont jusqu'à sentir le mérite d'un manuscrit qu'on leur lit, qui ne peuvent se déclarer en sa faveur, jusqu'à ce qu'ils aient vu le cours qu'il aura dans le monde par l'impression, ou quel sera son sort parmi les habiles : ils ne hasardent point leurs suffrages, et ils veulent être portés par la foule et entraînés par la multitude. Ils disent alors qu'ils ont les premiers approuvé cet ouvrage, et que le public est de leur avis.

Ces gens laissent échapper les plus belles occasions de nous convaincre qu'ils ont de la capacité et des lumières, qu'ils savent juger, trouver bon ce qui est bon, et meilleur ce qui est meilleur. Un bel ouvrage tombe entre leurs mains ; c'est un premier ouvrage, l'auteur ne s'est pas encore fait un grand nom, il n'a rien qui prévienne en sa faveur : il ne s'agit point de faire sa cour ou de flatter les grands en applaudissant à ses écrits. On ne vous demande pas, *Zélotes*, de vous récrier : « C'est un chef-d'œuvre de « l'esprit ; l'humanité ne va pas plus loin ; c'est jusqu'où la « parole humaine peut s'élever : on ne jugera à l'avenir du « goût de quelqu'un qu'à proportion qu'il en aura pour « cette pièce! » phrases outrées, dégoûtantes, qui sentent la pension ou l'abbaye ; nuisibles à cela même qui est louable, et qu'on veut louer. Que ne disiez-vous seulement : Voilà un bon livre? Vous le dites, il est vrai, avec toute la France, avec les étrangers comme avec vos compatriotes, quand il est imprimé par toute l'Europe, et qu'il est traduit en plusieurs langues : il n'est plus temps.

Quelques-uns de ceux qui ont lu un ouvrage en rapportent certains traits dont ils n'ont pas compris le sens, et qu'ils altèrent encore par tout ce qu'ils y mettent du leur; et ces traits ainsi corrompus et défigurés, qui ne sont autre chose que leurs propres pensées et leurs expressions, ils les exposent à la censure, soutiennent qu'ils sont mauvais, et tout le monde convient qu'ils sont mauvais ; mais l'endroit de l'ouvrage que ces critiques croient citer, et qu'en effet ils ne citent point, n'en est pas pire.

Que dites-vous du livre d'*Hermodore?* Qu'il est mauvais, répond *Anthime;* qu'il est mauvais ; qu'il est tel, continue-t-il, que ce n'est pas un livre, ou qui mérite du moins que le monde en parle. Mais l'avez-vous lu? Non, dit Anthime. Que n'ajoute-t-il que *Fulvie* et *Mélanie* l'ont condamné sans l'avoir lu, et qu'il est ami de Fulvie et de Mélanie?

*Arsène*, du plus haut de son esprit, contemple les hommes; et, dans l'éloignement d'où il les voit, il est comme effrayé de leur petitesse. Loué, exalté, et porté jusqu'aux cieux par de certaines gens qui se sont promis de s'admirer réciproquement, il croit, avec quelque mérite qu'il a, posséder tout celui qu'on peut avoir, et qu'il n'aura jamais : occupé et rempli de ses sublimes idées, il se donne à peine le loisir de prononcer quelques oracles : élevé par son caractère au-dessus des jugements humains, il abandonne aux âmes communes le mérite d'une vie suivie et uniforme ; et il n'est responsable de ses inconstances qu'à ce cercle d'amis qui les idolâtrent. Eux seuls savent juger, savent penser, savent écrire, doivent écrire. Il n'y a point d'autre ouvrage d'esprit si bien reçu dans le monde, et si universellement goûté des honnêtes gens, je ne dis pas qu'il veuille approuver, mais qu'il daigne lire, incapable d'être corrigé par cette peinture, qu'il ne lira point.

*Théocrine* sait des choses assez inutiles, il a des sentiments toujours singuliers ; il est moins profond que méthodique, il n'exerce que sa mémoire ; il est abstrait, dédaigneux, et il semble toujours rire en lui-même de ceux qu'il

croit ne le valoir pas. Le hasard fait que je lui lis mon ouvrage, il l'écoute. Est-il lu, il me parle du sien. Et du vôtre, me direz-vous, qu'en pense-t-il? Je vous l'ai déjà dit,
il me parle du sien.

Il n'y a point d'ouvrage si accompli qui ne fondît tout
entier au milieu de la critique, si son auteur voulait en
croire tous les censeurs, qui ôtent chacun l'endroit qui
leur plaît le moins.

C'est une expérience faite, que, s'il se trouve dix personnes qui effacent d'un livre une expression ou un sentiment, l'on en fournit aisément un pareil nombre qui les
réclame; ceux-ci s'écrient : Pourquoi supprimer cette pensée? elle est neuve, elle est belle, et le tour en est admirable; et ceux-là affirment, au contraire, ou qu'ils auraient négligé cette pensée, ou qu'ils lui auraient donné
un autre tour. Il y a un terme, disent les uns, dans votre
ouvrage, qui est rencontré, et qui peint la chose au naturel;
il y a un mot, disent les autres, qui est hasardé, et qui
d'ailleurs ne signifie pas assez ce que vous voulez peut-
être faire entendre : et c'est du même trait et du même mot
que tous ces gens s'expliquent ainsi; et tous sont connaisseurs et passent pour tels. Quel autre parti pour un
auteur, que d'oser pour lors être de l'avis de ceux qui l'approuvent?

Un auteur sérieux n'est pas obligé de remplir son esprit
de toutes les extravagances, de toutes les saletés, de tous
les mauvais mots que l'on peut dire, et de toutes les ineptes
applications que l'on peut faire au sujet de quelques endroits de son ouvrage, et encore moins de les supprimer.
Il est convaincu que, quelque scrupuleuse exactitude que
l'on ait dans sa manière d'écrire, la raillerie froide des
mauvais plaisants est un mal inévitable, et que les meil-

leures choses ne leur servent souvent qu'à leur faire rencontrer une sottise.

Si certains esprits vifs et décisifs étaient crus, ce serait encore trop que les termes pour exprimer les sentiments; il faudrait leur parler par signes, ou sans parler se faire entendre. Quelque soin qu'on apporte à être serré et concis, et quelque réputation qu'on ait d'être tel, ils vous trouvent diffus. Il faut leur laisser tout à suppléer, et n'écrire que pour eux seuls; ils conçoivent une période par le mot qui la commence, et par une période tout un chapitre : leur avez-vous lu un seul endroit de l'ouvrage, c'est assez; ils sont dans le fait, et entendent l'ouvrage. Un tissu d'énigmes leur serait une lecture divertissante; et c'est une perte pour eux que ce style estropié qui les enlève soit rare, et que peu d'écrivains s'en accommodent. Les comparaisons tirées d'un fleuve dont le cours, quoique rapide, est égal et uniforme, ou d'un embrasement qui, poussé par les vents, s'épand au loin dans une forêt où il consume les chênes et les pins, ne leur fournissent aucune idée de l'éloquence. Montrez-leur un feu grégeois qui les surprenne, ou un éclair qui les éblouisse, ils vous quittent du bon et du beau.

Quelle prodigieuse distance entre un bel ouvrage et un ouvrage parfait ou régulier ! Je ne sais s'il s'en est encore trouvé de ce dernier genre. Il est peut-être moins difficile aux rares génies de rencontrer le grand et le sublime, que d'éviter toutes sortes de fautes. Le Cid n'a eu qu'une voix pour lui à sa naissance, qui a été celle de l'admiration : il s'est vu plus fort que l'autorité et la politique, qui ont tenté vainement de le détruire; il a réuni en sa faveur des esprits toujours partagés d'opinions et de sentiments, les grands et le peuple : ils s'accordent tous à le savoir de mémoire, et à prévenir au théâtre les acteurs qui le récitent. Le Cid enfin est l'un des plus beaux poëmes que l'on puisse faire ; et l'une des meilleures critiques qui aient été faites sur aucun sujet, est celle du Cid.

Quand une lecture vous élève l'esprit, et qu'elle vous inspire des sentiments nobles et courageux, ne cherchez pas une autre règle pour juger de l'ouvrage ; il est bon, et fait de main d'ouvrier.

*Capys*, qui s'érige en juge du beau style, et qui croit écrire comme BOUHOURS et RABUTIN, résiste à la voix du peuple, et dit tout seul que *Damis* n'est pas un bon auteur. Damis cède à la multitude, et dit ingénument, avec le public, que Capys est un froid écrivain.

Le devoir du nouvelliste est de dire : Il y a un tel livre qui court, et qui est imprimé chez Cramoisy, en tel caractère ; il est bien relié, et en beau papier ; il se vend tant. Il doit savoir jusqu'à l'enseigne du libraire qui le débite : sa folie est d'en vouloir faire la critique.

Le sublime du nouvelliste est le raisonnement creux sur la politique.

Le nouvelliste se couche le soir tranquillement sur une nouvelle qui se corrompt la nuit, et qu'il est obligé d'abandonner le matin à son réveil.

Le philosophe consume sa vie à observer les hommes, et il use ses esprits à en démêler les vices et le ridicule : s'il donne quelque tour à ses pensées, c'est moins par une vanité d'auteur, que pour mettre une vérité qu'il a trouvée dans tout le jour nécessaire pour faire l'impression qui doit servir à son dessein. Quelques lecteurs croient néanmoins le payer avec usure, s'ils disent magistralement qu'ils ont lu son livre, et qu'il y a de l'esprit ; mais il leur renvoie tous leurs éloges qu'il n'a pas cherchés par son travail et par ses veilles. Il porte plus haut ses projets, et agit pour une fin plus relevée : il demande des hommes un plus grand et un plus rare succès que les louanges, et même que les récompenses, qui est de les rendre meilleurs.

Les sots lisent un livre, et ne l'entendent point ; les esprits médiocres croient l'entendre parfaitement ; les grands esprits ne l'entendent quelquefois pas tout entier ; ils trouvent obscur ce qui est obscur, comme ils trouvent clair ce qui est clair. Les beaux esprits veulent trouver obscur ce qui ne l'est point, et ne pas entendre ce qui est fort intelligible.

Un auteur cherche vainement à se faire admirer par son ouvrage. Les sots admirent quelquefois, mais ce sont des sots. Les personnes d'esprit ont en eux les semences de toutes les vérités et de tous les sentiments ; rien ne leur est nouveau ; ils admirent peu, ils approuvent.

Je ne sais si l'on pourra jamais mettre dans des lettres plus d'esprit, plus de tour, plus d'agrément, et plus de style, que l'on en voit dans celles de BALZAC et de VOITURE. Elles sont vides de sentiments qui n'ont régné que depuis leur temps, et qui doivent aux femmes leur naissance. Ce sexe va plus loin que le nôtre dans ce genre d'écrire. Elles trouvent sous leur plume des tours et des expressions qui souvent en nous ne sont l'effet que d'un long travail et d'une pénible recherche : elles sont heureuses dans le choix des termes, qu'elles placent si juste, que, tout connus qu'ils sont, ils ont le charme de la nouveauté, et semblent être faits seulement pour l'usage où elles les mettent. Il n'appartient qu'à elles de faire lire dans un seul mot tout un sentiment, et de rendre délicatement une pensée qui est délicate. Elles ont un enchaînement de discours inimitable qui se suit naturellement, et qui n'est lié que par le sens. Si les femmes étaient toujours correctes, j'oserais dire que les lettres de quelques-unes d'entre elles seraient peut-être ce que nous avons dans notre langue de mieux écrit [1].

Il n'a manqué à TÉRENCE que d'être moins froid : quelle pureté, quelle exactitude, quelle politesse, quelle élégance, quels caractères! Il n'a manqué à MOLIÈRE que d'éviter le jargon, et d'écrire purement : quel feu, quelle naïveté, quelle source de la bonne plaisanterie, quelle imitation des mœurs, quelles images, et quel fléau du ridicule! mais quel homme on aurait pu faire de ces deux comiques!

J'ai lu MALHERBE et THÉOPHILE. Ils ont tous deux connu la nature, avec cette différence que le premier, d'un style plein et uniforme, montre tout à la fois ce qu'elle a de plus beau et de plus noble, de plus naïf et de plus simple ; il en fait la peinture ou l'histoire. L'autre, sans choix, sans exactitude, d'une plume libre et inégale, tantôt charge ses descriptions, s'appesantit sur les détails ; il fait une anatomie : tantôt il feint, il exagère, il passe le vrai dans la nature, il en fait le roman.

RONSARD et BALZAC ont eu, chacun dans leur genre, assez de bon et de mauvais pour former après eux de très-grands hommes en vers et en prose.

MAROT, par son tour et par son style, semble avoir écrit depuis RONSARD : il n y a guère entre ce premier et nous que la différence de quelques mots.

[1] Tout ce passage semblerait avoir été inspiré par la lecture des lettres de madame de Sévigné; et il en serait le plus bel éloge. Le recueil n'en fut cependant publié que longtemps après la mort de la Bruyère; mais peut-être en avait-il eu connaissance pendant qu'elles circulaient manuscrites. Au reste, madame de Sévigné n'était pas la seule femme de cette époque qui écrivit des lettres avec un abandon plein de grâce et une piquante originalité de style.

RONSARD et les auteurs ses contemporains ont plus nui au style qu'ils ne lui ont servi. Ils l'ont retardé dans le chemin de la perfection ; ils l'ont exposé à la manquer pour toujours, et à n'y plus revenir. Il est étonnant que les ouvrages de MAROT, si naturels et si faciles, n'aient su faire de Ronsard, d'ailleurs plein de verve et d'enthousiasme, un plus grand poëte que Ronsard et que Marot ; et, au contraire, que Belleau, Jodelle et Saint-Gelais, aient été sitôt suivis d'un RACAN et d'un MALHERBE ; et que notre langue, à peine corrompue, se soit vue réparée.

MAROT et RABELAIS sont inexcusables d'avoir semé l'ordure dans leurs écrits : tous deux avaient assez de génie et de naturel pour pouvoir s'en passer, même à l'égard de ceux qui cherchent moins à admirer qu'à rire dans un auteur. Rabelais surtout est incompréhensible. Son livre est une énigme, quoi qu'on veuille dire, inexplicable ; c'est une chimère, c'est le visage d'une belle femme avec des pieds et une queue de serpent, ou de quelque autre bête plus difforme : c'est un monstrueux assemblage d'une morale fine et ingénieuse et d'une sale corruption. Où il est mauvais, il passe bien loin au-delà du pire, c'est le charme de la canaille ; où il est bon, il va jusqu'à l'exquis et à l'excellent, il peut être le mets des plus délicats.

Deux écrivains[1] dans leurs ouvrages ont blâmé MONTAGNE, que je ne crois pas, aussi bien qu'eux, exempt de toute sorte de blâme : il paraît que tous deux ne l'ont estimé en nulle manière. L'un ne pensait pas assez pour goûter un auteur qui pense beaucoup ; l'autre pense trop subtilement pour s'accommoder de pensées qui sont naturelles.

Un style grave, sérieux, scrupuleux, va fort loin : on

[1] Nicole et le P. Malebranche. Le premier est celui qui ne *pense pas assez*, et le second celui qui *pense trop subtilement*.

lit Amyot et Cœffeteau : lequel lit-on de leurs contemporains? Balzac, pour les termes et pour l'expression, est
moins vieux que Voiture : mais si ce dernier, pour le
tour, pour l'esprit et pour le naturel, n'est pas moderne,
et ne ressemble en rien à nos écrivains, c'est qu'il leur a
été plus facile de le négliger que de l'imiter; et que le petit nombre de ceux qui courent après lui ne peut l'atteindre.

Le H. G. [1] est immédiatement au-dessous du rien : il y
a bien d'autres ouvrages qui lui ressemblent. Il y a autant
d'invention à s'enrichir par un sot livre, qu'il y a de sottise
à l'acheter : c'est ignorer le goût du peuple que de ne pas
hasarder quelquefois de grandes fadaises.

L'on voit bien que l'*opéra* est l'ébauche d'un grand spectacle : il en donne l'idée.

Je ne sais pas comment l'*opéra*, avec une musique si
parfaite et une dépense toute royale, a pu réussir à m'ennuyer.

Il y a des endroits dans l'*opéra* qui laissent en désirer
d'autres. Il échappe quelquefois de souhaiter la fin de tout le
spectacle : c'est faute de théâtre, d'action, et de choses qui
intéressent.

L'*opéra* jusqu'à ce jour n'est pas un poëme, ce sont des
vers; ni un spectacle, depuis que les machines ont disparu par le bon ménage d'*Amphion* et de sa race [2] : c'est un
concert, ou ce sont des voix soutenues par des instruments.

---

[1] *Le Mercure galant*, par de Visé. C'est par ces initiales H. G., dont
la première est fausse, qu'il est désigné dans toutes les éditions des
*Caractères*, faites du vivant de la Bruyère. Il dit lui-même, dans la
Préface de son discours de réception à l'Académie française, qu'il a
poussé le soin d'éviter les applications directes jusqu'à employer quelquefois *des lettres initiales qui n'ont qu'une signification vaine et incertaine;* c'en est ici un exemple.

[2] Lulli, et son école, sa famille.

C'est prendre le change, et cultiver un mauvais goût, que de dire, comme l'on fait, que la machine n'est qu'un amusement d'enfants, et qui ne convient qu'aux marionnettes : elle augmente et embellit la fiction, soutient dans les spectateurs cette douce illusion qui est tout le plaisir du théâtre, où elle jette encore le merveilleux. Il ne faut point de vols, ni de chars, ni de changements, aux Bérénices [1] et à Pénélope [2] ; il en faut aux *opéras :* et le propre de ce spectacle est de tenir les esprits, les yeux et les oreilles, dans un égal enchantement.

Ils ont fait le théâtre ces empressés, les machines, les ballets, les vers, la musique, tout le spectacle ; jusqu'à la salle où s'est donné le spectacle, j'entends le toit et les quatre murs dès leurs fondements : qui doute que la chasse sur l'eau, l'enchantement de la table [3], la merveille [4] du labyrinthe, ne soient encore de leur invention ? J'en juge par le mouvement qu'ils se donnent, et par l'air content dont ils s'applaudissent sur tout le succès. Si je me trompe, et qu'ils n'aient contribué en rien à cette fête si superbe, si galante, si longtemps soutenue, et où un seul a suffi pour le projet et pour la dépense, j'admire deux choses, la tranquillité et le flegme de celui qui a tout remué, comme l'embarras et l'action de ceux qui n'ont rien fait.

Les connaisseurs, ou ceux qui se croient tels, se donnent voix délibérative et décisive sur les spectacles, se cantonnent aussi, et se divisent en des partis contraires, dont chacun, poussé par un tout autre intérêt que par celui du

---

[1] La *Bérénice* de Corneille et celle de Racine.
[2] La *Pénélope* de l'abbé Genest, représentée en 1684.
[3] Rendez-vous de chasse dans la forêt de Chantilly. (*Note de la Bruyère.*)
[4] Collation très-ingénieuse donnée dans le labyrinthe de Chantilly. (*Note de la Bruyère.*)

public ou de l'équité, admirer un certain poëme ou une certaine musique, et siffle toute autre. Ils nuisent également, par cette chaleur à défendre leurs préventions, et à la faction opposée, et à leur propre cabale : ils découragent par mille contradictions les poëtes et les musiciens, retardent le progrès des sciences et des arts, en leur ôtant le fruit qu'ils pourraient tirer de l'émulation et de la liberté qu'auraient plusieurs excellents maîtres de faire chacun dans leur genre, et selon leur génie, de très-beaux ouvrages.

D'où vient que l'on rit si librement au théâtre, et que l'on a honte d'y pleurer? Est-il moins dans la nature de s'attendrir sur le pitoyable que d'éclater sur le ridicule? Est-ce l'altération des traits qui nous retient? Elle est plus grande dans un ris immodéré que dans la plus amère douleur; et l'on détourne son visage pour rire comme pour pleurer en la présence des grands et de tous ceux que l'on respecte. Est-ce une peine que l'on sent à laisser voir que l'on est tendre, et à marquer quelque faiblesse, surtout en un sujet faux, et dont il semble que l'on soit la dupe? Mais, sans citer les personnes graves ou les esprits forts qui trouvent du faible dans un ris excessif comme dans les pleurs, et qui se les défendent également, qu'attend-on d'une scène tragique? qu'elle fasse rire? Et d'ailleurs la vérité n'y règne-t-elle pas aussi vivement par ses images que dans le comique? l'âme ne va-t-elle pas jusqu'au vrai dans l'un et l'autre genre avant que de s'émouvoir? est elle même si aisée à contenter? ne lui faut-il pas encore le vraisemblable? Comme donc ce n'est point une chose bizarre d'entendre s'élever de tout un amphithéâtre un ris universel sur quelque endroit d'une comédie, et que cela suppose au contraire qu'il est plaisant et très-naïvement exécuté; aussi l'extrème violence que chacun se fait à contraindre ses larmes, et le mauvais ris dont on veut les couvrir, prouvent clairement que l'effet naturel du grand tragique serait de pleurer tous franchement et de concert à la vue l'un de l'autre, et sans autre embarras que d'essuyer ses larmes; outre qu'après être convenu de s'y abandonner, on éprouverait encore qu'il y a souvent moins lieu de craindre de pleurer au théâtre que de s'y morfondre.

Le poëme tragique vous serre le cœur dès son commencement, vous laisse à peine dans tout son progrès la liberté de respirer et le temps de vous remettre; ou, s'il vous donne quelque relâche, c'est pour vous replonger dans de nouveaux abîmes et dans de nouvelles alarmes. Il vous conduit à la terreur par la pitié, ou réciproquement à la pitié par le terrible; vous mène par les larmes, par les sanglots, par l'incertitude, par l'espérance, par la crainte, par les surprises, et par l'horreur, jusqu'à la catastrophe. Ce n'est donc pas un tissu de jolis sentiments, de déclarations tendres, d'entretiens galants, de portraits agréables, de mots *doucereux*, ou quelquefois assez plaisants pour faire rire, suivi à la vérité d'une dernière scène[1] où les mutins n'entendent aucune raison, et où pour la bienséance il y a enfin du sang répandu, et quelque malheureux à qui il en coûte la vie.

Ce n'est point assez que les mœurs du théâtre ne soient point mauvaises, il faut encore qu'elles soient décentes et instructives. Il peut y avoir un ridicule si bas et si grossier, ou même si fade et si indifférent, qu'il n'est ni permis au poëte d'y faire attention, ni possible aux spectateurs de s'en divertir. Le paysan ou l'ivrogne fournit quelques scènes à un farceur, il n'entre qu'à peine dans le

[1] Sédition, dénoûment vulgaire des tragédies. (*Note de la Bruyère.*)

vrai eomique : comment pourrait-il faire le fond ou l'action principale de la comédie? Ces caractères, dit-on, sont
naturels : ainsi par cette règle on occupera bientôt tout
l'amphithéâtre d'un laquais qui siffle, d'un malade dans
sa garde-robe, d'un homme ivre qui dort ou qui vomit : y
a-t-il rien de plus naturel? C'est le propre d'un efféminé
de se lever tard, de passer une partie du jour à sa toilette,
de se voir au miroir, de se parfumer, de se mettre des
mouches, de recevoir des billets et d'y faire réponse :
mettez ce rôle sur la scène, plus longtemps vous le ferez
durer, un acte, deux actes, plus il sera naturel et conforme
à son original ; mais plus aussi il sera froid et insipide[1].

Il semble que le roman et la comédie pourraient être
aussi utiles qu'ils sont nuisibles : l'on y voit de si grands
exemples de constance, de vertu, de tendresse et de désintéressement, de si beaux et de si parfaits caractères,
que quand une jeune personne jette de là sa vue sur tout
ce qui l'entoure, ne trouvant que des sujets indignes et
fort au-dessous de ce qu'elle vient d'admirer, je m'étonne
qu'elle soit capable pour eux de la moindre faiblesse.

CORNEILLE ne peut être égalé dans les endroits où il
excelle : il a pour lors un caractère original et inimitable;
mais il est inégal. Ses premières comédies sont sèches,
languissantes, et ne laissaient pas espérer qu'il dût ensuite
aller si loin, comme ses dernières font qu'on s'étonne
qu'il ait pu tomber de si haut. Dans quelques-unes de ses
meilleures pièces il y a des fautes inexcusables contre les
mœurs; un style de déclamateur qui arrête l'action et la
fait languir; des négligences dans les vers et dans l'expression, qu'on ne peut comprendre en un si grand homme.

[1] On ne peut douter que la Bruyère n'ait eu en vue ici *l'Homme à
bonnes fortunes*, comédie de Baron.

Ce qu'il y a eu en lui de plus éminent, c'est l'esprit, qu'il avait sublime, auquel il a été redevable de certains vers, les plus heureux qu'on ait jamais lus ailleurs, de la conduite de son théâtre, qu'il a quelquefois hasardée contre les règles des anciens, et enfin de ses dénoûments : car il ne s'est pas toujours assujetti au goût des Grecs et à leur grande simplicité; il a aimé, au contraire, à charger la scène d'événements dont il est presque toujours sorti avec succès : admirable surtout par l'extrême variété et le peu de rapport qui se trouve pour le dessein entre un si grand nombre de poëmes qu'il a composés. Il semble qu'il y ait plus de ressemblance dans ceux de RACINE, et qui[1] tendent un peu plus à une même chose; mais il est égal, soutenu, toujours le même partout, soit pour le dessein et la conduite de ses pièces, qui sont justes, régulières, prises dans le bon sens et dans la nature; soit pour la versification, qui est correcte, riche dans ses rimes, élégante, nombreuse, harmonieuse : exact imitateur des anciens, dont il a suivi scrupuleusement la netteté et la simplicité de l'action; à qui le grand et le merveilleux n'ont pas même manqué, ainsi qu'à Corneille ni le touchant, ni le pathétique. Quelle plus grande tendresse que celle qui est répandue dans tout le Cid, dans Polyeucte, et dans les Horaces? quelle grandeur ne se remarque point en Mithridate, en en Porus, et en Burrhus? Ces passions encore favorites des anciens, que les tragiques aimaient à exciter sur les théâtres, et qu'on nomme la terreur et la pitié, ont été connues de ces deux poëtes : Oreste, dans l'Andromaque de Racine, et Phèdre du même auteur, comme l'Œdipe et

---

[1] *Et qui* *tendent*, etc., est la leçon de toutes les éditions originales : dans les éditions modernes on lit, *et qu'ils tendent*, mais je n'ai pas cru devoir corriger le texte de la Bruyère. (*Lef.*)

les Horaces de Corneille, en sont la preuve. Si cependant il est permis de faire entre eux quelque comparaison, et les marquer l'un et l'autre par ce qu'ils ont de plus propre, et par ce qui éclate le plus ordinairement dans leurs ouvrages, peut-être qu'on pourrait parler ainsi : Corneille nous assujettit à ses caractères et à ses idées, Racine se conforme aux nôtres : celui-là peint les hommes comme ils devraient être, celui-ci les peint tels qu'ils sont. Il y a plus dans le premier de ce que l'on admire, et de ce que l'on doit même imiter ; il y a plus dans le second de ce que l'on reconnaît dans les autres, ou de ce que l'on éprouve dans soi-même. L'un élève, étonne, maîtrise, instruit ; l'autre plaît, remue, touche, pénètre. Ce qu'il y a de plus beau, de plus noble, et de plus impérieux dans la raison, est manié par le premier ; et, par l'autre, ce qu'il y a de plus flatteur et de plus délicat dans la passion. Ce sont, dans celui-là, des maximes, des règles, des préceptes ; et, dans celui-ci, du goût et des sentiments. L'on est plus occupé aux pièces de Corneille ; l'on est plus ébranlé et plus attendri à celles de Racine. Corneille est plus moral ; Racine, plus naturel. Il semble que l'un imite SOPHOCLE, et que l'autre doit plus à EURIPIDE.

Le peuple appelle éloquence la facilité que quelques-uns ont de parler seuls et longtemps, jointe à l'emportement du geste, à l'éclat de la voix, et à la force des poumons. Les pédants ne l'admettent aussi que dans le discours oratoire, et ne la distinguent pas de l'entassement des figures, de l'usage des grands mots et de la rondeur des périodes.

Il semble que la logique est l'art de convaincre de quelque vérité ; et l'éloquence un don de l'âme, lequel nous rend maîtres du cœur et de l'esprit des autres ; qui fait que nous leur inspirons ou que nous leur persuadons tout ce qui nous plaît.

L'éloquence peut se trouver dans les entretiens et dans tout genre d'écrire. Elle est rarement où on la cherche, et elle est quelquefois où on ne la cherche point.

L'éloquence est au sublime ce que le tout est à sa partie.

Qu'est-ce que le sublime? Il ne paraît pas qu'on l'ait défini. Est-ce une figure? naît-il des figures, ou du moins de quelques figures? tout genre d'écrire reçoit-il le sublime, ou s'il n'y a que les grands sujets qui en soient capables? peut-il briller autre chose dans l'églogue qu'un beau naturel, et dans les lettres familières, comme dans les conversations, qu'une grande délicatesse? ou plutôt le naturel et le délicat ne sont-ils pas le sublime des ouvrages dont ils font la perfection? qu'est-ce que le sublime? où entre le sublime?

Les synonymes sont plusieurs dictions, ou plusieurs phrases différentes, qui signifient une même chose. L'antithèse est une opposition de deux vérités qui se donnent du jour l'une à l'autre. La métaphore, ou la comparaison, emprunte d'une chose étrangère une image sensible et naturelle d'une vérité. L'hyperbole exprime au delà de la vérité, pour ramener l'esprit à la mieux connaître. Le sublime ne peint que la vérité, mais en un sujet noble ; il la peint tout entière, dans sa cause et dans son effet ; il est l'expression ou l'image la plus digne de cette vérité. Les esprits médiocres ne trouvent point l'unique expression, et usent de synonymes. Les jeunes gens sont éblouis de l'éclat de l'antithèse, et s'en servent. Les esprits justes, et qui aiment à faire des images qui soient précises, donnent naturellement dans la comparaison et la métaphore.

Les esprits vifs, pleins de feu, et qu'une vaste imagination emporte hors des règles et de la justesse, ne peuvent s'assouvir de l'hyperbole. Pour le sublime, il n'y a même entre les grands génies que les plus élevés qui en soient capables.

Tout écrivain, pour écrire nettement, doit se mettre à la place de ses lecteurs, examiner son propre ouvrage comme quelque chose qui lui est nouveau, qu'il lit pour la première fois, où il n'a nulle part, et que l'auteur aurait soumis à sa critique; et se persuader ensuite qu'on n'est pas entendu seulement à cause que l'on s'entend soi-même, mais parce qu'on est en effet intelligible.

L'on n'écrit que pour être entendu; mais il faut du moins en écrivant faire entendre de belles choses. L'on doit avoir une diction pure, et user de termes qui soient propres, il est vrai; mais il faut que ces termes si propres expriment des pensées nobles, vives, solides, et qui renferment un très-beau sens. C'est faire de la pureté et de la clarté du discours un mauvais usage que de les faire servir à une matière aride, infructueuse, qui est sans sel, sans utilité, sans nouveauté : que sert aux lecteurs de comprendre aisément et sans peine des choses frivoles et puériles, quelquefois fades et communes, et d'être moins incertains de la pensée d'un auteur qu'ennuyés de son ouvrage?

Si l'on jette quelque profondeur dans certains écrits; si l'on affecte une finesse de tour, et quelquefois une trop grande délicatesse, ce n'est que par la bonne opinion qu'on a de ses lecteurs.

L'on a cette incommodité [1] à essuyer dans la lecture

---

[1] On ne sait si la Bruyère a voulu désigner les jésuites et les jansénistes; mais on peut en dire autant de tous les livres écrits dans quelqu*

des livres faits par des gens de parti et de cabale, que l'on
n'y voit pas toujours la vérité. Les faits y sont déguisés,
les raisons réciproques n'y sont point rapportées dans
toute leur force, ni avec une entière exactitude; et, ce qui
use la plus longue patience, il faut lire un grand nombre
de termes durs et injurieux que se disent des hommes
graves, qui, d'un point de doctrine ou d'un fait contesté,
se font une querelle personnelle. Ces ouvrages ont cela de
particulier qu'ils ne méritent ni le cours prodigieux qu'ils
ont pendant un certain temps, ni le profond oubli où ils
tombent lorsque, le feu et la division venant à s'éteindre,
ils deviennent des almanachs de l'autre année.

La gloire ou le mérite de certains hommes est de bien
écrire; et de quelques autres, c'est de n'écrire point.

L'on écrit régulièrement depuis vingt années : l'on est
esclave de la construction : l'on a enrichi la langue de nouveaux mots, secoué le joug du latinisme, et réduit le
style à la phrase purement française : l'on a presque re-
trouvé le nombre que MALHERBE et BALZAC avaient les
premiers rencontré, et que tant d'auteurs depuis eux ont
laissé perdre. L'on a mis enfin dans le discours tout l'ordre et toute la netteté dont il est capable ; cela conduit insensiblement à y mettre de l'esprit.

Il y a des artisans ou des habiles dont l'esprit est aussi
vaste que l'art et la science qu'ils professent : ils lui rendent avec avantage, par le génie et par l'invention, ce
qu'ils tiennent d'elle et de ses principes : ils sortent de l'art
pour l'ennoblir, s'écartent des règles, si elles ne les conduisent pas au grand et au sublime; ils marchent seuls et
sans compagnie, mais ils vont fort haut et pénètrent fort

temps que ce soit par des gens de partis opposés. — Cette note, dont
nous ignorons l'auteur, nous a paru bonne à conserver.

loin, toujours sûrs et confirmés par le succès des avantages
que l'on tire quelquefois de l'irrégularité. Les esprits justes, doux, modérés, non-seulement ne les atteignent pas,
ne les admirent pas, mais ils ne les comprennent point, et
voudraient encore moins les imiter. Ils demeurent tranquil-
les dans l'étendue de leur sphère, vont jusqu'à un certain
point qui fait les bornes de leur capacité et de leurs lumières; ils ne vont pas plus loin, parce qu'ils ne voient rien
au delà; ils ne peuvent au plus qu'être les premiers d'une
seconde classe, et exceller dans le médiocre.

Il y a des esprits, si je l'ose dire, inférieurs et subalternes, qui ne semblent faits que pour être le recueil, le
registre, ou le magasin de toutes les productions des autres génies. Ils sont plagiaires, traducteurs, compilateurs:
ils ne pensent point, ils disent ce que les auteurs ont pensé;
et, comme le choix des pensées est invention, ils l'ont
mauvais, peu juste, et qui les détermine plutôt à rapporter beaucoup de choses que d'excellentes choses : ils n'ont
rien d'original et qui soit à eux : ils ne savent que ce qu'ils
ont appris; et ils n'apprennent que ce que tout le monde
veut bien ignorer, une science vaine, aride, dénuée d'agrément et d'utilité, qui ne tombe point dans la conversation,
qui est hors de commerce, semblable à une monnaie qui
n'a point de cours. On est tout à la fois étonné de leur lecture, et ennuyé de leur entretien ou de leurs ouvrages.
Ce sont ceux que les grands et le vulgaire confondent avec
les savants, et que les sages renvoient au pédantisme.

La critique souvent n'est pas une science : c'est un
métier, où il faut plus de santé que d'esprit, plus de travail que de capacité, plus d'habitude que de génie. Si elle
vient d'un homme qui ait moins de discernement que de
lecture, et qu'elle s'exerce sur de certains chapitres, elle
corrompt et les lecteurs et l'écrivain.

Je conseille à un auteur né copiste, et qui a l'extrême modestie de travailler d'après quelqu'un, de ne se choisir pour exemplaires que ces sortes d'ouvrages où il entre de l'esprit, de l'imagination, ou même de l'érudition : s'il n'atteint pas ses originaux, du moins il en approche, et il se fait lire. Il doit au contraire éviter comme un écueil de vouloir imiter ceux qui écrivent par humeur, que le cœur fait parler, à qui il inspire les termes et les figures, et qui tirent, pour ainsi dire, de leurs entrailles tout ce qu'ils expriment sur le papier : dangereux modèles, et tout propres à faire tomber dans le froid, dans le bas et dans le ridicule, ceux qui s'ingèrent de les suivre. En effet, je rirais d'un homme qui voudrait sérieusement parler mon ton de voix, ou me ressembler de visage.

Un homme né chrétien et Français se trouve contraint dans la satire : les grands sujets lui sont défendus ; il les entame quelquefois, et se détourne ensuite sur de petites choses, qu'il relève par la beauté de son génie et de son style.

Il faut éviter le style vain et puéril, de peur de ressembler à *Dorilas* et *Handburg* [1]. L'on peut au contraire en une sorte d'écrits hasarder de certaines expressions, user de termes transposés et qui peignent vivement, et plaindre ceux qui ne sentent pas le plaisir qu'il y a à s'en servir ou à les entendre.

Celui qui n'a égard en écrivant qu'au goût de son siècle songe plus à sa personne qu'à ses écrits. Il faut toujours tendre à la perfection ; et alors cette justice qui nous est

[1] On prétend que, par le nom de *Dorilas*, la Bruyère désigne Varillas, historien assez agréable, mais fort inexact. Quant au nom de *Handburg*, il n'y a pas la moindre incertitude : il est la parodie exacte de Maimbourg ; *hand* voulant dire *main* en allemand et en anglais. Madame de Sévigné a dit du P. Maimbourg, qu'*il a ramassé le délicat des mauvaises ruelles*. Ce jugement s'accorde fort bien avec celui de la Bruyère.

quelquefois refusée par nos contemporains, la postérité
sait nous la rendre.

Il ne faut point mettre un ridicule où il n'y en a point :
c'est se gâter le goût, c'est corrompre son jugement et
celui des autres. Mais le ridicule qui est quelque part, il
faut l'y voir, l'en tirer avec grâce, et d'une manière qui
plaise et qui instruise.

HORACE, ou DESPRÉAUX, l'a dit avant vous. Je le crois
sur votre parole, mais je l'ai dit comme mien. Ne puis-je
pas penser après eux une chose vraie, et que d'autres
encore penseront après moi?

---

## CHAPITRE II.
### *Du mérite personnel.*

Qui peut, avec les plus rares talents et le plus excellent
mérite, n'être pas convaincu de son inutilité, quand il
considère qu'il laisse, en mourant, un monde qui ne se
sent pas de sa perte, et où tant de gens se trouvent pour le
remplacer?

De bien des gens il n'y a que le nom qui vaille quelque
chose. Quand vous les voyez de fort près, c'est moins que
rien : de loin ils imposent.

Tout persuadé que je suis que ceux que l'on choisit pour
de différents emplois, chacun selon son génie et sa profession, font bien, je me hasarde de dire qu'il se peut faire
qu'il y ait au monde plusieurs personnes connues ou inconnues, que l'on n'emploie pas, qui feraient très-bien;
et je suis induit à ce sentiment par le merveilleux succès
de certaines gens que le hasard seul a placés, et de qui
jusques alors on n'avait pas attendu de fort grandes choses.

Combien d'hommes admirables, et qui avaient de très-beaux génies, sont morts sans qu'on en ait parlé ! Combien vivent encore dont on ne parle point, et dont on ne parlera jamais !

Quelle horrible peine à un homme qui est sans prôneurs et sans cabale, qui n'est engagé dans aucun corps, mais qui est seul, et qui n'a que beaucoup de mérite pour toute recommandation, de se faire jour à travers l'obscurité où il se trouve, et de venir au niveau d'un fat qui est en crédit !

Personne presque ne s'avise de lui-même du mérite d'un autre.

Les hommes sont trop occupés d'eux-mêmes pour avoir le loisir de pénétrer ou de discerner les autres : de là vient qu'avec un grand mérite et une plus grande modestie l'on peut être longtemps ignoré.

Le génie et les grands talents manquent souvent, quelquefois aussi les seules occasions : tels peuvent être loués de ce qu'ils ont fait, et tels de ce qu'ils auraient fait.

Il est moins rare de trouver de l'esprit que des gens qui se servent du leur, ou qui fassent valoir celui des autres, et le mettent à quelque usage.

Il y a plus d'outils que d'ouvriers, et de ces derniers plus de mauvais que d'excellents : que pensez-vous de celui qui veut scier avec un rabot, et qui prend sa scie pour raboter?

Il n'y a point au monde un si pénible métier que celui de se faire un grand nom : la vie s'achève, que l'on a à peine ébauché son ouvrage.

Que faire d'*Égésippe* qui demande un emploi? Le mettra-t-on dans les finances ou dans les troupes? Cela est indifférent, et il faut que ce soit l'intérêt seul qui en décide ; car il est aussi capable de manier de l'argent, ou de

dresser des comptes, que de porter les armes. Il est propre à tout, disent ses amis : ce qui signifie toujours qu'il
n'a pas plus de talent pour une chose que pour une autre ;
ou, en d'autres termes, qu'il n'est propre à rien. Ainsi la
plupart des hommes, occupés d'eux seuls dans leur jeunesse, corrompus par la paresse ou par le plaisir, croient
faussement, dans un âge plus avancé, qu'il leur suffit
d'être inutiles ou dans l'indigence, afin que la république
soit engagée à les placer ou à les secourir ; et ils profitent
rarement de cette leçon si importante : que les hommes
devraient employer les premières années de leur vie à devenir tels par leurs études et par leur travail, que la république elle-même eût besoin de leur industrie et de leurs
lumières ; qu'ils fussent comme une pièce nécessaire à tout
son édifice, et qu'elle se trouvât portée par ses propres
avantages à faire leur fortune ou à l'embellir.

Nous devons travailler à nous rendre très-dignes de
quelque emploi : le reste ne nous regarde point, c'est l'affaire des autres.

Se faire valoir par des choses qui ne dépendent point des
autres, mais de soi seul, ou renoncer à se faire valoir :
maxime inestimable et d'une ressource infinie dans la pratique, utile aux faibles, aux vertueux, à ceux qui ont de
l'esprit, qu'elle rend maîtres de leur fortune ou de leur repos : pernicieuse pour les grands ; qui diminuerait leur
cour, ou plutôt le nombre de leurs esclaves ; qui ferait tomber leur morgue avec une partie de leur autorité, et les
réduirait presque à leurs entremets et à leurs équipages ;
qui les priverait du plaisir qu'ils sentent à se faire prier,
presser, solliciter, à faire attendre ou à refuser, à promettre et à ne pas donner ; qui les traverserait dans le goût
qu'ils ont quelquefois à mettre les sots en vue, et à anéantir le mérite quand il leur arrive de le discerner ; qui ban-

nirait des cours les brigues, les cabales, les mauvais offices, la bassesse, la flatterie, la fourberie; qui ferait d'une
cour orageuse, pleine de mouvements et d'intrigues, comme
une pièce comique ou même tragique, dont les sages ne
seraient que les spectateurs ; qui remettrait de la dignité
dans les différentes conditions des hommes, de la sérénité sur leur visage ; qui étendrait leur liberté ; qui réveil-
lerait en eux, avec les talents naturels, l'habitude du
travail et de l'exercice ; qui les exciterait à l'émulation,
au désir de la gloire, à l'amour de la vertu ; qui, au lieu
de courtisans vils, inquiets, inutiles, souvent onéreux à
la république, en ferait ou de sages économes ou d'excellents pères de famille, ou des juges intègres, ou de bons
officiers, ou de grands capitaines, ou des orateurs, ou des
philosophes ; et qui ne leur attirerait à tous nul autre inconvénient que celui peut-être de laisser à leurs héritiers
moins de trésors que de bons exemples.

Il faut en France beaucoup de fermeté et une grande
étendue d'esprit pour se passer des charges et des emplois,
et consentir ainsi à demeurer chez soi et à ne rien faire.
Personne presque n'a assez de mérite pour jouer ce rôle
avec dignité, ni assez de fonds pour remplir le vide du
temps, sans ce que le vulgaire appelle des affaires. Il ne
manque cependant à l'oisiveté du sage, qu'un meilleur
nom ; et que méditer, parler, lire, et être tranquille, s'ap-
pelât travailler.

Un homme de mérite, et qui est en place, n'est jamais
incommode par sa vanité ; il s'étourdit moins du poste qu'il
occupe, qu'il n'est humilié par un plus grand qu'il ne remplit pas, et dont il se croit digne : plus capable d'inquiétude que de fierté ou de mépris pour les autres, il ne pèse
qu'à soi-même.

Il coûte à un homme de mérite de faire assidûment **sa**

cour, mais par une raison bien opposée à celle que l'on
pourrait croire. Il n'est point tel sans une grande modestie,
qui l'éloigne de penser qu'il fasse le moindre plaisir aux
princes s'il se trouve sur leur passage, se poste devant leurs
yeux et leur montre son visage. Il est plus proche de se persuader qu'il les importune ; et il a besoin de toutes les raisons tirées de l'usage et de son devoir, pour se résoudre à
se montrer. Celui au contraire qui a bonne opinion de soi,
et que le vulgaire appelle un glorieux, a du goût à se faire
voir ; et il fait sa cour avec d'autant plus de confiance,
qu'il est incapable de s'imaginer que les grands dont il
est vu pensent autrement de sa personne qu'il fait lui-
même.

Un honnête homme se paye par ses mains de l'application qu'il a à son devoir par le plaisir qu'il sent à le faire,
et se désintéresse sur les éloges, l'estime et la reconnaissance, qui lui manquent quelquefois.

Si j'osais faire une comparaison entre deux conditions
tout à fait inégales, je dirais qu'un homme de cœur pense
à remplir ses devoirs à peu près comme le couvreur songe
à couvrir : ni l'un ni l'autre ne cherchent à exposer leur
vie, ni ne sont détournés par le péril ; la mort pour eux est
un inconvénient dans le métier, et jamais un obstacle. Le
premier aussi n'est guère plus vain d'avoir paru à la tranchée, emporté un ouvrage ou forcé un retranchement, que
celui-ci d'avoir monté sur de hauts combles ou sur la pointe
d'un clocher. Ils ne sont tous deux appliqués qu'à bien
faire, pendant que le fanfaron travaille à ce que l'on dise
de lui qu'il a bien fait.

La modestie est au mérite ce que les ombres sont aux figures dans un tableau : elle lui donne de la force et du
relief.

Un extérieur simple est l'habit des hommes vulgaires ;
il est taillé pour eux et sur leur mesure ; mais c'est une parure pour ceux qui ont rempli leur vie de grandes actions ;
je les compare à une beauté négligée, mais plus piquante.

Certains hommes, contents d'eux-mêmes, de quelque
action ou de quelque ouvrage qui ne leur a pas mal réussi,
et ayant ouï dire que la modestie sied bien aux grands
hommes, osent être modestes, contrefont les simples et les
naturels ; semblables à ces gens d'une taille médiocre qui
se baissent aux portes, de peur de se heurter.

Votre fils est bègue ; ne le faites pas monter sur la tribune.
Votre fille est née pour le monde ; ne l'enfermez pas parmi
les vestales. *Xantus*, votre affranchi, est faible et timide ;
ne différez pas, retirez-le des légions et de la milice. Je
veux l'avancer, dites-vous : comblez-le de biens, surchar-
gez-le de terres, de titres et de possessions : servez-vous du
temps ; nous vivons dans un siècle où elles lui feront plus
d'honneur que la vertu. Il m'en coûterait trop, ajoutez-
vous. Parlez-vous sérieusement, *Crassus?* Songez-vous
que c'est une goutte d'eau que vous puisez du Tibre pour
enrichir Xantus que vous aimez, et pour prévenir les hon-
teuses suites d'un engagement où il n'est pas propre?

Il ne faut regarder dans ses amis que la seule vertu qui
nous attache à eux, sans aucun examen de leur bonne ou
de leur mauvaise fortune ; et, quand on se sent capable
de les suivre dans leur disgrâce, il faut les cultiver hardiment et avec confiance jusque dans leur plus grande prospérité.

S'il est ordinaire d'être vivement touché des choses rares,
pourquoi le sommes-nous si peu de la vertu?

S'il est heureux d'avoir de la naissance, il ne l'est pas
moins d'être tel qu'on ne s'informe plus si vous en avez.

Il apparaît de temps en temps sur la face de la terre des hommes rares, exquis, qui brillent par leur vertu, et dont les qualités éminentes jettent un éclat prodigieux. Semblables à ces étoiles extraordinaires dont on ignore les causes, et dont on sait encore moins ce qu'elles deviennent après avoir disparu, ils n'ont ni aïeuls, ni descendants ; ils composent seuls toute leur race.

Le bon esprit nous découvre notre devoir, notre engagement à le faire ; et s'il y a du péril, avec péril : il inspire le courage, ou il y supplée.

Quand on excelle dans son art, et qu'on lui donne toute la perfection dont il est capable, l'on en sort en quelque manière, et l'on s'égale à ce qu'il y a de plus noble et de plus relevé. V*** [1] est un peintre ; C*** [2], un musicien ; et l'auteur de Pyrame [3] est un poëte : mais MIGNARD est MIGNARD, LULLI est LULLI, et CORNEILLE est CORNEILLE.

Un homme libre, et qui n'a point de femme, s'il a quelque esprit, peut s'élever au-dessus de sa fortune, se mêler dans le monde, et aller de pair avec les plus honnêtes gens : cela est moins facile à celui qui est engagé ; il semble que le mariage met tout le monde dans son ordre.

Après le mérite personnel, il faut l'avouer, ce sont les éminentes dignités et les grands titres dont les hommes tirent plus de distinction et plus d'éclat ; et qui ne sait être un ÉRASME doit penser à être évêque. Quelques-uns, pour étendre leur renommée, entassent sur leurs personnes des pairies, des colliers d'ordre, des primaties, la pourpre, et ils auraient besoin d'une tiare : mais quel besoin a *Trophime* [4] d'être cardinal ?

---

[1] Vignon.
[2] Colasse.
[3] Pradon.
[4] Les éditions publiées par la Bruyère lui-même portent *Trophime.*

L'or éclate, dites-vous, sur les habits de *Philémon* : il éclate de même chez les marchands. Il est habillé des plus belles étoffes : le sont-elles moins toutes déployées dans les boutiques, et à la pièce? Mais la broderie et les ornements y ajoutent encore la magnificence : je loue donc le travail de l'ouvrier. Si on lui demande quelle heure il est, il tire une montre qui est un chef-d'œuvre; la garde de son épée est un onyx[1]; il a au doigt un gros diamant qu'il fait briller aux yeux, et qui est parfait : il ne lui manque aucune de ces curieuses bagatelles que l'on porte sur soi autant pour la vanité que pour l'usage; et il ne se plaint non plus toute sorte de parures qu'un jeune homme qui a épousé une riche vieille. Vous m'inspirez enfin de la curiosité; il faut voir du moins des choses si précieuses : envoyez-moi cet habit et ces bijoux de Philémon; je vous quitte de la personne.

Tu te trompes, Philémon, si, avec ce carrosse brillant, ce grand nombre de coquins qui te suivent, et ces six bêtes qui te traînent, tu penses que l'on t'en estime davantage. L'on écarte tout cet attirail qui t'est étranger, pour pénétrer jusqu'à toi, qui n'es qu'un fat.

Ce n'est pas qu'il faut quelquefois pardonner à celui qui, avec un grand cortége, un habit riche, et un magnifique équipage, s'en croit plus de naissance et plus d'esprit : il lit cela dans la contenance et dans les yeux de ceux qui lui parlent.

Un homme à la cour, et souvent à la ville, qui a un long manteau de soie ou de drap de Hollande, une ceinture large et placée haut sur l'estomac, le soulier de maroquin,

Les éditeurs qui sont venus ensuite ont mis *Bénigne*, pour mieux désigner Bossuet, qu'apparemment la Bruyère avait en vue.
[1] Agate. (*Note de la Bruyère.*)

la calotte de même, d'un beau grain, un collet bien fait et bien empesé, les cheveux arrangés et le teint vermeil; qui avec cela se souvient de quelques distinctions métaphysiques, explique ce que c'est que la lumière de gloire, et sait précisément comment l'on voit Dieu : cela s'appelle un docteur. Une personne humble, qui est ensevelie dans le cabinet, qui a médité, cherché, consulté, confronté, lu ou écrit pendant toute sa vie, est un homme docte.

Chez nous, le soldat est brave, et l'homme de robe est savant : nous n'allons pas plus loin. Chez les Romains, l'homme de robe était brave, et le soldat était savant : un Romain était tout ensemble et le soldat et l'homme de robe.

Il semble que le héros est d'un seul métier, qui est celui de la guerre; et que le grand homme est de tous les métiers, ou de la robe, ou de l'épée, ou du cabinet, ou de la cour : l'un et l'autre mis ensemble ne pèsent pas un homme de bien.

Dans la guerre, la distinction entre le héros et le grand homme est délicate : toutes les vertus militaires font l'un et l'autre. Il semble néanmoins que le premier soit jeune, entreprenant, d'une haute valeur, ferme dans les périls, intrépide; que l'autre excelle par un grand sens, par une vaste prévoyance, par une haute capacité, et par une longue expérience. Peut-être qu'Alexandre n'était qu'un héros, et que César était un grand homme.

*Æmile* [1] était né ce que les plus grands hommes ne deviennent qu'à force de règles, de méditation et d'exercice.

---

[1] La plupart des traits rassemblés dans ce portrait semblent appartenir au grand Condé. On conçoit que la Bruyère, employé à l'éducation du petit-fils de ce héros, se soit plu à tracer l'image du prince qui avait jeté tant d'éclat sur l'auguste famille à laquelle lui-même était attaché.

Il n'a eu dans ses premières années qu'à remplir des talents qui étaient naturels, et qu'à se livrer à son génie. Il
a fait, il a agi avant que de savoir, ou plutôt il a su ce
qu'il n'avait jamais appris. Dirai-je que les jeux de son enfance ont été plusieurs victoires? Une vie accompagnée d'un
extrême bonheur joint à une longue expérience serait illustre par les seules actions qu'il avait achevées dès sa jeunesse. Toutes les occasions de vaincre qui se sont depuis
offertes, il les a embrassées; et celles qui n'étaient pas, sa
vertu et son étoile les ont fait naître : admirable même et
par les choses qu'il a faites, et par celles qu'il aurait pu
faire. On l'a regardé comme un homme incapable de céder
à l'ennemi, de plier sous le nombre ou sous les obtacles;
comme une âme du premier ordre, pleine de ressources et
de lumières, et qui voyait encore où personne ne voyait
plus; comme celui qui, à la tête des légions, était pour
elles un présage de la victoire, et qui valait seul plusieurs
légions; qui était grand dans la prospérité, plus grand
quand la fortune lui a été contraire : la levée d'un siége,
une retraite, l'ont plus ennobli que ses triomphes; l'on ne
met qu'après les batailles gagnées et les villes prises; qui
était rempli de gloire et de modestie; on lui a entendu dire,
*Je fuyais*, avec la même grâce qu'il disait, *Nous les bat-
tîmes*; un homme dévoué à l'État, à sa famille, au chef
de sa famille; sincère pour Dieu et pour les hommes, autant admirateur du mérite que s'il lui eût été moins propre
et moins familier : un homme vrai, simple, magnanime, à
qui il n'a manqué que les moindres vertus.

Les enfants des dieux [1], pour ainsi dire, se tirent des
règles de la nature, et en sont comme l'exception : ils n'attendent presque rien du temps et des années. Le mérite chez

[1] Fils, petit-fils, issus de rois. (*Note de la Bruyère.*)

eux devance l'âge. Ils naissent instruits, et ils sont plus tôt des hommes parfaits que le commun des hommes ne sort de l'enfance.

Les vues courtes, je veux dire les esprits bornés et resserrés dans leur petite sphère, ne peuvent comprendre cette universalité de talents que l'on remarque quelquefois dans un même sujet : où ils voient l'agréable, ils en excluent le solide ; où ils croient découvrir les grâces du corps, l'agilité, la souplesse, la dextérité, ils ne veulent plus y admettre les dons de l'âme, la profondeur, la réflexion, la sagesse : ils ôtent de l'histoire de Socrate qu'il ait dansé.

Il n'y a guère d'homme si accompli et si nécessaire aux siens, qu'il n'ait de quoi se faire moins regretter.

Un homme d'esprit et d'un caractère simple et droit peut tomber dans quelque piége ; il ne pense pas que personne veuille lui en dresser, et le choisir pour être sa dupe : cette confiance le rend moins précautionné, et les mauvais plaisants l'entament par cet endroit. Il n'y a qu'à perdre pour ceux qui en viendraient à une seconde charge : il n'est trompé qu'une fois.

J'éviterai avec soin d'offenser personne, si je suis équitable ; mais sur toutes choses un homme d'esprit, si j'aime le moins du monde mes intérêts.

Il n'y a rien de si délié, de si simple, et de si imperceptible, où il n'entre des manières qui nous décèlent. Un sot ni n'entre, ni ne sort, ni ne s'assied, ni ne se lève, ni ne se tait, ni n'est sur ses jambes, comme un homme d'esprit.

Je connais *Mopse* d'une visite qu'il m'a rendue sans me connaître. Il prie des gens qu'il ne connaît point de le mener chez d'autres dont il n'est pas connu ; il écrit à des femmes qu'il connaît de vue ; il s'insinue dans un cercle de

personnes respectables, et qui ne savent quel il est ; et là,
sans attendre qu'on l'interroge, ni sans sentir qu'il interrompt, il parle, et souvent, et ridiculement. Il entre une
autre fois dans une assemblée, se place où il se trouve, sans
nulle attention aux autres, ni à soi-même : on l'ôte d'une
place destinée à un ministre, il s'assied à celle d'un duc et
pair : il est là précisément celui dont la multitude rit, et
qui seul est grave et ne rit point. Chassez un chien du fauteuil du roi, il grimpe à la chaire du prédicateur ; il regarde le monde indifféremment, sans embarras, sans pudeur : il n'a pas, non plus que le sot, de quoi rougir.

*Celse* est d'un rang médiocre ; mais des grands le souffrent : il n'est pas savant ; il a relation avec des savants :
il a peu de mérite ; mais il connaît des gens qui en ont beaucoup : il n'est pas habile ; mais il a une langue qui peut servir de truchement, et des pieds qui peuvent le porter d'un
lieu à un autre. C'est un homme né pour des allées et ve-
nues, pour écouter des propositions et les rapporter, pour
en faire d'office, pour aller plus loin que sa commission,
et en être désavoué ; pour réconcilier des gens qui se que-
rellent à leur première entrevue ; pour réussir dans une affaire et en manquer mille ; pour se donner toute la gloire
de la réussite, et pour détourner sur les autres la haine
d'un mauvais succès. Il sait les bruits communs, les historiettes de la ville ; il ne fait rien ; il dit ou il écoute ce que
les autres font ; il est nouvelliste ; il sait même le secret
des familles : il entre dans de plus hauts mystères ; il vous
dit pourquoi celui-ci est exilé, et pourquoi on rappelle cet
autre : il connaît le fond et les causes de la brouillerie des
deux frères, et de la rupture des deux ministres. N'a-t-il
pas prédit aux premiers les tristes suites de leur mésintelligence ? n'a-t-il pas dit de ceux-ci que leur union ne serait

pas longue? n'était-il pas présent à de certaines paroles qui furent dites? n'entra-t-il pas dans une espèce de négociation? le voulut-on croire? fut-il écouté? à qui parlez-vous de ces choses? qui a eu plus de part que Celse à toutes ces intrigues de cour? et si cela n'était ainsi, s'il ne l'avait du moins ou rêvé ou imaginé, songerait-il à vous le faire croire? aurait-il l'air important et mystérieux d'un homme revenu d'une ambassade?

*Ménippe* est l'oiseau paré de divers plumages qui ne sont pas à lui : il ne parle pas, il ne sent pas ; il répète des sentiments et des discours, se sert même si naturellement de l'esprit des autres, qu'il y est le premier trompé, et qu'il croit souvent dire son goût ou expliquer sa pensée, lorsqu'il n'est que l'écho de quelqu'un qu'il vient de quitter. C'est un homme qui est de mise un quart d'heure de suite, qui le moment d'après baisse, dégénère, perd le peu de lustre qu'un peu de mémoire lui donnait, et montre la corde : lui seul ignore combien il est au-dessous du sublime et de l'héroïque ; et, incapable de savoir jusqu'où l'on peut avoir de l'esprit, il croit naïvement que ce qu'il en a est tout ce que les hommes en sauraient avoir : aussi a-t-il l'air et le maintien de celui qui n'a rien à désirer sur ce chapitre, et qui ne porte envie à personne. Il se parle souvent à soi-même, et il ne s'en cache pas, ceux qui passent le voient ; et il semble toujours prendre un parti, ou décider qu'une telle chose est sans réplique. Si vous le saluez quelquefois, c'est le jeter dans l'embarras de savoir s'il doit rendre le salut, ou non ; et, pendant qu'il délibère, vous êtes déjà hors de portée. Sa vanité l'a fait honnête homme, l'a mis au-dessus de lui-même, l'a fait devenir ce qu'il n'était pas. L'on juge en le voyant qu'il n'est occupé que de sa personne ; qu'il sait que tout lui sied bien, et que sa parure est assortie ; qu'il croit que tous les yeux sont ouverts sur lui, et que les hommes se relaient pour le contempler.

Celui qui, logé chez soi dans un palais avec deux appartements pour les deux saisons, vient coucher au Louvre dans un entre-sol, n'en use pas ainsi par modestie. Cet autre, qui pour conserver une taille fine s'abstient du vin, et ne fait qu'un seul repas, n'est ni sobre ni tempérant ; et d'un troisième qui, importuné d'un ami pauvre, lui donne enfin quelque secours, l'on dit qu'il achète son repos, et nullement qu'il est libéral. Le motif seul fait le mérite des actions des hommes, et le désintéressement y met la perfection.

La fausse grandeur est farouche et inaccessible : comme elle sent son faible, elle se cache, ou du moins ne se montre pas de front, et ne se fait voir qu'autant qu'il faut pour imposer et ne paraître point ce qu'elle est, je veux dire une vraie petitesse. La véritable grandeur est libre, douce, familière, populaire. Elle se laisse toucher et manier ; elle ne perd rien à être vue de près : plus on la connaît, plus on l'admire. Elle se courbe par bonté vers ses inférieurs, et revient sans effort dans son naturel. Elle s'abandonne quelquefois, se néglige, se relâche de ses avantages, toujours en pouvoir de les reprendre et de les faire valoir : elle rit, joue, et badine, mais avec dignité. On l'approche tout ensemble avec liberté et avec retenue. Son caractère est noble et facile, inspire le respect et la confiance, et fait que les princes nous paraissent grands et très-grands, sans nous faire sentir que nous sommes petits.

Le sage guérit de l'ambition par l'ambition même ; il tend à de si grandes choses, qu'il ne peut se borner à ce qu'on appelle des trésors, des postes, la fortune, et la faveur. Il ne voit rien dans de si faibles avantages qui soit assez bon et assez solide pour remplir son cœur, et pour mériter ses soins et ses désirs; il a même besoin d'efforts pour ne les pas trop dédaigner. Le seul bien capable de le tenter est cette sorte de gloire qui devrait naître de la vertu toute pure et toute simple : mais les hommes ne l'accordent guère; et il s'en passe.

Celui-là est bon, qui fait du bien aux autres : s'il souffre pour le bien qu'il fait, il est très-bon; s'il souffre de ceux à qui il a fait ce bien, il a une si grande bonté qu'elle ne peut être augmentée que dans le cas où ses souffrances viendraient à croître; et s'il en meurt, sa vertu ne saurait aller plus loin : elle est héroïque, elle est parfaite.

## CHAPITRE III.
### Des femmes.

Les hommes et les femmes conviennent rarement sur le mérite d'une femme : leurs intérêts sont trop différents. Les femmes ne se plaisent point les unes aux autres par les mêmes agréments qu'elles plaisent aux hommes : mille manières, qui allument dans ceux-ci les grandes passions, forment entre elles l'aversion et l'antipathie.

Il y a dans quelques femmes une grandeur artificielle attachée au mouvement des yeux, à un air de tête, aux façons de marcher, et qui ne va pas plus loin; un esprit éblouissant qui impose, et que l'on n'estime que parce qu'il n'est pas approfondi. Il y a dans quelques autres une grandeur simple, naturelle, indépendante du geste et de la démarche, qui a sa source dans le cœur, et qui est comme une suite de leur haute naissance; un mérite

paisible, mais solide, accompagné de mille vertus qu'elles
ne peuvent couvrir de toute leur modestie, qui échappent,
et qui se montrent à ceux qui ont des yeux.

J'ai vu souhaiter d'être fille, et une belle fille, depuis
treize ans jusqu'à vingt-deux, et après cet âge de devenir
un homme.

Quelques jeunes personnes ne connaissent point assez
les avantages d'une heureuse nature, et combien il leur
serait utile de s'y abandonner. Elles affaiblissent ces dons
du ciel, si rares et si fragiles, par des manières affectées
et par une mauvaise imitation. Leur son de voix et leur
démarche sont empruntés. Elles se composent, elles se
recherchent, regardent dans un miroir si elles s'éloignent
assez de leur naturel : ce n'est pas sans peine qu'elles
plaisent moins.

Chez les femmes, se parer et se farder n'est pas, je l'a-
voue, parler contre sa pensée ; c'est plus aussi que le tra-
vestissement et la mascarade, où l'on ne se donne point pour
ce que l'on paraît être, mais où l'on pense seulement à se
cacher et à se faire ignorer ; c'est chercher à imposer aux
yeux, et vouloir paraître, selon l'extérieur, contre la ve-
rité ; c'est une espèce de menterie.

Il faut juger des femmes depuis la chaussure jusqu'à
la coiffure exclusivement, à peu près comme on mesure
le poisson entre queue et tête.

Si les femmes veulent seulement être belles à leurs
propres yeux et se plaire à elles-mêmes, elles peuvent
sans doute, dans la manière de s'embellir, dans le choix
des ajustements et de la parure, suivre leur goût et leur
caprice : mais si c'est aux hommes qu'elles désirent de
plaire, si c'est pour eux qu'elles se fardent ou qu'elles
s'enluminent, j'ai recueilli les voix, et je leur prononce, de

la part de tous les hommes ou de la plus grande partie,
que le blanc et le rouge les rendent affreuses et dégoûtantes ; que le rouge seul les vieillit et les déguise ; qu'ils haïssent autant à les voir avec de la céruse sur le visage qu'a-
vec de fausses dents en la bouche, et des boules de cire
dans les mâchoires ; qu'ils protestent sérieusement contre
tout l'artifice dont elles usent pour se rendre laides ; et que,
bien loin d'en répondre devant Dieu, il semble au contraire qu'il leur ait réservé ce dernier et infaillible moyen
de guérir des femmes.

Si les femmes étaient telles naturellement qu'elles le
deviennent par artifice, qu'elles perdissent en un moment
toute la fraîcheur de leur teint, qu'elles eussent le visage
aussi allumé et aussi plombé qu'elles se le font par le
rouge et par la peinture dont elles se fardent, elles seraient
inconsolables.

Une femme coquette ne se rend point sur la passion
de plaire, et sur l'opinion qu'elle a de sa beauté. Elle regarde le temps et les années comme quelque chose seulement qui ride et qui enlaidit les autres femmes : elle oublie du moins que l'âge est écrit sur le visage. La même
parure qui a autrefois embelli sa jeunesse défigure enfin
sa personne, éclaire les défauts de sa vieillesse. La mignardise et l'affectation l'accompagnent dans la douleur
et dans la fièvre : elle meurt parée et en rubans de couleur.

*Lise* entend dire d'une autre coquette qu'elle se moque de se piquer de jeunesse, et de vouloir user d'ajustements qui ne conviennent plus à une femme de quarante
ans. Lise les a accomplis ; mais les années pour elle ont
moins de douze mois, et ne la vieillissent point. Elle le
croit ainsi ; et, pendant qu'elle se regarde au miroir,

qu'elle met du rouge sur son visage, et qu'elle place des mouches, elle convient qu'il n'est pas permis à un certain âge de faire la jeune, et que *Clarice* en effet, avec ses mouches et son rouge, est ridicule.

Les femmes se préparent pour leurs amants, si elles les attendent : mais si elles en sont surprises, elles oublient à leur arrivée l'état où elles se trouvent; elles ne se voient plus. Elles ont plus de loisir avec les indifférents; elles sentent le désordre où elles sont, s'ajustent en leur présence, ou disparaissent un moment, et reviennent parées.

Un beau visage est le plus beau de tous les spectacles ; et l'harmonie la plus douce est le son de voix de celle que l'on aime.

L'agrément est arbitraire : la beauté est quelque chose de plus réel et de plus indépendant du goût et de l'opinion.

L'on peut être touché de certaines beautés si parfaites , et d'un mérite si éclatant, que l'on se borne à les voir et à leur parler.

Une belle femme qui a les qualités d'un honnête homme est ce qu'il y a au monde d'un commerce plus délicieux : l'on trouve en elle tout le mérite des deux sexes.

Il échappe à une jeune personne de petites choses qui persuadent beaucoup, et qui flattent sensiblement celui pour qui elles sont faites : il n'échappe presque rien aux hommes ; leurs caresses sont volontaires, ils parlent, ils agissent, ils sont empressés , et persuadent moins.

Le caprice est dans les femmes tout proche de la beauté, pour être son contre-poison , et afin qu'elle nuise moins aux hommes, qui n'en guériraient pas sans remède.

Les femmes s'attachent aux hommes par les faveurs qu'elles leur accordent : les hommes guérissent par ces mêmes faveurs.

Une femme oublie d'un homme qu'elle n'aime plus, jusqu'aux faveurs qu'il a reçues d'elle.

Une femme qui n'a qu'un galant croit n'être point coquette; celle qui a plusieurs galants croit n'être que coquette.

Telle femme évite d'être coquette par un ferme attachement à un seul, qui passe pour folle par son mauvais choix.

Un ancien galant tient à si peu de chose, qu'il cède à un nouveau mari; et celui-ci dure si peu, qu'un nouveau galant qui survient lui rend le change.

Un ancien galant craint ou méprise un nouveau rival, selon le caractère de la personne qu'il sert.

Il ne manque souvent à un ancien galant, auprès d'une femme qui l'attache, que le nom de mari : c'est beaucoup; et il serait mille fois perdu sans cette circonstance.

Il semble que la galanterie dans une femme ajoute à la coquetterie. Un homme coquet, au contraire, est quelque chose de pire qu'un homme galant. L'homme coquet et la femme galante vont assez de pair.

Il y a peu de galanteries secrètes : bien des femmes ne sont pas mieux désignées par le nom de leurs maris que par celui de leurs amants.

Une femme galante veut qu'on l'aime : il suffit à une coquette d'être trouvée aimable, et de passer pour belle. Celle-là cherche à engager, celle-ci se contente de plaire. La première passe successivement d'un engagement à un autre; la seconde a plusieurs amusements tout à la fois. Ce qui domine dans l'une, c'est la passion et le plaisir; et, dans l'autre, c'est la vanité et la légèreté. La galanterie est un faible du cœur, ou peut-être un vice de la complexion; la coquetterie est un dérèglement de l'esprit. La femme galante se fait craindre, et la coquette se fait haïr. L'on peut tirer de ces deux caractères de quoi en faire un troisième, le pire de tous.

Une femme faible est celle à qui l'on reproche une faute,
qui se la reproche à elle-même, dont le cœur combat la
raison ; qui veut guérir, qui ne guérira point, ou bien tard.

Une femme inconstante est celle qui n'aime plus ; une
légère, celle qui déjà en aime un autre ; une volage, celle
qui ne sait si elle aime et ce qu'elle aime ; une indifférente,
celle qui n'aime rien.

La perfidie, si je l'ose dire, est une menterie de toute la
personne : c'est dans une femme l'art de placer un mot ou
une action qui donne le change, et quelquefois de mettre
en œuvre des serments et des promesses qui ne lui coûtent
pas plus à faire qu'à violer.

Une femme infidèle, si elle est connue pour telle de la
personne intéressée, n'est qu'infidèle ; s'il la croit fidèle,
elle est perfide.

On tire ce bien de la perfidie des femmes, qu'elle guérit
de la jalousie.

Quelques femmes ont, dans le cours de leur vie, un
double engagement à soutenir, également difficile à rompre et à dissimuler : il ne manque à l'un que le contrat,
et à l'autre que le cœur.

A juger de cette femme par sa beauté, sa jeunesse, sa
fierté et ses dédains, il n'y a personne qui doute que ce ne
soit un héros qui doive un jour la charmer : son choix est
fait, c'est un petit monstre qui manque d'esprit.

Il y a des femmes déjà flétries qui, par leur complexion
ou par leur mauvais caractère, sont naturellement la ressource des jeunes gens qui n'ont pas assez de bien. Je ne
sais qui est plus à plaindre, ou d'une femme avancée en
âge qui a besoin d'un cavalier, ou d'un cavalier qui a besoin d'une vieille.

Le rebut de la cour est reçu à la ville dans une ruelle,
où il défait le magistrat même en cravate et en habit gris,

ainsi que le bourgeois en baudrier, les écarte, et devient
maître de la place : il est écouté, il est aimé; on ne tient
guère plus d'un moment contre une écharpe d'or et une
plume blanche, contre un homme qui *parle au roi et voit
les ministres.* Il fait des jaloux et des jalouses; on l'admire, il fait envie : à quatre lieues de là il fait pitié.

Un homme de la ville est pour une femme de province
ce qu'est pour une femme de ville un homme de la cour.

A un homme vain, indiscret, qui est grand parleur et
mauvais plaisant, qui parle de soi avec confiance, et des
autres avec mépris; impétueux, altier, entreprenant, sans
mœurs ni probité, de nul jugement et d'une imagination
très-libre, il ne lui manque plus, pour être adoré de bien
des femmes, que de beaux traits et la taille belle.

Est-ce en vue du secret, ou par un goût hypocondre,
que cette femme aime un valet; cette autre, un moine; et
*Dorine*, son médecin?

*Roscius* [1] entre sur la scène de bonne grâce : oui, *Lélie*;
et j'ajoute encore qu'il a les jambes bien tournées, qu'il
joue bien, et de longs rôles; et que pour déclamer parfaitement il ne lui manque, comme on le dit, que de parler
avec la bouche : mais est-il le seul qui ait de l'agrément
dans ce qu'il fait? et ce qu'il fait, est-ce la chose la plus
noble et la plus honnête que l'on puisse faire? Roscius d'ailleurs ne peut être à vous; il est à une autre; et quand cela
ne serait pas ainsi, il est retenu : *Claudie* attend, pour
l'avoir, qu'il se soit dégoûté de *Messaline*. Prenez *Bathylle*,
Lélie : où trouverez-vous, je ne dis pas dans l'ordre

Sans traduire les noms antiques par des noms modernes, comme
l'ont fait hardiment des fabricateurs de clefs, on peut croire que, dans
tout ce paragraphe, la Bruyère dirige les traits de son ironie amère
contre quelques grandes dames de ce temps, qui se disputaient scan-
daleusement la possession de certains comédiens, danseurs ou musiciens, tels que Baron, Pécourt, et autres.

des chevaliers que vous dédaignez, mais même parmi les
farceurs, un jeune homme qui s'élève si haut en dansant,
et qui passe mieux la cabriole? Voudriez-vous le sauteur
*Cobus*, qui, jetant ses pieds en avant, tourne une fois en
l'air avant que de tomber à terre? ignorez-vous qu'il n'est
plus jeune? Pour Bathylle, dites-vous, la presse y est trop
grande; et il refuse plus de femmes qu'il n'en agrée. Mais
vous avez *Dracon*, le joueur de flûte : nul autre de son
métier n'enfle plus décemment ses joues en soufflant dans
le hautbois ou le flageolet : car c'est une chose infinie que le
nombre des instruments qu'il fait parler ; plaisant d'ailleurs,
il fait rire jusqu'aux enfants et aux femmelettes. Qui mange
et qui boit mieux que Dracon en un seul repas? Il enivre toute une compagnie, et il se rend le dernier. Vous sou-
pirez, Lélie : est-ce que Dracon aurait fait un choix, ou
que malheureusement on vous aurait prévenue? Se serait-
il enfin engagé à *Césonie*, qui l'a tant couru, qui lui a
sacrifié une si grande foule d'amants, je dirai même toute
la fleur des Romains ; à Césonie, qui est d'une famille pa-
tricienne, qui est si jeune, si belle, et si sérieuse? Je vous
plains, Lélie, si vous avez pris par contagion ce nouveau
goût qu'ont tant de femmes romaines pour ce qu'on appelle
des hommes publics, et exposés par leur condition à la vue
des autres. Que ferez-vous, lorsque le meilleur en ce genre
vous est enlevé? Il reste encore *Bronte* le questionnaire [1] :
le peuple ne parle que de sa force et de son adresse; c'est
un jeune homme qui a les épaules larges et la taille ramas-
sée, un nègre d'ailleurs, un homme noir.

Pour les femmes du monde un jardinier est un jardinier,
et un maçon est un maçon ; pour quelques autres plus re-

[1] Le bourreau.

tirées, un maçon est un homme, un jardinier est un homme.
Tout est tentation à qui la craint.

Quelques femmes donnent aux couvents et à leurs
amants : galantes et bienfaitrices, elles ont jusque dans
l'enceinte de l'autel des tribunes et des oratoires où elles
lisent des billets tendres, et où personne ne voit qu'elles ne
prient point Dieu.

Qu'est-ce qu'une femme que l'on dirige? est-ce une
femme plus complaisante pour son mari, plus douce pour
ses domestiques, plus appliquée à sa famille et à ses affaires, plus ardente et plus sincère pour ses amis; qui soit
moins esclave de son humeur, moins attachée à ses intérêts; qui aime moins les commodités de la vie; je ne dis
pas qui fasse des largesses à ses enfants, qui sont déjà riches, mais qui, opulente elle-même et accablée du superflu, leur fournisse le nécessaire, et leur rende au moins la
justice qu'elle leur doit; qui soit plus exempte d'amour de
soi-même, et d'éloignement pour les autres; qui soit plus
libre de tous attachements humains? Non, dites-vous, ce
n'est rien de toutes ces choses. J'insiste, et je vous demande : Qu'est-ce donc qu'une femme que l'on dirige? Je vous
entends, c'est une femme qui a un directeur.

Si le confesseur et le directeur ne conviennent point
sur une règle de conduite, qui sera le tiers qu'une femme
prendra pour surarbitre?

Le capital pour une femme n'est pas d'avoir un directeur, mais de vivre si uniment qu'elle s'en puisse passer.

Si une femme pouvait dire à son confesseur, avec ses
autres faiblesses, celles qu'elle a pour son directeur, et le
temps qu'elle perd dans son entretien, peut-être lui serait-
il donné pour pénitence d'y renoncer.

Je voudrais qu'il me fût permis de crier de toute ma

force à ces hommes saints qui ont été autrefois blessés des femmes : Fuyez les femmes, ne les dirigez point; laissez à d'autres le soin de leur salut.

C'est trop contre un mari d'être coquette et dévote : une femme devrait opter.

J'ai différé à le dire, et j'en ai souffert; mais enfin il m'échappe, et j'espère même que ma franchise sera utile à celles qui, n'ayant pas assez d'un confesseur pour leur conduite, n'usent d'aucun discernement dans le choix de leurs directeurs. Je ne sors pas d'admiration et d'étonnement à la vue de certains personnages que je ne nomme point. J'ouvre de fort grands yeux sur eux ; je les contemple : ils parlent, je prête l'oreille, je m'informe; on me dit des faits, je les recueille ; et je ne comprends pas comment des gens en qui je crois voir toutes choses diamétralement opposées au bon esprit, au sens droit, à l'expérience des affaires du monde, à la connaissance de l'homme, à la science de la religion et des mœurs, présument que Dieu doive renouveler en nos jours la merveille de l'apostolat, et faire un miracle en leurs personnes, en les rendant capables, tout simples et petits esprits qu'ils sont, du ministère des âmes, celui de tous le plus délicat et le plus sublime : et si au contraire ils se croient nés pour un emploi si relevé, si difficile, accordé à si peu de personnes, et qu'ils se persuadent de ne faire en cela qu'exercer leurs talents naturels et suivre une vocation ordinaire, je le comprends encore moins.

Je vois bien que le goût qu'il y a à devenir le dépositaire du secret des familles, à se rendre nécessaire pour les réconciliations, à procurer des commissions ou à placer des domestiques, à trouver toutes les portes ouvertes dans les maisons des grands, à manger souvent à de bonnes tables,

à se promener en carrosse dans une grande ville , et à faire
de délicieuses retraites à la campagne , à voir plusieurs personnes de nom et de distinction s'intéresser à sa vie et à
sa santé, et à ménager pour les autres et pour soi-même
tous les intérêts humains : je vois bien, encore une fois,
que cela seul a fait imaginer le spécieux et irrépréhensible
prétexte du soin des âmes, et semé dans le monde cette
pépinière intarissable de directeurs.

La dévotion vient à quelques-uns, et surtout aux
femmes, comme une passion, ou comme le faible d'un
certain âge, ou comme une mode qu'il faut suivre. Elles
comptaient autrefois une semaine par les jours de jeu, de
spectacle, de concert, de mascarade, ou d'un joli sermon.
Elles allaient le lundi perdre leur argent chez *Ismène* ; le
mardi, leur temps chez *Climène* ; et le mercredi, leur réputation chez *Célimène* ; elles savaient dès la veille toute la
joie qu'elles devaient avoir le jour d'après et le lendemain :
elles jouissaient tout à fois du plaisir présent et de celui
qui ne leur pouvait manquer ; elles auraient souhaité de
les pouvoir rassembler tous en un seul jour. C'était alors
leur unique inquiétude, et tout le sujet de leurs distractions ; et, si elles se trouvaient quelquefois à l'*opéra*,
elles y regrettaient la comédie. Autres temps, autres
mœurs : elles outrent l'austérité et la retraite ; elles n'ouvrent plus les yeux qui leur sont donnés pour voir ; elles
ne mettent plus leurs sens à aucun usage, et, chose incroyable ! elles parlent peu : elles pensent encore et assez
bien d'elles-mêmes, comme assez mal des autres. Il y a
chez elles une émulation de vertu et de réforme qui tient
quelque chose de la jalousie. Elles ne haïssent pas de primer dans ce nouveau genre de vie, comme elles faisaient
dans celui qu'elles viennent de quitter par politique ou par

dégoût. Elles se perdaient gaiement par la galanterie, par
la bonne chère, et par l'oisiveté; et elles se perdent triste-
ment par la présomption et par l'envie.

Si j'épouse, *Hermas*, une femme avare, elle ne me
ruinera point; si une joueuse, elle pourra s'enrichir ; si une
savante, elle saura m'instruire ; si une prude, elle ne sera
point emportée; si une emportée, elle exercera ma patience ;
si une coquette, elle voudra me plaire; si une galante,
elle le sera peut-être jusqu'à m'aimer ; si une dévote[1], répondez, Hermas, que dois-je attendre de celle qui veut
tromper Dieu, et qui se trompe elle-même?

Une femme est aisée à gouverner, pourvu que ce soit un
homme qui s'en donne la peine. Un seul même en gouverne
plusieurs; il cultive leur esprit et leur mémoire, fixe et
détermine leur religion; il entreprend même de régler leur
cœur. Elles n'approuvent et ne désapprouvent, ne louent et ne
condamnent qu'après avoir consulté ses yeux et son visage.
Il est le dépositaire de leurs joies et de leurs chagrins, de leurs
désirs, de leurs jalousies, de leurs haines et de leurs amours ;
il les fait rompre avec leurs galants; il les brouille et les
réconcilie avec leurs maris; et il profite des interrègnes. Il
prend soin de leurs affaires, sollicite leurs procès, et voit
leurs juges; il leur donne son médecin, son marchand, ses
ouvriers; il s'ingère de les loger, de les meubler, et il ordonne de leur équipage. On le voit avec elles dans leurs
carrosses, dans les rues d'une ville, et aux promenades,
ainsi que dans leur banc à un sermon, et dans leur loge à
la comédie. Il fait avec elles les mêmes visites; il les ac-
compagne au bain, aux eaux, dans les voyages; il a le
plus commode appartement chez elles à la campagne. Il
vieillit sans déchoir de son autorité : un peu d'esprit et

---

[1] Fausse dévote. (*Note de la Bruyère.*)

beaucoup de temps à perdre lui suffit pour la conserver. Les enfants, les héritiers, la bru, la nièce, les domestiques, tout en dépend. Il a commencé par se faire estimer, il finit par se faire craindre. Cet ami si ancien, si nécessaire, meurt sans qu'on le pleure ; et dix femmes, dont il était le tyran, héritent par sa mort de la liberté.

Quelques femmes ont voulu cacher leur conduite sous les dehors de la modestie ; et tout ce que chacune a pu gagner par une continuelle affectation, et qui ne s'est jamais démentie, a été de faire dire de soi : *On l'aurait prise pour une vestale.*

C'est dans les femmes une violente preuve d'une réputation bien nette et bien établie, qu'elle ne soit pas même effleurée par la familiarité de quelques-unes qui ne leur ressemblent point ; et qu'avec toute la pente qu'on a aux malignes explications, on ait recours à une tout autre raison de ce commerce qu'à celle de la convenance des mœurs.

Un comique outre sur la scène ses personnages ; un poëte charge ses descriptions ; un peintre qui fait d'après nature force et exagère une passion, un contraste, des attitudes ; et celui qui copie, s'il ne mesure au compas les grandeurs et les proportions, grossit ses figures, donne à toutes les pièces qui entrent dans l'ordonnance de son tableau plus de volume que n'en ont celles de l'original : de même la pruderie est une imitation de la sagesse.

Il y a une fausse modestie qui est vanité, une fausse gloire qui est légèreté ; une fausse grandeur qui est petitesse ; une fausse vertu qui est hypocrisie ; une fausse sagesse qui est pruderie.

Une femme prude paye de maintien et de paroles, une femme sage paye de conduite. Celle-là suit son humeur et sa complexion, celle-ci sa raison et son cœur. L'une est sérieuse et austère ; l'autre est, dans les diverses rencontres, précisément ce qu'il faut qu'elle soit. La première cache des faibles sous de plausibles dehors ; la seconde ouvre un riche fonds sous un air libre et naturel. La pruderie contraint l'esprit, ne cache ni l'âge ni la laideur ; souvent elle les suppose. La sagesse, au contraire, pallie les défauts du corps, ennoblit l'esprit, ne rend la jeunesse que plus piquante, et la beauté que plus périlleuse.

Pourquoi s'en prendre aux hommes de ce que les femmes ne sont pas savantes ? Par quelles lois, par quels édits, par quels rescrits, leur a-t-on défendu d'ouvrir les yeux et de lire, de retenir ce qu'elles ont lu, et d'en rendre compte ou dans leur conversation, ou par leurs ouvrages ? Ne se sont-elles pas au contraire établies elles-mêmes dans cet usage de ne rien savoir, ou par la faiblesse de leur complexion, ou par la paresse de leur esprit, ou par le soin de leur beauté, ou par une certaine légèreté qui les empêche de suivre une longue étude, ou par le talent et le génie qu'elles ont seulement pour les ouvrages de la main, ou par les distractions que donnent les détails d'un domestique, ou par un éloignement naturel des choses pénibles et sérieuses, ou par une curiosité toute différente de celle qui contente l'esprit, ou par un tout autre goût que celui d'exercer leur mémoire ? Mais, à quelque cause que les hommes puissent devoir cette ignorance des femmes, ils sont heureux que les femmes, qui les dominent d'ailleurs par tant d'endroits, aient sur eux cet avantage de moins.

On regarde une femme savante comme on fait une belle arme : elle est ciselée artistement, d'une polissure admirable, et d'un travail fort recherché ; c'est une pièce de cabinet que l'on montre aux curieux, qui n'est pas d'usage, qui ne sert ni à la guerre ni à la chasse, non plus qu'un cheval de manége, quoique le mieux instruit du monde.

Si la science et la sagesse se trouvent unies en un même sujet, je ne m'informe plus du sexe, j'admire ; et, si vous me dites qu'une femme sage ne songe guère à être savante, ou qu'une femme savante n'est guère sage, vous avez déjà oublié ce que vous venez de lire, que les femmes ne sont détournées des sciences que par de certains défauts : concluez donc vous-même que moins elles auraient de ces défauts, plus elles seraient sages ; et qu'ainsi une femme sage n'en serait que plus propre à devenir savante, ou qu'une femme savante, n'étant telle que parce qu'elle aurait pu vaincre beaucoup de défauts, n'en est que plus sage.

La neutralité entre des femmes qui nous sont également amies, quoiqu'elles aient rompu pour des intérêts où nous n'avons nulle part, est un point difficile : il faut choisir souvent entre elles, ou les perdre toutes deux.

Il y a telle femme qui aime mieux son argent que ses amis, et ses amants que son argent.

Il est étonnant de voir dans le cœur de certaines femmes quelque chose de plus vif et de plus fort que l'amour pour les hommes, je veux dire l'ambition et le jeu : de telles femmes rendent les hommes chastes ; elles n'ont de leur sexe que les habits.

Les femmes sont extrêmes ; elles sont meilleures ou pires que les hommes.

La plupart des femmes n'ont guère de principes ; elles se conduisent par le cœur, et dépendent pour leurs mœurs de ceux qu'elles aiment.

Les femmes vont plus loin en amour que la plupart des hommes ; mais les hommes l'emportent sur elles en amitié.

Les hommes sont cause que les femmes ne s'aiment point.

Il y a du péril à contrefaire. *Lise*, déjà vieille, veut rendre une jeune femme ridicule, et elle-même devient difforme ; elle me fait peur. Elle use, pour l'imiter, de grimaces et de contorsions : la voilà aussi laide qu'il faut pour embellir celle dont elle se moque.

On veut à la ville que bien des idiots et des idiotes aient de l'esprit. On veut à la cour que bien des gens manquent d'esprit, qui en ont beaucoup ; et, entre les personnes de ce dernier genre, une belle femme ne se sauve qu'à peine avec d'autres femmes.

Un homme est plus fidèle au secret d'autrui qu'au sien propre ; une femme, au contraire, garde mieux son secret que celui d'autrui.

Il n'y a point dans le cœur d'une jeune personne un si violent amour auquel l'intérêt ou l'ambition n'ajoute quelque chose.

Il y a un temps où les filles les plus riches doivent prendre parti. Elles n'en laissent guère échapper les premières occasions sans se préparer un long repentir. Il semble que la réputation des biens diminue en elles avec celle de leur beauté. Tout favorise au contraire une jeune personne, jusques à l'opinion des hommes, qui aiment à lui accorder tous les avantages qui peuvent la rendre plus souhaitable.

Combien de filles à qui une grande beauté n'a jamais servi qu'à leur faire espérer une grande fortune !

Les belles filles sont sujettes à venger ceux de leurs amants qu'elles ont maltraités, ou par de laids, ou par de vieux, ou par d'indignes maris.

La plupart des femmes jugent du mérite et de la bonne mine d'un homme par l'impression qu'ils font sur elles, et n'accordent presque ni l'un ni l'autre à celui pour qui elles ne sentent rien.

Un homme qui serait en peine de connaître s'il change, s'il commence à vieillir, peut consulter les yeux d'une jeune femme qu'il aborde, et le ton dont elle lui parle : il apprendra ce qu'il craint de savoir. Rude école !

Une femme qui n'a jamais les yeux que sur une même personne, ou qui les en détourne toujours, fait penser d'elle la même chose.

Il coûte peu aux femmes de dire ce qu'elles ne sentent point : il coûte encore moins aux hommes de dire ce qu'ils sentent.

Il arrive quelquefois qu'une femme cache à un homme toute la passion qu'elle sent pour lui, pendant que de son côté il feint pour elle toute celle qu'il ne sent pas.

L'on suppose un homme indifférent, mais qui voudrait persuader à une femme une passion qu'il ne sent pas ; et l'on demande s'il ne lui serait pas plus aisé d'imposer à celle dont il est aimé qu'à celle qui ne l'aime point.

Un homme peut tromper une femme par un feint attachement, pourvu qu'il n'en ait pas ailleurs un véritable.

Un homme éclate contre une femme qui ne l'aime plus, et se console : une femme fait moins de bruit quand elle est quittée, et demeure longtemps inconsolable.

Les femmes guérissent de leur paresse par la vanité ou par l'amour.

La paresse, au contraire, dans les femmes vives, est le présage de l'amour.

Il est fort sûr qu'une femme qui écrit avec emportement est emportée ; il est moins clair qu'elle soit touchée. Il semble qu'une passion vive et tendre est morne et silencieuse ; et que le plus pressant intérêt d'une femme qui n'est plus libre, celui qui l'agite davantage, est moins de persuader qu'elle aime que de s'assurer si elle est aimée.

*Glycère* n'aime pas les femmes ; elle hait leur commerce et leurs visites, se fait celer pour elles, et souvent pour ses amis, dont le nombre est petit, à qui elle est sévère, qu'elle resserre dans leur ordre, sans leur permettre rien de ce qui passe l'amitié : elle est distraite avec eux, leur répond par des monosyllabes, et semble chercher à s'en défaire. Elle est solitaire et farouche dans sa maison ; sa porte est mieux gardée, et sa chambre plus inaccessible, que celles de *Monthoron* [1] et d'*Hémery* [2]. Une seule, *Corinne*, y est attendue, y est reçue, et à toutes les heures : on l'embrasse à plusieurs reprises ; on croit l'aimer ; on lui parle à l'oreille dans un cabinet où elles sont seules ; on a soi-même plus de deux oreilles pour l'écouter ; on se plaint à elle de toute autre que d'elle ; on lui dit toutes choses, et on ne lui apprend rien ; elle a la confiance de tous les deux. L'on voit Glycère en partie carrée au bal, au théâtre, dans les jardins publics, sur le chemin de *Venouze*, où l'on mange les premiers fruits ; quelquefois seule en litière sur la route du grand faubourg où elle a un verger délicieux, ou à la porte de *Canidie*, qui a de si beaux secrets, qui promet aux jeunes femmes de secondes noces, et qui en dit le temps et les circonstances. Elle paraît ordinairement avec une coiffure plate et négligée, en simple déshabillé, sans corps, et avec des mules : elle est belle en cet équipage, et il ne lui manque que de la fraîcheur. On remarque néanmoins sur elle une riche attache, qu'elle dérobe avec soin aux yeux de son mari ; elle le flatte, elle le caresse ; elle invente tous les jours pour lui de nouveaux

---

[1] Monthoron, ou Montauron, trésorier de l'épargne, le même à qui Corneille dédia sa tragédie de *Cinna*, en le comparant à Auguste.

[2] D'Hémery, ou plutôt Emery, fils d'un paysan de Sienne, et protégé du cardinal Mazarin, fut d'abord contrôleur général sous le surintendant des finances Nicolas Bailleul, et devint lui-même surintendant après la démission du maréchal de la Meilleraye.

noms ; elle n'a pas d'autre lit que celui de ce cher époux, et
elle ne veut pas découcher. Le matin , elle se partage entre
sa toilette et quelques billets qu'il faut écrire. Un affranchi
vient lui parler en secret ; c'est *Parmenon*, qui est favori,
qu'elle soutient contre l'antipathie du maître et la jalousie
des domestiques. Qui , à la vérité, fait mieux connaître
des intentions , et rapporte mieux une réponse que Parmé-
non ? qui parle moins de ce qu'il faut taire ? qui sait ouvrir
une porte secrète avec moins de bruit ? qui conduit plus
adroitement par le petit escalier ? qui fait mieux sortir par
où l'on est entré ?

Je ne comprends pas comment un mari qui s'abandonne
à son humeur et à sa complexion , qui ne cache aucun de
ses défauts, et se montre au contraire par ses mauvais
endroits, qui est avare, qui est trop négligé dans son ajustement, brusque dans ses réponses , incivil, froid et taciturne, peut espérer de défendre le cœur d'une jeune femme
contre les entreprises de son galant, qui emploie la parure
et la magnificence, la complaisance, les soins, l'empressement, les dons , la flatterie.

Un mari n'a guère un rival qui ne soit de sa main, et
comme un présent qu'il a autrefois fait à sa femme. Il le
loue devant elle de ses belles dents et de sa belle tête ; il
agrée ses soins ; il reçoit ses visites ; et, après ce qui lui
vient de son cru, rien ne lui paraît de meilleur goût que le
gibier et les truffes que cet ami lui envoie. Il donne à souper, et il dit aux conviés : Goûtez bien cela , il est de *Léan-
dre* , et il ne me coûte qu'un *grand merci*.

Il y a telle femme qui anéantit ou qui enterre son mari,
au point qu'il n'en est fait dans le monde aucune mention :
vit-il encore ? ne vit-il plus ? on en doute. Il ne sert dans
sa famille qu'à montrer l'exemple d'un silence timide et

d'une parfaite soumission. Il ne lui est dû ni douaire ni
conventions ; mais à cela près, et qu'il n'accouche pas, il est
la femme, et elle le mari. Ils passent les mois entiers dans
une même maison sans le moindre danger de se rencontrer ;
il est vrai seulement qu'ils sont voisins. Monsieur paye
le rôtisseur et le cuisinier ; et c'est toujours chez madame
qu'on a soupé. Ils n'ont souvent rien de commun, ni le lit,
ni la table, pas même le nom : ils vivent à la romaine ou à la
grecque ; chacun a le sien ; et ce n'est qu'avec le temps,
et après qu'on est initié au jargon d'une ville, qu'on sait
enfin que M. B... est publiquement, depuis vingt années,
le mari de madame L.... [1].

Telle autre femme, à qui le désordre manque pour mortifier son mari, y revient par sa noblesse et ses alliances,
par la riche dot qu'elle a apportée, par les charmes de sa
beauté, par son mérite, par ce que quelques-uns appellent vertu.

Il y a peu de femmes si parfaites qu'elles empêchent un
mari de se repentir, du moins une fois le jour, d'avoir une
femme, ou de trouver heureux celui qui n'en a point.

Les douleurs muettes et stupides sont hors d'usage : on
pleure, on récite, on répète, on est si touchée de la mort
de son mari, qu'on n'en oublie pas la moindre circonstance.

Ne pourrait-on point découvrir l'art de se faire aimer de
sa femme ?

Une femme insensible est celle qui n'a pas encore vu
celui qu'elle doit aimer.

Il y avait à Smyrne une très-belle fille qu'on appelait

---

[1] B et L sont encore de ces lettres initiales d'une *signification vaine et
incertaine*, que la Bruyère employait pour *dépayser ses lecteurs, et les
dégoûter des applications*

*Émire*, et qui était moins connue dans toute la ville par
sa beauté que par la sévérité de ses mœurs, et surtout par
l'indifférence qu'elle conservait pour tous les hommes,
qu'elle voyait, disait-elle, sans aucun péril, et sans d'autres dispositions que celles où elle se trouvait pour ses
amies ou pour ses frères. Elle ne croyait pas la moindre
partie de toutes les folies qu'on disait que l'amour avait fait
faire dans tous les temps ; et celles qu'elle avait vues elle-
même, elle ne les pouvait comprendre : elle ne connaissait
que l'amitié. Une jeune et charmante personne, à qui elle
devait cette expérience, la lui avait rendue si douce, qu'elle
ne pensait qu'à la faire durer, et n'imaginait pas par quel
autre sentiment elle pourrait jamais se refroidir sur
celui de l'estime et de la confiance, dont elle était si contente. Elle ne parlait que d'Euphrosine, c'était le nom de
cette fidèle amie; et tout Smyrne ne parlait que d'elle et
d'Euphrosine; leur amitié passait en proverbe. Émire avait
deux frères qui étaient jeunes, d'une excellente beauté, et
dont toutes les femmes de la ville étaient éprises : et il est
vrai qu'elle les aima toujours comme une sœur aime ses
frères. Il y eut un prêtre de Jupiter qui avait accès dans
la maison de son père, à qui elle plut, qui osa le lui déclarer, et ne s'attira que du mépris ; un vieillard, qui, se con-
fiant en sa naissance et en ses grands biens, avait eu la
même audace, eut aussi la même aventure. Elle triomphait
cependant, et c'était jusqu'alors au milieu de ses frères,
d'un prêtre et d'un vieillard, qu'elle se disait insensible.
Il sembla que le ciel voulût l'exposer à de plus fortes épreuves, qui ne servirent néanmoins qu'à la rendre plus vaine,
et qu'à l'affermir dans la réputation d'une fille que l'amour
ne pouvait toucher. De trois amants que ses charmes lui
acquirent successivement, et dont elle ne craignit pas de

voir toute la passion, le premier, dans un transport amoureux, se perça le sein à ses pieds ; le second, plein de dé-
sespoir de n'être pas écouté, alla se faire tuer à la guerre
de Crète ; et le troisième mourut de langueur et d'insom-
nie. Celui qui les devait venger n'avait pas encore paru.
Ce vieillard qui avait été si malheureux dans ses amours
s'en était guéri par des réflexions sur son âge, et sur le caractère de la personne à qui il voulait plaire : il désira de
continuer de la voir, et elle le souffrit. Il lui amena un
jour son fils, qui était jeune, d'une physionomie agréable,
et qui avait une taille fort noble. Elle le vit avec intérêt ;
et, comme il se tut beaucoup en la présence de son père,
elle trouva qu'il n'avait pas assez d'esprit, et désira qu'il
en eût eu davantage. Il la vit seul, parla assez, et avec
esprit ; et comme il la regarda peu, et qu'il parla encore
moins d'elle et de sa beauté, elle fut surprise et comme in-
dignée qu'un homme si bien fait et si spirituel ne fut pas
galant. Elle s'entretint de lui avec son amie, qui voulut le
voir. Il n'eut des yeux que pour Euphrosine : il lui dit
qu'elle était belle ; et Émire, si indifférente, devenue jalouse, comprit que *Ctésiphon* était persuadé de ce qu'il
disait, et que non-seulement il était galant, mais même
qu'il était tendre. Elle se trouva depuis ce temps moins libre
avec son amie : elle désira de les voir ensemble une seconde
fois, pour être plus éclaircie ; et une seconde entrevue lui
fit voir encore plus qu'elle ne craignait de voir, et changea
ses soupçons en certitude. Elle s'éloigne d'Euphrosine, ne
lui connaît plus le mérite qui l'avait charmée, perd le goût
de sa conversation : elle ne l'aime plus ; et ce changement
lui fait sentir que l'amour dans son cœur a pris la place
de l'amitié. Ctésiphon et Euphrosine se voient tous les jours,
et s'aiment, songent à s'épouser, s'épousent. La nouvelle

s'en répand par toute la ville ; et l'on publie que deux personnes enfin ont eu cette joie si rare de se marier à ce qu'ils
aimaient. Émire l'apprend, et s'en désespère. Elle ressent
tout son amour ; elle recherche Euphrosine pour le seul
plaisir de revoir Ctésipon ; mais ce jeune mari est encore
l'amant de sa femme, et trouve une maîtresse dans une
nouvelle épouse ; il ne voit dans Émire que l'amie d'une
personne qui lui est chère. Cette fille infortunée perd le sommeil, et ne veut plus manger : elle s'affaiblit ; son esprit
s'égare ; elle prend son frère pour Ctésiphon, et elle lui
parle comme à un amant. Elle se détrompe, rougit de son
égarement : elle retombe bientôt dans de plus grands, et
n'en rougit plus ; elle ne les connaît plus. Alors elle craint
les hommes, mais trop tard ; c'est sa folie : elle a des in-
tervalles où sa raison lui revient et où elle gémit de la re-
trouver. La jeunesse de Smyrne, qui l'a vue si fière et si
insensible, trouve que les dieux l'ont trop punie.

---

## CHAPITRE IV.

### Du cœur.

Il y a un goût dans la pure amitié où ne peuvent atteindre ceux qui sont nés médiocres.

L'amitié peut subsister entre des gens de différents
sexes, exempte même de toute grossièreté. Une femme cependant regarde toujours un homme comme un homme ; et
réciproquement, un homme regarde une femme comme
une femme. Cette liaison n'est ni passion ni amitié pure ;
elle fait une classe à part.

L'amour naît brusquement, sans autre réflexion, par
tempérament, ou par faiblesse : un trait de beauté nous

fixe, nous détermine. L'amitié, au contraire, se forme peu à peu, avec le temps, par la pratique, par un long commerce. Combien d'esprit, de bonté de cœur, d'attachement, de services et de complaisance, dans les amis, pour faire en plusieurs années bien moins que ne fait quelquefois en un moment un beau visage ou une belle main!

Le temps, qui fortifie les amitiés, affaiblit l'amour.

Tant que l'amour dure, il subsiste de soi-même, et quelquefois par les choses qui semblent le devoir éteindre, par les caprices, par les rigueurs, par l'éloignement, par la jalousie. L'amitié, au contraire, a besoin de secours; elle périt faute de soins, de confiance, et de complaisance.

Il est plus ordinaire de voir un amour extrême qu'une parfaite amitié.

L'amour et l'amitié s'excluent l'un l'autre.

Celui qui a eu l'expérience d'un grand amour néglige l'amitié; et celui qui est épuisé sur l'amitié n'a encore rien fait pour l'amour.

L'amour commence par l'amour, et l'on ne saurait passer de la plus forte amitié qu'à un amour faible.

Rien ne ressemble mieux à une vive amitié que ces liaisons que l'intérêt de notre amour nous fait cultiver.

L'on n'aime bien qu'une seule fois, c'est la première. Les amours qui suivent sont moins involontaires.

L'amour qui naît subitement est le plus long à guérir.

L'amour qui croît peu à peu, et par degrés, ressemble trop à l'amitié pour être une passion violente.

Celui qui aime assez pour vouloir aimer un million de fois plus qu'il ne fait, ne cède en amour qu'à celui qui aime plus qu'il ne voudrait.

Si j'accorde que dans la violence d'une grande passion on peut aimer quelqu'un plus que soi-même, à qui ferai-je

plus de plaisir, ou à ceux qui aiment, ou à ceux qui sont
aimés?

Les hommes souvent veulent aimer, et ne sauraient y
réussir : ils cherchent leur défaite sans pouvoir la rencontrer; et, si j'ose ainsi parler, ils sont contraints de demeurer libres.

Ceux qui s'aiment d'abord avec la plus violente passion
contribuent bientôt chacun de leur part à s'aimer moins,
et ensuite à ne s'aimer plus. Qui d'un homme ou d'une
femme met davantage du sien dans cette rupture? Il n'est
pas aisé de le décider. Les femmes accusent les hommes
d'être volages; et les hommes disent qu'elles sont légères.

Quelque délicat que l'on soit en amour, on pardonne plus
de fautes que dans l'amitié.

C'est une vengeance douce à celui qui aime beaucoup,
de faire, par tout son procédé, d'une personne ingrate une
très-ingrate.

Il est triste d'aimer sans une grande fortune, et qui nous
donne les moyens de combler ce que l'on aime, et le rendre
si heureux qu'il n'ait plus de souhaits à faire.

S'il se trouve une femme pour qui l'on ait eu une grande
passion, et qui ait été indifférente, quelque important service qu'elle nous rende dans la suite de notre vie, l'on court
un grand risque d'être ingrat.

Une grande reconnaissance emporte avec soi beaucoup
de goût et d'amitié pour la personne qui nous oblige.

Être avec des gens qu'on aime, cela suffit : rêver, leur
parler, ne leur parler point, penser à eux, penser à des choses plus indifférentes, mais auprès d'eux, tout est égal.

Il n'y a pas si loin de la haine à l'amitié que de l'antipathie.

Il semble qu'il est moins rare de passer de l'antipathie à
l'amour qu'à l'amitié.

L'on confie son secret dans l'amitié; mais il échappe dans l'amour.

L'on peut avoir la confiance de quelqu'un sans en avoir le cœur : celui qui a le cœur n'a pas besoin de révélation ou de confiance; tout lui est ouvert.

L'on ne voit dans l'amitié que les défauts qui peuvent nuire à nos amis; l'on ne voit en amour de défauts dans ce qu'on aime que ceux dont on souffre soi-même.

Il n'y a qu'un premier dépit en amour, comme la première faute dans l'amitié, dont on puisse faire bon usage.

Il semble que, s'il y a un soupçon injuste, bizarre, et sans fondement, qu'on ait une fois appelé jalousie, cette autre jalousie qui est un sentiment juste, naturel, fondé en raison et sur l'expérience, mériterait un autre nom.

Le tempérament a beaucoup de part à la jalousie, et elle ne suppose pas toujours une grande passion : c'est cependant un paradoxe, qu'un violent amour sans délicatesse.

Il arrive souvent que l'on souffre tout seul de la délicatesse : l'on souffre de la jalousie, et l'on fait souffrir les autres.

Celles qui ne nous ménagent sur rien, et ne nous épargnent nulles occasions de jalousie, ne mériteraient de nous aucune jalousie, si l'on se réglait plus par leurs sentiments et leur conduite que par son cœur.

Les froideurs et les relâchements dans l'amitié ont leurs causes : en amour, il n'y a guère d'autre raison de ne s'aimer plus que de s'être trop aimés.

L'on n'est pas plus maître de toujours aimer qu'on ne l'a été de ne pas aimer.

Les amours meurent par le dégoût, et l'oubli les enterre.

Le commencement et le déclin de l'amour se font sentir par l'embarras où l'on est de se trouver seuls.

Cesser d'aimer, preuve sensible que l'homme est **borné**, et que le cœur a ses limites.

C'est faiblesse que d'aimer; c'est souvent une autre **faiblesse** que de guérir.

On guérit comme on se console; on n'a pas dans le **cœur** de quoi toujours pleurer et toujours aimer.

Il devrait y avoir dans le cœur des sources inépuisables de douleur pour de certaines pertes. Ce n'est guère par vertu ou par force d'esprit que l'on sort d'une grande affliction : l'on pleure amerement, et l'on est sensiblement touché; mais l'on est ensuite si faible, ou si léger, que l'on se console.

Si une laide se fait aimer, ce ne peut être qu'éperdument; car il faut que ce soit ou par une étrange faiblesse de son amant, ou par de plus secrets et de plus invincibles charmes que ceux de la beauté.

L'on est encore longtemps à se voir par habitude, et à se dire de bouche que l'on s'aime, après que les manières disent qu'on ne s'aime plus.

Vouloir oublier quelqu'un, c'est y penser. L'amour a cela de commun avec les scrupules, qu'il s'aigrit par les réflexions et les retours que l'on fait pour s'en délivrer. Il faut, s'il se peut, ne point songer à sa passion, pour l'affaiblir.

L'on veut faire tout le bonheur, ou, si cela ne se peut ainsi, tout le malheur de ce qu'on aime.

Regretter ce que l'on aime est un bien, en comparaison de vivre avec ce que l'on hait.

Quelque désinteressement qu'on ait à l'égard de ceux qu'on aime, il faut quelquefois se contraindre pour eux, et avoir la générosité de recevoir.

Celui-là peut prendre, qui goûte un plaisir aussi délicat à recevoir que son ami en sent à lui donner.

Donner, c'est agir ; ce n'est pas souffrir de ses bienfaits, ni céder à l'importunité ou à la nécessité de ceux qui nous demandent.

Si l'on a donné à ceux que l'on aimait, quelque chose qu'il arrive, il n'y a plus d'occasions où l'on doive songer à ses bienfaits.

On a dit en latin qu'il coûte moins cher de haïr que d'aimer ; ou, si l'on veut, que l'amitié est plus à charge que la haine. Il est vrai qu'on est dispensé de donner à ses ennemis ; mais ne coûte-t-il rien de s'en venger ? ou, s'il est doux et naturel de faire du mal à ce que l'on hait, l'est-il moins de faire du bien à ce qu'on aime ? ne serait-il pas dur et pénible de ne leur en point faire ?

Il y a du plaisir à rencontrer les yeux de celui à qui l'on vient de donner.

Je ne sais si un bienfait qui tombe sur un ingrat, et ainsi sur un indigne, ne change pas de nom, et s'il méritait plus de reconnaissance.

La libéralité consiste moins à donner beaucoup qu'à donner à propos.

S'il est vrai que la pitié ou la compassion soit un retour vers nous-mêmes, qui nous met en la place des malheureux, pourquoi tirent-ils de nous si peu de soulagement dans leurs misères ?

Il vaut mieux s'exposer à l'ingratitude que de manquer aux misérables.

L'expérience confirme que la mollesse ou l'indulgence pour soi et la dureté pour les autres n'est qu'un seul et même vice.

Un homme dur au travail et à la peine, inexorable à soi-même, n'est indulgent aux autres que par un excès de raison.

Quelque désagrément qu'on ait à se trouver chargé d'un indigent, l'on goûte à peine les nouveaux avantages qui le tirent enfin de notre sujétion : de même, la joie que l'on reçoit de l'élévation de son ami est un peu balancée par la petite peine qu'on a de le voir au-dessus de nous, ou s'égaler à nous. Ainsi l'on s'accorde mal avec soi-même; car l'on veut des dépendants, et qu'il n'en coûte rien : l'on veut aussi le bien de ses amis; et, s'il arrive, ce n'est pas toujours par s'en réjouir que l'on commence.

On convie; on invite; on offre sa maison, sa table, son bien, et ses services : rien ne coûte qu'à tenir parole.

C'est assez pour soi d'un fidèle ami; c'est même beaucoup de l'avoir rencontré : on ne peut en avoir trop pour le service des autres.

Quand on a assez fait auprès de certaines personnes pour avoir dû se les acquérir, si cela ne réussit point, il y a encore une ressource, qui est de ne plus rien faire.

Vivre avec ses ennemis comme s'ils devaient un jour être nos amis, et vivre avec nos amis comme s'ils pouvaient devenir nos ennemis, n'est ni selon la nature de la haine, ni selon les règles de l'amitié : ce n'est point une maxime morale, mais politique.

On ne doit pas se faire des ennemis de ceux qui, mieux connus, pourraient avoir rang entre nos amis. On doit faire choix d'amis si sûrs et d'une si exacte probité, que, venant à cesser de l'être, ils ne veuillent pas abuser de notre confiance, ni se faire craindre comme nos ennemis.

Il est doux de voir ses amis par goût et par estime; il est pénible de les cultiver par intérêt, c'est *solliciter*.

Il faut briguer la faveur de ceux à qui l'on veut du bien, plutôt que de ceux de qui l'on espère du bien.

On ne vole point des mêmes ailes pour sa fortune, que l'on fait pour des choses frivoles et de fantaisie. Il y a un sentiment de liberté à suivre ses caprices, et tout au contraire de servitude à courir pour son établissement : il est naturel de le souhaiter beaucoup et d'y travailler peu, de se croire digne de le trouver sans l'avoir cherché.

Celui qui sait attendre le bien qu'il souhaite ne prend pas le chemin de se désespérer s'il ne lui arrive pas; et celui au contraire qui désire une chose avec une grande impatience y met trop du sien pour en être assez récompensé par le succes.

Il y a de certaines gens qui veulent si ardemment et si déterminément une certaine chose, que, de peur de la manquer, ils n'oublient rien de ce qu'il faut faire pour la manquer.

Les choses les plus souhaitées n'arrivent point; ou, si elles arrivent, ce n'est ni dans le temps ni dans les circonstances où elles auraient fait un extrême plaisir.

Il faut rire avant que d'être heureux, de peur de mourir sans avoir ri.

La vie est courte, si elle ne mérite ce nom que lorsqu'elle est agréable; puisque, si l'on cousait ensemble toutes les heures que l'on passe avec ce qui plaît, l'on ferait à peine d'un grand nombre d'années une vie de quelques mois.

Qu'il est difficile d'être content de quelqu'un !

On ne pourrait se défendre de quelque joie à voir périr un méchant homme ; l'on jouirait alors du fruit de sa haine, et l'on tirerait de lui tout ce qu'on en peut espérer, qui est le plaisir de sa perte. Sa mort enfin arrive, mais dans une conjoncture où nos intérêts ne nous permettent pas de nous en réjouir : il meurt trop tôt ou trop tard.

Il est pénible à un homme fier de pardonner à celui qui le surprend en faute, et qui se plaint de lui avec raison : sa fierté ne s'adoucit que lorsqu'il reprend ses avantages, et qu'il met l'autre dans son tort.

Comme nous nous affectionnons de plus en plus aux personnes à qui nous faisons du bien, de même nous haïssons violemment ceux que nous avons beaucoup offensés.

Il est également difficile d'étouffer dans les commencements le sentiment des injures, et de le conserver après un certain nombre d'années.

C'est par faiblesse que l'on hait un ennemi, et que l'on songe à s'en venger ; et c'est par paresse que l'on s'apaise, et qu'on ne se venge point.

Il y a bien autant de paresse que de faiblesse à se laisser gouverner.

· Il ne faut pas penser à gouverner un homme tout d'un coup et sans autre préparation dans une affaire importante, et qui serait capitale à lui ou aux siens ; il sentirait d'abord l'empire et l'ascendant qu'on veut prendre sur son esprit, et il secouerait le joug par honte ou par caprice. Il faut tenter auprès de lui les petites choses, et de là le progrès jusqu'aux plus grandes est immanquable. Tel ne pouvait au plus, dans les commencements, qu'entreprendre de le faire partir pour la campagne ou retourner à la ville, qui finit par lui dicter un testament où il réduit son fils à la légitime.

Pour gouverner quelqu'un longtemps et absolument, il faut avoir la main légère, et ne lui faire sentir que le moins qu'il se peut sa dépendance.

Tels se laissent gouverner jusqu'à un certain point, qui au delà sont intraitables, et ne se gouvernent plus ; on perd tout à coup la route de leur cœur et de leur esprit ; ni hauteur, ni souplesse, ni force, ni industrie, ne les peuvent dompter, avec cette différence que quelques-uns sont ainsi faits par raison et avec fondement, et quelques autres par tempérament et par humeur.

Il se trouve des hommes qui n'écoutent ni la raison ni les bons conseils, et qui s'égarent volontairement par la crainte qu'ils ont d'être gouvernés.

D'autres consentent d'être gouvernés par leurs amis en des choses presque indifférentes, et s'en font un droit de les gouverner à leur tour en des choses graves et de conséquence.

*Drance* veut passer pour gouverner son maître, qui n'en croit rien, non plus que le public : parler sans cesse à un grand que l'on sert, en des lieux et en des temps où il convient le moins ; lui parler à l'oreille ou en des termes mystérieux, rire jusqu'à éclater en sa présence, lui couper la parole, se mettre entre lui et ceux qui lui parlent, dédaigner ceux qui viennent faire leur cour, ou attendre impatiemment qu'ils se retirent, se mettre proche de lui en une posture trop libre, figurer avec lui le dos appuyé à une cheminée, le tirer par son habit, lui marcher sur les talons, faire le familier, prendre des libertés, marquent mieux un fat qu'un favori.

Un homme sage ni ne se laisse gouverner, ni ne cherche à gouverner les autres ; il veut que la raison gouverne seule, et toujours.

Je ne haïrais pas d'être livré par la confiance à une personne raisonnable, et d'en être gouverné en toutes choses, et absolument, et toujours : je serais sûr de bien faire sans avoir le soin de délibérer ; je jouirais de la tranquilité de celui qui est gouverné par la raison.

Toutes les passions sont menteuses : elles se déguisent

autant qu'elles le peuvent aux yeux des autres; elles se cachent à elles-mêmes; il n'y a point de vice qui n'ait une fausse ressemblance avec quelque vertu, et qui ne s'en aide.

On ouvre un livre de dévotion, et il touche; on en ouvre un autre qui est galant, et il fait son impression. Oserai-je dire que le cœur seul concilie les choses contraires, et admet les incompatibles?

Les hommes rougissent moins de leurs crimes que de leurs faiblesses et de leur vanité : tel est ouvertement injuste, violent, perfide, calomniateur, qui cache son amour ou son ambition, sans autre vue que de la cacher.

Le cas n'arrive guère où l'on puisse dire : J'étais ambitieux; ou on ne l'est point, ou on l'est toujours; mais le temps vient où l'on avoue que l'on a aimé.

Les hommes commencent par l'amour, finissent par l'ambition, et ne se trouvent souvent dans une assiette plus tranquille que lorsqu'ils meurent.

Rien ne coûte moins à la passion que de se mettre au-dessus de la raison : son grand triomphe est de l'emporter sur l'intérêt.

L'on est plus sociable et d'un meilleur commerce par le cœur que par l'esprit.

Il y a de certains grands sentiments, de certaines actions, nobles et élevées, que nous devons moins à la force de notre esprit qu'à la bonté de notre naturel.

Il n'y a guère au monde un plus bel excès que celui de la reconnaissance.

Il faut être bien dénué d'esprit, si l'amour, la malignité, la nécessité, n'en font pas trouver.

Il y a des lieux que l'on admire; il y en a d'autres qui touchent, et où l'on aimerait à vivre.

Il me semble que l'on dépend des lieux pour l'esprit, l'humeur, la passion, le goût, et les sentiments.

Ceux qui font bien mériteraient seuls d'être enviés, s'il n'y avait encore un meilleur parti à prendre, qui est de faire mieux : c'est une douce vengeance contre ceux qui nous donnent cette jalousie.

Quelques-uns se défendent d'aimer et de faire des vers, comme de deux faibles qu'ils n'osent avouer, l'un du cœur, l'autre de l'esprit.

Il y a quelquefois dans le cours de la vie de si chers plaisirs et de si tendres engagements que l'on nous défend, qu'il est naturel de désirer du moins qu'ils fussent permis : de si grands charmes ne peuvent être surpassés que par celui de savoir y renoncer par vertu.

## CHAPITRE V.

### De la société et de la conversation.

Un caractère bien fade est celui de n'en avoir aucun.

C'est le rôle d'un sot d'être importun : un homme habile sent s'il convient ou s'il ennuie ; il sait disparaître le moment qui précède celui où il serait de trop quelque part.

L'on marche sur les mauvais plaisants, et il pleut par tout pays de cette sorte d'insectes. Un bon plaisant est une pièce rare : à un homme qui est né tel, il est encore fort délicat d'en soutenir longtemps le personnage; il n'est pas ordinaire que celui qui fait rire se fasse estimer.

Il y a beaucoup d'esprits obscènes, encore plus de médisants ou de satiriques, peu de délicats. Pour badiner avec grâce, et rencontrer heureusement sur les plus petits sujets, il faut trop de manières, trop de politesse, et même trop de fécondité : c'est créer que de railler ainsi, et faire quelque chose de rien.

Si l'on faisait une sérieuse attention à tout ce qui se dit de froid, de vain et de puéril, dans les entretiens ordinaires, l'on aurait honte de parler ou d'écouter ; et l'on se condamnerait peut-être à un silence perpétuel, qui serait une chose pire dans le commerce que les discours inutiles. Il faut donc s'accommoder à tous les esprits, permettre comme un mal nécessaire le récit des fausses nouvelles, les vagues réflexions sur le gouvernement présent ou sur l'intérêt des princes, le débit des beaux sentiments, et qui reviennent toujours les mêmes : il faut laisser *Aronce* parler proverbe, et *Mélinde* parler de soi, de ses vapeurs, de ses migraines, et de ses insomnies.

L'on voit des gens qui, dans les conversations ou dans le peu de commerce que l'on a avec eux, vous dégoûtent par leurs ridicules expressions, par la nouveauté, et j'ose dire par l'impropriété des termes dont ils se servent, comme par l'alliance de certains mots qui ne se rencontrent ensemble que dans leur bouche, et à qui ils font signifier des choses que leurs premiers inventeurs n'ont jamais eu intention de leur faire dire. Ils ne suivent en parlant ni la raison ni l'usage, mais leur bizarre génie, que l'envie de toujours plaisanter, et peut-être de briller, tourne insensiblement à un jargon qui leur est propre, et qui devient enfin leur idiome naturel ; ils accompagnent un langage si extravagant d'un geste affecté, et d'une prononciation qui est contrefaite. Tous sont contents d'eux-mêmes et de l'agrément de leur esprit, et l'on ne peut pas dire qu'ils en soient entièrement dénués ; mais on les plaint de ce peu qu'ils en ont ; et, ce qui est pire, on en souffre.

Que dites-vous ? comment ? je n'y suis pas : vous plai-

rait-il de recommencer ? j'y suis encore moins ; je devine
enfin : vous voulez, *Acis*, me dire qu'il fait froid ; que ne
disiez-vous : Il fait froid ? Vous voulez m'apprendre qu'il
pleut ou qu'il neige ; dites : Il pleut, il neige. Vous me
trouvez bon visage, et vous désirez de m'en féliciter ;
dites : Je vous trouve bon visage. Mais, répondez-vous,
cela est bien uni et bien clair : et d'ailleurs, qui ne pourrait pas en dire autant ? Qu'importe Acis ? est-ce un si
grand mal d'être entendu quand on parle, et de parler
comme tout le monde ? Une chose vous manque, Acis, à
vous et à vos semblables, les diseurs de *phébus*, vous ne
vous en défiez point, et je vais vous jeter dans l'étonnement ;
une chose vous manque, c'est l'esprit : ce n'est pas tout ;
il y a en vous une chose de trop, qui est l'opinion d'en
savoir plus que les autres : voilà la source de votre pompeux galimatias, de vos phrases embrouillées, et de vos
grands mots qui ne signifient rien. Vous abordez cet homme,
ou vous entrez dans cette chambre, je vous tire par votre
habit, et je vous dis à l'oreille : Ne songez point à avoir de
l'esprit, n'en ayez point ; c'est votre rôle : ayez, si vous
pouvez, un langage simple, et tel que l'ont ceux en qui
vous ne trouvez aucun esprit ; peut-être alors croira-t-on
que vous en avez.

Qui peut se promettre d'éviter dans la société des hommes la rencontre de certains esprits vains, légers, familiers,
qui sont toujours dans une compagnie ceux qui parlent et
qu'il faut que les autres écoutent ? On les entend de l'antichambre, on entre impunément, et sans crainte de les interrompre : ils continuent leur récit sans la moindre attention pour ceux qui entrent ou qui sortent, comme pour le
rang ou le mérite des personnes qui composent le cercle :
ils font taire celui qui commence à conter une nou-

velle, pour la dire de leur façon, qui est la meilleure; ils
la tiennent de *Zamet*, de *Ruccelaï*, ou de *Conchini* [1],
qu'ils ne connaissent point, à qui ils n'ont jamais parlé,
et qu'ils traiteraient de monseigneur s'ils leur parlaient;
ils s'approchent quelquefois de l'oreille du plus qualifié de
l'assemblée pour le gratifier d'une circonstance que personne
ne sait, et dont ils ne veulent pas que les autres soient instruits; ils suppriment quelques noms pour déguiser l'histoire qu'ils racontent, et pour détourner les applications :
vous les priez, vous les pressez inutilement, il y a des choses qu'ils ne diront pas; il y a des gens qu'ils ne sauraient
nommer, leur parole y est engagée; c'est le dernier secret,
c'est un mystère, outre que vous leur demandez l'impossible : car, sur ce que vous voulez apprendre d'eux, ils
ignorent le fait et les personnes.

*Arrias* a tout lu, a tout vu; il veut le persuader ainsi :
c'est un homme universel, et il se donne pour tel; il aime
mieux mentir que de se taire, ou de paraître ignorer quelque chose. On parle à la table d'un grand d'une cour du
Nord; il prend la parole, et l'ôte à ceux qui allaient dire
ce qu'ils en savent : il s'oriente dans cette région lointaine
comme s'il en était originaire; il discourt des mœurs de
cette cour, des femmes du pays, de ses lois, et de ses
coutumes; il récite des historiettes qui y sont arrivées; il
les trouve plaisantes, et il en rit le premier jusqu'à éclater.
Quelqu'un se hasarde de le contredire, et lui prouve nettement qu'il dit des choses qui ne sont pas vraies; Arrias
ne se trouble point, prend feu au contraire contre l'inter-

[1] Sans dire monsieur. (*La Bruyère.*) — La Bruyère transporte ici la
scène sous le règne de Henri IV. Zamet, Ruccelaï et Conchini étaient
trois Italiens amenés en France par la reine Marie de Médicis, et com-
blés de ses faveurs. On sait l'horrible fin du dernier, qui était devenu le
maréchal d'Ancre.

rupteur. Je n'avance, lui dit-il, je ne raconte rien que je
ne sache d'original ; je l'ai appris de *Sethon*, ambassadeur
de France dans cette cour, revenu à Paris depuis quelques jours, que je connais familièrement, que j'ai fort
interrogé, et qui ne m'a caché aucune circonstance. Il re-
prenait le fil de sa narration avec plus de confiance qu'il
ne l'avait commencée, lorsque l'un des conviés lui dit :
C'est Sethon à qui vous parlez, lui-même, et qui arrive
fraîchement de son ambassade.

Il y a un parti à prendre dans les entretiens entre une
certaine paresse qu'on a de parler, ou quelquefois un esprit
abstrait, qui, nous jetant loin du sujet de la conversation,
nous fait faire ou de mauvaises demandes ou de sottes
réponses ; et une attention importune qu'on a au moindre
mot qui échappe pour le relever, badiner autour, y trouver un mystère que les autres n'y voient pas, y chercher
de la finesse et de la subtilité, seulement pour avoir occasion d'y placer la sienne.

Être infatué de soi, et s'être fortement persuadé qu'on
a beaucoup d'esprit, est un accident qui n'arrive guère
qu'à celui qui n'en a point, ou qui en a peu : malheur pour
lors à qui est exposé à l'entretien d'un tel personnage !
Combien de jolies phrases lui faudra-t-il essuyer ! combien
de ces mots aventuriers qui paraissent subitement, durent un temps, et que bientôt on ne revoit plus ! S'il conte
une nouvelle, c'est moins pour l'apprendre à ceux qui l'é-
coutent que pour avoir le mérite de la dire, et de la dire
bien ; elle devient un roman entre ses mains ; il fait penser
les gens à sa manière, leur met en la bouche ses petites façons de parler, et les fait toujours parler longtemps ; il tombe
ensuite en des parenthèses qui peuvent passer pour des
épisodes, mais qui font oublier le gros de l'histoire, et à

lui qui vous parle, et à vous qui le supportez : que serait-ce
de vous et de lui, si quelqu'un ne survenait heureusement
pour déranger le cercle et faire oublier la narration?

J'entends *Théodecte* de l'antichambre ; il grossit sa
voix à mesure qu'il s'approche : le voilà entré ; il rit, il
crie, il éclate ; on bouche ses oreilles ; c'est un tonnerre :
il n'est pas moins redoutable par les choses qu'il dit que
par le ton dont il parle ; il ne s'apaise et il ne revient de ce
grand fracas que pour bredouiller des vanités et des sot-
tises ; il a si peu d'égard au temps, aux personnes, aux
bienséances, que chacun a son fait sans qu'il ait eu intention de le lui donner ; il n'est pas encore assis, qu'il a, à
son insu, désobligé toute l'assemblée. A-t-on servi, il se
met le premier à table, et dans la première place ; les
femmes sont à sa droite et à sa gauche : il mange, il boit,
il conte, il plaisante, il interrompt tout à la fois ; il n'a
nul discernement des personnes, ni du maître, ni des
conviés ; il abuse de la folle déférence qu'on a pour lui.
Est-ce lui, est-ce *Eutidème* qui donne le repas? il rappelle à
soi toute l'autorité de la table ; et il y a un moindre inconvénient à la lui laisser entière qu'à la lui disputer : le vin et les
viandes n'ajoutent rien à son caractère. Si l'on joue, il gagne
au jeu ; il veut railler celui qui perd, et il l'offense : les
rieurs sont pour lui ; il n'y a sorte de fatuités qu'on ne lui
passe. Je cède enfin, et je disparais, incapable de souffrir plus longtemps Théodecte et ceux qui le souffrent.

*Troïle* est utile à ceux qui ont trop de bien ; il leur ôte
l'embarras du superflu ; il leur sauve la peine d'amasser de
l'argent, de faire des contrats, de fermer des coffres, de
porter des clefs sur soi, et de craindre un vol domestique ;
il les aide dans leurs plaisirs, et il devient capable ensuite
de les servir dans leurs passions : bientôt il les règle et

les maîtrise dans leur conduite. Il est l'oracle d'une **mai-son**, celui dont on attend, que dis-je? dont on prévient, dont on devine les décisions; il dit de cet esclave : Il faut le punir, et on le fouette; et de cet autre : Il faut l'affranchir, et on l'affranchit. L'on voit qu'un parasite ne le fait pas rire; il peut lui déplaire, il est congédié : le maître est heureux si Troïle lui laisse sa femme et ses enfants. Si celui-ci est à table, et qu'il prononce d'un mets qu'il est friand, le maître et les conviés, qui en mangeaient sans réflexion, le trouvent friand, et ne s'en peuvent rassasier; s'il dit au contraire d'un autre mets qu'il est insipide, ceux qui commençaient à le goûter n'osant avaler le morceau qu'ils ont à la bouche, ils le jettent à terre : tous ont les yeux sur lui, observent son maintien et son visage avant de prononcer sur le vin ou sur les viandes qui sont servies. Ne le cherchez pas ailleurs que dans la maison de ce riche qu'il gouverne; c'est là qu'il mange, qu'il dort, et qu'il fait digestion, qu'il querelle son valet, qu'il reçoit ses ouvriers, et qu'il remet ses créanciers : il régente, il domine dans une salle; il y reçoit la cour, et les hommages de ceux qui, plus fins que les autres, ne veulent aller au maître que par Troïle. Si l'on entre par malheur sans avoir une physionomie qui lui agrée, il ride son front et il détourne sa vue; si on l'aborde, il ne se lève pas; si l'on s'assied auprès de lui, il s'éloigne; si on lui parle, il ne répond point; si l'on continue de parler, il passe dans une autre chambre; si on le suit, il gagne l'escalier : il franchirait tous les étages, ou il se lancerait par une fenêtre, plutôt que de se laisser joindre par quelqu'un qui a un visage ou un son de voix qu'il désapprouve; l'un et l'autre sont agréables en Troïle, et il s'en est servi heureusement pour s'insinuer ou pour conquérir. Tout devient, avec le temps, au-dessous de ses soins, comme il est au-dessus de vouloir se soutenir ou continuer de plaire par le moindre des talents qui ont commencé à le faire valoir. C'est beaucoup qu'il sorte quelquefois de ses méditations et de sa taciturnité pour contredire, et que même pour critiquer il daigne une fois le jour avoir de l'esprit : bien loin d'attendre de lui qu'il défère à vos sentiments, qu'il soit complaisant, qu'il vous loue, vous n'êtes pas sûr qu'il aime toujours votre approbation, ou qu'il souffre votre complaisance.

Il faut laisser parler cet inconnu que le hasard a placé auprès de vous dans une voiture publique, à une fête, ou à un spectacle; et il ne vous coûtera bientôt, pour le connaître, que de l'avoir écouté : vous saurez son nom, sa demeure, son pays, l'état de son bien, son emploi, celui de son père, la famille dont est sa mère, sa parenté, ses alliances, les armes de sa maison; vous comprendrez qu'il est noble, qu'il a un château, de beaux meubles, des valets, et un carrosse.

Il y a des gens qui parlent un moment avant que d'avoir pensé; il y en a d'autres qui ont une fade attention à ce qu'ils disent, et avec qui l'on souffre dans la conversation de tout le travail de leur esprit; ils sont comme pétris de phrases et de petits tours d'expression, concertés dans leur geste et dans tout leur maintien; ils sont *puristes*[1] et ne hasardent pas le moindre mot, quand il devrait faire le plus bel effet du monde : rien d'heureux ne leur échappe; rien ne coule de source et avec liberté : ils parlent proprement et ennuyeusement.

L'esprit de la conversation consiste bien moins à en

[1] Gens qui affectent une grande pureté de langage. (*Note de la Bruyère.*)

montrer beaucoup qu'à en faire trouver aux autres : celui qui sort de votre entretien content de soi et de son esprit, l'est de vous parfaitement. Les hommes n'aiment point à vous admirer ; ils veulent plaire : ils cherchent moins à être instruits, et même réjouis, qu'à être goûtés et applaudis ; et le plaisir le plus délicat est de faire celui d'autrui.

Il ne faut pas qu'il y ait trop d'imagination dans nos conversations ni dans nos écrits ; elle ne produit souvent que des idées vaines et puériles, qui ne servent point à perfectionner le goût, et à nous rendre meilleurs : nos pensées doivent être prises dans le bon sens et la droite raison, et doivent être un effet de notre jugement.

C'est une grande misère que de n'avoir pas assez d'esprit pour bien parler, ni assez de jugement pour se taire. Voilà le principe de toute impertinence.

Dire d'une chose modestement, ou qu'elle est bonne, ou qu'elle est mauvaise, et les raisons pourquoi elle est telle, demande du bon sens et de l'expression ; c'est une affaire. Il est plus court de prononcer d'un ton décisif, et qui emporte la preuve de ce qu'on avance, ou qu'elle est exécrable, ou qu'elle est miraculeuse.

Rien n'est moins selon Dieu et selon le monde que d'appuyer tout ce que l'on dit dans la conversation, jusques aux choses les plus indifférentes, par de longs et de fastidieux serments. Un honnête homme qui dit oui et non mérite d'être cru : son caractère jure pour lui, donne créance à ses paroles, et lui attire toute sorte de confiance.

Celui qui dit incessamment qu'il a de l'honneur et de la probité, qu'il ne nuit à personne, qu'il consent que le mal qu'il fait aux autres lui arrive, et qui jure pour le faire croire, ne sait pas même contrefaire l'homme de bien.

Un homme de bien ne saurait empêcher, par toute sa

modestie, qu'on ne dise de lui ce qu'un malhonnête homme sait dire de soi.

*Cléon* parle peu obligeamment ou peu juste, c'est l'un ou l'autre; mais il ajoute qu'il est fait ainsi, et qu'il dit ce qu'il pense.

Il y a parler bien, parler aisément, parler juste, parler à propos : c'est pécher contre ce dernier genre que de s'étendre sur un repas magnifique que l'on vient de faire, devant des gens qui sont réduits à épargner leur pain ; de dire merveilles de sa santé devant des infirmes ; d'entretenir de ses richesses, de ses revenus et de ses ameublements, un homme qui n'a ni rentes ni domicile ; en un mot, de parler de son bonheur devant des misérables. Cette conversation est trop forte pour eux ; et la comparaison qu'ils font alors de leur état au vôtre est odieuse.

Pour vous, dit *Eutiphron*, vous êtes riche, ou vous devez l'être : dix mille livres de rente, et en fonds de terre, cela est beau, cela est doux, et l'on est heureux à moins ; pendant que lui, qui parle ainsi, a cinquante mille livres de revenu, et qu'il croit n'avoir que la moitié de ce qu'il mérite : il vous taxe, il vous apprécie, il fixe votre dépense ; et s'il vous jugeait digne d'une meilleure fortune, et de celle même où il aspire, il ne manquerait pas de vous la souhaiter. Il n'est pas le seul qui fasse de si mauvaises estimations ou des comparaisons si désobligeantes ; le monde est plein d'Eutiphrons.

Quelqu'un, suivant la pente de la coutume qui veut qu'on loue, et par l'habitude qu'il a à la flatterie et à l'exagération, congratule *Théodème* sur un discours qu'il n'a point entendu, et dont personne n'a pu encore lui rendre compte ; il ne laisse pas de lui parler de son génie, de son geste, et surtout de la fidélité de sa mémoire : et il est vrai que Théodème est demeuré court.

L'on voit des gens brusques, inquiets, *suffisants*, qui, bien qu'oisifs, et sans aucune affaire qui les appelle ailleurs, vous expédient, pour ainsi dire, en peu de paroles, et ne songent qu'à se dégager de vous : on leur parle encore, qu'ils sont partis, et ont disparu. Ils ne sont pas moins impertinents que ceux qui vous arrêtent seulement pour vous ennuyer; ils sont peut-être moins incommodes.

Parler et offenser pour de certaines gens est précisément la même chose : ils sont piquants et amers, leur style est mêlé de fiel et d'absinthe; la raillerie, l'injure, l'insulte, leur découlent des lèvres comme leur salive. Il leur serait utile d'être nés muets ou stupides. Ce qu'ils ont de vivacité et d'esprit leur nuit davantage que ne fait à quelques autres leur sottise. Ils ne se contentent pas toujours de répliquer avec aigreur, ils attaquent souvent avec insolence : ils frappent sur tout ce qui se trouve sous leur langue, sur les présents, sur les absents; ils heurtent de front et de côté, comme des béliers : demande-t-on à des béliers qu'ils n'aient pas de cornes? de même n'espère-t-on pas de réformer par cette peinture des naturels si durs, si farouches, si indociles. Ce que l'on peut faire de mieux, d'aussi loin qu'on les découvre, est de les fuir de toute sa force, et sans regarder derrière soi.

Il y a des gens d'une certaine étoffe ou d'un certain caractère avec qui il ne faut jamais se commettre, de qui l'on ne doit se plaindre que le moins qu'il est possible, et contre qui il n'est pas même permis d'avoir raison.

Entre deux personnes qui ont eu ensemble une violente querelle, dont l'un a raison et l'autre ne l'a pas, ce que la plupart de ceux qui y ont assisté ne manquent jamais de faire, ou pour se dispenser de juger, ou par un tempérament qui m'a toujours paru hors de sa place, c'est de condamner tous les deux : leçon importante, motif pressant

et indispensable de fuir à l'orient quand le fat est à l'occident, pour éviter de partager avec lui le même tort.

Je n'aime pas un homme que je ne puis aborder le premier, ni saluer avant qu'il me salue, sans m'avilir à ses
yeux, et sans tremper dans la bonne opinion qu'il a de
lui-même. MONTAGNE dirait[1] : « Je veux avoir mes coudées
« franches, et être courtois et affable à mon point, sans
« remords ne conséquence. Je ne puis du tout estriver con-
« tre mon penchant, et aller au rebours de mon naturel,
« qui m'emmène vers celui que je trouve à ma rencontre.
« Quand il m'est égal, et qu'il ne m'est point ennemi, j'anti-
« cipe son bon accueil ; je le questionne sur sa disposition
« et santé ; je lui fais offre de mes offices sans tant mar-
« chander sur le plus ou sur le moins, ne être, comme di-
« sent aucuns, sur le qui-vive. Celui-là me déplaist, qui,
« par la connoissance que j'ai de ses coutumes et façons
« d'agir, me tire de cette liberté et franchise : comment me
« ressouvenir tout à propos, et d'aussi loin que je vois cet
« homme, d'emprunter une contenance grave et impor-
« tante, et qui l'avertisse que je crois le valoir bien et au
« delà ; pour cela de me ramentevoir de mes bonnes quali-
« tés et conditions, et des siennes mauvaises, puis en faire
« la comparaison? C'est trop de travail pour moi, et ne
« suis du tout capable de si roide et si subite attention ; et,
« quand bien même elle m'auroit succédé une première
« fois, je ne laisserois de fléchir et me démentir à une se-
« conde tâche : je ne puis me forcer et contraindre pour
« quelconque à être fier. »

Avec de la vertu, de la capacité, et une bonne conduite,
l'on peut être insupportable. Les manières, que l'on néglige
comme de petites choses, sont souvent ce qui fait que les
hommes décident de vous en bien ou en mal : une légère

[1] Imité de Montagne. (*La Bruyère.*)

attention à les avoir douces et polies prévient leurs mauvais jugements. Il ne faut presque rien pour être cru fier,
incivil, méprisant, désobligeant ; il faut encore moins pour
être estimé tout le contraire.

La politesse n'inspire pas toujours la bonté, l'équité,
la complaisance, la gratitude ; elle en donne du moins les
apparences, et fait paraître l'homme au dehors comme il
devrait être intérieurement.

L'on peut définir l'esprit de politesse ; l'on ne peut en
fixer la pratique : elle suit l'usage et les coutumes reçues ;
elle est attachée aux temps, aux lieux, aux personnes, et
n'est point la même dans les deux sexes, ni dans les différentes conditions : l'esprit tout seul ne la fait pas deviner ;
il fait qu'on la suit par imitation, et que l'on s'y perfec-
tionne. Il y a des tempéraments qui ne sont susceptibles
que de la politesse, et il y en a d'autres qui ne servent
qu'aux grands talents, ou à une vertu solide. Il est vrai
que les manières polies donnent cours au mérite, et le
rendent agréable ; et qu'il faut avoir de bien éminentes
qualités pour se soutenir sans la politesse.

Il me semble que l'esprit de politesse est une certaine
attention à faire que, par nos paroles et par nos manières,
les autres soient contents de nous et d'eux-mêmes.

C'est une faute contre la politesse que de louer immodé-
rément, en présence de ceux que vous faites chanter ou
toucher un instrument, quelque autre personne qui a ces
mêmes talents ; comme devant ceux qui vous lisent leurs
vers, un autre poëte.

Dans les repas ou les fêtes que l'on donne aux autres,
dans les présents qu'on leur fait, et dans tous les plaisirs
qu'on leur procure, il y a faire bien et faire selon leur goût :
le dernier est préférable.

Il y aurait une espèce de férocité à rejeter indifféremment toutes sortes de louanges : l'on doit être sensible à celles qui nous viennent des gens de bien, qui louent en nous sincèrement des choses louables.

Un homme d'esprit, et qui est né fier, ne perd rien de sa fierté et de sa roideur pour se trouver pauvre : si quelque chose au contraire doit amollir son humeur, le rendre plus doux et plus sociable, c'est un peu de prospérité.

Ne pouvoir supporter tous les mauvais caractères dont le monde est plein, n'est pas un fort bon caractère : il faut, dans le commerce, des pièces d'or et de la monnaie.

Vivre avec des gens qui sont brouillés, et dont il faut écouter de part et d'autre les plaintes réciproques, c'est, pour ainsi dire, ne pas sortir de l'audience, et entendre du matin au soir plaider et parler procès.

L'on sait des gens qui avaient coulé leurs jours dans une union étroite : leurs biens étaient en commun; ils n'avaient qu'une même demeure; ils ne se perdaient pas de vue. Ils se sont aperçus à plus de quatre-vingts ans qu'ils devaient se quitter l'un l'autre, et finir leur société; ils n'avaient plus qu'un jour à vivre, et ils n'ont osé entreprendre de le passer ensemble; ils se sont dépêchés de rompre avant que de mourir; ils n'avaient de fonds pour la complaisance que jusque-là. Ils ont trop vécu pour le bon exemple; un moment plus tôt ils mouraient sociables, et laissaient après eux un rare modèle de la persévérance dans l'amitié.

L'intérieur des familles est souvent troublé par les défiances, par les jalousies et par l'antipathie, pendant que des dehors contents, paisibles et enjoués nous trompent, et nous y font supposer une paix qui n'y est point : il y en a peu qui gagnent à être approfondies. Cette visite que vous

rendez vient de suspendre une querelle domestique qui
n'attend que votre retraite pour recommencer.

Dans la société, c'est la raison qui plie la première. Les
plus sages sont souvent menés par le plus fou et le plus
bizarre : l'on étudie son faible, son humeur, ses caprices ;
l'on s'y accommode : l'on évite de le heurter ; tout le monde
lui cède : la moindre sérénité qui paraît sur son visage lui
attire des éloges ; on lui tient compte de n'être pas toujours
insupportable. Il est craint, ménagé, obéi, quelquefois aimé.

Il n'y a que ceux qui ont eu de vieux collatéraux, ou
qui en ont encore, et dont il s'agit d'hériter, qui puissent
dire ce qu'il en coûte.

*Cléante* [1] est un très-honnête homme ; il s'est choisi une
femme qui est la meilleure personne du monde, et la plus
raisonnable : chacun, de sa part, fait tout le plaisir et tout
l'agrément des sociétés où il se trouve ; l'on ne peut voir
ailleurs plus de probité, plus de politesse : ils se quittent
demain, et l'acte de leur séparation est tout dressé chez le
notaire. Il y a, sans mentir, de certains mérites qui ne
sont point faits pour être ensemble, de certaines vertus incompatibles.

L'on peut compter sûrement sur la dot, le douaire et les
conventions, mais faiblement sur *les nourritures;* elles
dépendent d'une union fragile de la belle-mère et de la
bru, et qui périt souvent dans l'année du mariage.

---

[1] Ce passage en rappelle un de Plutarque, que nous allons rapporter
ici : « Il y a quelquefois de petites hargnes et riottes souvent repétées,
« procédantes de quelques fâcheuses conditions, ou de quelque dissi-
« militude ou incompatibilité de nature, que les étrangers ne connoissent
« pas, lesquelles par succession de temps engendrent de si grandes alié-
« nations de volontés entre des personnes, qu'elles ne peuvent plus vivre
« ni habiter ensemble. » ( Vie de Paulus Æmilius, ch. III de la version
d'Amyot. )

Un beau-père aime son gendre, aime sa bru[1]; une belle-mère aime son gendre, n'aime point sa bru : tout est réciproque.

Ce qu'une marâtre aime le moins de tout ce qui est au monde, ce sont les enfants de son mari : plus elle est folle de son mari, plus elle est marâtre.

Les marâtres font déserter les villes et les bourgades, et ne peuplent pas moins la terre de mendiants, de vagabonds, de domestiques et d'esclaves, que la pauvreté.

G** et H**[2] sont voisins de campagne, et leurs terres sont contiguës; ils habitent une contrée déserte et solitaire : éloignés des villes et de tout commerce, il semblait que la fuite d'une entière solitude ou l'amour de la société eût dû les assujettir à une liaison réciproque; il est cependant difficile d'exprimer la bagatelle qui les a fait rompre, qui les rend implacables l'un pour l'autre, et qui perpétuera leurs haines dans leurs descendants. Jamais des parents, et même des frères, ne se sont brouillés pour une moindre chose.

Je suppose qu'il n'y ait que deux hommes sur la terre qui la possèdent seuls, et qui la partagent toute entre eux deux; je suis persuadé qu'il leur naîtra bientôt quelque

---

[1] *Un beau-père aime son gendre, aime sa bru :* telle est la leçon de toutes les éditions publiées par l'auteur; mais il a sans doute voulu dire, *un beau-père n'aime point son gendre, aime sa bru.* Nous nous sommes fait une loi de ne pas changer le texte. ( *Lef.* )

[2] Ici, les auteurs de clefs donnent des noms qui se rapportent aux initiales du texte, ce qui pourrait faire croire qu'ils ont rencontré juste. Voici comme ils racontent l'aventure : « Vedeau de Grammont, conseiller de la cour en la seconde des enquêtes, eut un très-grand procès « avec M Hervé, doyen du parlement, au sujet d'une bêche. Ce procès, « commencé pour une bagatelle, donna lieu à une inscription en faux « de titre de noblesse dudit Vedeau; et cette affaire alla si loin, qu'il « fut dégradé publiquement, sa robe déchirée sur lui; outre cela, condamné à un bannissement perpétuel, depuis converti en une prison « à Pierre-Encise : ce qui le ruina absolument. Il avait épousé la « fille de M. Genou, conseiller en la grand'chambre. »

sujet de rupture, quand ce ne serait que pour les limites.

Il est souvent plus court et plus utile de cadrer aux autres, que de faire que les autres s'ajustent à nous.

J'approche d'une petite ville, et je suis déjà sur une hauteur d'où je la découvre. Elle est située à mi-côte ; une rivière baigne ses murs, et coule ensuite dans une belle prairie : elle a une forêt épaisse qui la couvre des vents froids et de l'aquilon. Je la vois dans un jour si favorable, que je compte ses tours et ses clochers : elle me paraît peinte sur le penchant de la colline. Je me récrie, et je dis : Quel plaisir de vivre sous un si beau ciel et dans ce séjour si délicieux ! Je descends dans la ville, où je n'ai pas couché deux nuits, que je ressemble à ceux qui l'habitent : j'en veux sortir.

Il y a une chose qu'on n'a point vue sous le ciel, et que selon toutes les apparences on ne verra jamais : c'est une petite ville qui n'est divisée en aucuns partis ; où les familles sont unies, et où les cousins se voient avec confiance ; où un mariage n'engendre point une guerre civile ; où la querelle des rangs ne se réveille pas à tous moments par l'offrande, l'encens et le pain bénit, par les processions et par les obsèques ; d'où l'on a banni les *caquets*, le mensonge et la médisance ; où l'on voit parler ensemble le bailli et le président, les élus et les assesseurs ; où le doyen vit bien avec ses chanoines, où les chanoines ne dédaignent pas les chapelains, et où ceux-ci souffrent les chantres.

Les provinciaux et les sots sont toujours prêts à se fâcher, et à croire qu'on se moque d'eux, ou qu'on les méprise : il ne faut jamais hasarder la plaisanterie, même la plus douce et la plus permise, qu'avec des gens polis ou qui ont de l'esprit.

On ne prime point avec les grands, ils se défendent par

leur grandeur ; ni avec les petits, ils vous repoussent par le *qui-vive ?*

Tout ce qui est mérite se sent, se discerne, se devine réciproquement : si l'on voulait être estimé, il faudrait vivre avec des personnes estimables.

Celui qui est d'une éminence au-dessus des autres qui le met à couvert de la repartie, ne doit jamais faire une raillerie piquante.

Il y a de petits défauts que l'on abandonne volontiers à la censure, et dont nous ne haïssons pas à être raillés ; ce sont de pareils défauts que nous devons choisir pour railler les autres.

Rire des gens d'esprit, c'est le privilége des sots : ils sont dans le monde ce que les fous sont à la cour, je veux dire sans conséquence.

La moquerie est souvent indigence d'esprit.

Vous le croyez votre dupe : s'il feint de l'être, qui est plus dupe de lui ou de vous ?

Si vous observez avec soin qui sont les gens qui ne peuvent louer, qui blâment toujours, qui ne sont contents de personne, vous reconnaîtrez que ce sont ceux mêmes dont personne n'est content.

Le dédain et le rengorgement dans la société attire précisément le contraire de ce que l'on cherche, si c'est à se faire estimer.

Le plaisir de la société entre les amis se cultive par une ressemblance de goût sur ce qui regarde les mœurs, et par quelque différence d'opinions sur les sciences : par là, ou l'on s'affermit dans ses sentiments, ou l'on s'exerce et l'on s'instruit par la dispute.

L'on ne peut aller loin dans l'amitié, si l'on n'est pas disposé à se pardonner les uns aux autres les petits défauts.

Combien de belles et inutiles raisons à étaler à celui qui est dans une grande adversité, pour essayer de le rendre tranquille ! Les choses de dehors, qu'on appelle les événements, sont quelquefois plus fortes que la raison et que la nature. Mangez, dormez, ne vous laissez point mourir de chagrin, songez à vivre : harangues froides, et qui réduisent à l'impossible. Êtes-vous raisonnable de vous tant inquiéter ? n'est-ce pas dire : Êtes-vous fou d'être malheureux ?

Le conseil, si nécessaire pour les affaires, est quelquefois, dans la société, nuisible à qui le donne, et inutile à celui à qui il est donné : sur les mœurs, vous faites remarquer des défauts ou que l'on n'avoue pas, ou que l'on estime des vertus ; sur les ouvrages, vous rayez les endroits qui paraissent admirables à leur auteur, où il se complait davantage, où il croit s'être surpassé lui-même. Vous perdez ainsi la confiance de vos amis, sans les avoir rendus ni meilleurs ni plus habiles.

L'on a vu, il n'y a pas longtemps, un cercle de personnes [1] des deux sexes, liées ensemble par la conversation et par un commerce d'esprit : ils laissaient au vulgaire l'art de parler d'une manière intelligible ; une chose dite entre eux peu clairement en entraînait une autre encore plus obscure, sur laquelle on enchérissait par de vraies énigmes, toujours suivies de longs applaudissements, par tout ce qu'ils appelaient délicatesse, sentiments, tour et finesse d'expression ; ils étaient enfin parvenus à n'être plus entendus, et à ne s'entendre pas eux-mêmes. Il ne fallait, pour fournir à ces entretiens, ni bon sens, ni jugement, ni mémoire, ni la moindre capacité ; il fallait de

---

[1] Les précieuses et leurs *alcovistes*.

l'esprit, non pas du meilleur, mais de celui qui est faux,
et où l'imagination a trop de part.

Je le sais, *Théobalde*, vous êtes vieilli ; mais voudriez-
vous que je crusse que vous êtes baissé, que vous n'êtes
plus poëte ni bel esprit, que vous êtes présentement aussi
mauvais juge de tout genre d'ouvrage que méchant auteur,
que vous n'avez plus rien de naïf et de délicat dans la conversation? Votre air libre et présomptueux me rassure,
et me persuade tout le contraire. Vous êtes donc aujour-
d'hui tout ce que vous fûtes jamais, et peut-être meilleur ;
car, si à votre âge vous êtes si vif et si impétueux, quel
nom, Théobalde, fallait-il vous donner dans votre jeunesse,
et lorsque vous étiez la *coqueluche* ou l'entêtement de certaines femmes qui ne juraient que par vous et sur votre
parole, qui disaient : *Cela est délicieux ; qu'a-t-il dit?*

L'on parle impétueusement dans les entretiens, souvent
par vanité ou par humeur, rarement avec assez d'attention : tout occupé du désir de répondre à ce qu'on n'écoute
point, l'on suit ses idées, et on les explique sans le moindre égard pour les raisonnements d'autrui ; l'on est bien
éloigné de trouver ensemble la vérité, l'on n'est pas encore
convenu de celle que l'on cherche. Qui pourrait écouter
ces sortes de conversations, et les écrire, ferait voir quelquefois de bonnes choses qui n'ont nulle suite.

Il a régné pendant quelque temps une sorte de conversation fade et puérile, qui roulait toute sur des questions frivoles
qui avaient relation au cœur, et à ce qu'on appelle passion
ou tendresse. La lecture de quelques romans les avait in-
troduites parmi les plus honnêtes gens de la ville et de la
cour ; ils s'en sont défaits, et la bourgeoisie les a reçues
avec les pointes et les équivoques.

Quelques femmes de la ville ont la délicatesse de ne pas

savoir ou de n'oser dire le nom des rues, des places, et
de quelques endroits publics qu'elles ne croient pas assez
nobles pour être connus. Elles disent *le Louvre*, *la place
Royale* : mais elles usent de tours et de phrases plutôt
que de prononcer de certains noms; et, s'ils leur échappent, c'est du moins avec quelque altération du mot, et
après quelques façons qui les rassurent : en cela moins
naturelles que les femmes de la cour, qui, ayant besoin,
dans le discours, *des Halles*, *du Châtelet*, ou de choses
semblables, disent *les Halles*, *le Châtelet*.

Si l'on feint quelquefois de ne se pas souvenir de certains noms que l'on croit obscurs, et si l'on affecte de les
corrompre en les prononçant, c'est par la bonne opinion
qu'on a du sien [1].

L'on dit par belle humeur, et dans la liberté de la conversation, de ces choses froides qu'à la vérité l'on donne
pour telles, et que l'on ne trouve bonnes que parce qu'elles
sont extrêmement mauvaises. Cette manière basse de plaisanter a passé du peuple, à qui elle appartient, jusque dans
une grande partie de la jeunesse de la cour, qu'elle a déjà
infectée. Il est vrai qu'il y entre trop de fadeur et de grossièreté pour devoir craindre qu'elle s'étende plus loin, et
qu'elle fasse de plus grands progrès dans un pays qui est
le centre du bon goût et de la politesse ; l'on doit cependant
en inspirer le dégoût à ceux qui la pratiquent : car, bien
que ce ne soit jamais sérieusement, elle ne laisse pas de tenir
la place, dans leur esprit et dans le commerce ordinaire,
de quelque chose de meilleur.

Entre dire de mauvaises choses ou en dire de bonnes

---

[1] C'est ce que faisait, dit-on, le maréchal de Richelieu, qui estropiait
impitoyablement les noms de tous les roturiers de sa connaissance,
même de ses confrères à l'Académie française.

que tout le monde sait, et les donner pour nouvelles, je n'ai
pas à choisir.

« Lucain a dit une jolie chose; il y a un beau mot de
« Claudien; il y a cet endroit de Sénèque : » et là-dessus
une longue suite de latin que l'on cite souvent devant des
gens qui ne l'entendent pas, et qui feignent de l'entendre.
Le secret serait d'avoir un grand sens et bien de l'esprit ;
car ou l'on se passerait des anciens, ou, après les avoir lus
avec soin, l'on saurait encore choisir les meilleurs, et les
citer à propos.

*Hermagoras* ne sait pas qui est roi de Hongrie ; il s'é-
tonne de n'entendre faire aucune mention du roi de Bohême :
ne lui parlez pas des guerres de Flandre et de Hollande,
dispensez-le du moins de vous répondre ; il confond les
temps, il ignore quand elles ont commencé, quand elles
ont fini : combats, siéges, tout lui est nouveau. Mais il
est instruit de la guerre des géants, il en raconte le progrès et les moindres détails ; rien ne lui est échappé : il
débrouille de même l'horrible chaos des deux empires, le
babylonien et l'assyrien ; il connaît à fond les Égyptiens et
leurs dynasties. Il n'a jamais vu Versailles, il ne le verra
point ; il a presque vu la tour de Babel ; il en compte les degrés ; il sait combien d'architectes ont présidé à cet ouvrage;
il sait le nom des architectes. Dirai-je qu'il croit Henri IV [1]
fils de Henri III ? Il néglige du moins de rien connaître
aux maisons de France, d'Autriche, de Bavière : Quelles
minutes ! dit-il, pendant qu'il récite de mémoire toute une
liste des rois des Mèdes ou de Babylone, et que les noms
d'Apronal, d'Hérigebal, de Noesnemordach, de Mardo-
kempad, lui sont aussi familiers qu'à nous ceux de VALOIS
et de BOURBON. Il demande si l'Empereur a jamais été marié;

---

[1] Henri le Grand. (*La Bruyère.*)

mais personne ne lui apprendra que Ninus a eu deux femmes. On lui dit que le roi jouit d'une santé parfaite ; et il se souvient que Thetmosis, un roi d'Égypte, était valétudinaire, et qu'il tenait cette complexion de son aïeul Alipharmutosis. Que ne sait-il point ? quelle chose lui est cachée de la vénérable antiquité ? Il vous dira que Sémiramis, ou, selon quelques-uns, Sérimaris, parlait comme son fils Ninyas ; qu'on ne les distinguait pas à la parole : si c'était parce que la mère avait une voix mâle comme son fils, ou le fils une voix efféminée comme sa mère, qu'il n'ose pas le décider. Il nous révélera que Nembrot était gaucher, et Sésostris ambidextre ; que c'est une erreur de s'imaginer qu'un Artaxerce ait été appelé Longuemain parce que les bras lui tombaient jusqu'aux genoux, et non à cause qu'il avait une main plus longue que l'autre ; et il ajoute qu'il y a des auteurs graves qui affirment que c'était la droite ; qu'il croit néanmoins être bien fondé à soutenir que c'est la gauche.

Ascagne est statuaire, Hégion fondeur, Eschine foulon, et *Cydias* bel esprit ; c'est sa profession. Il a une enseigne, un atelier, des ouvrages de commande, et des compagnons qui travaillent sous lui ; il ne vous saurait rendre de plus d'un mois les stances qu'il vous a promises, s'il ne manque de parole à *Dosithée* qui l'a engagé à faire une élégie ; une idylle est sur le métier : c'est pour *Crantor* qui le presse, et qui lui laisse espérer un riche salaire. Prose, vers, que voulez-vous ? il réussit également en l'un et en l'autre. Demandez-lui des lettres de consolation, ou sur une absence, il les entreprendra ; prenez-les toutes faites et entrez dans son magasin, il y a à choisir. Il a un ami qui n'a point d'autre fonction sur la terre que de le promettre longtemps à un certain monde, et de le présenter enfin dans les maisons comme homme rare et d'une exquise conversation ; et là, ainsi que le musicien chante et que le joueur de luth touche son luth devant les personnes à qui il a été promis, Cydias, après avoir toussé, relevé sa manchette, étendu la main et ouvert les doigts, débite gravement ses pensées quintessenciées et ses raisonnements sophistiqués. Différent de ceux qui, convenant de principes, et connaissant la raison ou la vérité qui est une, s'arrachent la parole l'un à l'autre pour s'accorder sur leurs sentiments, il n'ouvre la bouche que pour contredire : « Il me semble, dit-il « gracieusement, que c'est tout le contraire de ce que vous « dites; » ou, « je ne saurais être de votre opinion ; » ou bien, « ç'a été autrefois mon entêtement, comme il est le vôtre; « mais... il y a trois choses, ajoute-t-il, à considérer.... » et il en ajoute une quatrième : fade discoureur qui n'a pas mis plutôt le pied dans une assemblée, qu'il cherche quelques femmes auprès de qui il puisse s'insinuer, se parer de son bel esprit ou de sa philosophie, et mettre en œuvre ses rares conceptions : car, soit qu'il parle ou qu'il écrive, il ne doit pas être soupçonné d'avoir en vue ni le vrai ni le faux, ni le raisonnable ni le ridicule; il évite uniquement de donner dans le sens des autres, et d'être de l'avis de quelqu'un : aussi attend-il dans un cercle que chacun se soit expliqué sur le sujet qui s'est offert, ou souvent qu'il a amené lui-même, pour dire dogmatiquement des choses toutes nouvelles, mais à son gré décisives et sans réplique. Cydias s'égale à Lucien et à Sénèque [1], se met au-dessus de Platon, de Virgile et de Théocrite ; et son flatteur a soin de le confirmer tous les matins dans cette opinion. Uni de goût et d'intérêt avec les contempteurs

---

[1] Philosophe et poëte tragique. (*La Bruyère.*)

d'Homère, il attend paisiblement que les hommes détrompés lui préfèrent les poëtes modernes ; il se met en ce cas à la tête de ces derniers, et il sait à qui il adjuge la seconde place. C'est, en un mot, un composé du pédant et du précieux, fait pour être admiré de la bourgeoisie et de la province, en qui néanmoins on n'aperçoit rien de grand que l'opinion qu'il a de lui-même.

C'est la profonde ignorance qui inspire le ton dogmatique. Celui qui ne sait rien croit enseigner aux autres ce qu'il vient d'apprendre lui-même ; celui qui sait beaucoup pense à peine que ce qu'il dit puisse être ignoré, et parle plus indifféremment.

Les plus grandes choses n'ont besoin que d'être dites simplement ; elles se gâtent par l'emphase : il faut dire noblement les plus petites ; elles ne se soutiennent que par l'expression, le ton, et la manière.

Il me semble que l'on dit les choses encore plus finement qu'on ne peut les écrire.

Il n'y a guère qu'une naissance honnête, ou une bonne éducation, qui rende les hommes capables de secret.

Toute confiance est dangereuse, si elle n'est entière : il y a peu de conjonctures où il ne faille tout dire ou tout cacher. On a déjà trop dit de son secret à celui à qui l'on croit devoir en dérober une circonstance.

Des gens vous promettent le secret, et ils le révèlent eux-mêmes, et à leur insu ; ils ne remuent pas les lèvres, et on les entend : on lit sur leur front et dans leurs yeux ; on voit au travers de leur poitrine ; ils sont transparents : d'autres ne disent pas précisément une chose qui leur a été confiée ; mais ils parlent et agissent de manière qu'on la découvre de soi-même : enfin quelques-uns méprisent votre secret, de quelque conséquence qu'il puisse être : « C'est un mystère, un tel m'en a fait part, et m'a défendu « de le dire ; » et ils le disent.

Toute révélation d'un secret est la faute de celui qui l'a confié.

*Nicandre* s'entretient avec *Élise* de la manière douce et complaisante dont il a vécu avec sa femme, depuis le jour qu'il en fit le choix jusques à sa mort : il a déjà dit qu'il regrette qu'elle ne lui ait pas laissé des enfants, et il le répète ; il parle des maisons qu'il a à la ville, et bientôt d'une terre qu'il a à la campagne ; il calcule le revenu qu'elle lui rapporte ; il fait le plan des bâtiments, en décrit la situation, exagère la commodité des appartements, ainsi que la richesse et la propreté des meubles. Il assure qu'il aime la bonne chère, les équipages ; il se plaint que sa femme n'aimait point assez le jeu et la société. Vous êtes si riche, lui disait un de ses amis, que n'achetez-vous cette charge ? pourquoi ne pas faire cette acquisition, qui étendrait votre domaine ? On me croit, ajoute-t-il, plus de bien que je n'en possède. Il n'oublie pas son extraction et ses alliances : *M. le surintendant, qui est mon cousin; madame la chancelière, qui est ma parente :* voilà son style. Il raconte un fait qui prouve le mécontentement qu'il doit avoir de ses plus proches, et de ceux mêmes qui sont ses héritiers : Ai-je tort ? dit-il à Élise ; ai-je grand sujet de leur vouloir du bien ? et il l'en fait juge. Il insinue ensuite qu'il a une santé faible et languissante ; et il parle de la cave où il doit être enterré. Il est insinuant, flatteur, officieux, à l'égard de tous ceux qu'il trouve auprès de la personne à qui il aspire. Mais Élise n'a pas le courage d'être riche en l'épousant. On annonce, au moment qu'il parle, un cavalier, qui de sa seule présence démonte la batterie de l'homme de ville : il se lève déconcerté et chagrin, et va dire ailleurs qu'il veut se remarier.

Le sage quelquefois évite le monde, de peur d'être ennuyé.

---

## CHAPITRE VI.

### *Des biens de fortune.*

Un homme fort riche peut manger des entremets, faire peindre ses lambris et ses alcôves, jouir d'un palais à la campagne, et d'un autre à la ville, avoir un grand équipage, mettre un duc dans sa famille, et faire de son fils un grand seigneur : cela est juste et de son ressort. Mais il appartient peut-être à d'autres de vivre contents.

Une grande naissance ou une grande fortune annonce le mérite, et le fait plus tôt remarquer.

Ce qui disculpe le fat ambitieux de son ambition est le soin que l'on prend, s'il a fait une grande fortune, de lui trouver un mérite qu'il n'a jamais eu, et aussi grand qu'il croit l'avoir.

A mesure que la faveur et les grands biens se retirent d'un homme, ils laissent voir en lui le ridicule qu'ils couvraient, et qui y était sans que personne s'en aperçût.

Si l'on ne le voyait de ses yeux, pourrait-on jamais s'imaginer l'étrange disproportion que le plus ou le moins de pièces de monnaie met entre les hommes ?

Ce plus ou ce moins détermine à l'épée, à la robe, ou à l'Église : il n'y a presque point d'autre vocation.

Deux marchands étaient voisins, et faisaient le même commerce, qui ont eu dans la suite une fortune toute différente. Ils avaient chacun une fille unique ; elles ont été nourries ensemble, et ont vécu dans cette familiarité que donnent un même âge et une même condition : l'une des deux, pour se tirer d'une extrême misère, cherche à se placer ; elle entre au service d'une fort grande dame, et l'une des premières de la cour : chez sa compagne.

Si le financier manque son coup, les courtisans disent de lui : C'est un bourgeois, un homme de rien, un malotru ; s'il réussit, ils lui demandent sa fille.

Quelques-uns [1] ont fait dans leur jeunesse l'apprentissage d'un certain métier, pour en exercer un autre, et fort différent, le reste de leur vie.

Un homme est laid, de petite taille, et a peu d'esprit. L'on me dit à l'oreille : Il a cinquante mille livres de rente ; cela le concerne tout seul, et il ne m'en fera jamais ni pis ni mieux, si je commence à le regarder avec d'autres yeux, et si je ne suis pas maître de faire autrement : quelle sottise !

Un projet assez vain serait de vouloir tourner un homme fort sot et fort riche en ridicule ; les rieurs sont de son côté.

N**, avec un portier rustre, farouche, tirant sur le Suisse, avec un vestibule et une antichambre, pour peu qu'il y fasse languir quelqu'un et se morfondre, qu'il paraisse enfin avec une mine grave et une démarche mesurée, qu'il écoute un peu et ne reconduise point, quelque subalterne qu'il soit d'ailleurs, il fera sentir de lui-même quelque chose qui approche de la considération.

Je vais, *Clitiphon*, à votre porte ; le besoin que j'ai de vous me chasse de mon lit et de ma chambre : plût aux dieux que je ne fusse ni votre client, ni votre fâcheux ! Vos esclaves me disent que vous êtes enfermé, et que vous ne pouvez m'écouter que d'une heure entière : je reviens avant le temps qu'ils m'ont marqué, et ils me disent que vous êtes sorti. Que faites-vous, Clitiphon, dans cet endroit le plus

---

[1] Les partisans, qui avaient souvent commencé par être laquais.

reculé de votre appartement, de si laborieux qui vous empêche de m'entendre? Vous enfilez quelques mémoires,
vous collationnez un registre, vous signez, vous paraphez;
je n'avais qu'une chose à vous demander, et vous n'aviez
qu'un mot à me répondre, oui ou non. Voulez-vous être
rare? rendez service à ceux qui dépendent de vous : vous le
serez davantage par cette conduite que par ne vous pas
laisser voir. O homme important et chargé d'affaires, qui,
à votre tour, avez besoin de mes offices, venez dans la solitude de mon cabinet ! le philosophe est accessible; je ne vous
remettrai point à un autre jour. Vous me trouverez sur les
livres de Platon qui traitent de la spiritualité de l'âme et de
sa distinction d'avec le corps, ou la plume à la main pour
calculer les distances de Saturne et de Jupiter : j'admire
Dieu dans ses ouvrages, et je cherche, par la connaissance
de la vérité, à régler mon esprit et devenir meilleur. Entrez,
toutes les portes vous sont ouvertes : mon antichambre n'est
pas faite pour s'y ennuyer en m'attendant; passez jusqu'à moi sans me faire avertir. Vous m'apportez quelque
chose de plus précieux que l'argent et l'or, si c'est une occasion de vous obliger : parlez, que voulez-vous que je fasse
pour vous? faut-il quitter mes livres, mes études, mon ouvrage, cette ligne qui est commencée? quelle interruption
heureuse pour moi que celle qui vous est utile ! Le manieur
d'argent, l'homme d'affaires, est un ours qu'on ne saurait
apprivoiser; on ne le voit dans sa loge qu'avec peine, que
dis-je? on ne le voit point; car d'abord on ne le voit pas encore, et bientôt on ne le voit plus. L'homme de lettres, au
contraire, est trivial comme une borne au coin des places;
il est vu de tous, et à toute heure, et en tous états, à table,
au lit, nu, habillé, sain, ou malade : il ne peut être important, et il ne le veut point être.

N'envions point à une sorte de gens leurs grandes richesses : ils les ont à titre onéreux, et qui ne nous accommoderait point. Ils ont mis leur repos, leur santé, leur honneur, et leur conscience, pour les avoir : cela est trop cher, et il n'y a rien à gagner à un tel marché.

Les P. T. S. [1] nous font sentir toutes les passions l'une après l'autre. L'on commence par le mépris, à cause de leur obscurité. On les envie ensuite, on les hait, on les craint, on les estime quelquefois, et on les respecte. L'on vit assez pour finir à leur égard par la compassion.

*Sosie* de la livrée a passé, par une petite recette, à une sous-ferme ; et, par les concussions, la violence, et l'abus qu'il a fait de ses *pouvoirs*, il s'est enfin, sur les ruines de plusieurs familles, élevé à quelque grade : devenu noble par une charge, il ne lui manquait que d'être homme de bien ; une place de marguillier a fait ce prodige.

*Arfure* cheminait seule et à pied vers le grand portique de Saint-**, entendait de loin le sermon d'un carme ou d'un docteur qu'elle ne voyait qu'obliquement, et dont elle perdait bien des paroles. Sa vertu était obscure, et sa dévotion connue comme sa personne. Son mari est entré dans le *huitième denier :* quelle monstrueuse fortune en moins de six années ! Elle n'arrive à l'église que dans un char ; on lui porte une lourde queue ; l'orateur s'interrompt pendant qu'elle se place ; elle le voit de front, n'en perd pas une seule parole, ni le moindre geste : il y a une brigue entre les prêtres pour la confesser ; tous veulent l'absoudre, et le curé l'emporte.

[1] C'est sous le voile assez transparent de ces trois lettres que la Bruyère avait jugé à propos de cacher le nom de *partisans*, que les éditeurs venus après lui ont écrit en entier. On ne peut pas croire que ce fût de sa part un ménagement pour les partisans de son temps, puisque ailleurs il les nomme en toutes lettres. Il ne voulait peut-être que procurer à ses lecteurs le petit plaisir de deviner cette espèce d'énigme.

L'on porte *Crésus* au cimetière : de toutes ses immenses richesses, que le vol et la concussion lui avaient acquises, et qu'il a épuisées par le luxe et par la bonne chère, il ne lui est pas demeuré de quoi se faire enterrer ; il est mort insolvable, sans biens, et ainsi privé de tous les secours : l'on n'a vu chez lui ni julep, ni cordiaux, ni médecins, ni le moindre docteur qui l'ait assuré de son salut.

*Champagne*, au sortir d'un long dîner qui lui enfle l'estomac, et dans les douces fumées d'un vin d'Avenay ou de Sillery, signe un ordre qu'on lui présente, qui ôterait le pain à toute une province si l'on n'y remédiait : il est excusable ; quel moyen de comprendre, dans la première heure de la digestion, qu'on puisse quelque part mourir de faim ?

*Sylvain* de ses deniers a acquis de la naissance et un autre nom. Il est seigneur de la paroisse où ses aïeux payaient la taille : il n'aurait pu autrefois entrer page chez *Cléobule*, et il est son gendre.

*Dorus* passe en litière par la voie *Appienne*, précédé de ses affranchis et de ses esclaves, qui détournent le peuple et font faire place : il ne lui manque que des licteurs. Il entre à *Rome* avec ce cortége, où il semble triompher de la bassesse et de la pauvreté de son père *Sanga*.

On ne peut mieux user de sa fortune que fait *Périandre* : elle lui donne du rang, du crédit, de l'autorité ; déjà on ne le prie plus d'accorder son amitié, on implore sa protection. Il a commencé par dire de soi-même, *un homme de ma sorte* ; il passe à dire, *un homme de ma qualité* : il se donne pour tel ; et il n'y a personne de ceux à qui il prête de l'argent, ou qu'il reçoit à sa table, qui est délicate, qui veuille s'y opposer. Sa demeure est superbe, un dorique règne dans tous ses dehors ; ce n'est pas une porte,

c'est un portique : est-ce la maison d'un particulier? est-ce
un temple? le peuple s'y trompe. Il est le seigneur domi-
nant de tout le quartier : c'est lui que l'on envie, et dont
on voudrait voir la chute; c'est lui dont la femme, par son
collier de perles, s'est fait des ennemies de toutes les dames
du voisinage. Tout se soutient dans cet homme; rien encore ne se dément dans cette grandeur qu'il a acquise, dont
il ne doit rien, qu'il a payée. Que son père, si vieux et si
caduc, n'est-il mort il y a vingt ans, et avant qu'il se fît
dans le monde aucune mention de Périandre! Comment
pourra-t-il soutenir ces odieuses pancartes[1] qui déchiffrent
les conditions, et qui souvent font rougir la veuve et les
héritiers? Les supprimera-t-il aux yeux de toute une ville
jalouse, maligne, clairvoyante, et aux dépens de mille
gens qui veulent absolument aller tenir leur rang à des
obsèques? Veut-on d'ailleurs qu'il fasse de son père un
*noble homme*, et peut-être un *honorable homme*, lui qui
est *messire?*

Combien d'hommes ressemblent à ces arbres déjà forts
et avancés que l'on transplante dans les jardins, où ils sur-
prennent les yeux de ceux qui les voient placés dans de
beaux endroits où ils ne les ont point vus croître, et qui ne
connaissent ni leurs commencements, ni leurs progrès!

Si certains morts revenaient au monde, et s'ils voyaient
leurs grands noms portés, et leurs terres les mieux titrées,
avec leurs châteaux et leurs maisons antiques, possédées
par des gens dont les pères étaient peut-être leurs mé-
tayers, quelle opinion pourraient-ils avoir de notre siècle?

Rien ne fait mieux comprendre le peu de chose que Dieu
croit donner aux hommes, en leur abandonnant les richesses, l'argent, les grands établissements et les autres biens,

---

[1] Billets d'enterrement. (*La Bruyère.*)

que la dispensation qu'il en fait, et le genre d'hommes qui en sont le mieux pourvus.

Si vous entrez dans les cuisines, où l'on voit réduit en art et en méthode le secret de flatter votre goût, et de vous faire manger au delà du nécessaire ; si vous examinez en détail tous les apprêts des viandes qui doivent composer le festin que l'on vous prépare ; si vous regardez par quelles mains elles passent, et toutes les formes différentes qu'elles prennent avant de devenir un mets exquis, et d'arriver à cette propreté et à cette élégance qui charment vos yeux, vous font hésiter sur le choix, et prendre le parti d'essayer de tout ; si vous voyez tout le repas ailleurs que sur une table bien servie, quelles saletés ! quel dégoût ! Si vous allez dèrrière un théâtre, et si vous nombrez les poids, les roues, les cordages, qui font les vols et les machines ; si vous considérez combien de gens entrent dans l'exécution de ces mouvements, quelle force de bras et quelle extension de nerfs ils y emploient, vous direz : Sont-ce là les principes et les ressorts de ce spectacle si beau, si naturel, qui paraît animé et agir de soi-même? vous vous récrierez : Quels efforts ! quelle violence ! De même n'approfondissez pas la fortune des partisans.

Ce garçon si frais, si fleuri, et d'une si belle santé, est seigneur d'une abbaye et de dix autres bénéfices : tous ensemble lui rapportent six vingt mille livres de revenu, dont il n'est payé qu'en médailles d'or. Il y a ailleurs six vingts familles indigentes qui ne se chauffent point pendant l'hiver, qui n'ont point d'habits pour se couvrir, et qui souvent manquent de pain ; leur pauvreté est extrême et honteuse : quel partage ! et cela ne prouve-t-il pas clairement un avenir ?

*Chrysippe*, homme nouveau, et le premier noble de sa

race, aspirait, il y a trente années, à se voir un jour deux
mille livres de rente pour tout bien : c'était là le comble de
ses souhaits et sa plus haute ambition; il l'a dit ainsi,
et on s'en souvient. Il arrive, je ne sais par quels chemins,
jusqu'à donner en revenu à l'une de ses filles, pour sa dot,
ce qu'il désirait lui-même d'avoir en fonds pour toute fortune pendant sa vie : une pareille somme est comptée dans
ses coffres pour chacun de ses autres enfants qu'il doit
pourvoir; et il a un grand nombre d'enfants : ce n'est qu'en
avancement d'hoirie, il y a d'autres biens à espérer après
sa mort : il vit encore, quoique assez avancé en âge, et il
use le reste de ses jours à travailler pour s'enrichir.

Laissez faire *Ergaste*, et il exigera un droit de tous ceux
qui boivent de l'eau de la rivière, ou qui marchent sur la
terre ferme. Il sait convertir en or jusqu'aux roseaux, aux
joncs et à l'ortie; il écoute tous les avis, et propose tous
ceux qu'il a écoutés. Le prince ne donne aux autres qu'aux
dépens d'Ergaste, et ne leur fait de grâces que celles qui
lui étaient dues : c'est une faim insatiable d'avoir et de posséder; il trafiquerait des arts et des sciences, et mettrait en
parti jusqu'à l'harmonie. Il faudrait, s'il en était cru, que le
peuple, pour avoir le plaisir de le voir riche, de lui voir
une meute et une écurie, pût perdre le souvenir de la musique d'*Orphée*, et se contenter de la sienne.

Ne traitez pas avec *Criton*, il n'est touché que de ses
seuls avantages. Le piége est tout dressé à ceux à qui sa
charge, sa terre, ou ce qu'il possède, feront envie : il vous
imposera des conditions extravagantes. Il n'y a nul ménagement et nulle composition a attendre d'un homme si
plein de ses intérêts et si ennemi des vôtres : il lui faut
une dupe.

*Brontin*, dit le peuple, fait des retraites, et s'enferme

huit jours avec des saints : ils ont leurs méditations, et il a les siennes.

Le peuple souvent a le plaisir de la tragédie ; il voit périr sur le théâtre du monde les personnages les plus odieux, qui ont fait le plus de mal dans diverses scènes, et qu'il a le plus haïs.

Si l'on partage la vie des P. T. S. en deux portions égales : la première, vive et agissante, est tout occupée à vouloir affliger le peuple ; et la seconde, voisine de la mort, à se déceler et à se ruiner les uns les autres.

Cet homme qui a fait la fortune de plusieurs, qui a fait la vôtre, n'a pu soutenir la sienne, ni assurer avant sa mort celle de sa femme et de ses enfants ; ils vivent cachés et malheureux : quelque bien instruit que vous soyez de la misère de leur condition, vous ne pensez pas à l'adoucir ; vous ne le pouvez pas en effet, vous tenez table, vous bâtissez ; mais vous conservez par reconnaissance le portrait de votre bienfaiteur, qui a passé, à la vérité, du cabinet à l'antichambre : quels égards ! il pouvait aller au garde-meuble.

Il y a une dureté de complexion ; il y en a une autre de condition d'état. L'on tire de celle-ci, comme de la première, de quoi s'endurcir sur la misère des autres, dirai-je même de quoi ne pas plaindre les malheurs de sa famille ! Un bon financier ne pleure ni ses amis, ni sa femme, ni ses enfants.

Fuyez, retirez-vous ; vous n'êtes pas assez loin. Je suis, dites-vous, sous l'autre tropique. Passez sous le pôle et dans l'autre hémisphère ; montez aux étoiles, si vous le pouvez. M'y voila. Fort bien ; vous êtes en sûreté. Je découvre sur la terre un homme avide, insatiable, inexorable, qui veut, aux dépens de tout ce qui se trouvera sur

son chemin et à sa rencontre, et quoi qu'il en puisse coûter
aux autres, pourvoir à lui seul, grossir sa fortune, et re-
gorger de biens.

Faire fortune est une si belle phrase, et qui dit une si
bonne chose, qu'elle est d'un usage universel. On la reconnaît dans toutes les langues ; elle plaît aux étrangers et
aux barbares ; elle règne à la cour et à la ville ; elle a
percé les cloîtres et franchi les murs des abbayes de l'un et
de l'autre sexe : il n'y a point de lieux sàcrés où elle
n'ait pénétré, point de désert ni de solitude où elle soit
inconnue

A force de faire de nouveaux contrats, ou de sentir son
argent grossir dans ses coffres, on se croit enfin une bonne
tête, et presque capable de gouverner.

Il faut une sorte d'esprit pour faire fortune, et surtout
une grande fortune. Ce n'est ni le bon ni le bel esprit,
ni le grand, ni le sublime, ni le fort, ni le délicat ; je ne
sais précisément lequel c'est, et j'attends que quelqu'un
veuille m'en instruire.

Il faut moins d'esprit que d'habitude ou d'expérience
pour faire sa fortune : l'on y songe trop tard ; et, quand
enfin l'on s'en avise, l'on commence par des fautes que
l'on n'a pas toujours le loisir de réparer : de là vient
peut-être que les fortunes sont si rares.

Un homme d'un petit génie peut vouloir s'avancer : il
néglige tout ; il ne pense du matin au soir, il ne rêve la nuit,
qu'à une seule chose. qui est de s'avancer. Il a commencé
de bonne heure, et dès son adolescence, à se mettre dans
les voies de la fortune : s'il trouve une barrière de front qui
ferme son passage, il biaise naturellement, et va à droite
ou à gauche, selon qu'il y voit de jour et d'apparence ; et,
si de nouveaux obstacles l'arrêtent, il rentre dans le sen-

tier qu'il avait quitté. Il est déterminé par la nature des difficultés, tantôt à les surmonter, tantôt à les éviter, ou à prendre d'autres mesures : son intérêt, l'usage, les conjonctures, le dirigent. Faut-il de si grands talents et une si bonne tête à un voyageur pour suivre d'abord le grand chemin, et, s'il est plein et embarrassé, prendre la terre, et aller à travers champs, puis regagner sa première route, la continuer, arriver à son terme ? Faut-il tant d'esprit pour aller à ses fins ? Est-ce donc un prodige qu'un sot riche et accrédité ?

Il y a même des stupides, et j'ose dire des imbéciles, qui se placent en de beaux postes, et qui savent mourir dans l'opulence, sans qu'on les doive soupçonner en nulle manière d'y avoir contribué de leur travail ou de la moindre industrie : quelqu'un les a conduits à la source d'un fleuve, ou bien le hasard seul les y a fait rencontrer ; on leur a dit : Voulez-vous de l'eau ? puisez ; et ils ont puisé.

Quand on est jeune, souvent on est pauvre : ou l'on n'a pas encore fait d'acquisitions, ou les successions ne sont pas échues. L'on devient riche et vieux en même temps : tant il est rare que les hommes puissent réunir tous leurs avantages ! et, si cela arrive à quelques-uns, il n'y a pas de quoi leur porter envie : ils ont assez à perdre par la mort pour mériter d'être plaints.

Il faut avoir trente ans pour songer à sa fortune ; elle n'est pas faite à cinquante : l'on bâtit dans sa vieillesse, et l'on meurt quand on en est aux peintres et aux vitriers.

Quel est le fruit d'une grande fortune, si ce n'est de jouir de la vanité, de l'industrie, du travail et de la dépense de ceux qui sont venus avant nous, et de travailler nous-mêmes, de planter, de bâtir, d'acquérir pour la postérité ?

L'on ouvre, et l'on étale tous les matins pour tromper son monde; et l'on ferme le soir après avoir trompé tout le jour.

Le marchand fait des montres pour donner de sa marchandise ce qu'il y a de pire : il a le cati et les faux jours, afin d'en cacher les défauts, et qu'elle paraisse bonne ; il la surfait pour la vendre plus cher qu'elle ne vaut ; il a des marques fausses et mystérieuses, afin qu'on croie n'en donner que son prix, un mauvais aunage pour en livrer le moins qu'il se peut ; et il a un trébuchet, afin que celui à qui il l'a livrée la lui paye en or qui soit de poids.

Dans toutes les conditions, le pauvre est bien proche de l'homme de bien, et l'opulent n'est guère éloigné de la friponnerie. Le savoir-faire et l'habileté ne mènent pas jusqu'aux énormes richesses.

L'on peut s'enrichir dans quelque art, ou dans quelque commerce que ce soit, par l'ostentation d'une certaine probité.

De tous les moyens de faire sa fortune, le plus court et le meilleur est de mettre les gens à voir clairement leurs intérêts à vous faire du bien.

Les hommes, pressés par les besoins de la vie, et quelquefois par le désir du gain ou de la gloire, cultivent des talents profanes, ou s'engagent dans des professions équivoques, et dont ils se cachent longtemps à eux-mêmes le péril et les conséquences. Ils les quittent ensuite par une dévotion discrète qui ne leur vient jamais qu'après qu'ils ont fait leur récolte, et qu'ils jouissent d'une fortune bien établie.

Il y a des misères sur la terre qui saisissent le cœur : il manque à quelques-uns jusqu'aux aliments ; ils redoutent l'hiver, ils appréhendent de vivre. L'on mange ailleurs des fruits précoces, l'on force la terre et les saisons pour fournir à sa délicatesse ; de simples bourgeois, seulement à cause qu'ils étaient riches, ont eu l'audace d'avaler en un seul morceau la nourriture de cent familles. Tienne qui voudra contre de si grandes extrémités ; je ne veux être, si je le puis, ni malheureux, ni heureux : je me jette et me réfugie dans la médiocrité.

On sait que les pauvres sont chagrins de ce que tout leur manque, et que personne ne les soulage ; mais s'il est vrai que les riches soient colères, c'est de ce que la moindre chose puisse leur manquer, ou que quelqu'un veuille leur résister.

Celui-là est riche, qui reçoit plus qu'il ne consume ; celui-là est pauvre, dont la dépense excède la recette.

Tel, avec deux millions de rente, peut être pauvre chaque année de cinq cent mille livres.

Il n'y a rien qui se soutienne plus longtemps qu'une médiocre fortune ; il n'y a rien dont on voie mieux la fin que d'une grande fortune.

L'occasion prochaine de la pauvreté, c'est de grandes richesses.

S'il est vrai que l'on soit riche de tout ce dont on n'a pas besoin, un homme fort riche c'est un homme qui est sage.

S'il est vrai que l'on soit pauvre par toutes les choses que l'on désire, l'ambitieux et l'avare languissent dans une extrême pauvreté.

Les passions tyrannisent l'homme ; et l'ambition suspend en lui les autres passions, et lui donne pour un temps les apparences de toutes les vertus. Ce *Triphon* qui a tous les vices, je l'ai cru sobre, chaste, libéral, humble et même dévot ; je le croirais encore, s'il n'eût enfin fait sa fortune.

L'on ne se rend point sur le désir de posséder et de s'agrandir : la bile gagne, et la mort approche, qu'avec un visage flétri, et des jambes déjà faibles, l'on dit : *Ma fortune, mon établissement.*

Il n'y a au monde que deux manières de s'élever, ou par sa propre industrie, ou par l'imbécillité des autres.

Les traits découvrent la complexion et les mœurs ; mais la mine désigne les biens de fortune : le plus ou le moins de mille livres de rente se trouve écrit sur les visages.

*Chrysante,* homme opulent et impertinent, ne veut pas être vu avec *Eugène,* qui est homme de mérite, mais pauvre : il croirait en être déshonoré. Eugène est pour Chrysante dans les mêmes dispositions : ils ne courent pas risque de se heurter.

Quand je vois de certaines gens, qui me prévenaient autrefois par leurs civilités, attendre au contraire que je les salue, et en être avec moi sur le plus ou sur le moins, je dis en moi-même : Fort bien, j'en suis ravi ; tant mieux pour eux : vous verrez que cet homme-ci est mieux logé, mieux meublé et mieux nourri qu'à l'ordinaire ; qu'il sera entré depuis quelques mois dans quelque affaire, où il aura déjà fait un gain raisonnable. Dieu veuille qu'il en vienne dans peu de temps jusqu'à me mépriser !

Si les pensées, les livres et leurs auteurs dépendaient des riches et de ceux qui ont fait une belle fortune, quelle proscription ! Il n'y aurait plus de rappel : quel ton, quel ascendant, ne prennent-ils pas sur les savants ! quelle majesté n'observent-ils pas à l'égard de ces hommes *chétifs* que leur mérite n'a ni placés ni enrichis, et qui en sont encore à penser et à écrire judicieusement ! Il faut l'avouer, le présent est pour les riches, et l'avenir pour les vertueux et les habiles. HOMÈRE est encore, et sera toujours ; les receveurs de droits, les publicains, ne sont plus : ont-ils

128     LES CARACTÈRES DE LA BRUYÈRE

été? leur patrie, leurs noms, sont-ils connus? y a-t-il eu
dans la Grèce des partisans? que sont devenus ces importants personnages qui méprisaient Homère, qui ne son-
geaient dans la place qu'à l'éviter, qui ne lui rendaient
pas le salut, ou qui le saluaient par son nom, qui ne dai-
gnaient pas l'associer à leur table, qui le regardaient
comme un homme qui n'était pas riche, et qui faisait un
livre? que deviendront les *Fauconnets*[1]? iront-ils aussi
-loin dans la postérité que DESCARTES, né Français et
*mort en Suède*[2]?

Du même fonds d'orgueil dont l'on s'élève fièrement au-
dessus de ses inférieurs, l'on rampe vilement devant ceux
qui sont au-dessus de soi. C'est le propre de ce vice, qui
n'est fondé ni sur le mérite personnel ni sur la vertu, mais
sur les richesses, les postes, le crédit, et sur de vaines
sciences, de nous porter également à mépriser ceux qui ont
moins que nous de cette espèce de biens, et à estimer trop
ceux qui en ont une mesure qui excède la nôtre.

Il y a des âmes sales, pétries de boue et d'ordure, éprises
du gain et de l'intérêt, comme les belles âmes le sont de la
gloire et de la vertu; capables d'une seule volupté, qui est
celle d'acquérir ou de ne point perdre; curieuses et avides
du denier dix; uniquement occupées de leurs débiteurs;
toujours inquiètes sur le rabais ou sur le décri des mon-
naies; enfoncées et comme abîmées dans les contrats, les
titres, et les parchemins. De telles gens ne sont ni parents,
ni amis, ni citoyens, ni chrétiens, ni peut-être des hommes : ils ont de l'argent.

[1] Il y avait un bail des fermes sous ce nom.
[2] On connaissait déjà, du temps de la Bruyère, ce qu'on a appelé depuis l'éloquence des italiques. En imprimant ainsi les mots *mort en
Suède*, il a certainement voulu insister sur cette circonstance, et rap-
peler à ses lecteurs les déplorables cabales qui ont éloigné Descartes de
son pays, et l'ont envoyé mourir dans un royaume voisin du pôle.

Commençons par excepter ces âmes nobles et courageuses, s'il en reste encore sur la terre, secourables, ingénieuses à faire du bien, que nuls besoins, nulle disproportion, nuls artifices, ne peuvent séparer de ceux qu'ils se sont une fois choisis pour amis ; et, après cette précaution, disons hardiment une chose triste et douloureuse à imaginer : Il n'y a personne au monde si bien lié avec nous de société et de bienveillance, qui nous aime, qui nous goûte, qui nous fait mille offres de services, et qui nous sert quelquefois, qui n'ait en soi, par l'attachement à son intérêt, des dispositions très-proches à rompre avec nous, et à devenir notre ennemi.

Pendant qu'*Oronte* augmente avec ses années son fonds et ses revenus, une fille naît dans quelque famille, s'élève, croît, s'embellit, et entre dans sa seizième année ; il se fait prier à cinquante ans pour l'épouser, jeune, belle, spirituelle : cet homme, sans naissance, sans esprit, et sans le moindre mérite, est préféré à tous ses rivaux.

Le mariage, qui devrait être à l'homme une source de tous les biens, lui est souvent, par la disposition de sa fortune, un lourd fardeau sous lequel il succombe : c'est alors qu'une femme et des enfants sont une violente tentation à la fraude, au mensonge, et aux gains illicites. Il se trouve entre la friponnerie et l'indigence : étrange situation !

Épouser une veuve, en bon français, signifie faire sa fortune : il n'opère pas toujours ce qu'il signifie.

Celui qui n'a de partage avec ses frères que pour vivre à l'aise bon praticien, veut être officier ; le simple officier se fait magistrat, et le magistrat veut présider ; et ainsi de toutes les conditions où les hommes languissent serrés et indigents, après avoir tenté au delà de leur fortune, et forcé pour ainsi dire leur destinée, incapables tout à la fois de ne pas vouloir être riches et de demeurer riches.

Dîne bien, *Cléarque*, soupe le soir, mets du bois au feu, achète un manteau, tapisse ta chambre : tu n'aimes point ton héritier, tu ne le connais point, tu n'en as point.

Jeune, on conserve pour sa vieillesse ; vieux, on épargne pour la mort. L'héritier prodigue paye de superbes funérailles, et dévore le reste.

L'avare dépense plus mort, en un seul jour, qu'il ne faisait vivant en dix années ; et son héritier plus en dix mois, qu'il n'a su faire lui-même en toute sa vie.

Ce que l'on prodigue, on l'ôte à son héritier : ce que l'on épargne sordidement, on se l'ôte à soi-même. Le milieu est justice pour soi et pour les autres.

Les enfants peut-être seraient plus chers à leurs pères, et réciproquement les pères à leurs enfants, sans le titre d'héritiers.

Triste condition de l'homme, et qui dégoûte de la vie ! il faut suer, veiller, fléchir, dépendre, pour avoir un peu de fortune, ou la devoir à l'agonie de nos proches : celui qui s'empêche de souhaiter que son père y passe bientôt est homme de bien.

Le caractère de celui qui veut hériter de quelqu'un rentre dans celui du complaisant : nous ne sommes point mieux flattés, mieux obéis, plus suivis, plus entourés, plus cultivés, plus ménagés, plus caressés de personne pendant notre vie, que de celui qui croit gagner à notre mort, et qui désire qu'elle arrive.

Tous les hommes, par les postes différents, par les titres, et par les successions, se regardent comme héritiers les uns des autres, et cultivent par cet intérêt, pendant tout le cours de leur vie, un désir secret et enveloppé de la

mort d'autrui : le plus heureux dans chaque condition est
celui qui a plus de chose à perdre par sa mort, et à laisser à son successeur.

L'on dit du jeu qu'il égale les conditions ; mais elles se
trouvent quelquefois si étrangement disproportionnées, et
il y a entre telle et telle condition un abîme d'intervalle si
immense et si profond, que les yeux souffrent de voir de
telles extrémités se rapprocher : c'est comme une musique
qui détonne, ce sont comme des couleurs mal assorties,
comme des paroles qui jurent et qui offensent l'oreille,
comme de ces bruits ou de ces sons qui font frémir ; c'est,
en un mot, un renversement de toutes les bienséances. Si
l'on m'oppose que c'est la pratique de tout l'Occident, je
réponds que c'est peut-être aussi l'une de ces choses qui
nous rendent barbares à l'autre partie du monde, et que
les Orientaux qui viennent jusqu'à nous remportent sur
leurs tablettes : je ne doute pas même que cet excès de familiarité ne les rebute davantage que nous ne sommes
blessés de leur *zombaye* [1], et de leurs autres prosternations.

Une tenue d'états, ou les chambres assemblées pour une
affaire très-capitale, n'offre point aux yeux rien de si grave
et de si sérieux qu'une table de gens qui jouent un grand
jeu : une triste sévérité règne sur leur visage ; implacables
l'un pour l'autre, et irréconciliables ennemis pendant que
la séance dure, ils ne reconnaissent plus ni liaisons, ni alliance, ni naissance, ni distinctions. Le hasard seul, aveugle et farouche divinité, préside au cercle, et y décide
souverainement : ils l'honorent tous par un silence profond,
et par une attention dont ils sont partout ailleurs fort incapables ; toutes les passions, comme suspendues, cèdent à
une seule : le courtisan alors n'est ni doux, ni flatteur, ni
complaisant, ni même dévot.

[1] Voyez les relations du royaume de Siam. (*La Bruyère.*)

L'on ne reconnaît plus en ceux que le jeu et le gain ont illustrés la moindre trace de leur première condition. Ils perdent de vue leurs égaux, et atteignent les plus grands seigneurs. Il est vrai que la fortune du dé ou du lansquenet les remet souvent où elle les a pris.

Je ne m'étonne pas qu'il y ait des brelans publics, comme autant de piéges tendus à l'avarice des hommes, comme des gouffres où l'argent des particuliers tombe et se précipite sans retour, comme d'affreux écueils où les joueurs viennent se briser et se perdre ; qu'il parte de ces lieux des émissaires pour savoir à heure marquée qui a descendu à terre avec un argent frais d'une nouvelle prise, qui a gagné un procès d'où on lui a compté une grosse somme, qui a reçu un don, qui a fait au jeu un gain considérable, quel fils de famille vient de recueillir une riche succession, ou quel commis imprudent veut hasarder sur une carte les deniers de sa caisse. C'est un sale et indigne métier, il est vrai, que de tromper ; mais c'est un métier qui est ancien, connu, pratiqué de tout temps par ce genre d'hommes que j'appelle des brelandiers. L'enseigne est à leur porte ; on y lirait presque, *Ici l'on trompe de bonne foi ;* car se voudraient-ils donner pour irréprochables? Qui ne sait pas qu'entrer et perdre dans ces maisons est une même chose? Qu'ils trouvent donc sous leur main autant de dupes qu'il en faut pour leur subsistance, c'est ce qui me passe.

Mille gens se ruinent au jeu, et vous disent froidement qu'ils ne sauraient se passer de jouer : quelle excuse ! Y a-t-il une passion, quelque violente ou honteuse qu'elle soit, qui ne pût tenir ce même langage? serait-on reçu à dire qu'on ne peut se passer de voler, d'assassiner, de se précipiter? Un jeu effroyable, continuel, sans retenue, sans bornes, où l'on n'a en vue que la ruine totale de son adversaire, où l'on est transporté du désir du gain, désespéré sur la perte, consumé par l'avarice, où l'on expose sur une carte ou à la fortune du dé la sienne propre, celle de sa femme et de ses enfants, est-ce une chose qui soit permise, ou dont l'on doive se passer? Ne faut-il pas quelquefois se faire une plus grande violence, lorsque, poussé par le jeu jusqu'à une déroute universelle, il faut même que l'on se passe d'habits et de nourriture, et de les fournir à sa famille?

Je ne permets à personne d'être fripon ; mais je permets à un fripon de jouer un grand jeu : je le défends à un honnête homme. C'est une trop grande puérilité que de s'exposer à une grande perte.

Il n'y a qu'une affliction qui dure, qui est celle qui vient de la perte de biens : le temps, qui adoucit toutes les autres, aigrit celle-ci. Nous sentons à tous moments, pendant le cours de notre vie, où le bien que nous avons perdu nous manque.

Il fait bon avec celui qui ne se sert pas de son bien à marier ses filles, à payer ses dettes, ou à faire des contrats, pourvu que l'on ne soit ni ses enfants, ni sa femme.

Ni les troubles, *Zénobie*, qui agitent votre empire, ni la guerre que vous soutenez virilement contre une nation puissante depuis la mort du roi votre époux, ne diminuent rien de votre magnificence : vous avez préféré à toute autre contrée les rives de l'Euphrate pour y élever un superbe édifice ; l'air y est sain et tempéré, la situation en est riante ; un bois sacré l'ombrage du côté du couchant ; les dieux de Syrie, qui habitent quelquefois la terre, n'y auraient pu choisir une plus belle demeure ; la campagne autour est couverte d'hommes qui taillent et qui coupent, qui vont et qui viennent, qui roulent ou qui charrient le bois du Liban, l'airain et le porphyre ; les grues et les machines gémissent dans l'air, et font espérer à ceux qui voyagent vers l'Arabie de revoir à leur retour en leurs foyers ce palais achevé, et dans cette splendeur où vous désirez de le porter avant de l'habiter, vous et les princes vos enfants. N'y épargnez rien, grande reine ; employez-y l'or et tout l'art des plus excellents ouvriers ; que les Phidias et les Zeuxis de votre siècle déploient toute leur science sur vos plafonds et sur vos lambris ; tracez-y de vastes et de délicieux jardins, dont l'enchantement soit tel qu'ils ne paraissent pas faits de la main des hommes ; épuisez vos trésors et votre industrie sur cet ouvrage incomparable ; et après que vous y aurez mis, Zénobie, la dernière main, quelqu'un de ces pâtres qui habitent les sables voisins de Palmyre, devenu riche par les péages de vos rivières, achètera un jour à deniers comptants cette royale maison, pour l'embellir, et la rendre plus digne de lui et de sa fortune.

Ce palais, ces meubles, ces jardins, ces belles eaux, vous enchantent, et vous font récrier d'une première vue sur une maison si délicieuse, et sur l'extrême bonheur du maître qui la possède. Il n'est plus ; il n'en a pas joui si agréablement ni si tranquillement que vous ; il n'y a jamais eu un jour serein, ni une nuit tranquille ; il s'est noyé de dettes pour la porter à ce degré de beauté où elle vous ravit : ses créanciers l'en ont chassé ; il a tourné la tête, et il l'a regardée de loin une dernière fois ; et il est mort de saisissement.

L'on ne saurait s'empêcher de voir dans certaines familles ce qu'on appelle les caprices du hasard ou les jeux de la fortune : il y a cent ans qu'on ne parlait point de ces familles, qu'elles n'étaient point. Le ciel tout d'un coup s'ouvre en leur faveur : les biens, les honneurs, les dignités, fondent sur elles à plusieurs reprises ; elles nagent dans la prospérité. *Eumolpe*, l'un de ces hommes qui n'ont point de grands-pères, a eu un père du moins qui s'était élevé si haut, que tout ce qu'il a pu souhaiter pendant le cours d'une longue vie, ç'a été de l'atteindre; et il l'a atteint. Était-ce dans ces deux personnages éminence d'esprit, profonde capacité? était-ce les conjonctures? La fortune enfin ne leur rit plus; elle se joue ailleurs, et traite leur postérité comme leurs ancêtres.

La cause la plus immédiate de la ruine et de la déroute des personnes des deux conditions, de la robe et de l'épée, est que l'état seul, et non le bien, règle la dépense.

Si vous n'avez rien oublié pour votre fortune, quel travail! si vous avez négligé la moindre chose, quel repentir!

*Giton* a le teint frais, le visage plein et les joues pendantes, l'œil fixe et assuré, les épaules larges, l'estomac haut, la démarche ferme et délibérée : il parle avec confiance; il fait répéter celui qui l'entretient, et il ne goûte que médiocrement tout ce qu'il lui dit; il déploie un ample mouchoir, et se mouche avec grand bruit; il crache fort loin, et il éternue fort haut; il dort le jour, il dort la nuit, et profondément; il ronfle en compagnie. Il occupe à table et à la promenade plus de place qu'un autre; il tient le milieu en se promenant avec ses égaux; il s'arrête, et l'on s'arrête; il continue de marcher, et l'on marche; tous se règlent sur lui : il interrompt, il redresse ceux qui ont la parole; on ne l'interrompt pas, on l'écoute aussi longtemps qu'il veut parler; on est de son avis, on croit les nouvelles qu'il débite. S'il s'assied, vous le voyez s'enfoncer dans un fauteuil, croiser les jambes l'une sur l'autre, froncer le sourcil, abaisser son chapeau sur ses yeux pour ne voir personne, ou le relever ensuite, et découvrir son front par

fierté et par audace. Il est enjoué, grand rieur, impatient,
présomptueux, colère, libertin, politique, mystérieux sur
les affaires du temps; il se croit des talents et de l'esprit.
Il est riche.

*Phédon* a les yeux creux, le teint échauffé, le corps
sec, et le visage maigre : il dort peu, et d'un sommeil fort
léger; il est abstrait, rêveur, et il a avec de l'esprit l'air
d'un stupide; il oublie de dire ce qu'il sait, ou de parler
d'événements qui lui sont connus : et, s'il le fait quelquefois, il s'en tire mal; il croit peser à ceux à qui il parle; il
conte brièvement, mais froidement ; il ne se fait.pas écouter, il ne fait point rire : il applaudit, il sourit à ce que les
autres lui disent, il est de leur avis; il court, il vole pour
leur rendre de petits services : il est complaisant, flatteur,
empressé; il est mystérieux sur ses affaires, quelquefois
menteur; il est superstitieux, scrupuleux, timide : il marche doucement et légèrement ; il semble craindre de fouler
la terre; il marche les yeux baissés; et il n'ose les lever
sur ceux qui passent : il n'est jamais du nombre de ceux
qui forment un cercle pour discourir; il se met derrière
celui qui parle, recueille furtivement ce qui se dit, et il
se retire si on le regarde. Il n'occupe point de lieu, il ne
tient point de place : il va les épaules serrées, le chapeau
abaissé sur ses yeux pour n'être point vu; il se replie et se
renferme dans son manteau : il n'y a point de rues ni de
galeries si embarrassées et si remplies de monde, où
il ne trouve moyen de passer sans effort, et de se couler
sans être aperçu : si on le prie de s'asseoir, il se met à peine
sur le bord d'un siège; il parle bas dans la conversation,
et il articule mal : libre néanmoins sur les affaires publiques, chagrin contre le siècle, médiocrement prévenu des
ministres et du ministère, il n'ouvre la bouche que pour

répondre : il tousse, il se mouche sous son chapeau ; il crache presque sur soi, et il attend qu'il soit seul pour éternuer, ou, si cela lui arrive, c'est à l'insu de la compagnie ; il n'en coûte à personne ni salut, ni compliment. Il est pauvre.

## CHAPITRE VII.

### De la ville.

L'on se donne à Paris, sans se parler, comme un rendez-vous public, mais fort exact, tous les soirs, au Cours ou aux Tuileries, pour se regarder au visage et se désapprouver les uns les autres.

L'on ne peut se passer de ce même monde que l'on n'aime point, et dont l'on se moque.

L'on s'attend au passage réciproquement dans une promenade publique ; l'on y passe en revue l'un devant l'autre : carrosse, chevaux, livrées, armoiries, rien n'échappe aux yeux, tout est curieusement ou malignement observé ; et, selon le plus ou le moins de l'équipage, ou l'on respecte les personnes, ou on les dédaigne.

Tout le monde connaît cette longue levée [1] qui borne et qui resserre le lit de la Seine du côté où elle entre à Paris avec la Marne qu'elle vient de recevoir : les hommes s'y baignent au pied pendant les chaleurs de la canicule : on les voit de fort près se jeter dans l'eau, on les en voit sortir : c'est un amusement. Quand cette saison n'est pas venue, les femmes de la ville ne s'y promènent pas encore ; et, quand elle est passée, elles ne s'y promènent plus [2].

[1] Le quai Saint-Bernard.
[2] Dans ce temps-là les hommes allaient se baigner dans la Seine, au-dessus de la porte Saint-Bernard ; et, dans la saison des bains, le bord de la rivière, à cet endroit, était fréquenté par beaucoup de femmes.

Dans ces lieux d'un concours général, où les femmes se rassemblent pour montrer une belle étoffe, et pour recueillir le fruit de leur toilette, on ne se promène pas avec une compagne par la nécessité de la conversation; on se joint ensemble pour se rassurer sur le théâtre, s'apprivoiser avec le public, et se raffermir contre la critique : c'est là précisément qu'on se parle sans se rien dire, ou plutôt qu'on parle pour les passants, pour ceux même en faveur de qui l'on hausse sa voix; l'on gesticule et l'on badine, l'on penche négligemment la tête, l'on passe et l'on repasse.

La ville est partagée en diverses sociétés, qui sont comme autant de petites républiques, qui ont leurs lois, leurs usages, leur jargon, et leurs mots pour rire : tant que cet assemblage est dans sa force, et que l'entêtement subsiste, l'on ne trouve rien de bien dit ou de bien fait que ce qui part des siens, et l'on est incapable de goûter ce qui vient d'ailleurs; cela va jusqu'au mépris pour les gens qui ne sont pas initiés dans leurs mystères. L'homme du monde d'un meilleur esprit, que le hasard a porté au milieu d'eux, leur est étranger. Il se trouve là comme dans un pays lointain, dont il ne connaît ni les routes, ni la langue, ni les mœurs, ni la coutume : il voit un peuple qui cause, bourdonne, parle à l'oreille, éclate de rire, et qui retombe ensuite dans un morne silence; il y perd son maintien, ne trouve pas où placer un seul mot, et n'a pas même de quoi écouter. Il ne manque jamais là un mauvais plaisant qui domine, et qui est comme le héros de la société : celui-ci s'est chargé de la joie des autres, et fait toujours rire avant

Plusieurs auteurs satiriques ou comiques se sont moqués du choix peu décent de cette promenade. *Les Bains de la Porte Saint-Bernard* sont le titre d'une comédie jouée au Théâtre Italien, en 1696.

que d'avoir parlé. Si quelquefois une femme survient qui
n'est point de leurs plaisirs, la bande joyeuse ne peut
comprendre qu'elle ne sache point rire des choses qu'elle
n'entend point, et paraisse insensible à des fadaises qu'ils
n'entendent eux-mêmes que parce qu'ils les ont faites : ils
ne lui pardonnent ni son ton de voix, ni son silence, ni sa
taille, ni son visage, ni son habillement, ni son entrée,
ni la manière dont elle est sortie. Deux années cependant
ne passent point sur une même *coterie*. Il y a toujours,
dès la première année, des semences de division pour rompre dans celle qui doit suivre. L'intérêt de la beauté, les
incidents du jeu, l'extravagance des repas, qui, modestes
au commencement, dégénèrent bientôt en pyramides de
viandes et en banquets somptueux, dérangent la république, et lui portent enfin le coup mortel : il n'est en fort
peu de temps non plus parlé de cette nation que des mouches de l'année passée.

Il y a dans la ville la grande et la petite robe; et la première se venge sur l'autre des dédains de la cour, et des
petites humiliations qu'elle y essuie : de savoir quelles
sont leurs limites, où la grande finit et où la petite commence, ce n'est pas une chose facile. Il se trouve même
un corps considérable qui refuse d'être du second ordre,
et à qui l'on conteste le premier : il ne se rend pas néanmoins; il cherche au contraire, par la gravité et par la dépense, à s'égaler à la magistrature, ou ne lui cède qu'a-
vec peine : on l'entend dire que la noblesse de son emploi,
l'indépendance de sa profession, le talent de la parole, et
le mérite personnel, balancent au moins les sacs de mille
francs que le fils du partisan ou du banquier a su payer
pour son office.

Vous moquez-vous de rêver en carrosse, ou peut-être

de vous y reposer ? *Vite*, prenez votre livre ou vos papiers ; lisez, ne saluez qu'à peine ces gens qui passent dans leur équipage ; ils vous en croiront plus occupé ; ils diront : Cet homme est laborieux, infatigable ; il lit, il travaille jusque dans les rues ou sur la route : apprenez du moindre avocat, qu'il faut paraître accablé d'affaires, froncer le sourcil, et rêver à rien très-profondément ; savoir à propos perdre le boire et le manger, ne faire qu'apparoir dans sa maison, s'évanouir et se perdre comme un fantôme dans le sombre de son cabinet ; se cacher au public, éviter le théâtre, le laisser à ceux qui ne courent aucun risque à s'y montrer, qui en ont à peine le loisir, aux GoMONS, aux DUHAMELS.

Il y a un certain nombre de jeunes magistrats que les grands biens et les plaisirs ont associés à quelques-uns de ceux qu'on nomme à la cour de *petits-maîtres :* ils les imitent ; ils se tiennent fort au-dessus de la gravité de la robe, et se croient dispensés, par leur âge et par leur for-tune, d'être sages et modérés. Ils prennent de la cour ce qu'elle a de pire : ils s'approprient la vanité, la mollesse, l'intempérance, le libertinage, comme si tous ces vices lui étaient dus ; et, affectant ainsi un caractère éloigné de celui qu'ils ont à soutenir, ils deviennent enfin, selon leurs souhaits, des copies fidèles de très-méchants originaux.

Un homme de robe à la ville, et le même à la cour, ce sont deux hommes. Revenu chez soi, il reprend ses mœurs, sa taille et son visage, qu'il y avait laissés : il n'est plus ni si embarrassé, ni si honnête.

Les *Crispins* se cotisent, et rassemblent dans leur famille jusqu'à six chevaux pour allonger un équipage qui, avec un essaim de gens de livrée où ils ont fourni chacun leur part, les fait triompher au Cours ou à Vincennes, et aller

de pair avec les nouvelles mariées, avec *Jason* qui se ruine,
et avec *Thrason* qui veut se marier, et qui a consigné [1].

J'entends dire des *Sannions*, même nom, mêmes armes;
la branche aînée, la branche cadette, les cadets de la seconde
branche : ceux-là portent les armes pleines, ceux-ci brisent d'un lambel, et les autres, d'une bordure dentelée. Ils
ont avec les Bourbons, sur une même couleur, un même métal; ils portent, comme eux, deux et une : ce ne sont pas des
fleurs de lis, mais ils s'en consolent; peut-être dans leur
cœur trouvent-ils leurs pièces aussi honorables, et ils les
ont communes avec de grands seigneurs qui en sont contents. On les voit sur les litres et sur les vitrages, sur la
porte de leur château, sur le pilier de leur haute justice,
où ils viennent de faire pendre un homme qui méritait le
bannissement : elles s'offrent aux yeux de toutes parts ;
elles sont sur les meubles et sur les serrures; elles sont se-
mées sur les carrosses : leurs livrées ne déshonorent point
leurs armoiries. Je dirais volontiers aux Sannions : Votre
folie est prématurée, attendez du moins que le siècle s'a-
chève sur votre race ; ceux qui ont vu votre grand-père,
qui lui ont parlé, sont vieux, et ne sauraient plus vivre
longtemps; qui pourra dire comme eux : Là il étalait, et
vendait très-cher ?

Les Sannions et les Crispins veulent encore davantage
que l'on dise d'eux qu'ils font une grande dépense, qu'ils
n'aiment à la faire : ils font un récit long et ennuyeux d'une
fête ou d'un repas qu'ils ont donné; ils disent l'argent qu'ils
ont perdu au jeu, et ils plaignent fort haut celui qu'ils
n'ont pas songé à perdre. Ils parlent jargon et mystère sur

---

[1] Déposé son argent au trésor public pour une grande charge. (*La
Bruyère.*)

de certaines femmes ; *ils ont* réciproquement *cent choses plaisantes à se conter ; ils ont fait depuis peu des découvertes ;* ils se passent les uns aux autres qu'ils sont gens à belles aventures. L'un d'eux, qui s'est couché tard à la campagne, et qui voudrait dormir, se lève matin, chausse des guêtres, endosse un habit de toile, passe un cordon où pend le fourniment, renoue ses cheveux, prend un fusil ; le voilà chasseur, s'il tirait bien : il revient de nuit, mouillé et recru, sans avoir tué ; il retourne à la chasse le lendemain, et il passe tout le jour à manquer des grives ou des perdrix.

Un autre, avec quelques mauvais chiens, aurait envie de dire, *Ma meute :* il sait un rendez-vous de chasse, il s'y trouve, il est au laisser-courre, il entre dans le fort, se mêle avec les piqueurs ; il a un cor. Il ne dit pas, comme *Ménalippe : Ai-je du plaisir ?* il croit en avoir ; il oublie lois et procédure : c'est un Hippolyte. *Ménandre,* qui le vit hier sur un procès qui est en ses mains, ne reconnaîtrait pas aujourd'hui son rapporteur. Le voyez-vous le lendemain à sa chambre, où l'on va juger une cause grave et capitale ; il se fait entourer de ses confrères, il leur raconte comme il n'a point perdu le cerf de meute, comme il s'est étouffé de crier après les chiens qui étaient en défaut, ou après ceux des chasseurs qui prenaient le change, qu'il a vu donner les six chiens : l'heure presse : il achève de leur parler des abois et de la curée, et il court s'asseoir avec les autres pour juger.

Quel est l'égarement de certains particuliers qui, riches du négoce de leurs pères, dont ils viennent de recueillir la succession, se moulent sur les princes pour leur garde-robe et pour leur équipage, excitent, par une dépense excessive et par un faste ridicule, les traits et la raillerie de toute une ville qu'ils croient éblouir, et se ruinent ainsi à se faire moquer de soi !

Quelques-uns n'ont pas même le triste avantage de répandre leurs folies plus loin que le quartier où ils habitent; c'est le seul théâtre de leur vanité. L'on ne sait point dans l'Ile qu'*André* brille au Marais, et qu'il y dissipe son patrimoine : du moins, s'il était connu dans toute la ville et dans ses faubourgs, il serait difficile qu'entre un si grand nombre de citoyens qui ne savent pas tous juger sainement de toutes choses, il ne s'en trouvât quelqu'un qui dirait de lui, *Il est magnifique*, et qui lui tiendrait compte des régals qu'il fait à *Xante* et à *Ariston*, et des fêtes qu'il donne à *Élamire*; mais il se ruine obscurément. Ce n'est qu'en faveur de deux ou trois personnes qui ne l'estiment point, qu'il court à l'indigence, et qu'aujourd'hui en carrosse, il n'aura pas dans six mois le moyen d'aller à pied.

*Narcisse* se lève le matin pour se coucher le soir ; il a ses heures de toilette comme une femme; il va tous les jours fort régulièrement à la belle messe aux Feuillants ou aux Minimes : il est homme d'un bon commerce, et l'on compte sur lui au quartier de ** pour un tiers ou pour un cinquième à l'hombre ou au reversi ; là il tient le fauteuil quatre heures de suite chez *Aricie*, où il risque chaque soir cinq pistoles d'or. Il lit exactement la Gazette de Hollande et le Mercure galant : il a lu Bergerac [1], Desmarets [2], Lesclache, les historiettes de Barbin, et quelques recueils de poésies. Il se promène avec des femmes à la Plaine ou au Cours, et il est d'une ponctualité religieuse sur les visites. Il fera demain ce qu'il fait aujourd'hui et ce qu'il fit hier ; et il meurt ainsi après avoir vécu.

---

[1] Cyrano. ( *La Bruyère.* )        [2] Saint-Sorlin. ( *Id.* )

Voilà un homme, dites-vous, que j'ai vu quelque part :
de savoir où, il est difficile ; mais son visage m'est familier. Il l'est à bien d'autres ; et je vais, s'il se peut, aider
votre mémoire : est-ce au boulevard sur un strapontin, ou
aux Tuileries dans la grande allée, ou dans le balcon à la
comédie ? est-ce au sermon, au bal, à Rambouillet ? où
pourriez-vous ne l'avoir point vu ? où n'est-il point ? s'il y
a dans la place une fameuse exécution ou un feu de joie,
il paraît à une fenêtre de l'hôtel de ville ; si l'on attend une
magnifique entrée, il a sa place sur un échafaud ; s'il se
fait un carrousel, le voilà entré, et placé sur l'amphithéâtre ; si le roi reçoit des ambassadeurs, il voit leur marche,
il assiste à leur audience, il est en haie quand ils reviennent
de leur audience. Sa présence est aussi essentielle aux serments des ligues suisses que celle du chancelier et des ligues mêmes. C'est son visage que l'on voit aux almanachs
représenter le peuple ou l'assistance. Il y a une chasse publique, une *Saint-Hubert*, le voilà à cheval : on parle d'un
camp et d'une revue, il est à Houilles, il est à Achères ;
il aime les troupes, la milice, la guerre ; il la voit de près,
et jusqu'au fort de Bernardi. CHANLEY sait les marches,
JACQUIER les vivres, DU METZ l'artillerie : celui-ci voit,
il a vieilli sous le harnois en voyant, il est spectateur de
profession, il ne fait rien de ce qu'un homme doit faire, il
ne sait rien de ce qu'il doit savoir ; mais il a vu, dit-il, tout
ce qu'on peut voir, et il n'aura point regret de mourir :
quelle perte alors pour toute la ville ! Qui dira après lui,
Le Cours est fermé, on ne s'y promène point ; le bourbier
de Vincennes est desséché et relevé, on n'y versera plus ?
qui annoncera un concert, un beau salut, un prestige de
la foire ? qui vous avertira que Beaumavielle mourut hier,
que Rochois est enrhumée, et ne chantera de huit jours ?

qui connaîtra comme lui un bourgeois à ses armes et à ses
livrées? qui dira, *Scapin* porte des fleurs de lis ; et qui en
sera plus édifié? qui prononcera avec plus de vanité et d'emphase le nom d'une simple bourgeoise? qui sera mieux fourni de vaudevilles? qui prêtera aux femmes les Annales
galantes et le Journal amoureux? qui saura comme lui
chanter à table tout un dialogue de l'*Opéra*, et les fureurs
de Roland dans une ruelle? enfin, puisqu'il y a à la ville
comme ailleurs de fort sottes gens, des gens fades, oisifs,
désoccupés, qui pourra aussi parfaitement leur convenir?

*Théramène* était riche et avait du mérite ; il a hérité,
il est donc très-riche et d'un très-grand mérite : voilà toutes
les femmes en campagne pour l'avoir pour galant, et toutes
les filles pour *épouseur*. Il va de maisons en maisons faire
espérer aux mères qu'il épousera : est-il assis, elles se retirent pour laisser à leurs filles toute la liberté d'être aimables, et à Théramène de faire ses déclarations. Il tient ici
contre le mortier ; là il efface le cavalier ou le gentilhomme :
un jeune homme fleuri, vif, enjoué, spirituel, n'est pas
souhaité plus ardemment ni mieux reçu ; on se l'arrache
des mains, on a à peine le loisir de sourire à qui se trouve
avec lui dans une même visite : combien de galants va-t-
il mettre en déroute! quels bons partis ne fera-t-il pas
manquer! pourra-t-il suffire à tant d'héritières qui le recherchent? Ce n'est pas seulement la terreur des maris,
c'est l'épouvantail de tous ceux qui ont envie de l'être, et
qui attendent d'un mariage à remplir le vide de leur consignation. On devrait proscrire de tels personnages si heureux, si pécunieux, d'une ville bien policée ; ou condamner
le sexe, sous peine de folie ou d'indignité, à ne les traiter pas
mieux que s'ils n'avaient que du mérite.

Paris, pour l'ordinaire le singe de la cour, ne sait pas

toujours la contrefaire; il ne l'imite en aucune manière dans ces dehors agréables et caressants que quelques courtisans, et surtout les femmes, y ont naturellement pour un homme de mérite, et qui n'a même que du mérite : elles ne s'informent ni de ses contrats, ni de ses ancêtres; elles le trouvent à la cour, cela leur suffit; elles le souffrent, elles l'estiment; elles ne demandent pas s'il est venu en chaise ou à pied, s'il a une charge, une terre, ou un équipage : comme elles regorgent de train, de splendeur, et de dignité, elles se délassent volontiers avec la philosophie ou la vertu. Une femme de ville entend-elle le bruissement d'un carrosse qui s'arrête à sa porte, elle petille de goût et de complaisance pour quiconque est dedans, sans le connaître : mais si elle a vu de sa fenêtre un bel attelage, beaucoup de livrées, et que plusieurs rangs de clous parfaitement dorés l'aient éblouie, quelle impatience n'a-t-elle pas de voir déjà dans sa chambre le cavalier ou le magistrat ! quelle charmante réception ne lui fera-t-elle point ! ôtera-t-elle les yeux de dessus lui ? Il ne perd rien auprès d'elle ; on lui tient compte des doubles soupentes, et des ressorts qui le font rouler plus mollement; elle l'en estime davantage, elle l'en aime mieux.

Cette fatuité de quelques femmes de la ville, qui cause en elles une mauvaise imitation de celles de la cour, est quelque chose de pire que la grossièreté des femmes du peuple, et que la rusticité des villageoises : elle a sur toutes deux l'affectation de plus.

La subtile invention, de faire de magnifiques présents de noces qui ne coûtent rien, et qui doivent être rendus en espèces !

L'utile et la louable pratique, de perdre en frais de noces le tiers de la dot qu'une femme apporte ! de commencer

par s'appauvrir de concert par l'amas et l'entassement de
choses superflues, et de prendre déjà sur son fonds de
quoi payer Gaultier, les meubles, et la toilette!

Le bel et le judicieux usage, que celui qui, préférant
une sorte d'effronterie aux bienséances et à la pudeur,
expose une femme d'une seule nuit sur un lit comme sur
un théâtre, pour y faire pendant quelques jours un ridicule personnage, et la livre en cet état à la curiosité des
gens de l'un et de l'autre sexe, qui, connus ou inconnus,
accourent de toute une ville à ce spectacle pendant qu'il
dure! Que manque-t-il à une telle coutume, pour être
entièrement bizarre et incompréhensible, que d'être lue
dans quelque relation de la Mingrélie?

Pénible coutume, asservissement incommode! se chercher incessamment les unes les autres avec l'impatience de
ne se point rencontrer, ne se rencontrer que pour se dire
des riens, que pour s'apprendre réciproquement des choses
dont on est également instruite, et dont il importe peu que
l'on soit instruite; n'entrer dans une chambre précisément
que pour en sortir; ne sortir de chez soi l'après-dînée que
pour y rentrer le soir, fort satisfaite d'avoir vu en cinq
petites heures trois suisses, une femme que l'on connaît à
peine, et une autre que l'on n'aime guère! Qui considère-
rait bien le prix du temps, et combien sa perte est irréparable, pleurerait amèrement sur de si grandes misères.

On s'élève à la ville dans une indifférence grossière des
choses rurales et champêtres; on distingue à peine la plante
qui porte le chanvre d'avec celle qui produit le lin, et le
blé froment d'avec les seigles, et l'un ou l'autre d'avec le
méteil : on se contente de se nourrir et de s'habiller. Ne
parlez pas à un grand nombre de bourgeois, ni de gué-
rets, ni de baliveaux, ni de provins, ni de regains, si

vous voulez être entendu ; ces termes pour eux ne sont pas
français : parlez aux uns d'aunage, de tarif, ou de sou
pour livre, et aux autres, de voie d'appel, de requête civile, d'appointement, d'évocation. Ils connaissent le monde,
et encore par ce qu'il a de moins beau et de moins spécieux ; ils ignorent la nature, ses commencements, ses
progrès, ses dons et ses largesses : leur ignorance souvent
est volontaire, et fondée sur l'estime qu'ils ont pour leur
profession et pour leurs talents. Il n'y a si vil praticien qui,
au fond de son étude sombre et enfumée, et l'esprit occupé d'une plus noire chicane, ne se préfère au laboureur
qui jouit du ciel, qui cultive la terre, qui sème à propos,
et qui fait de riches moissons ; et, s'il entend quelquefois
parler des premiers hommes ou des patriarches, de leur
vie champêtre, et de leur économie, il s'étonne qu'on ait
pu vivre en de tels temps, où il n'y avait encore ni offices, ni commissions, ni présidents, ni procureurs ; il ne
comprend pas qu'on ait jamais pu se passer du greffe, du
parquet, et de la buvette.

Les empereurs n'ont jamais triomphé à Rome si mollement, si commodément, ni si sûrement même, contre
le vent, la pluie, la poudre, et le soleil, que le bourgeois
sait à Paris se faire mener par toute la ville : quelle distance de cet usage à la mule de leurs ancêtres ! Ils ne savaient point encore se priver du nécessaire pour avoir le
superflu, ni préférer le faste aux choses utiles : on ne les
voyait point s'éclairer avec des bougies et se chauffer à
un petit feu ; la cire était pour l'autel et pour le Louvre.
Ils ne sortaient point d'un mauvais dîner pour monter
dans leur carrosse ; ils se persuadaient que l'homme avait
des jambes pour marcher, et ils marchaient. Ils se conser-
vaient propres quand il faisait sec, et dans un temps hu-

mide ils gâtaient leur chaussure, aussi peu embarrassés
de franchir les rues et les carrefours, que le chasseur de
traverser un guéret, ou le soldat de se mouiller dans une
tranchée : on n'avait pas encore imaginé d'atteler deux
hommes à une litière ; il y avait même plusieurs magistrats
qui allaient à pied à la chambre, ou aux enquêtes, d'aussi
bonne grâce qu'Auguste autrefois allait de son pied au Ca-
pitole. L'étain dans ce temps brillait sur les tables et sur
les buffets, comme le fer et le cuivre dans les foyers ; l'argent et l'or étaient dans les coffres. Les femmes se faisaient servir par des femmes ; on mettait celles-ci jusqu'à
la cuisine. Les beaux noms de gouverneurs et de gouver-
nantes n'étaient pas inconnus à nos pères ; ils savaient à
qui l'on confiait les enfants des rois et des plus grands
princes ; mais ils partageaient le service de leurs domestiques avec leurs enfants, contents de veiller eux-mêmes immédiatement à leur éducation. Ils comptaient en toutes choses avec eux-mêmes : leur dépense était proportionnée à leur
recette ; leurs livrées, leurs équipages, leurs meubles,
leur table, leurs maisons de la ville et de la campagne,
tout était mesuré sur leurs rentes et sur leur condition. Il
y avaît entre eux des distinctions extérieures qui empê-
chaient qu'on ne prît la femme du praticien pour celle du
magistrat, et le roturier ou le simple valet pour le gentilhomme. Moins appliqués à dissiper ou à grossir leur patrimoine qu'à le maintenir, ils le laissaient entier à leurs
héritiers, et passaient ainsi d'une vie modérée à une mort
tranquille. Ils ne disaient point : *Le siècle est dur, la misère est grande, l'argent est rare* ; ils en avaient moins que
nous, et en avaient assez, plus riches par leur économie et
par leur modestie, que de leurs revenus et de leurs domaines. Enfin l'on était alors pénétré de cette maxime,

que ce qui est dans les grands splendeur, somptuosité, magnificence, est dissipation, folie, ineptie, dans le particulier.

---

## CHAPITRE VIII.

### *De la cour.*

Le reproche en un sens le plus honorable que l'on puisse faire à un homme, c'est de lui dire qu'il ne sait pas la cour : il n'y a sorte de vertus qu'on ne rassemble en lui par ce seul mot.

Un homme qui sait la cour est maître de son geste, de ses yeux, et de son visage ; il est profond, impénétrable ; il dissimule les mauvais offices, sourit à ses ennemis, contraint son humeur, déguise ses passions, dément son cœur, parle, agit contre ses sentiments. Tout ce grand raffinement n'est qu'un vice que l'on appelle fausseté ; quelquefois aussi inutile au courtisan, pour sa fortune, que la franchise, la sincérité et la vertu.

Qui peut nommer de certaines couleurs changeantes, et qui sont diverses selon les divers jours dont on les regarde ? de même, qui peut définir la cour ?

Se dérober à la cour un seul moment, c'est y renoncer : le courtisan qui l'a vue le matin la voit le soir, pour la reconnaître le lendemain, ou afin que lui-même y soit connu.

L'on est petit à la cour ; et, quelque vanité que l'on ait, on s'y trouve tel : mais le mal est commun, et les grands mêmes y sont petits.

La province est l'endroit d'où la cour, comme dans son point de vue, paraît une chose admirable : si l'on s'en approche, ses agréments diminuent comme ceux d'une perspective que l'on voit de trop près.

L'on s'accoutume difficilement à une vie qui se passe dans une antichambre, dans des cours, ou sur l'escalier.

La cour ne rend pas content; elle empêche qu'on ne le soit ailleurs.

Il faut qu'un honnête homme ait tâté de la cour : il découvre, en y entrant, comme un nouveau monde qui lui était inconnu, où il voit régner également le vice et la politesse, et où tout lui est utile, le bon et le mauvais.

La cour est comme un édifice bâti de marbre; je veux dire qu'elle est composée d'hommes fort durs, mais fort polis.

L'on va quelquefois à la cour pour en revenir, et se faire par là respecter du noble de sa province, ou de son diocésain.

Le brodeur et le confiseur seraient superflus, et ne feraient qu'une montre inutile, si l'on était modeste et sobre : les cours seraient désertes, et les rois presque seuls, si l'on était guéri de la vanité et de l'intérêt. Les hommes veulent être esclaves quelque part, et puiser là de quoi dominer ailleurs. Il semble qu'on livre en gros aux premiers de la cour l'air de hauteur, de fierté, et de commandement, afin qu'ils le distribuent en détail dans les provinces [1] : ils font précisément comme on leur fait, vrais singes de la royauté.

Il n'y a rien qui enlaidisse certains courtisans comme la présence du prince : à peine les puis-je reconnaître à leurs visages; leurs traits sont altérés, et leur contenance est avilie. Les gens fiers et superbes sont les plus défaits, car ils perdent plus du leur; celui qui est honnête et modeste s'y soutient mieux : il n'a rien à réformer.

[1] C'est ainsi que Voltaire a dit des courtisans : Ils
    Vont en poste à Versaille essuyer des mépris,
    Qu'ils reviennent soudain rendre en poste à Paris.

L'air de cour est contagieux : il se prend à V\*\* [1], comme l'accent normand à Rouen ou à Falaise ; on l'entrevoit en des fourriers, en de petits contrôleurs, et en des chefs de fruiterie ; l'on peut avec une portée d'esprit fort médiocre y faire de grands progrès. Un homme d'un génie élevé et d'un mérite solide ne fait pas assez de cas de cette espèce de talent pour faire son capital de l'étudier et se le rendre propre ; il l'acquiert sans réflexion, et il ne pense point à s'en défaire.

N\*\* arrive avec grand bruit ; il écarte le monde, se fait faire place ; il gratte, il heurte presque ; il se nomme : on respire, et il n'entre qu'avec la foule.

Il y a dans les cours des apparitions de gens aventuriers et hardis, d'un caractère libre et familier, qui se produisent eux-mêmes, protestent qu'ils ont dans leur art toute l'habileté qui manque aux autres, et qui sont crus sur leur parole. Ils profitent cependant de l'erreur publique, ou de l'amour qu'ont les hommes pour la nouveauté : ils percent la foule, et parviennent jusqu'à l'oreille du prince, à qui le courtisan les voit parler, pendant qu'il se trouve heureux d'en être vu. Ils ont cela de commode pour les grands, qu'ils en sont soufferts sans conséquence, et congédiés de même : alors ils disparaissent tout à la fois riches et décrédités ; et le monde qu'ils viennent de tromper est encore près d'être trompé par d'autres.

Vous voyez des gens qui entrent sans saluer que légèrement, qui marchent des épaules, et qui se rengorgent comme une femme : ils vous interrogent sans vous regarder ; ils parlent d'un ton élevé, et qui marque qu'ils se

---

[1] C'est Versailles que la Bruyère désigne par cette lettre initiale. Dans la première édition de ces *Caractères*, il n'avait pas même employé cette lettre ; le nom tout entier était en blanc.

sentent au-dessus de ceux qui se trouvent présents. Ils
s'arrêtent, et on les entoure : ils ont la parole, président
au cercle, et persistent dans cette hauteur ridicule et contrefaite, jusqu'à ce qu'il survienne un grand qui, la faisant tomber tout d'un coup par sa présence, les réduise à
leur naturel, qui est moins mauvais.

Les cours ne sauraient se passer d'une certaine espèce
de courtisans, hommes flatteurs, complaisants, insinuants,
dévoués aux femmes, dont ils ménagent les plaisirs, étudient les faibles, et flattent toutes les passions ; ils leur souf-
flent à l'oreille des grossièretés, leur parlent de leurs maris
et de leurs amants dans les termes convenables, devinent leurs chagrins, leurs maladies, et fixent leurs cou-
ches; ils font les modes, raffinent sur le luxe et sur la
dépense, et apprennent à ce sexe de prompts moyens de
consumer de grandes sommes en habits, en meubles, et
en équipages; ils ont eux-mêmes des habits où brillent
l'invention et la richesse, et ils n'habitent d'anciens palais qu'après les avoir renouvelés et embellis. Ils mangent
délicatement et avec réflexion ; il n'y a sorte de volupté
qu'ils n'essaient, et dont ils ne puissent rendre compte.
Ils doivent à eux-mêmes leur fortune, et ils la soutiennent
avec la même adresse qu'ils l'ont élevée : dédaigneux et
fiers, ils n'abordent plus leurs pareils, ils ne les saluent
plus; ils parlent où tous les autres se taisent; entrent,
pénètrent en des endroits et à des heures où les grands
n'osent se faire voir : ceux-ci, avec de longs services, bien
des plaies sur le corps, de beaux emplois, ou de grandes
dignités, ne montrent pas un visage si assuré, ni une
contenance si libre. Ces gens ont l'oreille des plus grands
princes, sont de tous leurs plaisirs et de toutes leurs fêtes, ne
sortent pas du Louvre ou du château, où ils marchent et

agissent comme chez eux et dans leur domestique, semblent se multiplier en mille endroits, et sont toujours les premiers visages qui frappent les nouveaux venus à une cour : ils embrassent, ils sont embrassés ; ils rient, ils éclatent, ils sont plaisants, ils font des contes : personnes commodes, agréables, riches, qui prêtent, et qui sont sans conséquence.

Ne croirait-on pas de *Cimon* et de *Clitandre* qu'ils sont seuls chargés des détails de tout l'État, et que seuls aussi ils en doivent répondre ? L'un a du moins les affaires de terre, et l'autre les maritimes. Qui pourrait les représenter exprimerait l'empressement, l'inquiétude, la curiosité, l'activité, saurait peindre le mouvement. On ne les a jamais vus assis, jamais fixes et arrêtés : qui même les a vus marcher ? On les voit courir, parler en courant, et vous interroger sans attendre de réponse. Ils ne viennent d'aucun endroit, ils ne vont nulle part ; ils passent et ils repassent. Ne les retardez pas dans leur course précipitée, vous démonteriez leur machine : ne leur faites pas de questions, ou donnez-leur du moins le temps de respirer, et de se ressouvenir qu'ils n'ont nulle affaire, qu'ils peuvent demeurer avec vous et longtemps, vous suivre même où il vous plaira de les emmener. Ils ne sont pas les *satellites de Jupiter*, je veux dire ceux qui pressent et qui entourent le prince ; mais ils l'annoncent et le précèdent ; ils se lancent impétueusement dans la foule des courtisans ; tout ce qui se trouve sur leur passage est en péril : leur profession est d'être vus et revus ; et ils ne se couchent jamais sans s'être acquittés d'un emploi si sérieux, et si utile à la république. Ils sont au reste instruits à fond de toutes les nouvelles indifférentes, et ils savent à la cour tout ce que l'on peut y ignorer : il ne leur manque

aucun des talents nécessaires pour s'avancer médiocrement.
Gens néanmoins éveillés et alertes sur tout ce qu'ils croient
leur convenir, un peu entreprenants, légers et précipités :
le dirai-je? ils portent au vent, attelés tous deux au char
de la fortune, et tous deux fort éloignés de s'y voir
assis.

Un homme de la cour qui n'a pas un assez beau nom,
doit l'ensevelir sous un meilleur; mais s'il l'a tel qu'il ose
le porter, il doit alors insinuer qu'il est de tous les noms
le plus illustre, comme sa maison de toutes les maisons la
plus ancienne : il doit tenir aux PRINCES LORRAINS, aux
ROHANS, aux CHATILLONS, aux MONTMORENCYS, et, s'il
se peut, aux PRINCES DU SANG; ne parler que de ducs,
de cardinaux, et de ministres; faire entrer dans toutes les
conversations ses aïeux paternels et maternels, et y trouver place pour l'oriflamme et pour les croisades ; avoir
des salles parées d'arbres généalogiques, d'écussons chargés de seize quartiers, et de tableaux de ses ancêtres et
des alliés de ses ancêtres ; se piquer d'avoir un ancien château à tourelles, à créneaux et à mâchecoulis ; dire en
toute rencontre *ma race*, *ma branche*, *mon nom*, et *mes
armes;* dire de celui-ci qu'il n'est pas homme de qualité,
de celle-là qu'elle n'est pas demoiselle; ou, si on lui dit
qu'*Hyacinthe* a eu le gros lot, demander s'il est gentilhomme. Quelques-uns riront de ces contre-temps ; mais
il les laissera rire : d'autres en feront des contes, et
il leur permettra de conter; il dira toujours qu'il marche
après la maison régnante; et, à force de le dire, il sera
cru.

C'est une grande simplicité que d'apporter à la cour
la moindre roture, et de n'y être pas gentilhomme.

L'on se couche à la cour, et l'on se lève sur l'intérêt :

c'est ce que l'on digère le matin et le soir, le jour et la nuit ; c'est ce qui fait que l'on pense, que l'on parle, que l'on se tait, que l'on agit ; c'est dans cet esprit qu'on aborde les uns et qu'on néglige les autres, que l'on monte et que l'on descend ; c'est sur cette règle que l'on mesure ses soins, ses complaisances, son estime, son indifférence, son mépris. Quelques pas que quelques-uns fassent par vertu vers la modération et la sagesse, un premier mobile d'ambition les emmène avec les plus avares, les plus violents dans leurs désirs, et les plus ambitieux : quel moyen de demeurer immobile où tout marche, où tout se remue, et de ne pas courir où les autres courent ? On croit même être responsable à soi-même de son élévation et de sa fortune : celui qui ne l'a point faite à la cour est censé ne l'avoir pas dû faire ; on n'en appelle pas. Cependant s'en éloignera-t-on avant d'en avoir tiré le moindre fruit, ou persistera-t-on à y demeurer sans grâces et sans récompenses ? question si épineuse, si embarrassée, et d'une si pénible décision, qu'un nombre infini de courtisans veillissent sur le oui et sur le non, et meurent dans le doute.

Il n'y a rien à la cour de si méprisable et de si indigne qu'un homme qui ne peut contribuer en rien à notre fortune : je m'étonne qu'il ose se montrer.

Celui qui voit loin derrière soi un homme de son temps et de sa condition, avec qui il est venu à la cour la première fois, s'il croit avoir une raison solide d'être prévenu de son propre mérite, et de s'estimer davantage que cet autre qui est demeuré en chemin, ne se souvient plus de ce qu'avant sa faveur il pensait de soi-même et de ceux qui l'avaient devancé.

C'est beaucoup tirer de notre ami, si, ayant monté à

une grande faveur, il est encore un homme de notre connaissance.

Si celui qui est en faveur ose s'en prévaloir avant
qu'elle lui échappe, s'il se sert d'un bon vent qui souffle
pour faire son chemin, s'il a les yeux ouverts sur tout ce
qui vaque, poste, abbaye, pour les demander et les
obtenir, et qu'il soit muni de pensions, de brevets, et de
survivances, vous lui reprochez son avidité et son ambition ; vous dites que tout le tente, que tout lui est propre, aux siens, à ses créatures, et que, par le nombre
et la diversité des grâces dont il se trouve comblé, lui seul
a fait plusieurs fortunes. Cependant qu'a-t-il dû faire ?
Si j'en juge moins par vos discours que par le parti que
vous auriez pris vous-même en pareille situation, c'est
précisément ce qu'il a fait.

L'on blâme les gens qui font une grande fortune pendant qu'ils en ont les occasions, parce que l'on désespère,
par la médiocrité de la sienne, d'être jamais en état de faire
comme eux, et de s'attirer ce reproche. Si l'on était à portée
de leur succéder, l'on commencerait à sentir qu'ils ont
moins de tort, et l'on serait plus retenu, de peur de prononcer d'avance sa condamnation.

Il ne faut rien exagérer, ni dire des cours le mal qui n'y
est point ; l'on n'y attente rien de pis contre le vrai mérite,
que de le laisser quelquefois sans récompense : on ne l'y méprise pas toujours, quand on a pu une fois le discerner :
on l'oublie ; et c'est là où l'on sait parfaitement ne faire
rien, ou faire très-peu de chose, pour ceux que l'on estime
beaucoup.

Il est difficile à la cour que, de toutes les pièces que l'on
emploie à l'édifice de sa fortune, il n'y en ait quelqu'une
qui porte à faux : l'un de mes amis qui a promis de parler
ne parle point ; l'autre parle mollement : il échappe à un

troisième de parler contre mes intérêts et contre ses intentions : à celui-là manque la bonne volonté ; à celui-ci,
l'habileté et la prudence : tous n'ont pas assez de plaisir à
me voir heureux pour contribuer de tout leur pouvoir à
me rendre tel. Chacun se souvient assez de tout ce que son
établissement lui a coûté à faire, ainsi que des secours qui
lui en ont frayé le chemin : on serait même assez porté
à justifier les services qu'on a reçus des uns par ceux qu'en
de pareils besoins on rendrait aux autres, si le premier et
l'unique soin qu'on a après sa fortune faite n'était pas de
songer à soi.

Les courtisans n'emploient pas ce qu'ils ont d'esprit,
d'adresse, et de finesse, pour trouver les expédients d'obliger ceux de leurs amis qui implorent leur secours, mais
seulement pour leur trouver des raisons apparentes, de
spécieux prétextes, ou ce qu'ils appellent une impossibilité
de le pouvoir faire ; et ils se persuadent d'être quittes par
là en leur endroit de tous les devoirs de l'amitié ou de la
reconnaissance.

Personne à la cour ne veut entamer ; on s'offre d'appuyer, parce que, jugeant des autres par soi-même, on
espère que nul n'entamera, et qu'on sera ainsi dispensé
d'appuyer : c'est une manière douce et polie de refuser
son crédit, ses offices, et sa médiation, à qui en a besoin.

Combien de gens vous étouffent de caresses dans le
particulier, vous aiment et vous estiment, qui sont embarrassés de vous dans le public, et qui, au lever ou à
la messe, évitent vos yeux et votre rencontre ! Il n'y a
qu'un petit nombre de courtisans qui, par grandeur ou
par une confiance qu'ils ont d'eux-mêmes, osent honorer
devant le monde le mérite qui est seul, et dénué de grands
établissements.

Je vois un homme entouré et suivi ; mais il est en

place : j'en vois un autre que tout le monde aborde ; mais
il est en faveur : celui-ci est embrassé et caressé, même
des grands ; mais il est riche : celui-là est regardé de tous
avec curiosité, on le montre du doigt ; mais il est savant
et éloquent : j'en découvre un que personne n'oublie de
saluer ; mais il est méchant : je veux un homme qui soit
bon, qui ne soit rien davantage, et qui soit recherché.

Vient-on de placer quelqu'un dans un nouveau poste,
c'est un débordement de louanges en sa faveur qui inonde
les cours et la chapelle, qui gagne l'escalier, les salles, la
galerie, tout l'appartement : on en a au-dessus des yeux ;
on n'y tient pas. Il n'y a pas deux voix différentes sur ce
personnage ; l'envie, la jalousie, parlent comme l'adula-
tion : tous se laissent entraîner au torrent qui les emporte,
qui les force de dire d'un homme ce qu'ils en pensent ou
ce qu'ils n'en pensent pas, comme de louer souvent celui
qu'ils ne connaissent point. L'homme d'esprit, de mérite,
ou de valeur, devient en un instant un génie du premier
ordre, un héros, un demi-dieu. Il est si prodigieusement
flatté dans toutes les peintures que l'on fait de lui, qu'il
paraît difforme près de ses portraits : il lui est impossible
d'arriver jamais jusqu'où la bassesse et la complaisance
viennent de le porter ; il rougit de sa propre réputation.
Commence-t-il à chanceler dans ce poste où on l'avait mis,
tout le monde passe facilement à un autre avis : en est-il
entièrement déchu, les machines qui l'avaient guindé si
haut, par l'applaudissement et les éloges, sont encore toutes dressées pour le faire tomber dans le dernier mépris ;
je veux dire qu'il n'y en a point qui le dédaignent mieux,
qui le blâment plus aigrement, et qui en disent plus de
mal, que ceux qui s'étaient comme dévoués à la fureur
d'en dire du bien.

Je crois pouvoir dire d'un poste éminent et délicat, qu'on y monte plus aisément qu'on ne s'y conserve.

L'on voit des hommes tomber d'une haute fortune par les mêmes défauts qui les y avaient fait monter.

Il y a dans les cours deux manières de ce que l'on appelle congédier son monde ou se défaire des gens : se fâcher contre eux, ou faire si bien qu'ils se fâchent contre vous, et s'en dégoûtent.

L'on dit à la cour du bien de quelqu'un pour deux raisons : la première, afin qu'il apprenne que nous disons du bien de lui ; la seconde, afin qu'il en dise de nous.

Il est aussi dangereux à la cour de faire les avances, qu'il est embarrassant de ne les point faire.

Il y a des gens à qui ne connaître point le nom et le visage d'un homme est un titre pour en rire et le mépriser. Ils demandent qui est cet homme : ce n'est ni *Rousseau*, ni un *Fabry* [1], ni *la Couture* [2] ; ils ne pourraient le méconnaître.

L'on me dit tant de mal de cet homme, et j'y en vois si peu, que je commence à soupçonner qu'il n'ait un mérite importun qui éteigne celui des autres.

Vous êtes homme de bien, vous ne songez ni à plaire ni à déplaire aux favoris, uniquement attaché à votre maître et à votre devoir : vous êtes perdu.

On n'est point effronté par choix, mais par complexion : c'est un vice de l'être, mais naturel. Celui qui n'est pas né tel est modeste, et ne passe pas aisément de cette extrémité à l'autre : c'est une leçon assez inutile que de lui dire,

---

[1] Brûlé il y a vingt ans. (*La Bruyère.*) — Dans la première édition, la Bruyère avait mis : *Puni pour des saletés.*

[2] La Couture, tailleur d'habits de madame la Dauphine : il était devenu fou ; et, sur ce pied, il demeurait à la cour ; où il faisait des contes fort extravagants. Il allait souvent à la toilette de madame la Dauphine.

Soyez effronté, et vous réussirez ; une mauvaise imitation ne lui profiterait pas, et le ferait échouer. Il ne faut rien de moins dans les cours qu'une vraie et naïve impudence pour réussir.

On cherche, on s'empresse, on brigue, on se tourmente, on demande, on est refusé, on demande et on obtient ; mais, dit-on, sans l'avoir demandé, et dans le temps que l'on n'y pensait pas, et que l'on songeait même à tout autre chose : vieux style, menterie innocente, et qui ne trompe personne.

On fait sa brigue pour parvenir à un grand poste, on prépare toutes ses machines, toutes les mesures sont bien prises, et l'on doit être servi selon ses souhaits : les uns doivent entamer, les autres appuyer : l'amorce est déjà conduite, et la mine prête à jouer : alors on s'éloigne de la cour. Qui oserait soupçonner d'*Artemon* qu'il ait pensé à se mettre dans une si belle place, lorsqu'on le tire de sa terre ou de son gouvernement pour l'y faire asseoir ? Artifice grossier, finesses usées, et dont le courtisan s'est servi tant de fois, que, si je voulais donner le change à tout le public, et lui dérober mon ambition, je me trouverais sous l'œil et sous la main du prince, pour recevoir de lui la grâce que j'aurais recherchée avec le plus d'emportement.

Les hommes ne veulent pas que l'on découvre les vues qu'ils ont sur leur fortune, ni que l'on pénètre qu'ils pensent à une telle dignité, parce que, s'ils ne l'obtiennent point, il y a de la honte, se persuadent-ils, à être refusés ; et, s'ils y parviennent, il y a plus de gloire pour eux d'en être crus dignes par celui qui la leur accorde, que de s'en juger dignes eux-mêmes par leurs brigues et par leurs cabales : ils se trouvent parés tout à la fois de leur dignité et de leur modestie.

Quelle plus grande honte y a-t-il d'être refusé d'un poste
que l'on mérite, ou d'y être placé sans le mériter?

Quelques grandes difficultés qu'il y ait à se placer à la
cour, il est encore plus âpre et plus difficile de se rendre
digne d'être placé.

Il coûte moins à faire dire de soi : Pourquoi a-t-il obtenu
ce poste? qu'à faire demander : Pourquoi ne l'a-t-il pas
obtenu?

L'on se présente encore pour les charges de ville, l'on
postule une place dans l'Académie française ; l'on demandait le consulat : quelle moindre raison y aurait-il de travailler les premières années de sa vie à se rendre capable
d'un grand emploi, et de demander ensuite sans nul mystère et sans nulle intrigue, mais ouvertement et avec confiance, d'y servir sa patrie, le prince, la république?

Je ne vois aucun courtisan à qui le prince vienne d'accorder un bon gouvernement, une place éminente, ou une
forte pension, qui n'assure par vanité, ou pour marquer
son désintéressement, qu'il est bien moins content du don
que de la manière dont il lui a été fait : ce qu'il y a en cela
de sûr et d'indubitable, c'est qu'il le dit ainsi.

C'est rusticité que de donner de mauvaise grâce : le plus
fort et le plus pénible est de donner ; que coûte-t-il d'y
ajouter un sourire?

Il faut avouer néanmoins qu'il s'est trouvé des hommes
qui refusaient plus honnêtement que d'autres ne savaient
donner ; qu'on a dit de quelques-uns qu'ils se faisaient si
longtemps prier, qu'ils donnaient si sèchement, et char-
geaient une grâce qu'on leur arrachait de conditions si dé-
sagréables, qu'une plus grande grâce était d'obtenir d'eux
d'être dispensé de rien recevoir.

L'on remarque dans les cours des hommes avides qui se

revêtent de toutes les conditions pour en avoir les avantages : gouvernement, charge, bénéfice, tout leur convient :
ils se sont si bien ajustés, que, par leur état, ils deviennent
capables de toutes les grâces ; ils sont *amphibies ;* ils vivent de l'Église et de l'épée, et auront le secret d'y joindre la robe. Si vous demandez : Que font ces gens à la
cour? ils reçoivent, et envient tous ceux à qui l'on donne.

Mille gens à la cour y traînent leur vie à embrasser,
serrer et congratuler ceux qui reçoivent, jusqu'à ce qu'ils
y meurent sans rien avoir.

*Ménophile* emprunte ses mœurs d'une profession, et
d'une autre son habit : il masque toute l'année, quoiqu'à
visage découvert ; il paraît à la cour, à la ville, ailleurs,
toujours sous un certain nom et sous le même déguisement.
On le reconnaît, et on sait quel il est à son visage.

Il y a, pour arriver aux dignités, ce qu'on appelle la
grande voie, ou le chemin battu ; il y a le chemin détourné
ou de traverse, qui est le plus court.

L'on court les malheureux pour les envisager ; l'on se
range en haie, ou l'on se place aux fenêtres, pour observer les traits et la contenance d'un homme qui est condamné,
et qui sait qu'il va mourir : vaine, maligne, inhumaine
curiosité ! Si les hommes étaient sages, la place publique
serait abandonnée, et il serait établi qu'il y aurait de l'i-
gnominie seulement à voir de tels spectacles. Si vous êtes
si touchés de curiosité, exercez-la du moins en un sujet
noble : voyez un heureux, contemplez-le dans le jour
même où il a été nommé à un nouveau poste, et qu'il en
reçoit les compliments ; lisez dans ses yeux, et au travers
d'un calme étudié et d'une feinte modestie, combien il est
content et pénétré de soi-même : voyez quelle sérénité cet
accomplissement de ses désirs répand dans son cœur et

sur son visage ; comme il ne songe plus qu'à vivre et à avoir de la santé ; comme ensuite sa joie lui échappe, et ne peut plus se dissimuler ; comme il plie sous le poids de son bonheur ; quel air froid et sérieux il conserve pour ceux qui ne sont plus ses égaux ; il ne leur répond pas, il ne les voit pas : les embrassements et les caresses des grands, qu'il ne voit plus de si loin, achèvent de lui nuire : il se déconcerte, il s'étourdit ; c'est une courte aliénation. Vous voulez être heureux, vous désirez des grâces : que de choses pour vous à éviter !

Un homme qui vient d'être placé ne se sert plus de sa raison et de son esprit pour régler sa conduite et ses dehors à l'égard des autres ; il emprunte sa règle de son poste et de son état : de là l'oubli, la fierté, l'arrogance, la dureté, l'ingratitude.

*Théonas*, abbé depuis trente ans, se lassait de l'être. On a moins d'ardeur et d'impatience de se voir habillé de pourpre qu'il en avait de porter une croix d'or sur sa poitrine ; et, parce que les grandes fêtes se passaient toujours sans rien changer à sa fortune, il murmurait contre le temps présent, trouvait l'État mal gouverné, et n'en prédisait rien que de sinistre : convenant en son cœur que le mérite est dangereux dans les cours à qui veut s'avancer, il avait enfin pris son parti et renoncé à la prélature, lorsque quelqu'un accourt lui dire qu'il est nommé à un évêché. Rempli de joie et de confiance sur une nouvelle si peu attendue : Vous verrez, dit-il, que je n'en demeurerai pas là, et qu'ils me feront archevêque.

Il faut des fripons à la cour auprès des grands et des ministres, même les mieux intentionnés ; mais l'usage en est délicat, et il faut savoir les mettre en œuvre : il y a des temps et des occasions où ils ne peuvent être suppléés par d'autres. Honneur, vertu, conscience, qualités toujours respectables, souvent inutiles : que voulez-vous quelquefois que l'on fasse d'un homme de bien ?

Un vieil auteur[1], et dont j'ose ici rapporter les propres termes, de peur d'en affaiblir le sens par ma traduction, dit que « s'eslongner des petits, voire de ses pareils, « et iceulx vilainer et despriser, s'accointer de grands et « puissants en tous biens et chevances, et en cette leur « cointise et privauté estre de tous esbats, gabs, momme- « ries, et vilaines besoignes ; estre eshonté, saffrannier, et « sans point de vergogne; endurer brocards et gausseries « de tous chacuns, sans pour ce feindre de cheminer en « avant, et à tout son entregent, engendre heur et fortune. »

Jeunesse du prince, source des belles fortunes.

*Timante*, toujours le même, et sans rien perdre de ce mérite qui lui a attiré la première fois de la réputation et des récompenses, ne laissait pas de dégénérer dans l'esprit des courtisans : ils étaient las de l'estimer, ils le saluaient froidement, ils ne lui souriaient plus ; ils commençaient à ne le plus joindre, ils ne l'embrassaient plus, ils ne le tiraient plus à l'écart pour lui parler mystérieusement d'une chose indifférente, ils n'avaient plus rien à lui dire. Il lui fallait cette pension ou ce nouveau poste dont il vient d'être honoré pour faire revivre ses vertus à demi effacées de leur mémoire, et en rafraîchir l'idée : ils lui font comme dans les commencements, et encore mieux.

Que d'amis, que de parents naissent en une nuit au nouveau ministre! Les uns font valoir leurs anciennes liaisons, leur société d'études, les droits du voisinage; les autres

[1] La Bruyère, dans un des chapitres précédents, s'est amusé à écrire quelques phrases en style de Montaigne. Il est probable qu'il a fait la même chose ici, et que le passage du prétendu *vieil auteur* n'est qu'un pastiche de sa composition.

feuillettent leur généalogie, remontent jusqu'à un trisaïeul, rappellent le côté paternel et le maternel : l'on veut tenir à cet homme par quelque endroit, et l'on dit plusieurs fois le jour que l'on y tient; on l'imprimerait volontiers : *C'est mon ami, et je suis fort aise de son élévation ; j'y dois prendre part, il m'est assez proche.* Hommes vains et dévoués à la fortune, fades courtisans, parliez-vous ainsi il y a huit jours? Est-il devenu depuis ce temps plus homme de bien, plus digne du choix que le prince en vient de faire? Attendiez-vous cette circonstance pour le mieux connaître?

Ce qui me soutient et me rassure contre les petits dédains que j'essuie quelquefois des grands et de mes égaux, c'est que je me dis à moi-même : Ces gens n'en veulent peut-être qu'à ma fortune, et ils ont raison, elle est bien petite. Ils m'adoreraient sans doute, si j'étais ministre.

Dois-je bientôt être en place? le sait-il? est-ce en lui un pressentiment? il me prévient, il me salue.

Celui qui dit : *Je dînai hier à Tibur,* ou *j'y soupe ce soir,* qui le répète, qui fait entrer dix fois le nom de *Plancus* dans les moindres conversations, qui dit : *Plancus* [1] *me demandait... Je disais à Plancus...,* celui-là même apprend dans ce moment que son héros vient d'être enlevé par une mort extraordinaire. Il part de la main, il rassemble le peuple dans les places ou sous les portiques, accuse le mort, décrie sa conduite, dénigre son consulat, lui ôte jusqu'à la science des détails que la voix publique lui ac-

---

[1] Dans ce passage, ajouté aux *Caractères* en 1692, un an après la mort de Louvois, il est difficile de ne pas reconnaître, sous le nom de *Plancus,* ce fameux ministre, enlevé par une mort si *extraordinaire,* qu'on crut ne pouvoir l'expliquer que par le poison, et laissant une mémoire si peu regrettée, qu'on dut être tenté de lui contester ses qualités les plus incontestables, *la science des détails, une heureuse mémoire,* et jusqu'au titre d'*homme sévère et laborieux.* Si *Plancus* est Louvois, *Tibur* est Meudon, habitation où Louvois avait fait des dépenses royales, et tenait une cour de monarque.

corde, ne lui passe point une mémoire heureuse, lui refuse
l'éloge d'un homme sévère et laborieux, ne lui fait pas
l'honneur de lui croire parmi les ennemis de l'empire un
ennemi.

Un homme de mérite se donne, je crois, un joli spectacle lorsque la même place à une assemblée, ou à un spectacle, dont il est refusé, il la voit accorder à un homme
qui n'a point d'yeux pour voir, ni d'oreilles pour entendre,
ni d'esprit pour connaître et pour juger; qui n'est recom-
mandable que par de certaines livrées, que même il ne
porte plus.

*Théodote* [1], avec un habit austère, a un visage comique,
et d'un homme qui entre sur la scène : sa voix, sa démarche, son geste, son attitude, accompagnent son visage;
il est fin, *cauteleux*, doucereux, mystérieux; il s'approche
de vous, et il vous dit à l'oreille : *Voilà un beau temps,
voilà un grand dégel.* S'il n'a pas les grandes manières,
il a du moins toutes les petites, et celles mêmes qui ne
conviennent guère qu'à une jeune précieuse. Imaginez-
vous l'application d'un enfant à élever un château de cartes,
ou à se saisir d'un papillon ; c'est celle de Théodote pour
une affaire de rien, et qui ne mérite pas qu'on s'en remue :
il la traite sérieusement, et comme quelque chose qui est
capital ; il agit, il s'empresse, il la fait réussir : le voilà
qui respire et qui se repose, et il a raison : elle lui a coûté
beaucoup de peine. L'on voit des gens enivrés, ensorcelés
de la faveur : ils y pensent le jour, ils y rêvent la nuit ; ils
montent l'escalier d'un ministre, et ils en descendent ; ils
sortent de son antichambre, et ils y rentrent ; ils n'ont rien
à lui dire, et ils lui parlent ; ils lui parlent une seconde fois : les

---

[1] Les clefs nomment l'abbé de Choisy. En effet, la double qualité de
courtisan et d'auteur semble lui convenir assez particulièrement, et le
reste du portrait s'accorde assez avec l'idée qu'on a conservée de lui.

voilà contents, ils lui ont parlé. Pressez-les, tordez-les, ils dégouttent l'orgueil, l'arrogance, la présomption ; vous leur adressez la parole, ils ne vous répondent point, ils ne vous connaissent point, ils ont les yeux égarés et l'esprit aliéné : c'est à leurs parents à en prendre soin et à les renfermer, de peur que leur folie ne devienne fureur, et que le monde n'en souffre. Théodote a une plus douce manie : il aime la faveur éperdument ; mais sa passion a moins d'éclat : il lui fait des vœux en secret, il la cultive, il la sert mystérieusement ; il est au guet et à la découverte sur tout ce qui paraît de nouveau avec les livrées de la faveur. Ont-ils une prétention, il s'offre à eux, il s'intrigue pour eux, il leur sacrifie sourdement mérite, alliance, amitié, engagement, reconnaissance. Si la place d'un Cassini devenait vacante, et que le suisse ou le postillon du favori s'avisât de la demander, il appuierait sa demande, il le jugerait digne de cette place, il le trouverait capable d'observer et de calculer, de parler de parhélies et de parallaxes. Si vous demandiez de Théodote s'il est auteur ou plagiaire, original ou copiste, je vous donnerais ses ouvrages, et je vous dirais : Lisez, et jugez ; mais, s'il est dévot ou courtisan, qui pourrait le décider sur le portrait que j'en viens de faire ? Je prononcerais plus hardiment sur son étoile : oui, Théodote, j'ai observé le point de votre naissance ; vous serez placé, et bientôt : ne veillez plus, n'imprimez plus ; le public vous demande quartier.

N'espérez plus de candeur, de franchise, d'équité, de bons offices, de services, de bienveillance, de générosité, de fermeté, dans un homme qui s'est depuis quelque temps livré à la cour, et qui secrètement veut sa fortune. Le reconnaissez-vous à son visage, à ses entretiens ? Il ne nomme plus chaque chose par son nom ; il n'y a plus pour lui de fripons, de fourbes, de sots, et d'impertinents. Celui dont il lui échapperait de dire ce qu'il en pense est celui-là même qui, venant à le savoir, l'empêcherait de *cheminer*. Pensant mal de tout le monde, il n'en dit de personne; ne voulant du bien qu'à lui seul, il veut persuader qu'il en veut à tous, afin que tous lui en fassent, ou que nul du moins lui soit contraire. Non content de n'être pas sincère, il ne souffre pas que personne le soit; la vérité blesse son oreille; il est froid et indifférent sur les observations que l'on fait sur la cour et sur le courtisan; et parce qu'il les a entendues, il s'en croit complice et responsable. Tyran de la société et martyr de son ambition, il a une triste circonspection dans sa conduite et dans ses discours, une raillerie innocente, mais froide et contrainte, un ris forcé, des caresses contrefaites, une conversation interrompue, et des distractions fréquentes : il a une profusion, le dirai-je? des torrents de louanges pour ce qu'a fait ou ce qu'a dit un homme placé et qui est en faveur, et pour tout autre une sécheresse de pulmonique; il a des formules de compliments différents pour l'entrée et pour la sortie à l'égard de ceux qu'il visite ou dont il est visité; et il n'y a personne de ceux qui se payent de mines et de façons de parler qui ne sorte d'avec lui fort satisfait. Il vise également à se faire des patrons et des créatures : il est médiateur, confident, entremetteur; il veut gouverner; il a une ferveur de novice pour toutes les petites pratiques de cour; il sait où il faut se placer pour être vu; il sait vous embrasser, prendre part à votre joie, vous faire coup sur coup des questions empressées sur votre santé, sur vos affaires; et, pendant que vous lui répondez, il perd le fil de sa curiosité, vous interrompt, entame un autre sujet; ou, s'il survient quelqu'un à qui il doive un discours tout différent, il sait, en achevant de vous congratuler, lui faire un compliment de condoléance ; il pleure d'un œil, et il rit de l'autre. Se formant quelquefois sur les ministres ou sur le favori, il parle en public de choses frivoles, du vent, de la gelée : il se tait au contraire, et fait le mystérieux, sur ce qu'il sait de plus important, et plus volontiers encore sur ce qu'il ne sait point.

Il y a un pays[1] où les joies sont visibles, mais fausses, et les chagrins cachés, mais réels. Qui croirait que l'empressement pour les spectacles, que les éclats et les applaudissements aux théâtres de Molière et d'Arlequin, les repas, la chasse, les ballets, les carrousels, couvrissent tant d'inquiétudes, de soins et de divers intérêts, tant de craintes et d'espérances, des passions si vives, et des affaires si sérieuses ?

La vie de la cour est un jeu sérieux, mélancolique, qui applique : il faut arranger ses pièces et ses batteries, avoir un dessein, le suivre, parer celui de son adversaire, hasarder quelquefois, et jouer de caprice ; et après toutes ses rêveries et toutes ses mesures on est échec, quelquefois mat. Souvent avec des pions qu'on ménage bien on va à dame, et l'on gagne la partie : le plus habile l'emporte, ou le plus heureux.

Les roues, les ressorts, les mouvements, sont cachés ; rien ne paraît d'une montre que son aiguille, qui insensiblement s'avance et achève son tour : image du courtisan d'autant plus parfaite, qu'après avoir fait assez de chemin, il revient souvent au même point d'où il est parti.

Les deux tiers de ma vie sont écoulés ; pourquoi tant m'inquiéter sur ce qui m'en reste ? La plus brillante fortune ne mérite point ni le tourment que je me donne, ni les

[1] La cour.

petitesses où je me surprends, ni les humiliations, ni les
hontes que j'essuie : trente années détruiront ces colosses
de puissance qu'on ne voyait bien qu'à force de lever la tête ;
nous disparaîtrons, moi qui suis si peu de chose, et ceux
que je contemplais si avidement, et de qui j'espérais toute
ma grandeur : le meilleur de tous les biens, s'il y a des
biens, c'est le repos, la retraite, et un endroit qui soit
son domaine. N** a pensé cela dans sa disgrâce, et l'a oublié dans la prospérité.

Un noble, s'il vit chez lui dans sa province, il vit libre,
mais sans appui ; s'il vit à la cour, il est protégé, mais il
est esclave : cela se compense.

*Xantippe*, au fond de sa province, sous un vieux toit
et dans un mauvais lit, a rêvé pendant la nuit qu'il voyait
le prince, qu'il lui parlait, et qu'il en ressentait une extrême joie : il a été triste à son réveil ; il a conté son songe,
et il a dit : Quelles chimères ne tombent point dans l'esprit
des hommes pendant qu'ils dorment ! Xantippe a continué de vivre : il est venu à la cour, il a vu le prince, il
lui a parlé, et il a été plus loin que son songe, il est favori.

Qui est plus esclave qu'un courtisan assidu, si ce n'est
un courtisan plus assidu ?

L'esclave n'a qu'un maître ; l'ambitieux en a autant qu'il
y a de gens utiles à sa fortune.

Mille gens à peine connus font la foule au lever pour être
vus du prince, qui n'en saurait voir mille à la fois ; et, s'il
ne voit aujourd'hui que ceux qu'il vit hier et qu'il verra
demain, combien de malheureux !

De tous ceux qui s'empressent auprès des grands et qui
leur font la cour, un petit nombre les honore dans le cœur,
un grand nombre les recherche par des vues d'ambition et
d'intérêt, un plus grand nombre par une ridicule vanité,
ou par une sotte impatience de se faire voir.

Il y a de certaines familles qui, par les lois du monde, ou ce qu'on appelle de la bienséance, doivent être irréconciliables : les voilà réunies ; et où la religion a échoué quand elle a voulu l'entreprendre, l'intérêt s'en joue, et le fait sans peine.

L'on parle d'une région [1] où les vieillards sont galants, polis, et civils; les jeunes gens au contraire durs, féroces, sans mœurs ni politesse : ils se trouvent affranchis de la passion des femmes dans un âge où l'on commence ailleurs à la sentir ; ils leur préfèrent des repas, des viandes, et des amours ridicules. Celui-là chez eux est sobre et modéré, qui ne s'enivre que de vin; l'usage trop fréquent qu'ils en ont fait le leur a rendu insipide. Ils cherchent à réveiller leur goût déjà éteint par des eaux-de-vie, et par toutes les liqueurs les plus violentes : il ne manque à leur débauche que de boire de l'eau-forte. Les femmes du pays précipitent le déclin de leur beauté par des artifices qu'elles croient servir à les rendre belles : leur coutume est de peindre leurs lèvres, leurs joues, leurs sourcils, et leurs épaules, qu'elles étalent avec leur gorge, leurs bras, et leurs oreilles, comme si elles craignaient de cacher l'endroit par où elles pourraient plaire, ou de ne pas se montrer assez. Ceux qui habitent cette contrée ont une physionomie qui n'est pas nette, mais confuse, embarrassée dans une épaisseur de cheveux étrangers qu'ils préfèrent aux naturels, et dont ils font un long tissu pour couvrir leur tête; il descend à la moitié du corps, change les traits, et empêche qu'on ne connaisse les hommes à leur visage. Ces peuples d'ailleurs ont leur dieu et leur roi : les grands de la nation s'assemblent tous les jours, à une certaine heure, dans un temple qu'ils nomment église. Il y a au fond de ce temple un autel con-

_____
[1] La cour.

sacré à leur dieu, où un prêtre célèbre des mystères qu'ils appellent saints, sacrés, et redoutables. Les grands forment un vaste cercle au pied de cet autel, et paraissent debout, le dos tourné directement aux prêtres et aux saints mystères, et les faces élevées vers leur roi, que l'on voit à genoux sur une tribune, et à qui ils semblent avoir tout l'esprit et tout le cœur appliqué. On ne laisse pas de voir dans cet usage une espèce de subordination : car ce peuple paraît adorer le prince, et le prince adorer Dieu. Les gens du pays le nomment *** [1] ; il est à quelque quarante-huit degrés d'élévation du pôle, et à plus d'onze cents lieues de mer des Iroquois et des Hurons.

Qui considérera que le visage du prince fait toute la félicité du courtisan, qu'il s'occupe et se remplit pendant toute sa vie de le voir et d'en être vu, comprendra un peu comment voir Dieu peut faire toute la gloire et tout le bonheur des saints.

Les grands seigneurs sont pleins d'égards pour les princes, c'est leur affaire ; ils ont des inférieurs : les petits courtisans se relâchent sur ces devoirs, font les familiers, et vivent comme gens qui n'ont d'exemples à donner à personne.

Que manque-t-il de nos jours à la jeunesse ? elle peut, et elle sait ; ou du moins, quand elle saurait autant qu'elle peut, elle ne serait pas plus décisive.

Faibles hommes ! un grand dit de *Timagène*, votre ami, qu'il est un sot, et il se trompe ; je ne demande pas que vous répliquiez qu'il est homme d'esprit ; osez seulement penser qu'il n'est pas un sot.

---

[1] La Bruyère ayant parlé de la cour en style de relation, et comme d'un pays lointain et inconnu, il y a eu quelque sottise de la part des éditeurs modernes à écrire en toutes lettres le nom de *Versailles* : c'était d'un seul mot anéantir tout l'esprit du passage.

De même il prononce d'*Iphicrate* qu'il manque de cœur :
vous lui avez vu faire une belle action, rassurez-vous;
je vous dispense de la raconter, pourvu qu'après ce que
vous venez d'entendre vous vous souveniez encore de la
lui avoir vu faire.

Qui sait parler aux rois, c'est peut-être où se termine
toute la prudence et toute la souplesse du courtisan. Une
parole échappe, et elle tombe de l'oreille du prince bien
avant dans sa mémoire, et quelquefois jusque dans son
cœur : il est impossible de la ravoir; tous les soins que
l'on prend et toute l'adresse dont on use pour l'expliquer
ou pour l'affaiblir servent à la graver plus profondément,
et à l'enfoncer davantage : si ce n'est que contre nous-
mêmes que nous ayons parlé, outre que ce malheur n'est
pas ordinaire, il y a encore un prompt remède, qui est de
nous instruire par notre faute, et de souffrir la peine de
notre légèreté; mais si c'est contre quelque autre, quel
abattement! quel repentir! Y a-t-il une règle plus utile
contre un si dangereux inconvénient que de parler des autres au souverain, de leurs personnes, de leurs ouvrages,
de leurs actions, de leurs mœurs, ou de leur conduite,
du moins avec l'attention, les précautions et les mesures
dont on parle de soi?

Diseurs de bons mots, mauvais caractère : je le dirais,
s'il n'avait été dit. Ceux qui nuisent à la réputation ou à
la fortune des autres, plutôt que de perdre un bon mot,
méritent une peine infamante : cela n'a pas été dit, et je
l'ose dire.

Il y a un certain nombre de phrases toutes faites que
l'on prend comme dans un magasin, et dont l'on se sert
pour se féliciter les uns les autres sur les événements. Bien
qu'elles se disent souvent sans affection, et qu'elles soient

reçues sans reconnaissance, il n'est pas permis avec cela de les omettre, parce que du moins elles sont l'image de ce qu'il y a au monde de meilleur, qui est l'amitié, et que les hommes, ne pouvant guère compter les uns sur les autres pour la réalité, semblent être convenus entre eux de se contenter des apparences.

Avec cinq ou six termes de l'art, et rien de plus, l'on se donne pour connaisseur en musique, en tableaux, en bâtiments, et en bonne chère : l'on croit avoir plus de plaisir qu'un autre à entendre, à voir, et à manger; l'on impose à ses semblables, et l'on se trompe soi-même.

La cour n'est jamais dénuée d'un certain nombre de gens en qui l'usage du monde, la politesse ou la fortune tiennent lieu d'esprit, et suppléent au mérite. Ils savent entrer et sortir; ils se tirent de la conversation en ne s'y mêlant point; ils plaisent à force de se taire, et se rendent importants par un silence longtemps soutenu, ou tout au plus par quelques monosyllabes; ils payent de mines, d'une inflexion de voix, d'un geste, et d'un sourire : ils n'ont pas, si je l'ose dire, deux pouces de profondeur; si vous les enfoncez, vous rencontrez le tuf.

Il y a des gens à qui la faveur arrive comme un accident; ils en sont les premiers surpris et consternés : ils se reconnaissent enfin, et se trouvent dignes de leur étoile; et comme si la stupidité et la fortune étaient deux choses incompatibles, ou qu'il fût impossible d'être heureux et sot tout à la fois, ils se croient de l'esprit, ils hasardent, que dis-je? ils ont la confiance de parler en toute rencontre, et sur quelque matière qui puisse s'offrir, et sans nul discernement des personnes qui les écoutent : ajouterai-je qu'ils épouvantent ou qu'ils donnent le dernier dégoût par leur fatuité et par leurs fadaises? il

est vrai du moins qu'ils déshonorent sans ressource ceux
qui ont quelque part au hasard de leur élévation.

Comment nommerai-je cette sorte de gens qui ne sont
fins que pour les sots ? je sais du moins que les habiles les
confondent avec ceux qu'ils savent tromper.

C'est avoir fait un grand pas dans la finesse, que de
faire penser de soi que l'on n'est que médiocrement fin.

La finesse n'est ni une trop bonne ni une trop mauvaise
qualité ; elle flotte entre le vice et la vertu : il n'y a point
de rencontre où elle ne puisse et peut-être où elle ne doive
être suppléée par la prudence.

La finesse est l'occasion prochaine de la fourberie ; de
l'une à l'autre le pas est glissant : le mensonge seul en
fait la différence ; si on l'ajoute à la finesse, c'est fourberie.

Avec les gens qui par finesse écoutent tout et parlent
peu, parlez encore moins ; ou si vous parlez beaucoup,
dites peu de chose.

Vous dépendez, dans une affaire qui est juste et importante, du consentement de deux personnes. L'un vous
dit : J'y donne les mains, pourvu qu'un tel y condescende ;
et ce tel y condescend, et ne désire plus que d'être assuré
des intentions de l'autre. Cependant rien n'avance : les
mois, les années, s'écoulent inutilement. Je m'y perds,
dites-vous, et je n'y comprends rien : il ne s'agit que de
faire qu'ils s'abouchent, et qu'ils se parlent. Je vous dis,
moi, que j'y vois clair, et que j'y comprends tout : ils se
sont parlé.

Il me semble que qui sollicite pour les autres a la confiance d'un homme qui demande justice, et qu'en parlant ou en agissant pour soi-même on a l'embarras et la
pudeur de celui qui demande grâce.

Si l'on ne se précautionne à la cour contre les piéges

que l'on y tend sans cesse pour faire tomber dans le ridicule, l'on est étonné, avec tout son esprit, de se trouver
la dupe de plus sots que soi.

Il y a quelques rencontres dans la vie où la vérité et
la simplicité sont le meilleur manége du monde.

Êtes-vous en faveur, tout manége est bon; vous ne
faites point de fautes, tous les chemins vous mènent au
terme : autrement tout est faute, rien n'est utile, il n'y a
point de sentier qui ne vous égare.

Un homme qui a vécu dans l'intrigue un certain temps
ne peut plus s'en passer : toute autre vie pour lui est
languissante.

Il faut avoir de l'esprit pour être homme de cabale :
l'on peut cependant en avoir à un certain point que l'on
est au-dessus de l'intrigue et de la cabale, et que l'on ne
saurait s'y assujettir; l'on va alors à une grande fortune
ou à une haute réputation par d'autres chemins.

Avec un esprit sublime, une doctrine universelle, une
probité à toutes épreuves, et un mérite très-accompli,
n'appréhendez pas, ô *Aristide*, de tomber à la cour, ou
de perdre la faveur des grands pendant tout le temps qu'ils
auront besoin de vous.

Qu'un favori s'observe de fort près; car, s'il me fait
moins attendre dans son antichambre qu'à l'ordinaire,
s'il a le visage plus ouvert, s'il fronce moins le sourcil,
s'il m'écoute plus volontiers, et s'il me reconduit un peu
plus loin, je penserai qu'il commence à tomber, et je
penserai vrai.

L'homme a bien peu de ressources dans soi-même,
puisqu'il lui faut une disgrâce ou une mortification pour
le rendre plus humain, plus traitable, moins féroce, plus
honnête homme.

L'on contemple dans les cours de certaines gens, et l'on voit bien à leurs discours et à toute leur conduite qu'ils ne songent ni à leurs grands-pères, ni à leurs petits-fils : le présent est pour eux ; ils n'en jouissent pas, ils en abusent.

*Straton* [1] est né sous deux étoiles : malheureux, heureux dans le même degré. Sa vie est un roman : non, il lui manque le vraisemblable. Il n'a point eu d'aventures ; il a eu de beaux songes, il en a eu de mauvais ; que dis-je ? on ne rêve point comme il a vécu. Personne n'a tiré d'une destinée plus qu'il a fait ; l'extrême et le médiocre lui sont connus : il a brillé, il a souffert, il a mené une vie commune ; rien ne lui est échappé. Il s'est fait valoir par des vertus qu'il assurait fort sérieusement qui étaient en lui ; il a dit de soi, *J'ai de l'esprit, j'ai du courage ;* et tous ont dit après lui, *Il a de l'esprit, il a du courage.* Il a exercé dans l'une et l'autre fortune le génie du courtisan, qui a dit de lui plus de bien peut-être et plus de mal qu'il n'y en avait. Le joli, l'aimable, le rare, le merveilleux, l'héroïque, ont été employés à son éloge ; et tout le contraire a servi depuis pour le ravaler : caractère équivoque, mêlé, enveloppé ; une énigme, une question presque indécise.

La faveur met l'homme au-dessus de ses égaux ; et sa chute au-dessous.

Celui qui, un beau jour, sait renoncer fermement ou à un grand nom, ou à une grande autorité, ou à une grande fortune, se délivre en un moment de bien des peines, de bien des veilles, et quelquefois de bien des crimes.

---

[1] Ce n'est pas ici un caractère, c'est-à-dire la peinture d'une espèce d'hommes ; c'est le portrait d'un individu, d'un homme à part ; et cet homme est évidemment le duc de Lauzun, dont la destinée, le caractère et l'esprit offrirent tous les extrêmes et réunirent tous les contraires, que la Bruyère a marqués dans cette peinture.

Dans cent ans le monde subsistera encore en son entier : ce sera le même théâtre et les mêmes décorations ; ce ne seront plus les mêmes acteurs. Tout ce qui se réjouit sur une grâce reçue, ou ce qui s'attriste et se désespère sur un refus, tous auront disparu de dessus la scène. Il s'avance déjà sur le théâtre d'autres hommes qui vont jouer dans une même pièce les mêmes rôles : ils s'évanouiront à leur tour ; et ceux qui ne sont pas encore, un jour ne seront plus ; de nouveaux acteurs ont pris leur place : quel fond à faire sur un personnage de comédie !

Qui a vu la cour a vu du monde ce qui est le plus beau, le plus spécieux, et le plus orné : qui méprise la cour, après l'avoir vue, méprise le monde.

La ville dégoûte de la province : la cour détrompe de la ville, et guérit de la cour.

Un esprit sain puise à la cour le goût de la solitude et de la retraite.

## CHAPITRE IX.

### Des grands.

La prévention du peuple en faveur des grands est si aveugle, et l'entêtement pour leur geste, leur visage, leur ton de voix, et leurs manières, si général, que, s'ils s'avisaient d'être bons, cela irait à l'idolâtrie.

Si vous êtes né vicieux, ô *Théagène* [1], je vous plains ; si vous le devenez par faiblesse pour ceux qui ont intérêt

---

[1] Le nom de *Théagène* est traduit dans les clefs par celui du *grand prieur de Vendôme*. Il est certain que ces mots, *d'un rang et d'une naissance à donner des exemples plutôt qu'à les prendre d'autrui*, s'appliquent assez bien à ce petit-fils légitimé d'Henri IV. Malheureusement les mots de *déréglements*, de *vices* et de *folie* conviennent encore mieux à la vie plus que voluptueuse que ce prince et ses familiers menaient au Temple.

que vous le soyez, qui ont juré entre eux de vous corrompre, et qui se vantent déjà de pouvoir réussir, souf-
frez que je vous méprise. Mais si vous êtes sage, tempérant, modeste, civil, généreux, reconnaissant, laborieux,
d'un rang d'ailleurs et d'une naissance à donner des exemples plutôt qu'à les prendre d'autrui, et à faire les règles
plutôt qu'à les recevoir, convenez avec cette sorte de gens
de suivre par complaisance leurs déréglements, leurs vices
et leur folie, quand ils auront, par la déférence qu'ils
vous doivent, exercé toutes les vertus que vous chérissez :
ironie forte, mais utile, très-propre à mettre vos mœurs
en sûreté, à renverser tous leurs projets, et à les jeter
dans le parti de continuer d'être ce qu'ils sont, et de vous
laisser tel que vous êtes.

L'avantage des grands sur les autres hommes est immense par un endroit. Je leur cède leur bonne chère,
leurs riches ameublements, leurs chiens, leurs chevaux,
leurs singes, leurs nains, leurs fous, et leurs flatteurs ;
mais je leur envie le bonheur d'avoir à leur service des
gens qui les égalent par le cœur et par l'esprit, et qui les
passent quelquefois.

Les grands se piquent d'ouvrir une allée dans une forêt,
de soutenir des terres par de longues murailles, de dorer
des plafonds, de faire venir dix pouces d'eau, de meubler
une orangerie ; mais de rendre un cœur content, de combler une âme de joie, de prévenir d'extrêmes besoins ou
d'y remédier, leur curiosité ne s'étend point jusque-là.

On demande si, en comparant ensemble les différentes
conditions des hommes, leurs peines, leurs avantages, on
n'y remarquerait pas un mélange ou une espèce de compensation de bien et de mal qui établirait entre elles l'égalité, ou qui ferait du moins que l'un ne serait guère plus

désirable que l'autre. Celui qui est puissant, riche, et à qui
il ne manque rien, peut former cette question; mais il faut
que ce soit un homme pauvre qui la décide.

Il ne laisse pas d'y avoir comme un charme attaché à
chacune des différentes conditions, et qui y demeure jusqu'à ce que la misère l'en ait ôté. Ainsi les grands se plaisent dans l'excès, et les petits aiment la modération; ceux-
là ont le goût de dominer et de commander, et ceux-ci sentent du plaisir et même de la vanité à les servir et à leur
obéir : les grands sont entourés, salués, respectés; les
petits entourent, saluent, se prosternent, et tous sont
contents.

Il coûte si peu aux grands à ne donner que des paroles,
et leur condition les dispense si fort de tenir les belles promesses qu'ils vous ont faites, que c'est modestie à eux de
ne promettre pas encore plus largement.

Il est vieux et usé, dit un grand; il s'est crevé à me
suivre : qu'en faire? Un autre, plus jeune, enlève ses
espérances, et obtient le poste qu'on ne refuse à ce malheureux que parce qu'il l'a trop mérité.

Je ne sais, dites-vous avec un air froid et dédaigneux,
*Philante* a du mérite, de l'esprit, de l'agrément, de l'exactitude sur son devoir, de la fidélité et de l'attachement
pour son maître, et il en est médiocrement considéré; il
ne plaît pas, il n'est pas goûté : expliquez-vous; est-ce
Philante, ou le grand qu'il sert, que vous condamnez?

Il est souvent plus utile de quitter les grands que de
s'en plaindre.

Qui peut dire pourquoi quelques-uns ont le gros lot, ou
quelques autres la faveur des grands?

Les grands sont si heureux, qu'ils n'essuient pas même,
dans toute leur vie, l'inconvénient de regretter la perte de

leurs meilleurs serviteurs ou des personnes illustres[1] dans
leur genre, et dont ils ont tiré le plus de plaisir et le plus
d'utilité. La première chose que la flatterie sait faire après
la mort de ces hommes uniques, et qui ne se réparent
point, est de leur supposer des endroits faibles, dont elle
prétend que ceux qui leur succèdent sont très-exempts :
elle assure que l'un, avec toute la capacité et toutes les
lumières de l'autre dont il prend la place, n'en a point les
défauts ; et ce style sert aux princes à se consoler du grand
et de l'excellent par le médiocre.

Les grands dédaignent les gens d'esprit qui n'ont que de
l'esprit ; les gens d'esprit méprisent les grands qui n'ont
que de la grandeur ; les gens de bien plaignent les uns et
les autres qui ont ou de la grandeur ou de l'esprit sans nulle
vertu. Quand je vois, d'une part, auprès des grands, à
leur table, et quelquefois dans leur familiarité, de ces
hommes alertes, empressés, intrigants, aventuriers, esprits dangereux et nuisibles, et que je considère, d'autre
part, quelle peine ont les personnes de mérite à en approcher, je ne suis pas toujours disposé à croire que les méchants soient soufferts par intérêt, ou que les gens de bien
soient regardés comme inutiles ; je trouve plus mon compte
à me confirmer dans cette pensée, que grandeur et discernement sont deux choses différentes, et l'amour pour la
vertu et pour les vertueux une troisième chose.

*Lucile* aime mieux user sa vie à se faire supporter de
quelques grands que d'être réduit à vivre familièrement
avec ses égaux.

[1] Louis XIV apprit la mort de Louvois sans en témoigner aucun chagrin, quelque utilité qu'il eût tirée du zèle infatigable de ce ministre ;
et, s'il eût eu des regrets, ses courtisans se seraient sans doute empressés de les adoucir, en lui persuadant qu'il n'avait pas fait une si grande
perte, et qu'il l'avait amplement réparée par le choix de son nouveau
ministre. C'est à cela probablement que la Bruyère fait ici allusion.

La règle de voir de plus grands que soi doit avoir ses res-
trictions : il faut quelquefois d'étranges talents pour la réduire en pratique.

Quelle est l'incurable maladie de *Théophile* [1]? elle lui
dure depuis plus de trente années : il ne guérit point : il a
voulu, il veut et il voudra gouverner les grands ; la mort
seule lui ôtera avec la vie cette soif d'empire et d'ascendant
sur les esprits : est-ce en lui zèle du prochain ? est-ce habitude ?
est-ce une excessive opinion de soi-même ? Il n'y a
point de palais où il ne s'insinue ; ce n'est pas au milieu d'une
chambre qu'il s'arrête ; il passe à une embrasure, ou au
cabinet : on attend qu'il ait parlé, et longtemps, et avec
action, pour avoir audience, pour être vu. Il entre dans le
secret des familles ; il est de quelque chose dans tout ce
qui leur arrive de triste ou d'avantageux : il prévient, il
s'offre, il se fait de fête ; il faut l'admettre. Ce n'est pas
assez, pour remplir son temps ou son ambition, que le soin
de dix mille âmes dont il répond à Dieu comme de la sienne
propre ; il en a d'un plus haut rang et d'une plus grande
distinction, dont il ne doit aucun compte, et dont il se
charge plus volontiers. Il écoute, il veille sur tout ce qui
peut servir de pâture à son esprit d'intrigue, de médiation,
ou de manége : à peine un grand est-il débarqué, qu'il
l'empoigne et s'en saisit ; on entend plus tôt dire à Théophile
qu'il le gouverne, qu'on n'a pu soupçonner qu'il pensait à
le gouverner.

Une froideur ou une incivilité qui vient de ceux qui sont

---

[1] Les clefs désignent l'abbé de Roquette, évêque d'Autun, qui avait
effectivement la manie de vouloir *gouverner les grands*. Ce qui prouve
que le personnage peint ici par la Bruyère est un évêque, c'est qu'il est
question des *dix mille âmes dont il répond à Dieu ;* et le trait : *A peine
un grand est-il débarqué,* etc., s'applique parfaitement à l'évêque
d'Autun, qui, à l'arrivée de Jacques II en France, avait fait les plus
grands efforts pour s'insinuer dans la faveur de ce prince.

au-dessus de nous nous les fait haïr ; mais un salut ou un sourire nous les réconcilie.

Il y a des hommes superbes que l'élévation de leurs rivaux humilie et apprivoise ; ils en viennent, par cette disgrâce, jusqu'à rendre le salut : mais le temps, qui adoucit toutes choses, les remet enfin dans leur naturel.

Le mépris que les grands ont pour le peuple les rend indifférents sur les flatteries ou sur les louanges qu'ils en reçoivent, et tempère leur vanité ; de même, les princes loués sans fin et sans relâche des grands ou des courtisans en seraient plus vains, s'ils estimaient davantage ceux qui les louent.

Les grands croient être seuls parfaits, n'admettent qu'à peine dans les autres hommes la droiture d'esprit, l'habileté, la délicatesse, et s'emparent de ces riches talents, comme de choses dues à leur naissance. C'est cependant en eux une erreur grossière, de se nourrir de si fausses préventions : ce qu'il y a jamais eu de mieux pensé, de mieux dit, de mieux écrit, et peut-être d'une conduite plus délicate, ne nous est pas toujours venu de leur fond. Ils ont de grands domaines et une longue suite d'ancêtres : cela ne leur peut être contesté.

Avez-vous de l'esprit, de la grandeur, de l'habileté, du goût, du discernement ? en croirai-je la prévention et la flatterie, qui publient hardiment votre mérite ? elles me sont suspectes, et je les récuse. Me laisserai-je éblouir par un air de capacité ou de hauteur qui vous met au-dessus de tout ce qui se fait, de ce qui se dit, et de ce qui s'écrit ; qui vous rend sec sur les louanges, et empêche qu'on ne puisse arracher de vous la moindre approbation ? Je conclus de là, plus naturellement, que vous avez de la faveur, du crédit, et de grandes richesses. Quel moyen de vous définir, *Téléphon ?*

on n'approche de vous que comme du feu, et dans une
certaine distance ; et il faudrait vous développer, vous
manier, vous confronter avec vos pareils, pour porter de
vous un jugement sain et raisonnable. Votre homme de
confiance, qui est dans votre familiarité, dont vous prenez conseil, pour qui vous quittez *Socrate* et *Aristide*,
avec qui vous riez, et qui rit plus haut que vous, *Dave* enfin, m'est très-connu : serait-ce assez pour vous bien
connaître ?

Il y en a de tels que, s'ils pouvaient connaître leurs subalternes et se connaître eux-mêmes, ils auraient honte
de primer.

S'il y a peu d'excellents orateurs, y a-t-il bien des gens
qui puissent les entendre ? S'il n'y a pas assez de bons écrivains, où sont ceux qui savent lire ? De même on s'est toujours plaint du petit nombre de personnes capables de
conseiller les rois, et de les aider dans l'administration de
leurs affaires. Mais s'ils naissent enfin ces hommes habiles
et intelligents, s'ils agissent selon leurs vues et leurs lumières, sont-ils aimés, sont-ils estimés, autant qu'ils le méritent ? sont-ils loués de ce qu'ils pensent et de ce qu'ils
font pour la patrie ? Ils vivent, il suffit : on les censure
s'ils échouent, et on les envie s'ils réussissent. Blâmons
le peuple où il serait ridicule de vouloir l'excuser : son
chagrin et sa jalousie, regardés des grands ou des puissants comme inévitables, les ont conduits insensiblement
à le compter pour rien, et à négliger ses suffrages dans
toutes leurs entreprises, à s'en faire même une règle de politique.

Les petits se haïssent les uns les autres lorsqu'ils se nuisent réciproquement. Les grands sont odieux aux petits
par le mal qu'ils leur font, et par tout le bien qu'ils ne

leur font pas : ils leur sont responsables de leur obscurité, de leur pauvreté et de leur infortune ; ou du moins ils leur paraissent tels.

C'est déjà trop d'avoir avec le peuple une même religion et un même Dieu : quel moyen encore de s'appeler Pierre, Jean, Jacques, comme le marchand ou le laboureur? Évitons d'avoir rien de commun avec la multitude ; affectons au contraire toutes les distinctions qui nous en séparent : qu'elle s'approprie les douze apôtres, leurs disciples, les premiers martyrs (telles gens, tels patrons) ; qu'elle voie avec plaisir revenir toutes les années ce jour particulier que chacun célèbre comme sa fête. Pour nous autres grands, ayons recours aux noms profanes : faisons-nous baptiser sous ceux d'Annibal, de César, et de Pompée, c'étaient de grands hommes ; sous celui de Lucrèce, c'était une illustre Romaine ; sous ceux de Renaud, de Roger, d'Olivier et de Tancrède, c'étaient des paladins, et le roman n'a point de héros plus merveilleux ; sous ceux d'Hector, d'Achille, d'Hercule, tous demi-dieux ; sous ceux même de Phébus et de Diane : et qui nous empêchera de nous faire nommer Jupiter, ou Mercure, ou Vénus, ou Adonis?

Pendant que les grands négligent de rien connaître, je ne dis pas seulement aux intérêts des princes et aux affaires publiques, mais à leurs propres affaires ; qu'ils ignorent l'économie et la science d'un père de famille, et qu'ils se louent eux-mêmes de cette ignorance ; qu'ils se laissent appauvrir et maîtriser par des intendants ; qu'ils se contentent d'être gourmets ou *coteaux*[1], d'aller chez *Thaïs* ou

---

[1] Boileau parle ainsi des *coteaux* dans la satire du Repas ridicule : « Ce nom, dit-il en note, fut donné à trois grands seigneurs tenant table, qui étaient partagés sur l'estime qu'on devait faire des vins des « coteaux qui sont aux environs de Reims. »

chez *Phryné*, de parler de la meute et de la vieille meute,
de dire combien il y a de postes de Paris à Besançon ou à
Philisbourg; des citoyens s'instruisent du dedans et du
dehors d'un royaume, étudient le gouvernement, deviennent fins et politiques, savent le fort et le faible de tout
un État, songent à se mieux placer, se placent, s'élèvent,
deviennent puissants, soulagent le prince d'une partie des
soins publics. Les grands qui les dédaignaient les révè-
rent : heureux s'ils deviennent leurs gendres !

Si je compare ensemble les deux conditions des hommes
les plus opposées, je veux dire les grands avec le peuple,
ce dernier me paraît content du nécessaire, et les autres
sont inquiets et pauvres avec le superflu. Un homme du
peuple ne saurait faire aucun mal ; un grand ne veut faire
aucun bien, et est capable de grands maux : l'un ne se
forme et ne s'exerce que dans les choses qui sont utiles ;
l'autre y joint les pernicieuses : là se montrent ingénument
la grossièreté et la franchise ; ici se cache une séve maligne
et corrompue sous l'écorce de la politesse : le peuple n'a
guère d'esprit, et les grands n'ont point d'âme : celui-là a
un bon fonds, et n'a point de dehors ; ceux-ci n'ont que
des dehors et qu'une simple superficie. Faut-il opter? je
ne balance pas, je veux être peuple.

Quelque profonds que soient les grands de la cour, et
quelque art qu'ils aient pour paraître ce qu'ils ne sont pas,
et pour ne point paraître ce qu'ils sont, ils ne peuvent cacher leur malignité, leur extrême pente à rire aux dépens
d'autrui, et à jeter un ridicule souvent où il n'y en peut
avoir ; ces beaux talents se découvrent en eux du premier
coup d'œil : admirables sans doute pour envelopper une
dupe et rendre sot celui qui l'est déjà, mais encore plus
propres à leur ôter tout le plaisir qu'ils pourraient tirer

d'un homme d'esprit qui saurait se tourner et se plier en
mille manières agréables et réjouissantes, si le dangereux
caractère du courtisan ne l'engageait pas à une fort grande
retenue. Il lui oppose un caractère sérieux, dans lequel il
se retranche, et il fait si bien que les railleurs, avec des
intentions si mauvaises, manquent d'occasions de se jouer
de lui.

Les aises de la vie, l'abondance, le calme d'une grande
prospérité, font que les princes ont de la joie de reste
pour rire d'un nain, d'un singe, d'un imbécile, et d'un
mauvais conte : les gens moins heureux ne rient qu'à propos.

Un grand aime la Champagne, abhorre la Brie; il s'enivre de meilleur vin que l'homme du peuple, seule différence que la crapule laisse entre les conditions les plus disproportionnées, entre le seigneur et l'estafier.

Il semble d'abord qu'il entre dans les plaisirs des princes un peu de celui d'incommoder les autres : mais non,
les princes ressemblent aux hommes; ils songent à eux-
mêmes, suivent leur goût, leurs passions, leur commodité : cela est naturel.

Il semble que la première règle des compagnies, des
gens en place, ou des puissants, est de donner, à ceux qui
dépendent d'eux pour le besoin de leurs affaires, toutes
les traverses qu'ils en peuvent craindre.

Si un grand a quelque degré de bonheur sur les autres
hommes, je ne devine pas lequel, si ce n'est peut-être de
se trouver souvent dans le pouvoir et dans l'occasion de
faire plaisir; et si elle naît, cette conjoncture, il semble
qu'il doive s'en servir : si c'est en faveur d'un homme de
bien, il doit appréhender qu'elle ne lui échappe. Mais
comme c'est en une chose juste, il doit prévenir la sollici-

tation, et n'être vu que pour être remercié; et, si elle est facile, il ne doit pas même la lui faire valoir : s'il la lui refuse, je les plains tous deux.

Il y a des hommes nés inaccessibles, et ce sont précisément ceux de qui les autres ont besoin, de qui ils dépendent : ils ne sont jamais que sur un pied ; mobiles comme le mercure, ils pirouettent, ils gesticulent, ils crient, ils s'agitent; semblables à ces figures de carton qui servent de montre à une fête publique, ils jettent feu et flamme, tonnent et foudroient : on n'en approche pas, jusqu'à ce que, venant à s'éteindre, ils tombent, et par leur chute deviennent traitables, mais inutiles.

Le suisse, le valet de chambre, l'homme de livrée, s'ils n'ont plus d'esprit que ne porte leur condition, ne jugent plus d'eux-mêmes par leur première bassesse, mais par l'élévation et la fortune des gens qu'ils servent, et mettent tous ceux qui entrent par leur porte et montent leur escalier indifféremment au-dessous d'eux et de leurs maîtres : tant il est vrai qu'on est destiné à souffrir des grands et de ce qui leur appartient !

Un homme en place doit aimer son prince, sa femme, ses enfants, et après eux les gens d'esprit : il les doit adopter ; il doit s'en fournir, et n'en jamais manquer. Il ne saurait payer, je ne dis pas de trop de pensions et de bienfaits, mais de trop de familiarité et de caresses, les secours et les services qu'il en tire, même sans le savoir : quels petits bruits ne dissipent-ils pas ! quelles histoires ne réduisent-ils pas à la fable et à la fiction ! ne savent-ils pas justifier les mauvais succès par les bonnes intentions, prouver la bonté d'un dessein et la justesse des mesures par le bonheur des événements, s'élever contre la malignité et l'envie pour accorder à de bonnes entreprises de meilleurs motifs, donner des explications favorables à des apparences qui étaient mauvaises, détourner les petits défauts, ne montrer que les vertus, et les mettre dans leur jour, semer en mille occasions des faits et des détails qui soient avantageux, et tourner le ris et la moquerie contre ceux qui oseraient en douter, ou avancer des faits contraires? Je sais que les grands ont pour maxime de laisser parler, et de continuer d'agir; mais je sais aussi qu'il leur arrive, en plusieurs rencontres, que laisser dire les empêche de faire.

Sentir le mérite, et, quand il est une fois connu, le bien traiter : deux grandes démarches à faire tout de suite, et dont la plupart des grands sont fort incapables.

Tu es grand, tu es puissant; ce n'est pas assez : fais que je t'estime, afin que je sois triste d'être déchu de tes bonnes grâces, ou de n'avoir pu les acquérir.

Vous dites d'un grand ou d'un homme en place qu'il est prévenant, officieux; qu'il aime à faire plaisir : et vous le confirmez par un long détail de ce qu'il a fait en une affaire où il a su que vous preniez intérêt. Je vous entends; on va pour vous au-devant de la sollicitation, vous avez du crédit, vous êtes connu du ministre, vous êtes bien avec les puissances : désiriez-vous que je susse autre chose?

Quelqu'un vous dit : « Je me plains d'un tel; il est fier « depuis son élévation, il me dédaigne, il ne me connaît « plus. — Je n'ai pas pour moi, lui répondez-vous, sujet de « m'en plaindre : au contraire, je m'en loue fort; et il me « semble même qu'il est assez civil. » Je crois encore vous entendre; vous voulez qu'on sache qu'un homme en place a de l'attention pour vous, et qu'il vous démêle dans l'antichambre entre mille honnêtes gens de qui il détourne ses yeux, de peur de tomber dans l'inconvénient de leur rendre leur salut ou de leur sourire.

Se louer de quelqu'un, se louer d'un grand, phrase délicate dans son origine, et qui signifie sans doute se louer soi-même en disant d'un grand tout le bien qu'il nous a fait, ou qu'il n'a pas songé à nous faire.

On loue les grands pour marquer qu'on les voit de près, rarement par estime ou par gratitude : on ne connaît pas souvent ceux que l'on loue. La vanité ou la légèreté l'emporte quelquefois sur le ressentiment : on est mal content d'eux, et on les loue.

S'il est périlleux de tremper dans une affaire suspecte, il l'est encore davantage de s'y trouver complice d'un grand : il s'en tire, et vous laisse payer doublement, pour lui et pour vous.

Le prince n'a point assez de toute sa fortune pour payer une basse complaisance, si l'on en juge par tout ce que celui qu'il veut récompenser y a mis du sien ; et il n'a pas trop de toute sa puissance pour le punir, s'il mesure sa vengeance au tort qu'il en a reçu.

La noblesse expose sa vie pour le salut de l'État, et pour la gloire du souverain ; le magistrat décharge le prince d'une partie du soin de juger les peuples : voilà de part et d'autre des fonctions bien sublimes, et d'une merveilleuse utilité. Les hommes ne sont guère capables de plus grandes choses ; et je ne sais d'où la robe et l'épée ont puisé de quoi se mépriser réciproquement.

S'il est vrai qu'un grand donne plus à la fortune lorsqu'il hasarde une vie destinée à couler dans les ris, le plaisir et l'abondance, qu'un particulier qui ne risque que des jours qui sont misérables, il faut avouer aussi qu'il a un tout autre dédommagement, qui est la gloire et la haute réputation. Le soldat ne sent pas qu'il soit connu ; il meurt obscur et dans la foule : il vivait de même à la vérité, mais il vivait ; et c'est l'une des sources du défaut de courage dans les conditions basses et serviles. Ceux au contraire que la naissance démêle d'avec le peuple, et expose aux yeux des hommes, à leur censure et à leurs éloges, sont même capables de sortir par effort de leur tempérament, s'il ne les portait pas à la vertu ; et cette disposition de cœur et d'esprit, qui passe des aïeux par les pères dans leurs descendants, est cette bravoure si familière aux personnes nobles, et peut-être la noblesse même.

Jetez-moi dans les troupes comme un simple soldat, je suis THERSITE ; mettez-moi à la tête d'une armée dont j'aie à répondre à toute l'Europe, je suis ACHILLE.

Les princes, sans autre science ni autre règle, ont un goût de comparaison : ils sont nés et élevés au milieu et comme dans le centre des meilleures choses, à quoi ils rapportent ce qu'ils lisent, ce qu'ils voient, et ce qu'ils entendent. Tout ce qui s'éloigne trop de LULLI, de RACINE et de LE BRUN est condamné.

Ne parler aux jeunes princes que du soin de leur rang est un excès de précaution, lorsque toute une cour met son devoir et une partie de sa politesse à les respecter, et qu'ils sont bien moins sujets à ignorer aucun des égards dus à leur naissance qu'à confondre les personnes, et les traiter indifféremment, et sans distinction des conditions et des titres. Ils ont une fierté naturelle qu'ils retrouvent dans les occasions ; il ne leur faut des leçons que pour la régler, que pour leur inspirer la bonté, l'honnêteté, et l'esprit de discernement.

C'est une pure hypocrisie à un homme d'une certaine élévation de ne pas prendre d'abord le rang qui lui est dû, et que tout le monde lui cède. Il ne lui coûte rien d'être modeste, de se mêler dans la multitude qui va s'ouvrir pour lui, de prendre dans une assemblée une dernière place, afin que tous l'y voient et s'empressent de l'en ôter. La modestie est d'une pratique plus amère aux hommes d'une condition ordinaire : s'ils se jettent dans la foule, on les écrase; s'ils choisissent un poste incommode, il leur demeure.

*Aristarque* [1] se transporte dans la place avec un héraut et un trompette; celui-ci commence, toute la multitude accourt et se rassemble. Écoutez, peuple, dit le héraut; soyez attentif; silence, silence! *Aristarque, que vous voyez présent, doit faire demain une bonne action.* Je dirai plus simplement et sans figure : Quelqu'un fait bien; veut-il faire mieux? que je ne sache pas qu'il fait bien, ou que je ne le soupçonne pas du moins de me l'avoir appris.

Les meilleures actions s'altèrent et s'affaiblissent par la manière dont on les fait, et laissent même douter des intentions. Celui qui protége ou qui loue la vertu pour la vertu, qui corrige ou qui blâme le vice à cause du vice, agit simplement, naturellement, sans aucun tour, sans nulle singularité, sans faste, sans affectation : il n'use point de réponses graves et sentencieuses, encore moins de traits piquants et satiriques; ce n'est jamais une scène qu'il joue pour le public, c'est un bon exemple qu'il donne et un devoir dont il s'acquitte; il ne fournit rien aux visites des femmes, ni au cabinet [2], ni aux nouvel-

---

[1] Ce trait, dit-on, appartient au premier président de Harlay, qui, ayant reçu un legs de vingt-cinq mille livres, se transporta tout exprès de sa terre à Fontainebleau, pour y faire donation de cette somme aux pauvres, en présence de toute la cour.

[2] Rendez-vous à Paris de quelques honnêtes gens pour la conversation. (*La Bruyère.*)

listes ; il ne donne point à un homme agréable la matière
d'un joli conte. Le bien qu'il vient de faire est un peu
moins su, à la vérité ; mais il a fait ce bien : que voudrait-il davantage ?

Les grands ne doivent point aimer les premiers temps ;
ils ne leur sont point favorables : il est triste pour eux d'y
voir que nous sortions tous du frère et de la sœur. Les
hommes composent ensemble une même famille : il n'y a
que le plus ou le moins dans le degré de parenté.

*Théognis* est recherché dans son ajustement, et il sort
paré comme une femme : il n'est pas hors de sa maison
qu'il a déjà ajusté ses yeux et son visage, afin que ce soit
une chose faite quand il sera dans le public, qu'il y paraisse
tout concerté, que ceux qui passent le trouvent déjà gra-
cieux et leur souriant, et que nul ne lui échappe. Marche-
t-il dans les salles, il se tourne à droite où il y a un grand
monde, et à gauche où il n'y a personne ; il salue ceux
qui y sont et ceux qui n'y sont pas. Il embrasse un homme
qu'il trouve sous sa main ; il lui presse la tête contre sa
poitrine : il demande ensuite qui est celui qu'il a embrassé.
Quelqu'un a besoin de lui dans une affaire qui est facile,
il va le trouver, lui fait sa prière : Théognis l'écoute fa-
vorablement ; il est ravi de lui être bon à quelque chose,
il le conjure de faire naître des occasions de lui rendre
service ; et, comme celui-ci insiste sur son affaire, il lui
dit qu'il ne la fera point ; il le prie de se mettre en sa
place, il l'en fait juge : le client sort reconduit, caressé,
confus, presque content d'être refusé.

C'est avoir une très-mauvaise opinion des hommes, et
néanmoins les bien connaître, que de croire dans un grand
poste leur imposer par des caresses étudiées, par de longs
et stériles embrassements.

*Pamphile* ne s'entretient pas avec les gens qu'il rencontre dans les salles ou dans les cours : si l'on en croit
sa gravité et l'élévation de sa voix, il les reçoit, leur
donne audience, les congédie. Il a des termes tout à la
fois civils et hautains, une honnêteté impérieuse, et qu'il
emploie sans discernement : il a une fausse grandeur qui
l'abaisse, et qui embarrasse fort ceux qui sont ses amis,
et qui ne veulent pas le mépriser.

Un Pamphile est plein de lui-même, ne se perd pas de
vue, ne sort point de l'idée de sa grandeur, de ses alliances, de sa charge, de sa dignité : il ramasse, pour ainsi
dire, toutes ses pièces, s'en enveloppe pour se faire valoir;
il dit : *Mon ordre, mon cordon bleu;* il l'étale ou il le
cache par ostentation : un Pamphile, en un mot, veut
être grand; il croit l'être, il ne l'est pas, il est d'après un
grand. Si quelquefois il sourit à un homme du dernier
ordre, à un homme d'esprit, il choisit son temps si juste
qu'il n'est jamais pris sur le fait : aussi la rougeur lui
monterait-elle au visage s'il était malheureusement surpris dans la moindre familiarité avec quelqu'un qui n'est
ni opulent, ni puissant, ni ami d'un ministre, ni son allié,
ni son domestique. Il est sévère et inexorable à qui n'a
point encore fait sa fortune : il vous aperçoit un jour dans
une galerie, et il vous fuit; et le lendemain, s'il vous
trouve en un endroit moins public, ou, s'il est public,
en la compagnie d'un grand, il prend courage, il vient à
vous, et il vous dit : *Vous ne faisiez pas hier semblant
de nous voir.* Tantôt il vous quitte brusquement pour
joindre un seigneur ou un premier commis; et tantôt, s'il
les trouve avec vous en conversation, il vous coupe et
vous les enlève. Vous l'abordez une autre fois, et il ne
s'arrête pas; il se fait suivre, vous parle si haut que c'est

une scène pour ceux qui passent. Aussi les Pamphiles sont-
ils toujours comme sur un théâtre; gens nourris dans le
faux, et qui ne haïssent rien tant que d'être naturels;
vrais personnages de comédie, des Floridors, des Mon-
doris.

On ne tarit point sur les Pamphiles : ils sont bas et
timides devant les princes et les ministres, pleins de hauteur et de confiance avec ceux qui n'ont que de la vertu,
muets et embarrassés avec les savants; vifs, hardis, et
décisifs, avec ceux qui ne savent rien. Ils parlent de guerre
à un homme de robe, et de politique à un financier; ils
savent l'histoire avec les femmes; ils sont poëtes avec un
docteur, et géomètres avec un poëte. De maximes, ils
ne s'en chargent pas; de principes, encore moins : ils
vivent à l'aventure, poussés et entraînés par le vent de
la faveur, et par l'attrait des richesses. Ils n'ont point
d'opinion qui soit à eux, qui leur soit propre : ils en em-
pruntent à mesure qu'ils en ont besoin; et celui à qui ils
ont recours n'est guère un homme sage, ou habile, ou
vertueux; c'est un homme à la mode.

Nous avons pour les grands et pour les gens en place
une jalousie stérile, ou une haine impuissante qui ne nous
venge point de leur splendeur et de leur élévation, et qui
ne fait qu'ajouter à notre propre misère le poids insupportable du bonheur d'autrui : que faire contre une maladie
de l'âme si invétérée et si contagieuse? Contentons-nous
de peu, et de moins encore, s'il est possible; sachons perdre dans l'occasion; la recette est infaillible, et je consens
à l'éprouver : j'évite par là d'apprivoiser un suisse, ou de
fléchir un commis; d'être repoussé à une porte par la
foule innombrable de clients ou de courtisans dont la maison
d'un ministre se dégorge plusieurs fois le jour; de languir

dans sa salle d'audience, de lui demander en tremblant et
en balbutiant une chose juste; d'essuyer sa gravité, son
ris amer, et son *laconisme*. Alors je ne le hais plus, je
ne lui porte plus envie; il ne me fait aucune prière, je ne
lui en fais pas ; nous sommes égaux, si ce n'est peut-être
qu'il n'est pas tranquille, et que je le suis.

Si les grands ont les occasions de nous faire du bien,
ils en ont rarement la volonté; et, s'ils désirent de nous
faire du mal, ils n'en trouvent pas toujours les occasions.
Ainsi l'on peut être trompé dans l'espèce de culte qu'on
leur rend, s'il n'est fondé que sur l'espérance ou sur la
crainte; et une longue vie se termine quelquefois sans
qu'il arrive de dépendre d'eux pour le moindre intérêt, ou
qu'on leur doive sa bonne ou mauvaise fortune. Nous devons les honorer parce qu'ils sont grands, et que nous
sommes petits ; et qu'il y en a d'autres plus petits que nous,
qui nous honorent.

A la cour, à la ville, mêmes passions, mêmes faiblesses,
mêmes petitesses, mêmes travers d'esprit, mêmes brouil-
leries dans les familles et entre les proches, mêmes envies,
mêmes antipathies : partout des brus et des belles-mères,
des maris et des femmes, des divorces, des ruptures, et de
mauvais raccommodements ; partout des humeurs, des colères, des partialités, des rapports, et ce qu'on appelle
de mauvais discours : avec de bons yeux on voit sans peine
la petite ville, la rue Saint-Denis, comme transportées
à V**[1] ou à F**[2]. Ici l'on croit se haïr avec plus de fierté
et de hauteur, et peut-être avec plus de dignité : on se
nuit réciproquement avec plus d'habileté et de finesse ;
les colères sont plus éloquentes, et l'on se dit des injures

___

[1] Versailles.
[2] Fontainebleau.

plus poliment et en meilleurs termes ; l'on n'y blesse point
la pureté de la langue ; l'on n'y offense que les hommes,
ou que leur réputation : tous les dehors du vice y sont
spécieux ; mais le fond, encore une fois, y est le même
que dans les conditions les plus ravalées : tout le bas, tout
le faible et tout l'indigne s'y trouvent. Ces hommes, si
grands ou par leur naissance, ou par leurs faveurs, ou
par leurs dignités, ces têtes si fortes et si habiles, ces femmes
si polies et si spirituelles, tous méprisent le peuple ; et ils
sont peuple.

Qui dit le peuple dit plus d'une chose : c'est une vaste
expression ; et l'on s'étonnerait de voir ce qu'elle embrasse, et jusqu'où elle s'étend. Il y a le peuple qui est
opposé aux grands : c'est la populace et la multitude ;
il y a le peuple qui est opposé aux sages, aux habiles et
aux vertueux : ce sont les grands comme les petits.

Les grands se gouvernent par sentiment : âmes oisives
sur lesquelles tout fait d'abord une vive impression. Une
chose arrive, ils en parlent trop, bientôt ils en parlent
peu, ensuite ils n'en parlent plus, et ils n'en parleront
plus : action, conduite, ouvrage, événement, tout est
oublié ; ne leur demandez ni correction, ni prévoyance,
ni réflexion, ni reconnaissance, ni récompense.

L'on se porte aux extrémités opposées à l'égard de certains personnages. La satire, après leur mort, court parmi
le peuple, pendant que les voûtes des temples retentissent
de leurs éloges. Ils ne méritent quelquefois ni libelles, ni
discours funèbres ; quelquefois aussi ils sont dignes de tous
les deux.

L'on doit se taire sur les puissants : il y a presque
toujours de la flatterie à en dire du bien ; il y a du péril
à en dire du mal pendant qu'ils vivent, et de la lâcheté,
quand ils sont morts.

## CHAPITRE X.

*Du souverain ou de la république.*

Quand l'on parcourt sans la prévention de son pays toutes les formes de gouvernement, l'on ne sait à laquelle se tenir ; il y a dans toutes le moins bon et le moins mauvais. Ce qu'il y a de plus raisonnable et de plus sûr, c'est d'estimer celle où l'on est né la meilleure de toutes, et de s'y soumettre.

Il ne faut ni art ni science pour exercer la tyrannie ; et la politique qui ne consiste qu'à répandre le sang est fort bornée et de nul raffinement ; elle inspire de tuer ceux dont la vie est un obstacle à notre ambition : un homme né cruel fait cela sans peine ; c'est la manière la plus horrible et la plus grossière de se maintenir ou de s'agrandir.

C'est une politique sûre et ancienne dans les républiques que d'y laisser le peuple s'endormir dans les fêtes, dans les spectacles, dans le luxe, dans le faste, dans les plaisirs, dans la vanité et la mollesse ; le laisser se remplir du vide, et savourer la bagatelle : quelles grandes démarches ne fait-on pas au despotique par cette indulgence !

Il n'y a point de patrie dans le despotique ; d'autres choses y suppléent, l'intérêt, la gloire, le service du prince.

Quand on veut changer et innover dans une république, c'est moins les choses que le temps que l'on considère. Il y a des conjonctures où l'on sent bien qu'on ne saurait trop attenter contre le peuple ; et il y en a d'autres où il est clair qu'on ne peut trop le ménager. Vous pouvez aujourd'hui ôter à cette ville ses franchises, ses droits, ses priviléges ; mais demain ne songez pas même à réformer ses enseignes.

Quand le peuple est en mouvement, on ne comprend pas par où le calme peut y entrer ; et quand il est paisible, on ne voit pas par où le calme peut en sortir.

Il y a de certains maux dans la république qui y sont soufferts, parce qu'ils préviennent ou empêchent de plus grands maux ; il y a d'autres maux qui sont tels seulement par leur établissement, et qui, étant dans leur origine ou un abus ou un mauvais usage, sont moins pernicieux dans leurs suites et dans la pratique qu'une loi plus juste, ou une coutume plus raisonnable. L'on voit une espèce de maux que l'on peut corriger par le changement ou la nouveauté, qui est un mal, et fort dangereux ; il y en a d'autres cachés et enfoncés comme des ordures dans un cloaque, je veux dire ensevelis sous la honte, sous le secret, et dans l'obscurité : on ne peut les fouiller et les remuer qu'ils n'exhalent le poison et l'infamie ; les plus sages doutent quelquefois s'il est mieux de connaître ces maux que de les ignorer. L'on tolère quelquefois dans un État un assez grand mal, mais qui détourne un million de petits maux ou d'inconvénients, qui tous seraient inévitables et irrémédiables. Il se trouve des maux dont chaque particulier gémit, et qui deviennent néanmoins un bien public, quoique le public ne soit autre chose que tous les particuliers. Il y a des maux personnels qui concourent au bien et à l'avantage de chaque famille.

Il y en a qui affligent, ruinent, ou déshonorent les familles, mais qui tendent au bien et à la conservation de la machine de l'État et du gouvernement. D'autres maux renversent des États, et sur leurs ruines en élèvent de nouveaux. On en a vu enfin qui ont sapé par les fondements de grands empires, et qui les ont fait évanouir de dessus la terre, pour varier et renouveler la face de l'univers.

Qu'importe à l'État qu'*Ergaste* soit riche, qu'il ait des chiens qui arrêtent bien, qu'il crée les modes sur les équipages et sur les habits, qu'il abonde en superfluités? Où il s'agit de l'intérêt et des commodités de tout le public, le particulier est-il compté? La consolation des peuples dans les choses qui leur pèsent un peu est de savoir qu'ils soulagent le prince, ou qu'ils n'enrichissent que lui : ils ne se croient point redevables à Ergaste de l'embellissement de sa fortune.

La guerre a pour elle l'antiquité; elle a été dans tous les siècles : on l'a toujours vue remplir le monde de veuves et d'orphelins, épuiser les familles d'héritiers, et faire périr les frères à une même bataille. Jeune SOYECOUR [1], je regrette ta vertu, ta pudeur, ton esprit déjà mûr, pénétrant, élevé, sociable; je plains cette mort prématurée, qui te joint à ton intrépide frère, et t'enlève à une cour où tu n'as fait que te montrer : malheur déplorable, mais ordinaire! De tout temps les hommes, pour quelque morceau de terre de plus ou de moins, sont convenus entre eux de se dépouiller, se brûler, se tuer, s'égorger les uns les autres; et, pour le faire plus ingénieusement et avec plus de sûreté, ils ont inventé de belles règles qu'on appelle l'art militaire : ils ont attaché à la pratique de ces règles la gloire, ou la plus solide réputation; et ils ont depuis enchéri de siècle en siècle sur la manière de se détruire réciproquement. De l'injustice des premiers hommes, comme de son unique source, est venue la guerrre, ainsi que la nécessité où ils se sont trouvés de se donner des maîtres qui fixassent leurs

[1] Le chevalier de Soyecour, dont le frère avait été tué à la bataille du Fleurus, en juillet 1690, et qui mourut trois jours après lui des blessures qu'il avait reçues à cette même bataille.

droits et leurs prétentions. Si content du sien, on eût pu s'abstenir du bien de ses voisins, on avait pour toujours la paix et la liberté.

Le peuple paisible dans ses foyers, au milieu des siens, et dans le sein d'une grande ville où il n'a rien à craindre ni pour ses biens ni pour sa vie, respire le feu et le sang, s'occupe de guerres, de ruines, d'embrasements et de massacres, souffre impatiemment que des armées qui tiennent la campagne ne viennent point à se rencontrer, ou si elles sont une fois en présence, qu'elles ne combattent point, ou si elles se mêlent, que le combat ne soit pas sanglant, et qu'il y ait moins de dix mille hommes sur la place. Il va même souvent jusqu'à oublier ses intérêts les plus chers, le repos et la sûreté, par l'amour qu'il a pour le changement, et par le goût de la nouveauté ou des choses extraordinaires. Quelques-uns consentiraient à voir une autre fois les ennemis aux portes de Dijon ou de Corbie, à voir tendre des chaînes et faire des barricades, pour le seul plaisir d'en dire ou d'en apprendre la nouvelle.

*Démophile*, à ma droite, se lamente et s'écrie : Tout est perdu, c'est fait de l'État ; il est du moins sur le penchant de sa ruine. Comment résister à une si forte et si générale conjuration ? Quel moyen, je ne dis pas d'être supérieur, mais de suffire seul à tant et de si puissants ennemis ? Cela est sans exemple dans la monarchie. Un héros, un ACHILLE y succomberait. On a fait, ajoute-t-il, de lourdes fautes : je sais bien ce que je dis, je suis du métier, j'ai vu la guerre, et l'histoire m'en a beaucoup appris. Il parle là-dessus avec admiration d'Olivier le Daim et de Jacques Cœur [1] : c'étaient là des hommes, dit-il, c'étaient des mi-

---

[1] Olivier le Daim, fils d'un paysan de Flandre, d'abord barbier de Louis XI, et ensuite son principal ministre, pendu en 1484, au commen-

**nistres.** Il débite ses nouvelles, qui sont toutes les plus tristes et les plus désavantageuses que l'on pourrait feindre : tantôt un parti des nôtres a été attiré dans une embuscade, et taillé en pièces ; tantôt quelques troupes renfermées dans un château se sont rendues aux ennemis à discrétion, et ont passé par le fil de l'épée. Et, si vous lui dites que ce bruit est faux, et qu'il ne se confirme point, il ne vous écoute pas : il ajoute qu'un tel général a été tué ; et bien qu'il soit vrai qu'il n'a reçu qu'une légère blessure, et que vous l'en assuriez, il déplore sa mort, il plaint sa veuve, ses enfants, l'État ; il se plaint lui-même : *il a perdu un bon ami et une grande protection.* Il dit que la cavalerie allemande est invincible : il pâlit au seul nom des cuirassiers de l'empereur. Si l'on attaque cette place, continue-t-il, on lèvera le siége, ou l'on demeurera sur la défensive sans livrer de combat ; ou, si on le livre, on le doit perdre ; et, si on le perd, voilà l'ennemi sur la frontière. Et, comme Démophile le fait voler, le voilà dans le cœur du royaume : il entend déjà sonner le beffroi des villes, et crier à l'alarme ; il songe à son bien et à ses terres : où conduira-t-il son argent, ses meubles, sa famille? où se réfugiera-t-il? en Suisse, ou à Venise?

Mais à ma gauche *Basilide* met tout d'un coup sur pied une armée de trois cent mille hommes ; il n'en rabattrait pas une seule brigade : il a la liste des escadrons et des bataillons, des généraux et des officiers ; il n'oublie pas l'artillerie ni le bagage. Il dispose absolument de toutes ces troupes : il en envoie tant en Allemagne et tant en Flandre ; il réserve un certain nombre pour les Alpes, un

cement du règne de Charles VIII. — Jacques Cœur, riche et fameux commerçant, devint trésorier de l'épargne de Charles VII, a qui il rendit les plus grands services, et qui, après l'avoir comblé d'honneurs, finit par le sacrifier à une cabale de cour.

peu moins pour les Pyrénées, et il fait passer la mer à ce qui lui reste. Il connaît les marches de ces armées, il sait ce qu'elles feront et ce qu'elles ne feront pas; vous diriez qu'il ait l'oreille du prince ou le secret du ministre. Si les ennemis viennent de perdre une bataille où il soit demeuré sur la place quelque neuf à dix mille hommes des leurs, il en compte jusqu'à trente mille, ni plus ni moins; car ces nombres sont toujours fixes et certains, comme de celui qui est bien informé. S'il apprend le matin que nous avons perdu une bicoque, non-seulement il envoie s'excuser à ses amis qu'il a la veille conviés à dîner, mais même ce jour-là il ne dîne point; et, s'il soupe, c'est sans appétit. Si les nôtres assiégent une place très-forte, très-régulière, pourvue de vivres et de munitions, qui a une bonne garnison, commandée par un homme d'un grand courage, il dit que la ville a des endroits faibles et mal fortifiés, qu'elle manque de poudre, que son gouverneur manque d'expérience, et qu'elle capitulera après huit jours de tranchée ouverte. Une autre fois il accourt tout hors d'haleine, et après avoir respiré un peu : Voilà, s'écrie-t-il, une grande nouvelle; ils sont défaits, et à plate couture; le général, les chefs, du moins une bonne partie, tout est tué, tout a péri. Voilà, continue-t-il, un grand massacre, et il faut convenir que nous jouons d'un grand bonheur. Il s'assit [1], il souffle après avoir débité sa nouvelle, à laquelle il ne manque qu'une circonstance, qui est qu'il est certain qu'il n'y a point eu de bataille. Il assure d'ailleurs qu'un tel prince renonce à la ligue, et quitte ses confédérés; qu'un autre se dispose à prendre le

[1] *Il s'assit*, pour *il s'assied*. C'est ce que portent toutes les éditions données par la Bruyère; et ce qui fait croire que ce n'est point une faute d'impression, mais une manière d'écrire particulière à l'auteur, c'est qu'on retrouve le même solécisme dans le caractère du **Distrait.**

même parti : il croit fermement avec la populace qu'un
troisième est mort, il nomme le lieu où il est enterré ; et,
quand on est détrompé aux halles et aux faubourgs, il
parie encore pour l'affirmative. Il sait, par une voie indubitable, que T. K. L. [1] fait de grands progrès contre l'empereur ; que le grand-seigneur arme *puissamment*, ne veut
point de paix, et que son vizir va se montrer une autre fois
aux portes de Vienne : il frappe des mains, et il tressaille
sur cet événement, dont il ne doute plus. La triple alliance
chez lui est un Cerbère, et les ennemis autant de monstres
à assommer. Il ne parle que de lauriers, que de palmes,
que de triomphes, et que de trophées. Il dit dans le discours familier : *Notre auguste héros, notre grand poten-
tat, notre invincible monarque.* Réduisez-le, si vous
pouvez, à dire simplement : *Le roi a beaucoup d'ennemis; ils sont puissants, ils sont unis, ils sont aigris :
il les a vaincus ; j'espère toujours qu'il les pourra vaincre.* Ce style, trop ferme et trop décisif pour Démophile,
n'est pour Basilide ni assez pompeux, ni assez exagéré :
il a bien d'autres expressions en tête; il travaille aux ins-
criptions des arcs et des pyramides qui doivent orner la
ville capitale un jour d'entrée; et dès qu'il entend dire que
les armées sont en présence, ou qu'une place est investie,
il fait déplier sa robe et la mettre à l'air, afin qu'elle soit
toute prête pour la cérémonie de la cathédrale.

Il faut que le capital d'une affaire qui assemble dans
une ville les plénipotentiaires ou les agents des couronnes
et des républiques soit d'une longue et extraordinaire discussion, si elle leur coûte plus de temps, je ne dis pas

[1] Tékéli, noble hongrois, qui leva l'étendard de la révolte contre l'empereur, unit ses armes à celles du Croissant, fit trembler son maître dans
Vienne, et mourut, presque oublié, en 1705, près de Constantinople.

que les seuls préliminaires, mais que le simple règlement
des rangs, des préséances, et des autres cérémonies.

Le ministre ou le plénipotentiaire est un caméléon,
est un protée : semblable quelquefois à un joueur habile,
il ne montre ni humeur, ni complexion, soit pour ne point
donner lieu aux conjectures, ou se laisser pénétrer, soit
pour ne rien laisser échapper de son secret par passion ou
par faiblesse. Quelquefois aussi il sait feindre le caractère
le plus conforme aux vues qu'il a et aux besoins où il se
trouve, et paraître tel qu'il a intérêt que les autres croient
qu'il est en effet. Ainsi dans une grande puissance, ou
dans une grande faiblesse, qu'il veut dissimuler, il est
ferme et inflexible, pour ôter l'envie de beaucoup obtenir;
ou il est facile, pour fournir aux autres les occasions de
lui demander, et se donner la même licence. Une autre
fois, ou il est profond et dissimulé, pour cacher une vérité en l'annonçant, parce qu'il lui importe qu'il l'ait dite,
et qu'elle ne soit pas crue; ou il est franc et ouvert, afin
que, lorsqu'il dissimule ce qui ne doit pas être su, l'on
croie néanmoins qu'on n'ignore rien de ce que l'on veut
savoir, et que l'on se persuade qu'il a tout dit. De même,
ou il est vif et grand parleur, pour faire parler les autres,
pour empêcher qu'on ne lui parle de ce qu'il ne veut pas
ou de ce qu'il ne doit pas savoir, pour dire plusieurs choses
indifférentes qui se modifient ou qui se détruisent les unes
les autres, qui confondent dans les esprits la crainte et la
confiance, pour se défendre d'une ouverture qui lui est
échappée par une autre qu'il aura faite; ou il est froid et
taciturne, pour jeter les autres dans l'engagement de parler, pour écouter longtemps, pour être écouté quand il
parle, pour parler avec ascendant et avec poids, pour faire
des promesses ou des menaces qui portent un grand coup,

et qui ébranlent. Il s'ouvre et parle le premier, pour, en découvrant les oppositions, les contradictions, les brigues et les cabales des ministres étrangers sur les propositions qu'il aura avancées, prendre ses mesures et avoir la réplique : et, dans une autre rencontre, il parle le dernier, pour ne point parler en vain, pour être précis, pour connaître parfaitement les choses sur quoi il est permis de faire fond pour lui ou pour ses alliés, pour savoir ce qu'il doit demander et ce qu'il peut obtenir. Il sait parler en termes clairs et formels ; il sait encore mieux parler ambigument, d'une manière enveloppée, user de tours ou de mots équivoques, qu'il peut faire valoir ou diminuer dans les occasions et selon ses intérêts. Il demande peu quand il ne veut pas donner beaucoup. Il demande beaucoup pour avoir peu, et l'avoir plus sûrement. Il exige d'abord de petites choses, qu'il prétend ensuite lui devoir être comptées pour rien, et qui ne l'excluent pas d'en demander une plus grande ; et il évite au contraire de commencer par obtenir un point important, s'il l'empêche d'en gagner plusieurs autres de moindre conséquence, mais qui tous ensemble l'emportent sur le premier. Il demande trop pour être refusé, mais dans le dessein de se faire un droit ou une bienséance de refuser lui-même ce qu'il sait bien qui lui sera demandé, et qu'il ne veut pas octroyer : aussi soigneux alors d'exagérer l'énormité de la demande, et de faire convenir, s'il se peut, des raisons qu'il a de n'y pas entendre, que d'affaiblir celles qu'on prétend avoir de ne lui pas accorder ce qu'il sollicite avec instance, également appliqué à faire sonner haut et à grossir dans l'idée des autres le peu qu'il offre, et à mépriser ouvertement le peu que l'on consent de lui donner. Il fait de fausses offres, mais extraordinaires, qui donnent de la défiance, et obli-

gent de rejeter ce que l'on accepterait inutilement ; qui lui
sont cependant une occasion de faire des demandes exor-
bitantes, et mettent dans leur tort ceux qui les lui refusent.
Il accorde plus qu'on ne lui demande, pour avoir encore
plus qu'il ne doit donner. Il se fait longtemps prier, presser, importuner, sur une chose médiocre, pour éteindre
les espérances, et ôter la pensée d'exiger de lui rien
de plus fort; ou, s'il se laisse fléchir jusqu'à l'abandonner, c'est toujours avec des conditions qui lui font partager le gain et les avantages avec ceux qui reçoivent. Il
prend directement ou indirectement l'intérêt d'un allié, s'il
y trouve son utilité et l'avancement de ses prétentions. Il
ne parle que de paix, que d'alliances, que de tranquillité
publique, que d'intérêt public; et en effet il ne songe
qu'aux siens, c'est-à-dire à ceux de son maître ou de sa
république. Tantôt il réunit quelques-uns qui étaient contraires les uns aux autres, et tantôt il divise quelques autres
qui étaient unis; il intimide les forts et les puissants, il en-
courage les faibles; il unit d'abord d'intérêt plusieurs faibles
contre un plus puissant, pour rendre la balance égale; il
se joint ensuite aux premiers pour la faire pencher, et il
leur vend cher sa protection et son alliance. Il sait intéresser ceux avec qui il traite; et par un adroit manége, par
de fins et de subtils détours, il leur fait sentir leurs avantages particuliers, les biens et les honneurs qu'ils peuvent
espérer par une certaine facilité, qui ne choque point leur
commission, ni les intentions de leurs maîtres : il ne veut
pas aussi être cru imprenable par cet endroit; il laisse voir
en lui quelque peu de sensibilité pour sa fortune : il s'attire par là des propositions qui lui découvrent les vues des
autres les plus secrètes, leurs desseins les plus profonds,
et leur dernière ressource; et il en profite. Si quelquefois

il est lésé dans quelques chefs qui ont enfin été réglés, il crie haut ; si c'est le contraire, il crie plus haut, et jette ceux qui perdent sur la justification et la défensive. Il a son fait digéré par la cour, toutes ses démarches sont mesurées, les moindres avances qu'il fait lui sont prescrites, et il agit néanmoins dans les points difficiles, et dans les articles contestés, comme s'il se relâchait de lui-même sur-le-champ, et comme par un esprit d'accommodement : il ose même promettre à l'assemblée qu'il fera goûter la proposition, et qu'il n'en sera pas désavoué. Il fait courir un bruit faux des choses seulement dont il est chargé, muni d'ailleurs de pouvoirs particuliers, qu'il ne découvre jamais qu'à l'extrémité, et dans les moments où il lui serait pernicieux de ne les pas mettre en usage. Il tend surtout par ses intrigues au solide et à l'essentiel, toujours près de leur sacrifier les minuties et les points d'honneur imaginaires. Il a du flegme, il s'arme de courage et de patience, il ne se lasse point, il fatigue les autres, et les pousse jusqu'au découragement : il se précautionne et s'endurcit contre les lenteurs et les remises, contre les reproches, les soupçons, les défiances, contre les difficultés et les obstacles, persuadé que le temps seul et les conjonctures amènent les choses et conduisent les esprits au point où on les souhaite. Il va jusqu'à feindre un intérêt secret à la rupture de la négociation, lorsqu'il désire le plus ardemment qu'elle soit continuée ; et, si au contraire il a des ordres précis de faire les derniers efforts pour la rompre, il croit devoir, pour y réussir, en presser la continuation et la fin. S'il survient un grand événement, il se roidit ou il se relâche selon qu'il lui est utile ou préjudiciable ; et si, par une grande prudence, il sait le prévoir, il presse et il temporise selon que l'État pour qui il travaille en doit craindre ou

espérer ; et il règle sur ses besoins ses conditions. Il prend
conseil du temps, du lieu, des occasions, de sa puissance
ou de sa faiblesse, du génie des nations avec qui il traite,
du tempérament et du caractère des personnes avec qui il
négocie. Toutes ses vues, toutes ses maximes, tous les
raffinements de sa politique, tendent à une seule fin, qui
est de n'être point trompé, et de tromper les autres.

Le caractère des Français demande du sérieux dans le
souverain.

L'un des malheurs du prince est d'être souvent trop plein
de son secret, par le péril qu'il y a à le répandre : son bonheur est de rencontrer une personne sûre qui l'en décharge.

Il ne manque rien à un roi que les douceurs d'une vie
privée : il ne peut être consolé d'une si grande perte que
par le charme de l'amitié, et par la fidélité de ses amis.

Le plaisir d'un roi qui mérite de l'être est de l'être moins
quelquefois, de sortir du théâtre, de quitter le bas de saie [1]
et les brodequins, et de jouer avec une personne de confiance un rôle plus familier.

Rien ne fait plus d'honneur au prince que la modestie
de son favori.

Le favori n'a point de suite ; il est sans engagement et
sans liaisons. Il peut être entouré de parents et de créatures, mais il n'y tient pas : il est détaché de tout, et comme
isolé.

Je ne doute point qu'un favori, s'il a quelque force et
quelque élévation, ne se trouve souvent confus et décon--
certé des bassesses, des petitesses de la flatterie, des soins
superflus et des attentions frivoles de ceux qui le courent,

[1] Le *bas de saie* est la partie inférieure du *saie*, habillement romain
appelé en latin *sagum*. Ce bas de saie est ce qu'on nommait, sur nos
théâtres, *tonnelet*, espèce de tablier plissé, enflé et circulaire, dont
s'affublaient les acteurs tragiques dans les pièces romaines ou grecques.

qui le suivent, et qui s'attachent à lui comme ses viles créatures, et qu'il ne se dédommage dans le particulier d'une si grande servitude, par le ris et la moquerie.

Hommes en place, ministres, favoris, me permettrez-vous de le dire? ne vous reposez point sur vos descendants pour le soin de votre mémoire et pour la durée de votre nom : les titres passent, la faveur s'évanouit, les dignités se perdent, les richesses se dissipent, et le mérite dégénère. Vous avez des enfants, il est vrai, dignes de vous; j'ajoute même capables de soutenir toute votre fortune : mais qui peut vous en promettre autant de vos petits-fils? Ne m'en croyez pas; regardez, cette unique fois, de certains hommes que vous ne regardez jamais, que vous dédaignez; ils ont des aïeux, à qui, tout grands que vous êtes, vous ne faites que succéder. Ayez de la vertu et de l'humanité : et si vous me dites, Qu'aurons-nous de plus? je vous répondrai, De l'humanité et de la vertu : maîtres alors de l'avenir, et indépendants d'une postérité, vous êtes sûrs de durer autant que la monarchie; et dans le temps que l'on montrera les ruines de vos châteaux, et peut-être la seule place où ils étaient construits, l'idée de vos louables actions sera encore fraîche dans l'esprit des peuples; ils considéreront avidement vos portraits et vos médailles; ils diront : Cet homme[1], dont vous regardez la peinture, a parlé à son maître avec force et avec liberté, et a plus craint de lui nuire que de lui déplaire; il lui a permis d'être bon et bienfaisant, de dire de ses villes, *ma bonne ville*, et de son peuple, *mon bon peuple*. Cet autre dont vous voyez l'image[2], et en qui l'on remarque une physionomie forte, jointe à un air grave, austère et majestueux, augmente

[1] Le cardinal Georges d'Amboise.
[2] Le cardinal de Richelieu.

d'année à autre de réputation ; les plus grands politiques souffrent de lui être comparés. Son grand dessein a été d'affermir l'autorité du prince et la sûreté des peuples par l'abaissement des grands : ni les partis, ni les conjurations, ni les trahisons, ni le péril de la mort, ni ses infirmités, n'ont pu l'en détourner ; il a eu du temps de reste pour entamer un ouvrage, continué ensuite et achevé par l'un de nos plus grands et de nos meilleurs princes [1], l'extinction de l'hérésie.

Le panneau le plus délié et le plus spécieux qui dans tous les temps ait été tendu aux grands par leurs gens d'affaires, et aux rois par leurs ministres, est la leçon qu'ils leur font de s'acquitter et de s'enrichir : excellent conseil, maxime utile, fructueuse, une mine d'or, un Pérou, du moins pour ceux qui ont su jusqu'à présent l'inspirer à leurs maîtres !

C'est un extrême bonheur pour les peuples quand le prince admet dans sa confiance et choisit pour le ministère ceux mêmes qu'ils auraient voulu donner, s'ils en avaient été les maîtres.

La science des détails, ou une diligente attention aux moindres besoins de la république, est une partie essentielle au bon gouvernement, trop négligée à la vérité dans les derniers temps par les rois ou par les ministres, mais qu'on ne peut trop souhaiter dans le souverain qui l'ignore, ni assez estimer dans celui qui la possède. Que sert en effet au bien des peuples, et à la douceur de leurs jours, que le prince place les bornes de son empire au delà des terres de ses ennemis, qu'il fasse de leurs souverainetés des provinces de son royaume, qu'il leur soit également supérieur par les siéges et par les batailles, et qu'ils ne

[1] Louis XIV.

soient devant lui en sûreté ni dans les plaines ni dans les
plus forts bastions, que les nations s'appellent les unes
les autres, se liguent ensemble pour se défendre et pour
l'arrêter, qu'elles se liguent en vain, qu'il marche toujours et qu'il triomphe toujours, que leurs dernières espérances soient tombées par le raffermissement d'une
santé qui donnera au monarque le plaisir de voir les princes ses petits-fils soutenir ou accroître ses destinées, se
mettre en campagne, s'emparer de redoutables forteresses,
et conquérir de nouveaux États, commander de vieux et
expérimentés capitaines, moins par leur rang et leur naissance que par leur génie et leur sagesse, suivre les traces
augustes de leur victorieux père, imiter sa bonté, sa docilité, son équité, sa vigilance, son intrépidité? Que me
servirait, en un mot, comme à tout le peuple, que le
prince fût heureux et comblé de gloire par lui-même et
par les siens, que ma patrie fût puissante et formidable,
si, triste et inquiet, j'y vivais dans l'oppression ou dans
l'indigence; si, à couvert des courses de l'ennemi, je me
trouvais exposé dans les places ou dans les rues d'une ville
au fer d'un assassin, et que je craignisse moins dans
l'horreur de la nuit d'être pillé ou massacré dans d'épais-
ses forêts que dans ses carrefours; si la sûreté, l'ordre et
la propreté ne rendaient pas le séjour des villes si délicieux, et n'y avaient pas amené, avec l'abondance, la
douceur de la société; si, faible et seul de mon parti, j'a-
vais à souffrir dans ma métairie du voisinage d'un grand,
et si l'on avait moins pourvu à me faire justice de ses
entreprises; si je n'avais pas sous ma main autant de maîtres, et d'excellents maîtres, pour élever mes enfants
dans les sciences ou dans les arts qui feront un jour leur
établissement; si, par la facilité du commerce, il m'était

moins ordinaire de m'habiller de bonnes étoffes, et de me
nourrir de viandes saines, et de les acheter peu ; si enfin,
par les soins du prince, je n'étais pas aussi content de ma
fortune qu'il doit lui-même par ses vertus l'être de la
sienne?

Les huit ou les dix mille hommes sont au souverain
comme une monnaie dont il achète une place ou une victoire : s'il fait qu'il lui en coûte moins, s'il·épargne les
hommes, il ressemble à celui qui marchande, et qui connaît mieux qu'un autre le prix de l'argent.

Tout prospère dans une monarchie où l'on confond les
intérêts de l'État avec ceux du prince.

Nommer un roi PÈRE DU PEUPLE est moins faire son
éloge que l'appeler par son nom ou faire sa définition.

Il y a un commerce ou un retour de devoirs du souverain à ses sujets, et de ceux-ci au souverain : quels sont
les plus assujettissants et les plus pénibles? je ne le déci-
derai pas : il s'agit de juger, d'un côté, entre les étroits
engagements du respect, des secours, des services, de
l'obéissance, de la dépendance; et, d'un autre, les obligations indispensables de bonté, de justice, de soins, de
défense, de protection. Dire qu'un prince est arbitre de la
vie des hommes, c'est dire seulement que les hommes, par
leurs crimes, deviennent naturellement soumis aux lois
et à la justice, dont le prince est le dépositaire : ajouter
qu'il est maître absolu de tous les biens de ses sujets,
sans égard, sans compte ni discussion, c'est le langage
de la flatterie, c'est l'opinion d'un favori qui se dédira à
l'agonie.

Quand vous voyez quelquefois un nombreux troupeau
qui, répandu sur une colline vers le déclin d'un beau jour,
paît tranquillement le thym et le serpolet, ou qui broute

dans une prairie une herbe menue et tendre qui a échappé
à la faux du moissonneur, le berger soigneux et attentif
est debout auprès de ses brebis ; il ne les perd pas de vue,
il les suit, il les conduit, il les change de pâturages : si
elles se dispersent, il les rassemble ; si un loup avide paraît, il lâche son chien, qui le met en fuite ; il les nourrit,
il les défend ; l'aurore le trouve déjà en pleine campagne,
d'où il ne se retire qu'avec le soleil : quels soins ! quelle
vigilance ! quelle servitude ! Quelle condition vous paraît
la plus délicieuse et la plus libre, ou du berger ou des
brebis ? le troupeau est-il fait pour le berger, ou le berger
pour le troupeau ? Image naïve des peuples et du prince
qui les gouverne, s'il est bon prince.

Le faste et le luxe dans un souverain, c'est le berger
habillé d'or et de pierreries, la houlette d'or en ses mains ;
son chien a un collier d'or, il est attaché avec une laisse
d'or et de soie : que sert tant d'or à son troupeau ou contre les loups ?

Quelle heureuse place que celle qui fournit dans tous
les instants l'occasion à un homme de faire du bien à tant
de milliers d'hommes ! quel dangereux poste que celui
qui expose à tous moments un homme à nuire à un million d'hommes !

Si les hommes ne sont point capables sur la terre d'une
joie plus naturelle, plus flatteuse et plus sensible que de
connaître qu'ils sont aimés ; et si les rois sont hommes,
peuvent-ils jamais trop acheter le cœur de leurs peuples ?

Il y a peu de règles générales et de mesures certaines
pour bien gouverner : l'on suit le temps et les conjonctures, et cela roule sur la prudence et sur les vues de ceux
qui règnent : aussi le chef-d'œuvre de l'esprit, c'est le
parfait gouvernement ; et ce ne serait peut-être pas une

chose possible, si les peuples, par l'habitude où ils sout
de la dépendance et de la soumission, ne faisaient la moitié de l'ouvrage.

Sous un très-grand roi, ceux qui tiennent les premières
places n'ont que des devoirs faciles, et que l'on remplit
sans nulle peine : tout coule de source; l'autorité et le génie du prince leur aplanissent les chemins, leur épargnent
les difficultés, et font tout prospérer au delà de leur attente : ils ont le mérite de subalternes.

Si c'est trop de se trouver chargé d'une seule famille,
si c'est assez d'avoir à répondre de soi seul, quel poids,
quel accablement que celui de tout un royaume ! Un souverain est-il payé de ses peines par le plaisir que semble
donner une puissance absolue, par toutes les prosternations des courtisans? Je songe aux pénibles, douteux et
dangereux chemins qu'il est quelquefois obligé de suivre
pour arriver à la tranquillité publique; je repasse les
moyens extrêmes, mais nécessaires, dont il use souvent
pour une bonne fin : je sais qu'il doit répondre à Dieu
même de la félicité de ses peuples, que le bien et le mal
est en ses mains, et que toute ignorance ne l'excuse pas;
et je me dis à moi-même, Voudrais-je régner? Un homme
un peu heureux dans une condition privée devrait-il y
renoncer pour une monarchie? N'est-ce pas beaucoup pour
celui qui se trouve en place par un droit héréditaire, de
supporter d'être né roi?

Que de dons du ciel[1] ne faut-il pas pour bien régner!
une naissance auguste, un air d'empire et d'autorité, un
visage qui remplisse la curiosité des peuples empressés de
voir le prince, et qui conserve le respect dans le courtisan;
une parfaite égalité d'humeur; un grand éloignement

_____
[1] Portrait de Louis XIV.

pour la raillerie piquante, ou assez de raison pour ne se
la permettre point : ne faire jamais ni menaces ni reproches,
ne point céder à la colère, et être toujours obéi; l'esprit
facile, insinuant; le cœur ouvert, sincère, et dont on croit
voir le fond, et ainsi très-propre à se faire des amis, des créatures et des alliés : être secret toutefois, profond et impénétrable dans ses motifs et dans ses projets : du sérieux
et de la gravité dans le public; de la brièveté, jointe à
beaucoup de justesse et de dignité, soit dans les réponses
aux ambassadeurs des princes, soit dans les conseils; une
manière de faire des grâces qui est comme un second bienfait; le choix des personnes que l'on gratifie; le discernement des esprits, des talents, et des complexions, pour la
distribution des postes et des emplois; le choix des généraux et des ministres : un jugement ferme, solide, décisif
dans les affaires, qui fait que l'on connaît le meilleur parti
et le plus juste; un esprit de droiture et d'équité qui fait
qu'on le suit jusqu'à prononcer quelquefois contre soi-
même en faveur du peuple, des alliés, des ennemis; une
mémoire heureuse et très-présente qui rappelle les besoins
des sujets, leurs visages, leurs noms, leurs requêtes : une
vaste capacité qui s'étende non-seulement aux affaires de
dehors, au commerce, aux maximes d'État, aux vues de
la politique, au reculement des frontières par la conquête
de nouvelles provinces, et à leur sûreté par un grand nombre de forteresses inaccessibles; mais qui sache aussi se
renfermer au dedans, et comme dans les détails de tout
un royaume; qui en bannisse un culte faux, suspect, et ennemi de la souveraineté, s'il s'y rencontre; qui abolisse
des usages cruels et impies, s'ils y régnent; qui réforme
les lois et les coutumes, si elles étaient remplies d'abus;
qui donne aux villes plus de sûreté et plus de commodités

par le renouvellement d'une exacte police, plus d'éclat et
plus de majesté par des édifices somptueux : punir sévèrement les vices scandaleux ; donner, par son autorité et
par son exemple, du crédit à la piété et à la vertu ; pro-
téger l'Église, ses ministres, ses droits, ses libertés ; ménager ses peuples comme ses enfants ; être toujours occupé
de la pensée de les soulager, de rendre les subsides légers,
et tels qu'ils se lèvent sur les provinces sans les appauvrir:
de grands talents pour la guerre ; être vigilant, appliqué,
laborieux ; avoir des armées nombreuses, les commander
en personne ; être froid dans le péril, ne ménager sa vie
que pour le bien de son État, aimer le bien de son État et
sa gloire plus que sa vie : une puissance très-absolue,
qui ne laisse point d'occasion aux brigues, à l'intrigue,
et à la cabale ; qui ôte cette distance infinie qui est quelquefois entre les grands et les petits, qui les rapproche.
et sous laquelle tous plient également : une étendue de
connaissances qui fait que le prince voit tout par ses yeux,
qu'il agit immédiatement et par lui-même, que ses généraux ne sont, quoique éloignés de lui, que ses lieutenants,
et les ministres que ses ministres : une profonde sagesse
qui sait déclarer la guerre, qui sait vaincre et user de la
victoire, qui sait faire la paix, qui sait la rompre, qui
sait quelquefois, et selon les divers intérêts, contraindre
les ennemis à la recevoir ; qui donne des règles à une vaste
ambition, et sait jusqu'où l'on doit conquérir : au milieu
d'ennemis couverts ou déclarés, se procurer le loisir des
jeux, des fêtes, des spectacles; cultiver les arts et les
sciences, former et exécuter des projets d'édifices surpre-
nants : un génie enfin supérieur et puissant qui se fait
aimer et révérer des siens, craindre des étrangers ; qui
fait d'une cour, et même de tout un royaume, comme une

seule famille unie parfaitement sous un même chef, dont l'union et la bonne intelligence est redoutable au reste du monde. Ces admirables vertus me semblent renfermées dans l'idée du souverain. Il est vrai qu'il est rare de les voir réunies dans un même sujet ; il faut que trop de choses concourent à la fois, l'esprit, le cœur, les dehors, le tempérament ; et il me paraît qu'un monarque qui les rassemble toutes en sa personne est bien digne du nom de Grand.

## CHAPITRE XI.

### *De l'homme.*

Ne nous emportons point contre les hommes, en voyant leur dureté, leur ingratitude, leur injustice, leur fierté, l'amour d'eux-mêmes, et l'oubli des autres ; ils sont ainsi faits, c'est leur nature : c'est ne pouvoir supporter que la pierre tombe, ou que le feu s'élève.

Les hommes, en un sens, ne sont point légers, ou ne le sont que dans les petites choses : ils changent leurs habits, leur langage, les dehors, les bienséances ; ils changent de goûts quelquefois ; ils gardent leurs mœurs toujours mauvaises ; fermes et constants dans le mal, ou dans l'indifférence pour la vertu.

Le stoïcisme est un jeu d'esprit et une idée semblable à la république de Platon. Les stoïques ont feint qu'on pouvait rire dans la pauvreté, être insensible aux injures, à l'ingratitude, aux pertes de biens, comme à celles des parents et des amis ; regarder froidement la mort, et comme une chose indifférente, qui ne devait ni réjouir, ni rendre triste ; n'être vaincu ni par le plaisir, ni par la douleur ; sentir le fer ou le feu dans quelque partie de son corps, sans pousser le moindre soupir, ni jeter une seule larme ; et ce

fantôme de vertu et de constance ainsi imaginé, il leur a
plu de l'appeler un sage. Ils ont laissé à l'homme tous les
défauts qu'ils lui ont trouvés, et n'ont presque relevé aucun de ses faibles : au lieu de faire de ses vices des peintures affreuses ou ridicules qui servissent à l'en corriger,
ils lui ont tracé l'idée d'une perfection et d'un héroïsme
dont il n'est point capable, et l'ont exhorté à l'impossible.
Ainsi le sage, qui n'est pas, ou qui n'est qu'imaginaire,
se trouve naturellement et par lui-même au-dessus de tous
les événements et de tous les maux : ni la goutte la plus
douloureuse, ni la colique la plus aiguë, ne sauraient lui
arracher une plainte ; le ciel et la terre peuvent être ren-
versés sans l'entraîner dans leur chute, et il demeurerait
ferme sur les ruines de l'univers ; pendant que l'homme
qui est en effet sort de son sens, crie, se désespère, étin-
celle des yeux, et perd la respiration pour un chien perdu,
ou pour une porcelaine qui est en pièces.

Inquiétude d'esprit, inégalité d'humeur, inconstance
de cœur, incertitude de conduite ; tous vices de l'âme, mais
différents, et qui, avec tout le rapport qui paraît entre
eux, ne se supposent pas toujours l'un l'autre dans un
même sujet.

Il est difficile de décider si l'irrésolution rend l'homme
plus malheureux que méprisable, de même s'il y a toujours
plus d'inconvénient à prendre un mauvais parti qu'à n'en
prendre aucun.

Un homme inégal n'est pas un seul homme, ce sont
plusieurs : il se multiplie autant de fois qu'il a de nouveaux
goûts et de manières différentes ; il est à chaque moment ce
qu'il n'était point, et il va être bientôt ce qu'il n'a jamais
été ; il se succède à lui-même. Ne demandez pas de quelle
complexion il est, mais quelles sont ses complexions ; ni

de quelle humeur, mais combien il a de sortes d'humeurs.
Ne vous trompez-vous point? est-ce *Eutichrate* que vous
abordez? Aujourd'hui, quelle glace pour vous! Hier il
vous cherchait, il vous caressait, vous donniez de la jalousie à ses amis : vous reconnaît-il bien? dites-lui votre
nom.

[1] *Ménalque* [2] descend son escalier, ouvre sa porte pour
sortir, il la referme : il s'aperçoit qu'il est en bonnet de
nuit, et, venant à mieux s'examiner, il se trouve rasé à
moitié, il voit que son épée est mise du côté droit, que
ses bas sont rabattus sur ses talons, et que sa chemise est
par-dessus ses chausses. S'il marche dans les places, il se
sent tout d'un coup rudement frapper à l'estomac ou au
visage; il ne soupçonne point ce que ce peut être, jusqu'à
ce qu'ouvrant les yeux et se réveillant il se trouve ou devant un limon de charrette, ou derrière un long ais de
menuiserie que porte un ouvrier sur ses épaules. On l'a vu
une fois heurter du front contre celui d'un aveugle, s'embar-
rasser dans ses jambes, et tomber, avec lui, chacun de
son côté, à la renverse. Il lui est arrivé plusieurs fois de
se trouver tête pour tête à la rencontre d'un prince et sur
son passage, se reconnaître à peine, et n'avoir que le loisir de se coller à un mur pour lui faire place. Il cherche,
il brouille, il crie, il s'échauffe, il appelle ses valets l'un
après l'autre; *on lui perd tout, on lui égare tout :* il demande ses gants qu'il a dans ses mains, semblable à cette

---

[1] Ceci est moins un caractère particulier qu'un recueil de faits de distraction : ils ne sauraient être en trop grand nombre, s'ils sont agréables; car les goûts étant différents, on a à choisir ( *La Bruyère.*)

[2] Bien que la Bruyère se défende ici en particulier d'avoir pris pour
modèle un homme de la société, et qu'il soit en effet difficile de croire
qu'un même personnage lui ait fourni tous les traits qu'il rassemble, il
paraît constant que la plupart de ces traits doivent être attribués au duc
de Brancas, l'homme le plus distrait de son temps.

femme qui prenait le temps de demander son masque lorsqu'elle l'avait sur son visage. Il entre à l'appartement, et passe sous un lustre où sa perruque s'accroche et demeure suspendue : tous les courtisans regardent, et rient; Ménalque regarde aussi, et rit plus haut que les autres : il cherche des yeux, dans toute l'assemblée, où est celui qui montre ses oreilles, et à qui il manque une perruque. S'il va par la ville, après avoir fait quelque chemin, il se croit égaré, il s'émeut, et il demande où il est à des passants, qui lui disent précisément le nom de sa rue : il entre ensuite dans sa maison, d'où il sort précipitamment, croyant qu'il s'est trompé. Il descend du Palais; et, trouvant au bas du grand degré un carrosse qu'il prend pour le sien, il se met dedans; le cocher touche, et croit ramener son maître dans sa maison. Ménalque se jette hors de la portière, traverse la cour, monte l'escalier, parcourt l'antichambre, la chambre, le cabinet : tout lui est familier, rien ne lui est nouveau; il s'assit, il se repose, il est chez soi. Le maître arrive; celui-ci se lève pour le recevoir, il le traite fort civilement, le prie de s'asseoir, et croit faire les honneurs de sa chambre; il parle, il rêve, il reprend la parole : le maître de la maison s'ennuie, et demeure étonné; Ménalque ne l'est pas moins, et ne dit pas ce qu'il en pense : il a affaire à un fâcheux, à un homme oisif, qui se retirera à la fin, il l'espère; et il prend patience : la nuit arrive, qu'il est à peine détrompé. Une autre fois, il rend visite à une femme; et se persuadant bientôt que c'est lui qui la reçoit, il s'établit dans son fauteuil, et ne songe nullement à l'abandonner : il trouve ensuite que cette dame fait ses visites longues; il attend à tous moments qu'elle se lève et le laisse en liberté; mais comme cela tire en longueur, qu'il a faim, et que la nuit est déjà avancée, il la prie à souper;

elle rit, et si haut, qu'elle le réveille. Lui-même se marie le matin, l'oublie le soir, et découche la nuit de ses noces ; et, quelques années après, il perd sa femme, elle meurt entre ses bras, il assiste à ses obsèques ; et le lendemain, quand on lui vient dire qu'on a servi, il demande si sa femme est prête, et si elle est avertie. C'est lui encore qui entre dans une église, et prenant l'aveugle qui est collé à la porte pour un pilier, et sa tasse pour le bénitier, y plonge la main, la porte à son front, lorsqu'il entend tout d'un coup le pilier qui parle et qui lui offre des oraisons. Il s'avance dans la nef, il croit voir un prie-Dieu, il se jette lourdement dessus ; la machine plie, s'enfonce, et fait des efforts pour crier ; Ménalque est surpris de se voir à genoux sur les jambes d'un fort petit homme, appuyé sur son dos, les deux bras passés sur ses épaules, et ses deux mains jointes et étendues qui lui prennent le nez et lui ferment la bouche ; il se retire confus, et va s'agenouiller ailleurs : il tire un livre pour faire sa prière, et c'est sa pantoufle qu'il a prise pour ses Heures, et qu'il a mise dans sa poche avant que de sortir. Il n'est pas hors de l'église qu'un homme de livrée court après lui, le joint, lui demande en riant s'il n'a point la pantoufle de monseigneur ; Ménalque lui montre la sienne, et lui dit : *Voilà toutes les pantoufles que j'ai sur moi.* Il se fouille néanmoins, et tire celle de l'évêque de \*\*\* qu'il vient de quitter, qu'il a trouvé malade auprès de son feu, et dont, avant de prendre congé de lui, il a ramassé la pantoufle, comme l'un de ses gants qui était à terre : ainsi Ménalque s'en retourne chez soi avec une pantoufle de moins. Il a une fois perdu au jeu tout l'argent qui est dans sa bourse ; et, voulant continuer de jouer, il entre dans son cabinet, ouvre une armoire, y prend sa cassette, en tire ce qu'il lui plaît, croit

la remettre où il l'a prise : il entend aboyer dans son armoire qu'il vient de fermer ; étonné de ce prodige, il l'ouvre une seconde fois, et il éclate de rire d'y voir son chien
qu'il a serré pour sa cassette. Il joue au trictrac, il demande à boire, on lui en apporte : c'est à lui à jouer, il
tient le cornet d'une main et un verre de l'autre ; et,
comme il a une grande soif, il avale les dés et presque le
cornet, jette le verre d'eau dans le trictrac, et inonde
celui contre qui il joue ; et, dans une chambre où il est
familier, il crache sur le lit, et jette son chapeau à terre,
en croyant faire tout le contraire. Il se promène sur l'eau,
et il demande quelle heure il est; on lui présente une
montre : à peine l'a-t-il reçue, que, ne songeant plus ni
à l'heure ni à la montre, il la jette dans la rivière, comme
une chose qui l'embarrasse. Lui-même écrit une longue
lettre, met de la poudre dessus à plusieurs reprises, et
jette toujours la poudre dans l'encrier. Ce n'est pas tout :
il écrit une seconde lettre, et après les avoir cachetées
toutes deux, il se trompe à l'adresse ; un duc et pair reçoit l'une de ces deux lettres, et en l'ouvrant y lit ces mots :
*Maître Olivier, ne manquez, sitôt la présente reçue, de
m'envoyer ma provision de foin....* Son fermier reçoit
l'autre ; il l'ouvre, et se la fait lire ; on y trouve : *Monseigneur, j'ai reçu avec une soumission aveugle les ordres
qu'il a plu à votre grandeur....* Lui-même encore écrit
une lettre pendant la nuit, et, après l'avoir cachetée, il
éteint sa bougie ; il ne laisse pas d'être surpris de ne voir
*goutte*, et il sait à peine comment cela est arrivé. Ménalque descend l'escalier du Louvre ; un autre le monte, à
qui il dit : *C'est vous que je cherche.* Il le prend par la
main, le fait descendre avec lui, traverse plusieurs cours,
entre dans les salles, en sort; il va, il revient sur ses

pas, il regarde enfin celui qu'il traîne après soi depuis un
quart d'heure; il est étonné que ce soit lui; il n'a rien à
lui dire; il lui quitte la main, et tourne d'un autre côté.
Souvent il vous interroge, et il est déjà bien loin de vous
quand vous songez à lui répondre; ou bien il vous demande
en courant comment se porte votre père; et, comme vous
lui dites qu'il est fort mal, il vous crie qu'il en est bien
aise. Il vous trouve quelquefois sur son chemin; *il est
ravi de vous rencontrer, il sort de chez vous pour vous
entretenir d'une certaine chose.* Il contemple votre main :
Vous avez là, dit-il, un beau rubis; est-il balais? Il vous
quitte, et continue sa route; voilà l'affaire importante dont
il avait à vous parler. Se trouve-t-il en campagne, il dit
à quelqu'un qu'il le trouve heureux d'avoir pu se dérober
à la cour pendant l'automne, et d'avoir passé dans ses
terres tout le temps de Fontainebleau; il tient à d'autres
d'autres discours; puis revenant à celui-ci : Vous avez eu,
lui dit-il, de beaux jours à Fontainebleau; vous y avez
sans doute beaucoup chassé. Il commence ensuite un conte
qu'il oublie d'achever; il rit en lui-même, il éclate d'une
chose qui lui passe par l'esprit, il répond à sa pensée, il
chante entre ses dents, il siffle, il se renverse dans une
chaise, il pousse un cri plaintif, il bâille, il se croit seul.
S'il se trouve à un repas, on voit le pain se multiplier
insensiblement sur son assiette; il est vrai que ses voisins
en manquent, aussi bien que de couteaux et de fourchettes,
dont il ne les laisse pas jouir longtemps. On a inventé aux
tables une grande cuiller pour la commodité du service; il
la prend, la plonge dans le plat, l'emplit, la porte à sa
bouche, et il ne sort pas d'étonnement de voir répandu sur
son linge et sur ses habits le potage qu'il vient d'avaler. Il
oublie de boire pendant tout le dîner; ou, s'il s'en souvient,

et qu'il trouve qu'on lui donne trop de vin, il en *flaque*
plus de la moitié au visage de celui qui est à sa droite; il
boit le reste tranquillement, et ne comprend pas pourquoi
tout le monde éclate de rire de ce qu'il a jeté à terre ce
qu'on lui a versé de trop. Il est un jour retenu au lit pour
quelque incommodité; on lui rend visite, il y a un cercle
d'hommes et de femmes dans sa ruelle qui l'entretiennent,
et en leur présence il soulève sa couverture et crache dans
ses draps. On le mène aux Chartreux; on lui fait voir un
cloître orné d'ouvrages, tous de la main d'un excellent
peintre; le religieux qui les lui explique parle de saint
Bruno, du chanoine et de son aventure, en fait une longue
histoire, et la montre dans l'un de ces tableaux : Ménalque,
qui pendant la narration est hors du cloître, et bien loin
au delà, y revient enfin, et demande au père si c'est le
chanoine ou saint Bruno qui est damné. Il se trouve par
hasard avec une jeune veuve; il lui parle de son défunt
mari, lui demande comment il est mort : cette femme, à
qui ce discours renouvelle ses douleurs, pleure, sanglotte,
et ne laisse pas de reprendre tous les détails de la maladie
de son époux, qu'elle conduit depuis la veille de sa fièvre,
qu'il se portait bien, jusqu'à l'agonie. *Madame*, lui demande Ménalque, qui l'avait apparemment écoutée avec
attention, *n'aviez-vous que celui-là?* Il s'avise un matin
de faire tout hâter dans sa cuisine; il se lève avant le fruit,
et prend congé de la compagnie : on le voit ce jour-là en
tous les endroits de la ville, hormis en celui où il a donné
un rendez-vous précis pour cette affaire qui l'a empêché
de dîner, et l'a fait sortir à pied, de peur que son carrosse
ne le fît attendre. L'entendez-vous crier, gronder, s'emporter contre l'un de ses domestiques? Il est étonné de ne le
point voir : Où peut-il être? dit-il; que fait-il? qu'est-il

**devenu?** qu'il ne se présente plus devant moi, je le chasse dès à cette heure : le valet arrive, à qui il demande fièrement d'où il vient ; il lui répond qu'il vient de l'endroit où il l'a envoyé, et il lui rend un fidèle compte de sa commission. Vous le prendriez souvent pour tout ce qu'il n'est pas : pour un stupide, car il n'écoute point, et il parle encore moins ; pour un fou, car, outre qu'il parle tout seul, il est sujet à de certaines grimaces et à des mouvements de tête involontaires ; pour un homme fier et incivil, car vous le saluez, et il passe sans vous regarder, ou il vous regarde sans vous rendre le salut ; pour un inconsidéré, car il parle de banqueroute au milieu d'une famille où il y a cette tache ; d'exécution et d'échafaud devant un homme dont le père y a monté ; de roture devant des roturiers qui sont riches et qui se donnent pour nobles. De même il a dessein d'élever auprès de soi un fils naturel, sous le nom et le personnage d'un valet ; et quoiqu'il veuille le dérober à la connaissance de sa femme et de ses enfants, il lui échappe de l'appeler son fils dix fois le jour. Il a pris aussi la résolution de marier son fils à la fille d'un homme d'affaires, et il ne laisse pas de dire de temps en temps, en parlant de sa maison et de ses ancêtres, que les Ménalques ne se sont jamais mésalliés. Enfin il n'est ni présent ni attentif, dans une compagnie, à ce qui fait le sujet de la conversation : il pense et il parle tout à la fois ; mais la chose dont il parle est rarement celle à laquelle il pense ; aussi ne parle-t-il guère conséquemment et avec suite : où il dit *non*, souvent il faut dire *oui ;* et où il dit *oui*, croyez qu'il veut dire *non :* il a, en vous répondant si juste, les yeux fort ouverts, mais il ne s'en sert point, il ne regarde ni vous, ni personne, ni rien qui soit au monde : tout ce que vous pouvez tirer de lui, et encore dans le temps qu'il est le plus appliqué et d'un meilleur commerce, ce sont ces mots : *Oui vraiment : C'est vrai : Bon! Tout de bon? Oui-dà : Je pense qu'oui : Assurément : Ah ciel!* et quelques autres monosyllabes qui ne sont pas même placés à propos. Jamais aussi il n'est avec ceux avec qui il paraît être : il appelle sérieusement son laquais *monsieur;* et son ami, il l'appelle *la Verdure :* il dit *votre révérence* à un prince du sang, et *votre altesse* à un jésuite. Il entend la messe, le prêtre vient à éternuer, il lui dit : *Dieu vous assiste!* Il se trouve avec un magistrat; cet homme, grave par son caractère, vénérable par son âge et par sa dignité, l'interroge sur un événement, et lui demande si cela est ainsi; Ménalque lui répond : *Oui, mademoiselle.* Il revient une fois de la campagne ; ses laquais en livrée entreprennent de le voler, et y réussissent; ils descendent de son carrosse, lui portent un bout de flambeau sous la gorge, lui demandent la bourse, et il la rend : arrivé chez soi, il raconte son aventure à ses amis, qui ne manquent pas de l'interroger sur les circonstances; et il leur dit : *Demandez à mes gens, ils y étaient.*

L'incivilité n'est pas un vice de l'âme; elle est l'effet de plusieurs vices, de la sotte vanité, de l'ignorance de ses devoirs, de la paresse, de la stupidité, de la distraction, du mépris des autres, de la jalousie : pour ne se répandre que sur les dehors, elle n'en est que plus haïssable, parce que c'est toujours un défaut visible et manifeste ; il est vrai cependant qu'il offense plus ou moins, selon la cause qui le produit.

Dire d'un homme colère, inégal, querelleur, chagrin, pointilleux, capricieux, C'est son humeur, n'est pas l'excuser, comme on le croit, mais avouer, sans y penser, que de si grands défauts sont irrémédiables.

Ce qu'on appelle humeur est une chose trop négligée parmi les hommes ; ils devraient comprendre qu'il ne leur suffit pas d'être bons, mais qu'ils doivent encore paraître tels, du moins s'ils tendent à être sociables, capables d'union et de commerce, c'est-à-dire à être des hommes. L'on n'exige pas des âmes malignes qu'elles aient de la douceur et de la souplesse : elle ne leur manque jamais, et elle leur sert de piége pour surprendre les simples, et pour faire valoir leurs artifices ; l'on désirerait de ceux qui ont un bon cœur qu'ils fussent toujours pliants, faciles, complaisants, et qu'il fût moins vrai quelquefois que ce sont les méchants qui nuisent, et les bons qui font souffrir.

Le commun des hommes va de la colère à l'injure : quelques-uns en usent autrement, ils offensent, et puis ils se fâchent ; la surprise où l'on est toujours de ce procédé ne laisse pas de place au ressentiment.

Les hommes ne s'attachent pas assez à ne point manquer les occasions de faire plaisir : il semble que l'on n'entre dans un emploi que pour pouvoir obliger et n'en rien faire ; la chose la plus prompte et qui se présente d'abord, c'est le refus, et l'on n'accorde que par réflexion.

Sachez précisément ce que vous pouvez attendre des hommes en général, et de chacun d'eux en particulier, et jetez-vous ensuite dans le commerce du monde.

Si la pauvreté est la mère des crimes, le défaut d'esprit en est le père.

Il est difficile qu'un fort malhonnête homme ait assez d'esprit : un génie qui est droit et perçant conduit enfin à la règle, à la probité, à la vertu. Il manque du sens et de la pénétration à celui qui s'opiniâtre dans le mauvais comme dans le faux : l'on cherche en vain à le corriger par des traits de satire qui le désignent aux autres, et où il ne se reconnaît pas lui-même ; ce sont des injures dites à un sourd. Il serait désirable, pour le plaisir des honnêtes gens et pour la vengeance publique, qu'un coquin ne le fût pas au point d'être privé de tout sentiment.

Il y a des vices que nous ne devons à personne, que nous apportons en naissant, et que nous fortifions par l'habitude ; il y en a d'autres que l'on contracte, et qui nous sont étrangers. L'on est né quelquefois avec des mœurs faciles, de la complaisance, et tout le désir de plaire ; mais, par les traitements que l'on reçoit de ceux avec qui l'on vit, ou de qui l'on dépend, l'on est bientôt jeté hors de ses mesures, et même de son naturel ; l'on a des chagrins, et une bile que l'on ne se connaissait point ; l'on se voit une autre complexion, l'on est enfin étonné de se trouver dur et épineux.

L'on demande pourquoi tous les hommes ensemble ne composent pas comme une seule nation, et n'ont point voulu parler une même langue, vivre sous les mêmes lois, convenir entre eux des mêmes usages et d'un même culte ; et moi, pensant à la contrariété des esprits, des goûts et des sentiments, je suis étonné de voir jusqu'à sept ou huit personnes se rassembler sous un même toit, dans une même enceinte, et composer une seule famille.

Il y a d'étranges pères, et dont toute la vie ne semble occupée qu'à préparer à leurs enfants des raisons de se consoler de leur mort.

Tout est étranger dans l'humeur, les mœurs et les manières de la plupart des hommes. Tel a vécu pendant toute sa vie chagrin, emporté, avare, rampant, soumis, laborieux, intéressé, qui était né gai, paisible, paresseux, magnifique, d'un courage fier, et éloigné de toute bassesse : les besoins de la vie, la situation où l'on se trouve, la loi de la nécessité, forcent la nature et y causent ces grands changements. Ainsi tel homme au fond et en lui-même ne se peut définir : trop de choses qui sont hors de lui l'altèrent, le changent, le bouleversent ; il n'est point précisément ce qu'il est, ou ce qu'il paraît être.

La vie est courte et ennuyeuse ; elle se passe toute à désirer : l'on remet à l'avenir son repos et ses joies, à cet âge souvent où les meilleurs biens ont déjà disparu, la santé et la jeunesse. Ce temps arrive, qui nous surprend encore dans les désirs : on en est là, quand la fièvre nous saisit et nous éteint ; si l'on eût guéri, ce n'était que pour désirer plus longtemps.

Lorsqu'on désire, on se rend à discrétion à celui de qui l'on espère : est-on sûr d'avoir, on temporise, on parlemente, on capitule.

Il est si ordinaire à l'homme de n'être pas heureux, et si essentiel à tout ce qui est un bien d'être acheté par mille peines, qu'une affaire qui se rend facile devient suspecte. L'on comprend à peine, ou que ce qui coûte si peu puisse nous être fort avantageux, ou qu'avec des mesures justes l'on doive si aisément parvenir à la fin que l'on se propose. L'on croit mériter les bons succès, mais n'y devoir compter que fort rarement.

L'homme qui dit qu'il n'est pas né heureux pourrait du moins le devenir par le bonheur de ses amis ou de ses proches. L'envie lui ôte cette dernière ressource.

Quoi que j'aie pu dire ailleurs, peut-être que les affligés ont tort : les hommes semblent être nés pour l'infortune, la douleur et la pauvreté, peu en échappent ; et comme toute disgrâce peut leur arriver, ils devraient être préparés à toute disgrâce.

Les hommes ont tant de peine à s'approcher sur les affaires, sont si épineux sur les moindres intérêts, si hé-

232 LES CARACTÈRES DE LA BRUYÈRE

rissés de difficultés, veulent si fort tromper et si peu être trompés, mettent si haut ce qui leur appartient, et si bas ce qui appartient aux autres, que j'avoue que je ne sais par où et comment se peuvent conclure les mariages, les contrats, les acquisitions, la paix, la trêve, les traités, les alliances.

A quelques-uns l'arrogance tient lieu de grandeur; l'inhumanité, de fermeté; et la fourberie, d'esprit.

Les fourbes croient aisément que les autres le sont : ils ne peuvent guère être trompés, et ils ne trompent pas longtemps.

Je me rachèterai toujours fort volontiers d'être fourbe, par être stupide et passer pour tel.

On ne trompe point en bien; la fourberie ajoute la malice au mensonge.

S'il y avait moins de dupes, il y aurait moins de ce qu'on appelle des hommes fins ou entendus, et de ceux qui tirent autant de vanité que de distinction d'avoir su, pendant tout le cours de leur vie, tromper les autres. Comment voulez-vous qu'*Érophile*, à qui le manque de parole, les mauvais offices, la fourberie, bien loin de nuire, ont mérité des grâces et des bienfaits de ceux mêmes qu'il a ou manqué de servir, ou désobligés, ne présume pas infiniment de soi et de son industrie?

L'on n'entend dans les places et dans les rues des grandes villes, et de la bouche de ceux qui passent, que les mots d'*exploit*, de *saisie*, d'*interrogatoire*, de *promesse*, et de *plaider contre sa promesse*: est-ce qu'il n'y aurait pas dans le monde la plus petite équité? serait-il au contraire rempli de gens qui demandent froidement ce qui ne leur est pas dû, ou qui refusent nettement de rendre ce qu'ils doivent?

Parchemins inventés pour faire souvenir ou pour convaincre les hommes de leur parole : honte de l'humanité !

Otez les passions, l'intérêt, l'injustice, quel calme dans les plus grandes villes! Les besoins et la subsistance n'y font pas le tiers de l'embarras.

Rien n'engage tant un esprit raisonnable à supporter tranquillement des parents et des amis les torts qu'ils ont à son égard, que la réflexion qu'il fait sur les vices de l'humanité, et combien il est pénible aux hommes d'être constants, généreux, fidèles, d'être touchés d'une amitié plus forte que leur intérêt. Comme il connaît leur portée, il n'exige point d'eux qu'ils pénètrent les corps, qu'ils volent dans l'air, qu'ils aient de l'équité : il peut haïr les hommes en général, où il y a si peu de vertu; mais il excuse les particuliers, il les aime même par des motifs plus relevés, et il s'étudie à mériter le moins qu'il se peut une pareille indulgence.

Il y a de certains biens que l'on désire avec emportement, et dont l'idée seule nous enlève et nous transporte : s'il nous arrive de les obtenir, on les sent plus tranquillement qu'on ne l'eût pensé, on en jouit moins que l'on n'aspire encore à de plus grands.

Il y a des maux effroyables et d'horribles malheurs où l'on n'ose penser, et dont la seule vue fait frémir : s'il arrive que l'on y tombe, l'on se trouve des ressources que l'on ne se connaissait point, l'on se roidit contre son infortune, et l'on fait mieux qu'on ne l'espérait.

Il ne faut quelquefois qu'une jolie maison dont on hérite, qu'un beau cheval ou un joli chien dont on se trouve le maître, qu'une tapisserie, qu'une pendule, pour adoucir une grande douleur, et pour faire moins sentir une grande perte.

Je suppose que les hommes soient éternels sur la terre,

et je médite ensuite sur ce qui pourrait me faire connaître
qu'ils se feraient alors une plus grande affaire de leur établissement, qu'ils ne s'en font dans l'état où sont les choses.

Si la vie est misérable, elle est pénible à supporter; si
elle est heureuse, il est horrible de la perdre : l'un revient
à l'autre.

Il n'y a rien que les hommes aiment mieux à conserver, et qu'ils ménagent moins, que leur propre vie.

*Irène* [1] se transporte à grands frais en Épidaure, voit
Esculape dans son temple, et le consulte sur tous ses maux.
D'abord elle se plaint qu'elle est lasse et recrue de fatigue;
et le dieu prononce que cela lui arrive par la longueur
du chemin qu'elle vient de faire : elle dit qu'elle est le soir
sans appétit; l'oracle lui ordonne de dîner peu : elle ajoute
qu'elle est sujette à des insomnies; et il lui prescrit de n'ê-
tre au lit que pendant la nuit : elle lui demande pourquoi
elle devient pesante, et quel remède; l'oracle répond qu'elle
doit se lever avant midi, et quelquefois se servir de ses
jambes pour marcher : elle lui déclare que le vin lui est
nuisible; l'oracle lui dit de boire de l'eau : qu'elle a des
indigestions; et il ajoute qu'elle fasse diète. Ma vue s'affaiblit, dit Irène : Prenez des lunettes, dit Esculape. Je
m'affaiblis moi-même, continue-t-elle, et je ne suis ni si
forte ni si saine que j'ai été : C'est, dit le dieu, que vous
vieillissez. Mais quel moyen de guérir de cette langueur?
Le plus court, Irène, c'est de mourir, comme ont fait votre mère et votre aïeule. Fils d'Apollon, s'écrie Irène,
quel conseil me donnez-vous? Est-ce là toute cette science
que les hommes publient, et qui vous fait révérer de toute
la terre? Que m'apprenez-vous de rare et de mystérieux?

[1] On prétend qu'un médecin tint ce discours à madame de Montespan
aux eaux de Bourbon, où elle allait souvent pour des maladies imaginaires.

et ne savais-je pas tous ces remèdes que vous m'enseignez ?
Que n'en usiez vous donc, répond le dieu, sans venir me
chercher de si loin, et abréger vos jours par un long voyage ?

La mort n'arrive qu'une fois, et se fait sentir à tous
les moments de la vie : il est plus dur de l'appréhender
que de la souffrir.

L'inquiétude, la crainte, l'abattement, n'éloignent pas
la mort ; au contraire : je doute seulement que le ris excessif convienne aux hommes, qui sont mortels.

Ce qu'il y a de certain dans la mort est un peu adouci
par ce qui est incertain : c'est un indéfini dans le temps,
qui tient quelque. chose de l'infini et de ce qu'on appelle
éternité.

Pensons que, comme nous soupirons présentement pour
la florissante jeunesse qui n'est plus, et ne reviendra
point, la caducité suivra, qui nous fera regretter l'âge
viril où nous sommes encore, et que nous n'estimons pas
assez.

L'on craint la vieillesse, que l'on n'est pas sûr de pouvoir atteindre.

L'on espère de vieillir, et l'on craint la vieillesse ; c'est-
à-dire l'on aime la vie, et l'on fuit la mort.

C'est plus tôt fait de céder à la nature et de craindre la
mort, que de faire de continuels efforts, s'armer de raisons et de réflexions, et être continuellement aux prises
avec soi-même, pour ne la pas craindre.

Si de tous les hommes les uns mouraient, les autres
non, ce serait une désolante affliction que de mourir.

Une longue maladie semble être placée entre la vie et
la mort, afin que la mort même devienne un soulagement
et à ceux qui meurent et à ceux qui restent.

A parler humainement, la mort a un bel endroit, qui
est de mettre fin à la vieillesse.

La mort qui prévient la caducité arrive plus à propos que celle qui la termine.

Le regret qu'ont les hommes du mauvais emploi du temps qu'ils ont déjà vécu, ne les conduit pas toujours à faire de celui qui leur reste à vivre un meilleur usage.

La vie est un sommeil. Les vieillards sont ceux dont le sommeil a été plus long : ils ne commencent à se réveiller que quand il faut mourir. S'ils repassent alors sur tout le cours de leurs années, ils ne trouvent souvent ni vertus, ni actions louables qui les distinguent les unes des autres : ils confondent leurs différents âges, ils n'y voient rien qui marque assez pour mesurer le temps qu'ils ont vécu. Ils ont eu un songe confus, uniforme, et sans aucune suite : ils sentent néanmoins, comme ceux qui s'éveillent, qu'ils ont dormi longtemps.

Il n'y a pour l'homme que trois événements, naître, vivre, et mourir : il ne se sent pas naître, il souffre à mourir, et il oublie de vivre.

Il y a un temps où la raison n'est pas encore, où l'on ne vit que par instinct, à la manière des animaux, et dont il ne reste dans la mémoire aucun vestige. Il y a un second temps où la raison se développe, où elle est formée, et où elle pourrait agir, si elle n'était pas obscurcie et comme éteinte par les vices de la complexion, et par un enchaînement de passions qui se succèdent les unes aux autres, et conduisent jusqu'au troisième et dernier âge. La raison, alors dans sa force, devrait produire ; mais elle est refroidie et ralentie par les années, par la maladie et la douleur, déconcertée ensuite par le désordre de la machine qui est dans son déclin : et ces temps néanmoins sont la vie de l'homme !

Les enfants sont hautains, dédaigneux, colères, en vieux, curieux, intéressés, paresseux, volages, timides, intempérants, menteurs, dissimulés; ils rient et pleurent facilement; ils ont des joies immodérées et des afflictions amères sur de très-petits sujets; ils ne veulent point souffrir de mal, et aiment à en faire : ils sont déjà des hommes.

Les enfants n'ont ni passé ni avenir; et, ce qui ne nous arrive guère, ils jouissent du présent.

Le caractère de l'enfance paraît unique; les mœurs dans cet âge sont assez les mêmes, et ce n'est qu'avec une curieuse attention qu'on en pénètre la différence : elle augmente avec la raison, parce qu'avec celle-ci croissent les passions et les vices, qui seuls rendent les hommes si dissemblables entre eux, et si contraires à eux-mêmes.

Les enfants ont déjà de leur âme l'imagination et la mémoire, c'est-à-dire ce que les vieillards n'ont plus; et ils en tirent un merveilleux usage pour leurs petits jeux et pour tous leurs amusements : c'est par elles qu'ils répètent ce qu'ils ont entendu dire, qu'ils contrefont ce qu'ils ont vu faire; qu'ils sont de tous métiers, soit qu'ils s'occupent en effet à mille petits ouvrages, soit qu'ils imitent les divers artisans par le mouvement et par le geste; qu'ils se trouvent à un grand festin, et y font bonne chère; qu'ils se transportent dans des palais et dans des lieux enchantés; que, bien que seuls, ils se voient un riche équipage et un grand cortége; qu'ils conduisent des armées, livrent bataille, et jouissent du plaisir de la victoire, qu'ils parlent aux rois et aux grands princes; qu'ils sont rois eux-mêmes, ont des sujets, possèdent des trésors qu'ils peuvent faire de feuilles d'arbres ou de grains de sable, et, ce qu'ils ignorent dans la suite de leur vie, savent, à cet âge, être les arbitres de leur fortune, et les maîtres de leur propre félicité.

Il n'y a nuls vices extérieurs et nuls défauts du corps qui ne soient aperçus par les enfants; ils les saisissent d'une première vue, et ils savent les exprimer par des mots convenables; on ne nomme point plus heureusement : devenus hommes, ils sont chargés à leur tour de toutes les imperfections dont ils se sont moqués.

L'unique soin des enfants est de trouver l'endroit faible de leurs maîtres, comme de tous ceux à qui ils sont soumis : dès qu'ils ont pu les entamer, ils gagnent le dessus, et prennent sur eux un ascendant qu'ils ne perdent plus. Ce qui nous fait déchoir une première fois de cette supériorité à leur égard est toujours ce qui nous empêche de la recouvrer.

La paresse, l'indolence et l'oisiveté, vices si naturels aux enfants, disparaissent dans leurs jeux, où ils sont vifs, appliqués, exacts, amoureux des règles et de la symétrie, où ils ne se pardonnent nulle faute les uns aux autres, et recommencent eux-mêmes plusieurs fois une seule chose qu'ils ont manquée : présages certains qu'ils pourront un jour négliger leurs devoirs, mais qu'ils n'oublieront rien pour leurs plaisirs.

Aux enfants tout paraît grand, les cours, les jardins, les édifices, les meubles, les hommes, les animaux : aux hommes les choses du monde paraissent ainsi, et j'ose dire par la même raison, parce qu'ils sont petits.

Les enfants commencent entre eux par l'état populaire, chacun y est le maître; et, ce qui est bien naturel, ils ne s'en accommodent pas longtemps, et passent au monarchique. Quelqu'un se distingue, ou par une plus grande vivacité, ou par une meilleure disposition du corps, ou par une connaissance plus exacte des jeux différents et des

petites lois qui les composent; les autres lui défèrent, et
il se forme alors un gouvernement absolu qui ne roule que
sur le plaisir.

Qui doute que les enfants ne conçoivent, qu'ils ne jugent, qu'ils ne raisonnent conséquemment? si c'est seulement sur de petites choses, c'est qu'ils sont enfants, et
sans une longue expérience; et si c'est en mauvais termes,
c'est moins leur faute que celle de leurs parents ou de leurs
maîtres.

C'est perdre toute confiance dans l'esprit des enfants,
et leur devenir inutile, que de les punir des fautes qu'ils
n'ont point faites, ou même sévèrement de celles qui sont
légères. Ils savent précisément et mieux que personne ce
qu'ils méritent, et ils ne méritent guère que ce qu'ils craignent : ils connaissent si c'est à tort ou avec raison qu'on
les châtie, et ne se gâtent pas moins par des peines mal
ordonnées que par l'impunité.

On ne vit point assez pour profiter de ses fautes : on en
commet pendant tout le cours de sa vie; et tout ce que
l'on peut faire à force de faillir, c'est de mourir corrigé.

Il n'y a rien qui rafraîchisse le sang comme d'avoir su
éviter de faire une sottise.

Le récit de ses fautes est pénible, on veut les couvrir
et en charger quelque autre; c'est ce qui donne le pas au
directeur sur le confesseur.

Les fautes des sots sont quelquefois si lourdes et si difficiles à prévoir, qu'elles mettent les sages en défaut, et
ne sont utiles qu'à ceux qui les font.

L'esprit de parti abaisse les plus grands hommes jusqu'aux petitesses du peuple.

Nous faisons par vanité ou par bienséance les mêmes
choses et avec les mêmes dehors que nous les ferions par

inclination ou par devoir : tel vient de mourir à **Paris de**
la fièvre qu'il a gagnée à veiller sa femme qu'il n'aimait
point.

Les hommes dans le cœur veulent être estimés, et ils
cachent avec soin l'envie qu'ils ont d'être estimés; parce
que les hommes veulent passer pour vertueux, et que vouloir tirer de la vertu tout autre avantage que la même
vertu, je veux dire l'estime et les louanges, ce ne serait
plus être vertueux, mais aimer l'estime et les louanges,
ou être vain : les hommes sont très-vains, et ils ne haïssent rien tant que de passer pour tels.

Un homme vain trouve son compte à dire du bien ou
du mal de soi : un homme modeste ne parle point de soi.

On ne voit point mieux le ridicule de la vanité, et combien elle est un vice honteux, qu'en ce qu'elle n'ose se
montrer, et qu'elle se cache souvent sous les apparences de
son contraire.

La fausse modestie est le dernier raffinement de la vanité : elle fait que l'homme vain ne paraît point tel, et se
fait valoir au contraire par la vertu opposée au vice qui
fait son caractère : c'est un mensonge. La fausse gloire est
l'écueil de la vanité ; elle nous conduit à vouloir être estimés par des choses qui, à la vérité, se trouvent en nous,
mais qui sont frivoles et indignes qu'on les relève : c'est
une erreur.

Les hommes parlent de manière, sur ce qui les regarde,
qu'ils n'avouent d'eux-mêmes que de petits défauts, et
encore ceux qui supposent en leurs personnes de beaux talents, ou de grandes qualités. Ainsi l'on se plaint de son
peu de mémoire, content d'ailleurs de son grand sens et
de son bon jugement : l'on reçoit le reproche de la distraction et de la rêverie, comme s'il nous accordait le bel es-

prit : l'on dit de soi qu'on est maladroit, et qu'on ne peut
rien faire de ses mains, fort consolé de la perte de ces petits
talents par ceux de l'esprit, ou par les dons de l'âme que
tout le monde nous connaît : l'on fait l'aveu de sa paresse
en des termes qui signifient toujours son désintéressement,
et que l'on est guéri de l'ambition : l'on ne rougit point de
sa malpropreté, qui n'est qu'une négligence pour les petites choses, et qui semble supposer qu'on n'a d'application
que pour les solides et les essentielles. Un homme de
guerre aime à dire que c'était par trop d'empressement ou
par curiosité qu'il se trouva un certain jour à la tranchée,
ou en quelque autre poste très-périlleux, sans être de garde
ni commandé, et il ajoute qu'il en fut repris par son général. De même une bonne tête, ou un ferme génie qui se
trouve né avec cette prudence que les autres hommes
cherchent vainement à acquérir ; qui a fortifié la trempe de
son esprit par une grande expérience ; que le nombre, le
poids, la diversité, la difficulté, et l'importance des affaires, occupent seulement, et n'accablent point ; qui, par
l'étendue de ses vues et de sa pénétration, se rend maître
de tous les événements ; qui, bien loin de consulter toutes
les réflexions qui sont écrites sur le gouvernement et la politique, est peut-être de ces âmes sublimes nées pour régir
les autres, et sur qui ces premières règles ont été faites ;
qui est détourné, par les grandes choses qu'il fait, des belles ou des agréables qu'il pourrait lire, et qui au contraire
ne perd rien à retracer et à feuilleter, pour ainsi dire, sa
vie et ses actions ; un homme ainsi fait peut dire aisément,
et sans se commettre, qu'il ne connaît aucun livre, et
qu'il ne lit jamais.

On veut quelquefois cacher ses faibles, ou en diminuer
l'opinion, par l'aveu libre que l'on en fait. Tel dit, Je suis

ignorant, qui ne sait rien : un homme dit, Je suis vieux, il passe soixante ans; un autre encore, Je ne suis pas riche, et il est pauvre.

La modestie n'est point, ou est confondue avec une chose toute différente de soi, si on la prend pour un sentiment intérieur qui avilit l'homme à ses propres yeux, et qui est une vertu. surnaturelle qu'on appelle humilité. L'homme, de sa nature, pense hautement et superbement de lui-même, et ne pense ainsi que de lui-même : la modestie ne tend qu'à faire que personne n'en souffre; elle est une vertu du dehors, qui règle ses yeux, sa démarche, ses paroles, son ton de voix, et qui le fait agir extérieurement avec les autres comme s'il n'était pas vrai qu'il les compte pour rien.

Le monde est plein de gens qui, faisant extérieurement et par habitude la comparaison d'eux-mêmes avec les autres, décident toujours en faveur de leur propre mérite, et agissent conséquemment.

Vous dites qu'il faut être modeste; les gens bien nés ne demandent pas mieux : faites seulement que les hommes n'empiètent pas sur ceux qui cèdent par modestie, et ne brisent pas ceux qui plient.

De même l'on dit, Il faut avoir des habits modestes; les personnes de mérite ne désirent rien davantage : mais le monde veut de la parure, on lui en donne; il est avide de la superfluité, on lui en montre. Quelques-uns n'estiment les autres que par de beau linge ou par une riche étoffe; l'on ne refuse pas toujours d'être estimé à ce prix. Il y a des endroits où il faut se faire voir : un galon d'or plus large ou plus étroit vous fait entrer ou refuser.

Notre vanité et la trop grande estime que nous avons de nous-mêmes nous fait soupçonner dans les autres une

fierté à notre égard qui y est quelquefois, et qui souvent n'y
est pas : une personne modeste n'a point cette délicatesse.

Comme il faut se défendre de cette vanité qui nous fait
penser que les autres nous regardent avec curiosité et avec
estime, et ne parlent ensemble que pour s'entretenir de
notre mérite et faire notre éloge ; aussi devons-nous avoir
une certaine confiance qui nous empêche de croire qu'on ne
se parle à l'oreille que pour dire du mal de nous, ou que
l'on ne rit que pour s'en moquer.

D'où vient qu'*Alcippe* me salue aujourd'hui, me sourit,
et se jette hors d'une portière, de peur de me manquer ? Je
ne suis pas riche, et je suis à pied ; il doit dans les règles
ne me pas voir : n'est-ce point pour être vu lui-même dans
un même fond avec un grand ?

L'on est si rempli de soi-même, que tout s'y rapporte :
l'on aime à être vu, montré, à être salué, même des inconnus : ils sont fiers, s'ils l'oublient ; l'on veut qu'ils nous
devinent.

Nous cherchons notre bonheur hors de nous-mêmes, et
dans l'opinion des hommes, que nous connaissons flatteurs, peu sincères, sans équité, pleins d'envie, de caprices, et de préventions : quelle bizarrerie !

Il semble que l'on ne puisse rire que des choses ridicules : l'on voit néanmoins de certaines gens qui rient également des choses ridicules et de celles qui ne le sont pas. Si
vous êtes sot et inconsidéré, et qu'il vous échappe devant
eux quelque impertinence, ils rient de vous : si vous êtes
sage, et que vous ne disiez que des choses raisonnables, et
du ton qu'il les faut dire, ils rient de même.

Ceux qui nous ravissent les biens par la violence ou par
l'injustice, et qui nous ôtent l'honneur par la calomnie,
nous marquent assez leur haine pour nous ; mais ils ne nous

prouvent pas également qu'ils aient perdu à notre égard
toute sorte d'estime : aussi ne sommes-nous pas incapables
de quelque retour pour eux, et de leur rendre un jour notre
amitié. La moquerie, au contraire, est de toutes les injures celle qui se pardonne le moins ; elle est le langage du
mépris, et l'une des manières dont il se fait le mieux entendre ; elle attaque l'homme dans son dernier retranchement, qui est l'opinion qu'il a de soi-même ; elle veut le
rendre ridicule à ses propres yeux ; et ainsi elle le convainc
de la plus mauvaise disposition où l'on puisse être pour
lui, et le rend irréconciliable.

C'est une chose monstrueuse que le goût et la facilité qui
est en nous de railler, d'improuver et de mépriser les autres ; et tout ensemble la colère que nous ressentons contre
ceux qui nous raillent, nous improuvent, et nous méprisent.

La santé et les richesses, ôtant aux hommes l'expérience
du mal, leur inspirent la dureté pour leurs semblables ; et
les gens déjà chargés de leur propre misère sont ceux qui
entrent davantage par la compassion dans celle d'autrui.

Il semble qu'aux âmes bien nées les fêtes, les spectacles,
la symphonie, rapprochent et font mieux sentir l'infortune
de nos proches ou de nos amis.

Une grande âme est au-dessus de l'injure, de l'injustice,
de la douleur, de la moquerie ; et elle serait invulnérable,
si elle ne souffrait par la compassion.

Il y a une espèce de honte d'être heureux à la vue de
certaines misères.

On est prompt à connaître ses plus petits avantages, et
lent à pénétrer ses défauts : on n'ignore point qu'on a de
beaux sourcils, les ongles bien faits ; on sait à peine que
l'on est borgne ; on ne sait point du tout que l'on manque
d'esprit.

*Argyre* tire son gant pour montrer une belle main, et elle ne néglige pas de découvrir un petit soulier qui suppose qu'elle a le pied petit : elle rit des choses plaisantes ou sérieuses pour faire voir de belles dents : si elle montre son oreille, c'est qu'elle l'a bien faite ; et si elle ne danse jamais, c'est qu'elle est peu contente de sa taille, qu'elle a épaisse : elle entend tous ses intérêts, à l'exception d'un seul ; elle parle toujours, et n'a point d'esprit.

Les hommes comptent presque pour rien toutes les vertus du cœur, et idolâtrent les talents du corps et de l'esprit : celui qui dit froidement de soi, et sans croire blesser la modestie, qu'il est bon, qu'il est constant, fidèle, sincère, équitable, reconnaissant, n'ose dire qu'il est vif, qu'il a les dents belles et la peau douce : cela est trop fort.

Il est vrai qu'il y a deux vertus que les hommes admirent, la bravoure et la libéralité, parce qu'il y a deux choses qu'ils estiment beaucoup, et que ces vertus font négliger, la vie et l'argent : aussi personne n'avance de soi qu'il est brave ou libéral.

Personne ne dit de soi, et surtout sans fondement, qu'il est beau, qu'il est généreux, qu'il est sublime : on a mis ces qualités à un trop haut prix ; on se contente de le penser.

Quelque rapport qu'il paraisse de la jalousie à l'émulation, il y a entre elles le même éloignement que celui qui se trouve entre le vice et la vertu.

La jalousie et l'émulation s'exercent sur le même objet, qui est le bien ou le mérite des autres ; avec cette différence que celle-ci est un sentiment volontaire, courageux, sincère, qui rend l'âme féconde, qui la fait profiter des grands exemples, et la porte souvent au-dessus de ce

qu'elle admire; et que celle-là au contraire est un mouvement violent et comme un aveu contraint du mérite qui
est hors d'elle; qu'elle va même jusqu'à nier la vertu dans
les sujets où elle existe, ou qui, forcée de la reconnaître,
lui refuse les éloges ou lui envie les récompenses; une
passion stérile qui laisse l'homme dans l'état où elle le
trouve, qui le remplit de lui-même, de l'idée de sa réputation, qui le rend froid et sec sur les actions ou sur les
ouvrages d'autrui, qui fait qu'il s'étonne de voir dans le
monde d'autres talents que les siens, ou d'autres hommes avec les mêmes talents dont il se pique : vice honteux,
et qui par son excès rentre toujours dans la vanité et dans
la présomption, et ne persuade pas tant à celui qui en est
blessé qu'il a plus d'esprit et de mérite que les autres,
qu'il lui fait croire qu'il a lui seul de l'esprit et du mérite.

L'émulation et la jalousie ne se rencontrent guère que
dans les personnes du même art, de mêmes talents, et de
même condition. Les plus vils artisans sont les plus sujets
à la jalousie. Ceux qui font profession des arts libéraux
ou des belles-lettres, les peintres, les musiciens, les orateurs, les poëtes, tous ceux qui se mêlent d'écrire, ne
devraient être capables que d'émulation.

Toute jalousie n'est point exempte de quelque sorte d'envie, et souvent même ces deux passions se confondent.
L'envie au contraire est quelquefois séparée de la jalousie, comme est celle qu'excitent dans notre âme les conditions fort élevées au-dessus de la nôtre, les grandes fortunes, la faveur, le ministère.

L'envie et la haine s'unissent toujours et se fortifient
l'une l'autre dans un même sujet; et elles ne sont reconnaissables entre elles qu'en ce que l'une s'attache à la personne, l'autre à l'état et à la condition.

Un homme d'esprit n'est point jaloux d'un ouvrier qui a travaillé une bonne épée, ou d'un statuaire qui vient d'achever une belle figure. Il sait qu'il y a dans ces arts des règles et une méthode qu'on ne devine point, qu'il y a des outils à manier dont il ne connaît ni l'usage, ni le nom, ni la figure; il lui suffit de penser qu'il n'a point fait l'apprentissage d'un certain métier, pour se consoler de n'y être point maître. Il peut au contraire être susceptible d'envie, et même de jalousie, contre un ministre et contre ceux qui gouvernent, comme si la raison et le bon sens, qui lui sont communs avec eux, étaient les seuls instruments qui servent à régir un État et à présider aux affaires publiques, et qu'ils dussent suppléer aux règles, aux préceptes, à l'expérience.

L'on voit peu d'esprits entièrement lourds et stupides : l'on en voit encore moins qui soient sublimes et transcendants. Le commun des hommes nage entre ces deux extrémités ; l'intervalle est rempli par un grand nombre de talents ordinaires, mais qui sont d'un grand usage, servent à la république, et renferment en soi l'utile et l'agréable; comme le commerce, les finances, le détail des armées, la navigation, les arts, les métiers, l'heureuse mémoire, l'esprit du jeu, celui de la société et de la conversation.

Tout l'esprit qui est au monde est inutile à celui qui n'en a point; il n'a nulles vues, et il est incapable de profiter de celles d'autrui.

Le premier degré dans l'homme après la raison, ce serait de sentir qu'il l'a perdue : la folie même est incompatible avec cette connaissance. De même ce qu'il y aurait en nous de meilleur après l'esprit, ce serait de connaître qu'il nous manque : par là on ferait l'impossible, on saurait sans esprit n'être pas un sot, ni un fat, ni un impertinent.

Un homme qui n'a de l'esprit que dans une certaine médiocrité est sérieux et tout d'une pièce : il ne rit point, il ne badine jamais, il ne tire aucun fruit de la bagatelle; aussi incapable de s'élever aux grandes choses que de s'accommoder même par relâchement des plus petites, il sait à peine jouer avec ses enfants.

Tout le monde dit d'un fat qu'il est un fat, personne n'ose le lui dire à lui-même : il meurt sans le savoir, et sans que personne se soit vengé.

Quelle mésintelligence entre l'esprit et le cœur ! Le philosophe vit mal avec tous ses préceptes; et le politique rempli de vues et de réflexions ne sait pas se gouverner.

L'esprit s'use comme toutes choses; les sciences sont ses aliments, elles le nourrissent et le consument.

Les petits sont quelquefois chargés de mille vertus inutiles; ils n'ont pas de quoi les mettre en œuvre.

Il se trouve des hommes qui soutiennent facilement le poids de la faveur et de l'autorité, qui se familiarisent avec leur propre grandeur, et à qui la tête ne tourne point dans les postes les plus élevés. Ceux au contraire que la fortune, aveugle, sans choix et sans discernement, a comme accablés de ses bienfaits, en jouissent avec orgueil et sans modération : leurs yeux, leur démarche; leur ton de voix et leur accès marquent longtemps en eux l'admiration où ils sont d'eux-mêmes et de se voir si éminents; et ils deviennent si farouches, que leur chute seule peut les apprivoiser.

Un homme haut et robuste, qui a une poitrine large et de larges épaules, porte légèrement et de bonne grâce un lourd fardeau : il lui reste encore un bras de libre; un nain serait écrasé de la moitié de sa charge : ainsi les postes eminents rendent les grands hommes encore plus grands, et les petits beaucoup plus petits.

Il y a des gens [1] qui gagnent à être extraordinaires : ils voguent, ils cinglent dans une mer où les autres échouent et se brisent; ils parviennent, en blessant toutes les règles de parvenir : ils tirent de leur irrégularité et de leur folie tous les fruits d'une sagesse la plus consommée : hommes dévoués à d'autres hommes, aux grands à qui ils ont sacrifié, en qui ils ont placé leurs dernières espérances, ils ne les servent point, mais ils les amusent : les personnes de mérite et de service sont utiles aux grands, ceux-ci leur sont nécessaires; ils blanchissent auprès d'eux dans la pratique des bons mots, qui leur tiennent lieu d'exploits dont ils attendent la récompense; ils s'attirent, à force d'être plaisants, des emplois graves, et s'élèvent par un continuel enjouement jusqu'au sérieux des dignités; ils finissent enfin, et rencontrent inopinément un avenir qu'ils n'ont ni craint, ni espéré : ce qui reste d'eux sur la terre, c'est l'exemple de leur fortune, fatal à ceux qui voudraient le suivre.

L'on exigerait de certains personnages qui ont une fois été capables d'une action noble, héroïque, et qui a été sue de toute la terre, que, sans paraître comme épuisés par un si grand effort, ils eussent du moins, dans le reste de leur vie, cette conduite sage et judicieuse qui se remarque même dans les hommes ordinaires; qu'ils ne tombassent point dans des petitesses indignes de la haute réputation qu'ils avaient acquise; que, se mêlant moins dans le peuple, et ne lui laissant pas le loisir de les voir de près, ils ne le fissent point passer de la curiosité et de l'admiration à l'indifférence, et peut-être au mépris.

---

[1] Ce portrait ressemble fort au duc de la Feuillade. Les clefs le nomment; et ce que les écrits du temps nous apprennent de ce grand seigneur ferait croire que les clefs ont raison.

Il coûte moins[1] à certains hommes de s'enrichir de mille vertus que de se corriger d'un seul défaut ; ils sont même si malheureux, que ce vice est souvent celui qui convenait le moins à leur état, et qui pouvait leur donner dans le monde plus de ridicule : il affaiblit l'éclat de leurs grandes qualités, empêche qu'ils ne soient des hommes parfaits, et que leur réputation ne soit entière. On ne leur demande point qu'ils soient plus éclairés et plus incorruptibles, qu'ils soient plus amis de l'ordre et de la discipline, plus fidèles à leurs devoirs, plus zélés pour le bien public, plus graves : on veut seulement qu'ils ne soient point amoureux.

Quelques hommes, dans le cours de leur vie, sont si différents d'eux-mêmes par le cœur et par l'esprit, qu'on est sûr de se méprendre, si l'on en juge seulement par ce qui a paru d'eux dans leur première jeunesse. Tels étaient pieux, sages, savants, qui, par cette mollesse inséparable d'une trop riante fortune, ne le sont plus. L'on en sait d'autres qui ont commencé leur vie par les plaisirs, et qui ont mis ce qu'ils avaient d'esprit à les connaître, que les disgrâces ensuite ont rendus religieux, sages, tempérants. Ces derniers sont, pour l'ordinaire, de grands sujets, et sur qui l'on peut faire beaucoup de fond ; ils ont une probité éprouvée par la patience et par l'adversité, ils entent sur cette extrême politesse que le commerce des femmes leur a donnée, et dont ils ne se défont jamais, un esprit de règle, de réflexion, et quelquefois une haute capacité, qu'ils doivent à la chambre et au loisir d'une mauvaise fortune.

[1] Il se pourrait que la Bruyère eût eu en vue dans ce paragraphe l'archevêque de Paris, Harlay de Chanvalons, qui avait de grands talents, de grandes qualités, et qui remplissait parfaitement tous les devoirs de son état, à l'exception d'un seul. La Bruyère nous dispense de dire lequel.

Tout notre mal vient de ne pouvoir être seuls : de là le jeu, le luxe, la dissipation, le vin, les femmes, l'ignorance, la médisance, l'envie, l'oubli de soi-même et de Dieu.

L'homme semble quelquefois ne se suffire pas à soi-même : les ténèbres, la solitude, le troublent, le jettent dans des craintes frivoles et dans de vaines terreurs ; le moindre mal alors qui puisse lui arriver est de s'ennuyer.

L'ennui est entré dans le monde par la paresse ; elle a beaucoup de part à la recherche que font les hommes des plaisirs, du jeu, de la société. Celui qui aime le travail a assez de soi-même.

La plupart des hommes emploient la première partie de leur vie à rendre l'autre misérable.

Il y a des ouvrages[1] qui commencent par A et finissent par Z ; le bon, le mauvais, le pire, tout y entre ; rien, en un certain genre, n'est oublié : quelle recherche, quelle affectation dans ces ouvrages ! on les appelle des jeux d'esprit. De même il y a un jeu dans la conduite ; on a commencé, il faut finir, on veut fournir toute la carrière. Il serait mieux ou de changer ou de suspendre, mais il est plus rare et plus difficile de poursuivre : on poursuit, on s'anime par les contradictions ; la vanité soutient, supplée à la raison, qui cède et qui se désiste : on porte ce raffinement jusque dans les actions les plus vertueuses, dans celles mêmes où il entre de la religion.

Il n'y a que nos devoirs qui nous coûtent, parce que leur pratique ne regardant que les choses que nous sommes

---

[1] Ces mots, *qui commencent par A et finissent par Z*, sembleraient indiquer un dictionnaire, et notamment celui de l'Académie. Mais comment appeler un dictionnaire un *jeu d'esprit* ? comment trouver, dans un dictionnaire de langue, de la *recherche* et de l'*affectation* ? Il me semble fort difficile de dire à quelle espèce d'ouvrages la Bruyère fait allusion.

étroitement obligés de faire, elle n'est pas suivie de grands éloges, qui est tout ce qui nous excite aux actions louables, et qui nous soutient dans nos entreprises. N... aime une piété fastueuse qui lui attire l'intendance des besoins des pauvres, le rend dépositaire de leur patrimoine, et fait de sa maison un dépôt public où se font les distributions; les gens à petits collets et les *sœurs grises* y ont une libre entrée; toute une ville voit ses aumônes, et les publie : qui pourrait douter qu'il soit homme de bien, si ce n'est peut-être ses créanciers?

*Géronte* meurt de caducité, et sans avoir fait ce testament qu'il projetait depuis trente années : dix têtes viennent *ab intestat* partager sa succession. Il ne vivait depuis longtemps que par les soins d'*Astérie*, sa femme, qui jeune encore s'était dévouée à sa personne, ne le perdait pas de vue, secourait sa vieillesse, et lui a enfin fermé les yeux. Il ne lui laisse pas assez de bien pour pouvoir se passer, pour vivre, d'un autre vieillard.

Laisser perdre charges et bénéfices plutôt que de vendre ou de résigner, même dans son extrême vieillesse, c'est se persuader qu'on n'est pas du nombre de ceux qui meurent; ou, si l'on croit que l'on peut mourir, c'est s'aimer soi-même, et n'aimer que soi.

*Fauste* est un dissolu, un prodigue, un libertin, un ingrat, un emporté, qu'*Aurèle*, son oncle, n'a pu haïr ni déshériter.

*Frontin*, neveu d'Aurèle, après vingt années d'une probité connue, et d'une complaisance aveugle pour ce vieillard, ne l'a pu fléchir en sa faveur, et ne tire de sa dépouille qu'une légère pension que Fauste, unique légataire, lui doit payer.

Les haines sont si longues et si opiniâtrées, que le **plus**

grand signe de mort dans un homme malade, c'est la ré-
conciliation.

L'on s'insinue auprès de tous les hommes, ou en les flat-
tant dans les passions qui occupent leur âme, ou en com-
patissant aux infirmités qui affligent leur corps. En cela
seul consistent les soins que l'on peut leur rendre ; de là
vient que celui qui se porte bien, et qui désire peu de chose,
est moins facile à gouverner.

La mollesse et la volupté naissent avec l'homme, et ne
finissent qu'avec lui ; ni les heureux, ni les tristes événements, ne l'en peuvent séparer : c'est pour lui ou le fruit
de la bonne fortune, ou un dédommagement de la mauvaise.

C'est une grande difformité dans la nature qu'un vieillard amoureux.

Peu de gens se souviennent d'avoir été jeunes, et combien il leur était difficile d'être chastes et tempérants. La
première chose qui arrive aux hommes après avoir renoncé
aux plaisirs, ou par bienséance, ou par lassitude, ou par
régime, c'est de les condamner dans les autres. Il entre
dans cette conduite une sorte d'attachement pour les choses mêmes que l'on vient de quitter ; l'on aimerait qu'un
bien qui n'est plus pour nous ne fût plus aussi pour le reste
du monde : c'est un sentiment de jalousie.

Ce n'est pas le besoin d'argent où les vieillards peuvent
appréhender de tomber un jour qui les rend avares, car il
y en a de tels qui ont de si grands fonds, qu'ils ne peuvent guère avoir cette inquiétude ; et d'ailleurs comment
pourraient-ils craindre de manquer dans leur caducité des
commodités de la vie, puisqu'ils s'en privent eux-mêmes
volontairement pour satisfaire à leur avarice ? Ce n'est point
aussi l'envie de laisser de plus grandes richesses à leurs
enfants, car il n'est pas naturel d'aimer quelque autre chose

plus que soi-même, outre qu'il se trouve des avares qui
n'ont point d'héritiers. Ce vice est plutôt l'effet de l'âge et
de la complexion des vieillards, qui s'y abandonnent aussi
naturellement qu'ils suivaient leurs plaisirs dans leur jeunesse, ou leur ambition dans l'âge viril. Il ne faut ni vigueur,
ni jeunesse, ni santé, pour être avare ; l'on n'a aussi nul
besoin de s'empresser, ou de se donner le moindre mouvement pour épargner ses revenus : il faut laisser seulement
son bien dans ses coffres, et se priver de tout. Cela est
commode aux vieillards, à qui il faut une passion, parce
qu'ils sont hommes.

   Il y a des gens qui sont mal logés, mal couchés, mal
habillés, et plus mal nourris, qui essuient les rigueurs
des saisons, qui se privent eux-mêmes de la société des
hommes, et passent leurs jours dans la solitude, qui
souffrent du présent, du passé et de l'avenir, dont la vie
est comme une pénitence continuelle, et qui ont ainsi trouvé
le secret d'aller à leur perte par le chemin le plus pénible : ce sont les avares.

   Le souvenir de la jeunesse est tendre dans les vieillards ;
ils aiment les lieux où ils l'ont passée : les personnes qu'ils
ont commencé de connaître dans ce temps leur sont chè-
res ; ils affectent quelques mots du premier langage qu'ils
ont parlé ; ils tiennent pour l'ancienne manière de chanter,
et pour la vieille danse ; ils vantent les modes qui régnaient
alors dans les habits, les meubles et les équipages ; ils ne
peuvent encore désapprouver des choses qui servaient à
leurs passions, qui étaient si utiles à leurs plaisirs, et qui
en rappellent la mémoire : comment pourraient-ils leur
préférer de nouveaux usages, et des modes toutes récentes
où ils n'ont nulle part, dont ils n'espèrent rien, que les
jeunes gens ont faites, et dont ils tirent à leur tour de si
grands avantages contre la vieillesse ?

Une trop grande négligence comme une excessive parure dans les vieillards multiplient leurs rides, et font mieux voir leur caducité.

Un vieillard est fier, dédaigneux, et d'un commerce difficile, s'il n'a beaucoup d'esprit.

Un vieillard qui a vécu à la cour, qui a un grand sens et une mémoire fidèle, est un trésor inestimable : il est plein de faits et de maximes ; l'on y trouve l'histoire du siècle, revêtue de circonstances très-curieuses, et qui ne se lisent nulle part ; l'on y apprend des règles pour la conduite et pour les mœurs, qui sont toujours sûres, parce qu'elles sont fondées sur l'expérience.

Les jeunes gens, à cause des passions qui les amusent, s'accommodent mieux de la solitude que les vieillards.

*Phidippe*, déjà vieux, raffine sur la propreté et sur la mollesse ; il passe aux petites délicatesses ; il s'est fait un art du boire, du manger, du repos, et de l'exercice : les petites règles qu'il s'est prescrites, et qui tendent toutes aux aises de sa personne, il les observe avec scrupule, et ne les romprait pas pour une maîtresse, si le régime lui avait permis d'en retenir. Il s'est accablé de superfluités, que l'habitude enfin lui rend nécessaires. Il double ainsi et renforce les liens qui l'attachent à la vie, et il veut employer ce qui lui en reste à en rendre la perte plus douloureuse : n'appréhendait-il pas assez de mourir ?

*Gnathon* ne vit que pour soi, et tous les hommes ensemble sont à son égard comme s'ils n'étaient point. Non content de remplir à une table la première place, il occupe lui seul celle de deux autres ; il oublie que le repas est pour lui et pour toute la compagnie ; il se rend maître du plat, et fait son propre de chaque service ; il ne s'attache à aucun des mets, qu'il n'ait achevé d'essayer de tous ; il vou-

drait pouvoir les savourer tous, tout à la fois : il ne se
sert à table que de ses mains, il manie les viandes, les re-
manie, démembre, déchire, et en use de manière qu'il faut
que les conviés, s'ils veulent manger, mangent ses restes; il ne leur épargne aucune de ces malpropretés dégoûtantes, capables d'ôter l'appétit aux plus affamés; le jus et
les sauces lui dégouttent du menton et de la barbe : s'il
enlève un ragoût de dessus un plat, il en répand en chemin
dans un autre plat et sur la nappe, on le suit à la trace :
il mange haut et avec grand bruit, il roule les yeux en
mangeant; la table est pour lui un râtelier; il écure ses
dents, et il continue à manger. Il se fait, quelque part
où il se trouve, une manière d'établissement, et ne souffre pas d'être plus pressé au sermon ou au théâtre que
dans sa chambre. Il n'y a dans un carrosse que les places
du fond qui lui conviennent; dans toute autre, si on veut
l'en croire, il pâlit et tombe en faiblesse. S'il fait un voyage
avec plusieurs, il les prévient dans les hôtelleries, et il
sait toujours se conserver dans la meilleure chambre le
meilleur lit : il tourne tout à son usage; ses valets, ceux
d'autrui, courent dans le même temps pour son service;
tout ce qu'il trouve sous sa main lui est propre, hardes,
équipages; il embarrasse tout le monde, ne se contraint
pour personne, ne plaint personne, ne connaît de maux
que les siens, que sa réplétion et sa bile, ne pleure point
la mort des autres, n'appréhende que la sienne, qu'il ra-
chèterait volontiers de l'extinction du genre humain.

*Cliton* n'a jamais eu toute sa vie que deux affaires, qui
sont de dîner le matin, et de souper le soir; il ne semble
né que pour la digestion; il n'a de même qu'un entretien :
il dit les entrées qui ont été servies au dernier repas où il
s'est trouvé; il dit combien il y a eu de potages, et quels

potages ; il place ensuite le rôt et les entremets ; il se souvient exactement de quels plats on a relevé le premier service ; il n'oublie pas les *hors-d'œuvre*, le fruit et les as-
siettes ; il nomme tous les vins et toutes les liqueurs dont
il a bu ; il possède le langage des cuisines autant qu'il peut
s'étendre, et il me fait envie de manger à une bonne table
où il ne soit point : il a surtout un palais sûr, qui ne prend
point le change ; et il ne s'est jamais vu exposé à l'horrible
inconvénient de manger un mauvais ragoût, ou de boire
d'un vin médiocre. C'est un personnage illustre dans son
genre, et qui a porté le talent de se bien nourrir jusques
où il pouvait aller ; on ne reverra plus un homme qui
mange tant et qui mange si bien : aussi est-il l'arbitre des
bons morceaux : et il n'est guère permis d'avoir du goût
pour ce qu'il désapprouve. Mais il n'est plus, il s'est fait
du moins porter à table jusqu'au dernier soupir ; il donnait à manger le jour qu'il est mort ; quelque part où il
soit, il mange ; et s'il revient au monde, c'est pour manger.

*Ruffin* commence à grisonner, mais il est sain, il a un
visage frais et un œil vif qui lui promettent encore vingt
années de vie ; il est gai, *jovial*, familier, indifférent ; il rit
de tout son cœur, et il rit tout seul et sans sujet ; il est content de soi, des siens, de sa petite fortune ; il dit qu'il est
heureux. Il perd son fils unique, jeune homme de grande
espérance, et qui pouvait un jour être l'honneur de sa famille ; il remet sur d'autres le soin de le pleurer : il dit,
*Mon fils est mort, cela fera mourir sa mère ;* et il est consolé. Il n'a point de passions, il n'a ni amis, ni ennemis ;
personne ne l'embarrasse, tout le monde lui convient,
tout lui est propre ; il parle à celui qu'il voit une première
fois avec la même liberté et la même confiance qu'à ceux

qu'il appelle de vieux amis, et il lui fait part bientôt de ses *quolibets* et de ses historiettes : on l'aborde, on le quitte sans qu'il y fasse attention, et le même conte qu'il a commencé de faire à quelqu'un, il l'achève à celui qui prend sa place.

N** est moins affaibli par l'âge que par la maladie, car il ne passe point soixante-huit ans; mais il a la goutte, et il est sujet à une colique néphrétique; il a le visage décharné, le teint verdâtre, et qui menace ruine : il fait marner sa terre, et il compte que de quinze ans entiers il ne sera obligé de la fumer ; il plante un jeune bois, et il espère qu'en moins de vingt années il lui donnera un beau couvert. Il fait bâtir dans la rue ** une maison de pierre de taille, raffermie dans les encoignures par des mains de fer, et dont il assure, en toussant et avec une voix frêle et débile, qu'on ne verra jamais la fin : il se promène tous les jours dans ses ateliers sur le bras d'un valet qui le soulage, il montre à ses amis ce qu'il a fait, et il leur dit ce qu'il a dessein de faire. Ce n'est pas pour ses enfants qu'il bâtit, car il n'en a point, ni pour ses héritiers, personnes viles, et qui se sont brouillées avec lui : c'est pour lui seul, et il mourra demain.

*Antagoras* a un visage trivial et populaire ; un suisse de paroisse ou le saint de pierre qui orne le grand autel n'est pas mieux connu que lui de toute la multitude. Il parcourt le matin toutes les chambres et tous les greffes d'un parlement, et le soir les rues et les carrefours d'une ville : il plaide depuis quarante ans, plus proche de sortir de la vie que de sortir d'affaires. Il n'y a point eu au Palais, depuis tout ce temps, de causes célèbres ou de procédures longues et embrouillées où il n'ait du moins intervenu : aussi a-t-il un nom fait pour remplir la bouche de l'avocat,

et qui s'accorde avec le demandeur ou le défendeur comme
le substantif et l'adjectif. Parent de tous, et haï de tous,
il n'y a guère de familles dont il ne se plaigne et qui ne se
plaignent de lui : appliqué successivement à saisir une
terre, à s'opposer au sceau, à se servir d'un *committimus*,
ou à mettre un arrêt à exécution. Outre qu'il assiste chaque
jour à quelques assemblées de créanciers, partout syndic
de directions, et perdant à toutes les banqueroutes, il a
des heures de reste pour ses visites : vieux meuble de
ruelle, où il parle procès et dit des nouvelles. Vous l'avez
laissé dans une maison au Marais, vous le retrouverez au
grand faubourg, où il vous a prévenu, et où déjà il redit ses
nouvelles et son procès. Si vous plaidez vous-même, et
que vous alliez le lendemain à la pointe du jour chez l'un de
vos juges pour le solliciter, le juge attend pour vous donner
audience qu'Antagoras soit expédié.

Tels hommes passent une longue vie à se défendre des
uns et à nuire aux autres, et ils meurent consumés de vieillesse, après avoir causé autant de maux qu'ils en ont souffert.

Il faut des saisies de terre et des enlèvements de meubles, des prisons et des supplices, je l'avoue : mais justice,
lois et besoins à part, ce m'est une chose toujours nouvelle de contempler avec quelle férocité les hommes traitent
d'autres hommes.

L'on voit[1] certains animaux farouches, des mâles et des
femelles : répandus par la campagne, noirs, livides, et
tout brûlés du soleil, attachés à la terre qu'ils fouillent et
qu'ils remuent avec une opiniâtreté invincible : ils ont
comme une voix articulée, et quand ils se lèvent sur leurs
pieds, ils montrent une face humaine, et en effet ils sont

---

[1] Les paysans et les laboureurs.

des hommes. Ils se retirent la nuit dans des tanières où ils vivent de pain noir, d'eau et de racines ; ils épargnent aux autres hommes la peine de semer, de labourer et de recueillir pour vivre, et méritent ainsi de ne pas manquer de ce pain qu'ils ont semé.

*Don Fernand* dans sa province est oisif, ignorant, médisant, querelleur, fourbe, intempérant, impertinent, mais il tire l'épée contre ses voisins, et pour un rien il expose sa vie : il a tué des hommes, il sera tué.

Le noble de province, inutile à sa patrie, à sa famille, et à lui-même, souvent sans toit, sans habit, sans aucun mérite, répète dix fois le jour qu'il est gentilhomme, traite les fourrures et les mortiers de bourgeoisie, occupé toute sa vie de ses parchemins et de ses titres, qu'il ne changerait pas contre les masses d'un chancelier.

Il se fait généralement dans tous les hommes des combinaisons infinies de la puissance, de la faveur, du génie, des richesses, des dignités, de la noblesse, de la force, de l'industrie, de la capacité, de la vertu, du vice, de la faiblesse, de la stupidité, de la pauvreté, de l'impuissance, de la roture et de la bassesse. Ces choses, mêlées ensemble en mille manières différentes, et compensées l'une par l'autre en divers sujets, forment aussi les divers états et les différentes conditions. Les hommes d'ailleurs, qui tous savent le fort et le faible les uns des autres, agissent aussi réciproquement comme ils croient le devoir faire, connaissent ceux qui leur sont égaux, sentent la supériorité que quelques-uns ont sur eux, et celle qu'ils ont sur quelques autres : et de là naissent entre eux ou la familiarité, ou le respect et la déférence, ou la fierté et le mépris. De cette source vient que, dans les endroits publics et où le monde se rassemble, on se trouve à tous moments entre celui que

l'on cherche à aborder ou à saluer, et cet autre que l'on
feint de ne pas connaître, et dont l'on veut encore moins
se laisser joindre ; que l'on se fait honneur de l'un, et qu'on
a honte de l'autre ; qu'il arrive même que celui dont vous
vous faites honneur, et que vous voulez retenir, est celui
aussi qui est embarrassé de vous, et qui vous quitte ; et que
le même est souvent celui qui rougit d'autrui, et dont on
rougit, qui dédaigne ici, et qui là est dédaigné : il est encore assez ordinaire de mépriser qui nous méprise. Quelle
misère ! et puisqu'il est vrai que, dans un si étrange commerce, ce que l'on pense gagner d'un côté on le perd de
l'autre, ne reviendrait-il pas au même de renoncer à toute
hauteur et à toute fierté, qui convient si peu aux faibles
hommes, et de composer ensemble, de se traiter tous avec
une mutuelle bonté, qui, avec l'avantage de n'être jamais
mortifiés, nous procurerait un aussi grand bien que celui
de ne mortifier personne ?

Bien loin de s'effrayer ou de rougir même du nom de
philosophe, il n'y a personne au monde qui ne dût avoir
une forte teinture de philosophie[1]. Elle convient à tout le
monde : la pratique en est utile à tous les âges, à tous les
sexes, et à toutes les conditions : elle nous console du bonheur d'autrui, des indignes préférences, des mauvais succès, du déclin de nos forces ou de notre beauté : elle nous
arme contre la pauvreté, la vieillesse, la maladie et la
mort, contre les sots et les mauvais railleurs : elle nous fait
vivre sans une femme, ou nous fait supporter celle avec
qui nous vivons.

Les hommes, en un même jour, ouvrent leur âme à de
petites joies, et se laissent dominer par de petits cha-

[1] L'on ne peut plus entendre que celle qui est dépendante de la religion chrétienne. (*La Bruyère.*)

grins : rien n'est plus inégal et moins suivi que ce qui se passe en si peu de temps dans leur cœur et dans leur esprit. Le remède à ce mal est de n'estimer les choses du monde précisément que ce qu'elles valent.

Il est aussi difficile de trouver un homme vain qui se croie assez heureux, qu'un homme modeste qui se croie trop malheureux.

Le destin du vigneron, du soldat et du tailleur de pierre m'empêche de m'estimer malheureux par la fortune des princes ou des ministres, qui me manque.

Il n'y a pour l'homme qu'un vrai malheur, qui est de se trouver en faute, et d'avoir quelque chose à se reprocher.

La plupart des hommes, pour arriver à leurs fins, sont plus capables d'un grand effort que d'une longue persévérance. Leur paresse ou leur inconstance leur fait perdre le fruit des meilleurs commencements. Ils se laissent souvent devancer par d'autres qui sont partis après eux, et qui marchent lentement, mais constamment.

J'ose presque assurer que les hommes savent encore mieux prendre des mesures que les suivre, résoudre ce qu'il faut faire et ce qu'il faut dire, que de faire ou de dire ce qu'il faut. On se propose fermement, dans une affaire qu'on négocie, de taire une certaine chose; et ensuite, ou par passion, ou par une intempérance de langue, ou dans la chaleur de l'entretien, c'est la première qui échappe.

Les hommes agissent mollement dans les choses qui sont de leur devoir, pendant qu'ils se font un mérite, ou plutôt une vanité, de s'empresser pour celles qui leur sont étrangères, et qui ne conviennent ni à leur état, ni à leur caractère.

La différence d'un homme qui se revêt d'un caractère étranger à lui-même, quand il rentre dans le sien, est celle d'un masque à un visage.

*Télèphe* a de l'esprit, mais dix fois moins, de compte fait, qu'il ne présume en avoir : il est donc, dans ce qu'il dit, dans ce qu'il fait, dans ce qu'il médite et ce qu'il projette, dix fois au delà de ce qu'il a d'esprit ; il n'est donc jamais dans ce qu'il a de force et d'étendue : ce raisonnement est juste. Il a comme une barrière qui le ferme, et qui devrait l'avertir de s'arrêter en deçà ; mais il passe outre, il se jette hors de sa sphère, il trouve lui-même son endroit faible, et se montre par cet endroit : il parle de ce qu'il ne sait point, ou de ce qu'il sait mal ; il entreprend au-dessus de son pouvoir, il désire au delà de sa portée ; il s'égale à ce qu'il y a de meilleur en tout genre ; il a du bon et du louable, qu'il offusque par l'affectation du grand ou du merveilleux : on voit clairement ce qu'il n'est pas, et il faut deviner ce qu'il est en effet. C'est un homme qui ne se mesure point, qui ne se connaît point : son caractère est de ne savoir pas se renfermer dans celui qui lui est propre, et qui est le sien.

L'homme du meilleur esprit est inégal, il souffre des accroissements et des diminutions ; il entre en verve, mais il en sort : alors, s'il est sage, il parle peu, il n'écrit point, il ne cherche point à imaginer ni à plaire. Chante-t-on avec un rhume? ne faut-il pas attendre que la voix revienne?

Le sot est *automate*, il est machine, il est ressort ; le poids l'emporte, le fait mouvoir, le fait tourner, et toujours, et dans le même sens, et avec la même égalité : il est uniforme, il ne se dément point ; qui l'a vu une

fois l'a vu dans tous les instants et dans toutes les
périodes de sa vie ; c'est tout au plus le bœuf qui meu-
gle, ou le merle qui siffle : il est fixé et déterminé par
sa nature, et j'ose dire par son espèce. Ce qui paraît le
moins en lui, c'est son âme : elle n'agit point, elle ne
s'exerce point, elle se repose.

Le sot ne meurt point ; ou si cela lui arrive, selon
notre manière de parler, il est vrai de dire qu'il gagne
à mourir, et que, dans ce moment où les autres meurent, il commence à vivre : son âme alors pense, raisonne,
infère, conclut, juge, prévoit, fait précisément tout ce
qu'elle ne faisait point ; elle se trouve dégagée d'une masse
de chair où elle était comme ensevelie sans fonction,
sans mouvement, sans aucun du moins qui fût digne
d'elle : je dirais presque qu'elle rougit de son propre
corps et des organes brutes et imparfaits auxquels elle
s'est vue attachée si longtemps, et dont elle n'a pu faire
qu'un sot et qu'un stupide ; elle va d'égal avec les grandes
âmes, avec celles qui font les bonnes têtes ou les hommes
d'esprit. L'âme d'*Alain* ne se démêle plus d'avec celles
du grand CONDÉ, de RICHELIEU, de PASCAL, et de LIN-
GENDES [1].

La fausse délicatesse dans les actions libres, dans les
mœurs ou dans la conduite, n'est pas ainsi nommée
parce qu'elle est feinte, mais parce qu'en effet elle
s'exerce sur des choses et en des occasions qui n'en méritent point. La fausse délicatesse de goût et de complexion, n'est telle au contraire, que parce qu'elle est

[1] Jean de Lingendes, évêque de Sarlat et ensuite de Mâcon, se dis-
tingua comme prélat et comme orateur ; il mourut en 1665. Un autre
Lingendes, de la même famille et de la compagnie de Jésus, eut de la
réputation comme prédicateur. C'est du premier sans doute que la
Bruyère parle ici.

feinte ou affectée : c'est *Émilie* qui crie de toute sa force sur un petit péril qui ne lui fait pas de peur ; c'est une autre qui par mignardise pâlit à la vue d'une souris, ou qui veut aimer les violettes et s'évanouir aux tubéreuses.

Qui oserait se promettre de contenter les hommes ? Un prince, quelque bon et quelque puissant qu'il fût, voudrait-il l'entreprendre ? Qu'il l'essaye ; qu'il se fasse lui-même une affaire de leurs plaisirs ; qu'il ouvre son palais à ses courtisans, qu'il les admette jusque dans son domestique ; que, dans des lieux dont la vue seule est un spectacle, il leur fasse voir d'autres spectacles ; qu'il leur donne le choix des jeux, des concerts, et de tous les rafraîchissements ; qu'il y ajoute une chère splendide et une entière liberté ; qu'il entre avec eux en société des mêmes amusements ; que le grand homme devienne aimable, et que le héros soit humain et familier : il n'aura pas assez fait. Les hommes s'ennuient enfin des mêmes choses qui les ont charmés dans leurs commencements ; ils déserteraient la *table des dieux* ; et le *nectar*, avec le temps, leur devient insipide. Ils n'hésitent pas de critiquer des choses qui sont parfaites ; il y entre de la vanité et une mauvaise délicatesse : leur goût, si on les en croit, est encore au delà de toute l'affectation qu'on aurait à les satisfaire, et d'une dépense toute royale que l'on ferait pour y réussir ; il s'y mêle de la malignité, qui va jusqu'à vouloir affaiblir dans les autres la joie qu'ils auraient de les rendre contents. Ces mêmes gens, pour l'ordinaire si flatteurs et si complaisants, peuvent se démentir ; quelquefois on ne les reconnaît plus, et l'on voit l'homme jusque dans le courtisan.

L'affectation dans le geste, dans le parler, et dans les

manières, est souvent une suite de l'oisiveté ou de l'indifférence, et il semble qu'un grand attachement ou de
sérieuses affaires jettent l'homme dans son naturel.

Les hommes n'ont point de caractères, ou s'ils en
ont, c'est celui de n'en avoir aucun qui soit suivi, qui
ne se démente point, et où ils soient reconnaissables. Ils
souffrent beaucoup à être toujours les mêmes, à persévérer dans la règle ou dans le désordre ; et s'ils se délassent
quelquefois d'une vertu par une autre vertu, ils se dégoûtent plus souvent d'un vice par un autre vice : ils ont
des passions contraires, et des faibles qui se contredisent ;
il leur coûte moins de joindre les extrémités que d'avoir
une conduite dont une partie naisse de l'autre : ennemis
de la modération, ils outrent toutes choses, les bonnes et
les mauvaises, dont, ne pouvant ensuite supporter l'excès,
ils l'adoucissent par le changement. *Adraste* était si corrompu et si libertin, qu'il lui a été moins difficile de suivre la mode et se faire dévot : il lui eût coûté davantage
d'être homme de bien.

D'où vient que les mêmes hommes qui ont un flegme
tout prêt pour recevoir indifféremment les plus grands
désastres s'échappent, et ont une bile intarissable sur
les plus petits inconvénients ? Ce n'est pas sagesse en eux
qu'une telle conduite, car la vertu est égale et ne se dément
point : c'est donc un vice ; et quel autre que la vanité, qui
ne se réveille et ne se recherche que dans les événements
où il y a de quoi faire parler le monde, et beaucoup à
gagner pour elle, mais qui se néglige sur tout le reste ?

L'on se repent rarement de parler peu ; très-souvent,
de trop parler : maxime usée et triviale, que tout le
monde sait, et que tout le monde ne pratique pas.

C'est se venger contre soi-même, et donner un trop

grand avantage à ses ennemis, que de leur imputer des choses qui ne sont pas vraies, et de mentir pour les décrier.

Si l'homme savait rougir de soi, quels crimes non-seulement cachés, mais publics et connus, ne s'épargnerait-il pas !

Si certains hommes ne vont pas dans le bien jusqu'où ils pourraient aller, c'est par le vice de leur première instruction.

Il y a dans quelques hommes une certaine médiocrité d'esprit qui contribue à les rendre sages.

Il faut aux enfants les verges et la férule : il faut aux hommes faits une couronne, un sceptre, un mortier, des fourrures, des faisceaux, des timbales, des hoquetons. La raison et la justice, dénuées de tous leurs ornements, ni ne persuadent, ni n'intimident. L'homme, qui est esprit, se mène par les yeux et les oreilles.

*Timon* ou le misanthrope peut avoir l'âme austère et farouche, mais extérieurement il est civil et *cérémonieux :* il ne s'échappe pas, il ne s'apprivoise pas avec les hommes ; au contraire, il les traite honnêtement et sérieusement ; il emploie à leur égard tout ce qui peut éloigner leur familiarité ; il ne veut pas les mieux connaître ni s'en faire des amis, semblable en ce sens à une femme qui est en visite chez une autre femme.

La raison tient de la vérité, elle est une : l'on n'y arrive que par un chemin, et l'on s'en écarte par mille. L'étude de la sagesse a moins d'étendue que celle que l'on ferait des sots et des impertinents. Celui qui n'a vu que des hommes polis et raisonnables, ou ne connaît pas l'homme, ou ne le connaît qu'à demi : quelque diversité qui se trouve dans les complexions ou dans les mœurs, le commerce du monde et la politesse donnent les mêmes apparences, font qu'on se ressemble les uns aux autres par des dehors qui plaisent réciproquement, qui semblent communs à tous, et qui font croire qu'il n'y a rien ailleurs qui ne s'y rapporte. Celui, au contraire, qui se jette dans le peuple ou dans la province y fait bientôt, s'il a des yeux, d'étranges découvertes, y voit des choses qui lui sont nouvelles, dont il ne se doutait pas, dont il ne pouvait avoir le moindre soupçon : il avance par des expériences continuelles dans la connaissance de l'humanité; il calcule presque en combien de manières différentes l'homme peut être insupportable.

Après avoir mûrement approfondi les hommes, et connu le faux de leurs pensées, de leurs sentiments, de leurs goûts et de leurs affections, l'on est réduit à dire qu'il y a moins à perdre pour eux par l'inconstance que par l'opiniâtreté.

Combien d'âmes faibles, molles et indifférentes, sans de grands défauts, et qui puissent fournir à la satire! Combien de sortes de ridicules répandus parmi les hommes, mais qui par leur singularité ne .tirent point à conséquence, et ne sont d'aucune ressource pour l'instruction et pour la morale! Ce sont des vices uniques qui ne sont pas contagieux, et qui sont moins de l'humanité que de la personne.

## CHAPITRE XII.

### *Des jugements.*

Rien ne ressemble mieux à la vive persuasion que le mauvais entêtement : de là les partis, les cabales. les hérésies.

L'on ne pense pas toujours constamment d'un même sujet : l'entêtement et le dégoût se suivent de près.

Les grandes choses étonnent, et les petites rebutent : nous nous apprivoisons avec les unes et les autres par l'habitude.

Deux choses toutes contraires nous préviennent également, l'habitude et la nouveauté.

Il n'y a rien de plus bas, et qui convienne mieux au peuple, que de parler en des termes magnifiques de ceux mêmes dont l'on pensait très-modestement avant leur élévation.

La faveur des princes n'exclut pas le mérite, et ne le suppose pas aussi.

Il est étonnant qu'avec tout l'orgueil dont nous sommes gonflés, et la haute opinion que nous avons de nous-mêmes et de la bonté de notre jugement, nous négligions de nous en servir pour prononcer sur le mérite des autres. La vogue, la faveur populaire, celle du prince, nous entraînent comme un torrent. Nous louons ce qui est loué, bien plus que ce qui est louable.

Je ne sais s'il y a rien au monde qui coûte davantage à approuver et à louer que ce qui est plus digne d'approbation et de louange, et si la vertu, le mérite, la beauté, les bonnes actions, les beaux ouvrages, ont un effet plus naturel et plus sûr que l'envie, la jalousie et l'antipathie. Ce n'est pas d'un saint dont un dévot[1] sait dire du bien, mais d'un autre dévot. Si une belle femme approuve la beauté d'une autre femme, on peut conclure qu'elle a mieux que ce qu'elle approuve. Si un poëte loue les vers d'un autre poëte, il y a à parier qu'ils sont mauvais et sans conséquence.

[1] Faux dévot. ( *La Bruyère.* )

Les hommes ne se goûtent qu'à peine les uns les autres, n'ont qu'une faible pente à s'approuver réciproquement : action, conduite, pensée, expression, rien ne plaît, rien ne contente. Ils substituent à la place de ce qu'on leur récite, de ce qu'on leur dit, ou de ce qu'on leur lit, ce qu'ils auraient fait eux-mêmes en pareille conjoncture, ce qu'ils penseraient ou ce qu'ils écriraient sur un tel sujet; et ils sont si pleins de leurs idées, qu'il n'y a plus de place pour celles d'autrui.

Le commun des hommes est si enclin au déréglement et à la bagatelle, et le monde est si plein d'exemples ou pernicieux ou ridicules, que je croirais assez que l'esprit de singularité, s'il pouvait avoir ses bornes et ne pas aller trop loin, approcherait fort de la droite raison et d'une conduite régulière.

Il faut faire comme les autres : maxime suspecte, qui signifie presque toujours, Il faut mal faire, dès qu'on l'étend au delà de ces choses purement extérieures qui n'ont point de suite, qui dépendent de l'usage, de la mode ou des bienséances.

Si les hommes sont hommes plutôt qu'ours ou panthères, s'ils sont équitables, s'ils se font justice à eux-mêmes et qu'ils la rendent aux autres, que deviennent les lois, leur texte, et le prodigieux accablement de leurs commentaires? que devient le *pétitoire* et le *possessoire*, et tout ce qu'on appelle jurisprudence? où se réduisent même ceux qui doivent tout leur relief et toute leur enflure à l'autorité où ils sont établis de faire valoir ces mêmes lois? Si ces mêmes hommes ont de la droiture et de la sincérité, s'ils sont guéris de la prévention, où sont évanouies les disputes de l'école, la scolastique et les controverses? S'ils sont tempérants, chastes et modérés, que leur sert le mystérieux jargon de la médecine, et qui est une mine d'or pour ceux qui s'avisent de le parler? Légistes, docteurs, médecins, quelle chute pour vous, si nous pouvions tous nous donner le mot de devenir sages!

De combien de grands hommes dans les différents exercices de la paix et de la guerre aurait-on dû se passer! A quel point de perfection et de raffinement n'a-t-on pas porté de certains arts et de certaines sciences qui ne devaient point être nécessaires, et qui sont dans le monde comme des remèdes à tous les maux dont notre malice est l'unique source!

Que de choses depuis VARRON, que Varron a ignorées! Ne nous suffirait-il pas même de n'être savants que comme PLATON ou comme SOCRATE?

Tel, à un sermon, à une musique, ou dans une galerie de peintures, a entendu à sa droite et à sa gauche, sur une chose précisément la même, des sentiments précisément opposés. Cela me ferait dire volontiers que l'on peut hasarder, dans tout genre d'ouvrages, d'y mettre le bon et le mauvais : le bon plaît aux uns, et le mauvais aux autres; l'on ne risque guère davantage d'y mettre le pire, il a ses partisans.

Le phénix de la poésie *chantante* renaît de ses cendres; il a vu mourir et revivre sa réputation en un même jour. Ce juge même si infaillible et si ferme dans ses jugements, le public, a varié sur son sujet; ou il se trompe, ou il s'est trompé : celui qui prononcerait aujourd'hui que Quinault, en un certain genre, est un mauvais poëte; parlerait presque aussi mal que s'il eût dit il y a quelque temps, *Il est bon poëte.*

C. P. [1] était riche, et C. N. [2] ne l'était pas : la *Pucelle*

---

[1] Chapelain.                     [2] Corneille.

et *Rodogune* méritaient chacune une autre aventure. Ainsi l'on a toujours demandé pourquoi, dans telle ou telle profession, celui-ci avait fait sa fortune, et cet autre l'avait manquée; et en cela les hommes cherchent la raison de leurs propres caprices, qui, dans les conjonctures pressantes de leurs affaires, de leurs plaisirs, de leur santé et de leur vie, leur font souvent laisser les meilleures et prendre les pires.

La condition des comédiens était infâme chez les Romains, et honorable chez les Grecs : qu'est-elle chez nous? On pense d'eux comme les Romains, on vit avec eux comme les Grecs.

Il suffisait à *Bathylle* d'être pantomime pour être couru des dames romaines ; à *Rhoé*, de danser au théâtre ; à *Roscie* et à *Nérine*, de représenter dans les chœurs, pour s'attirer une foule d'amants. La vanité et l'audace, suites d'une trop grande puissance, avaient ôté aux Romains le goût du secret et du mystère ; ils se plaisaient à faire du théâtre public celui de leurs amours : ils n'étaient point jaloux de l'amphithéâtre, et partageaient avec la multitude les charmes de leurs maîtresses. Leur goût n'allait qu'à laisser voir qu'ils aimaient, non pas une belle personne, ou une excellente comédienne, mais une comédienne.

Rien ne découvre mieux dans quelle disposition sont les hommes à l'égard des sciences et des belles-lettres, et de quelle utilité ils les croient dans la république, que le prix qu'ils y ont mis, et l'idée qu'ils se forment de ceux qui ont pris le parti de les cultiver. Il n'y a point d'art si mécanique, ni de si vile condition, où les avantages ne soient plus sûrs, plus prompts et plus solides. Le comédien couché dans son carrosse jette de la boue au visage de Cor-

LLE, qui est à pied. Chez plusieurs, savant et pédant sont synonymes.

Souvent où le riche parle, et parle de doctrine, c'est aux doctes à se taire, à écouter, à applaudir, s'ils veulent du moins ne passer que pour doctes.

Il y a une sorte de hardiesse à soutenir devant certains esprits la honte de l'érudition : l'on trouve chez eux une prévention tout établie contre les savants, à qui ils ôtent les manières du monde, le savoir-vivre, l'esprit de société, et qu'ils renvoient ainsi dépouillés à leur cabinet et à leurs livres. Comme l'ignorance est un état paisible, et qui ne coûte aucune peine, l'on s'y range en foule, et elle forme à la cour et à la ville un nombreux parti qui l'emporte sur celui des savants. S'ils allèguent en leur faveur les noms d'ESTRÉES, de HARLAY, BOSSUET, SÉGUIER, MONTAUSIER, VARDES, CHEVREUSE, NOVION, LAMOIGNON, SCUDÉRY[1], PELLISSON, et de tant d'autres personnages également doctes et polis ; s'ils osent même citer les grands noms de CHARTRES, de CONDÉ, de CONTI, de BOURBON, du MAINE, de VENDÔME, comme de princes qui ont su joindre aux plus belles et aux plus hautes connaissances et l'atticisme des Grecs et l'urbanité des Romains, l'on ne feint point de leur dire que ce sont des exemples singuliers ; et s'ils ont recours à de solides raisons, elles sont faibles contre la voix de la multitude. Il semble néanmoins que l'on devrait décider sur cela avec plus de précaution, et se donner seulement la peine de douter si ce même esprit qui fait faire de si grands progrès dans les sciences, qui fait bien penser, bien juger, bien parler, et bien écrire, ne pourrait point encore servir à être poli.

---

[1] Mademoiselle de Scudéry. (*La Bruyère.*)

Il faut très-peu de fonds pour la politesse dans les manières : il en faut beaucoup pour celle de l'esprit.

Il est savant, dit un politique, il est donc incapable d'affaires ; je ne lui confierais pas l'état de ma garde-robe ; et
il a raison. Ossat, Ximenès, Richelieu, étaient savants :
étaient-ils habiles ? ont-ils passé pour de bons ministres ?
Il sait le grec, continue l'homme d'État ; c'est un grimaud,
c'est un philosophe. Et en effet, une fruitière à Athènes,
selon les apparences, parlait grec, et par cette raison était
philosophe. Les Bignon, les Lamoignon, étaient de purs
grimauds ; qui en peut douter ? ils savaient le grec. Quelle
vision, quel délire au grand, au sage, au judicieux Anto-
nin, de dire qu'*alors les peuples seraient heureux, si
l'empereur philosophait, ou si le philosophe, ou le grimaud, venait à l'empire !*

Les langues sont la clef ou l'entrée des sciences, et rien
davantage : le mépris des unes tombe sur les autres. Il ne
s'agit point si les langues sont anciennes ou nouvelles,
mortes ou vivantes ; mais si elles sont grossières ou polies,
si les livres qu'elles ont formés sont d'un bon ou d'un
mauvais goût. Supposons que notre langue pût un jour avoir
le sort de la grecque et de la latine ; serait-on pédant, quelques siècles après qu'on ne la parlerait plus, pour lire
Molière ou la Fontaine ?

Je nomme *Euripile*, et vous dites : C'est un bel esprit ;
vous dites aussi de celui qui travaille une poutre, Il est
charpentier ; et de celui qui refait un mur, Il est maçon.
Je vous demande quel est l'atelier où travaille cet homme
de métier, ce bel esprit ? quelle est son enseigne ? à quel
habit le reconnaît-on ? quels sont ses outils ? est-ce le coin ?
sont-ce le marteau ou l'enclume ? où fend-il, où cogne-t-il
son ouvrage ? où l'expose-t-il en vente ? un ouvrier se pi-

que d'être ouvrier ; Euripile se pique-t-il d'être bel esprit ?
S'il est tel, vous me peignez un fat qui met l'esprit en roture, une âme vile et mécanique à qui ni ce qui est beau
ni ce qui est esprit ne sauraient s'appliquer sérieusement ;
et s'il est vrai qu'il ne se pique de rien, je vous entends,
c'est un homme sage et qui a de l'esprit. Ne dites-vous pas
encore du savantasse, Il est bel esprit, et ainsi du mauvais
poëte ? Mais vous-même vous croyez-vous sans aucun esprit ? et si vous en avez, c'est sans doute de celui qui est
beau et convenable ; vous voilà donc un bel esprit : ou
s'il s'en faut peu que vous ne preniez ce nom pour une injure, continuez, j'y consens, de le donner à Euripile, et
d'employer cette ironie, comme les sots, sans le moindre
discernement, ou comme les ignorants qu'elle console d'une
certaine culture qui leur manque, et qu'ils ne voient que
dans les autres.

   Qu'on ne me parle jamais d'encre, de papier, de plume,
de style, d'imprimeur, d'imprimerie ; qu'on ne se hasarde
plus de me dire : Vous écrivez si bien, *Antisthène !* continuez d'écrire, ne verrons-nous point de vous un *in-folio ?*
traitez de toutes les vertus et de tous les vices dans un ouvrage suivi, méthodique, qui n'ait point de fin ; ils devraient ajouter, Et nul cours. Je renonce à tout ce qui a
été, qui est et qui sera livre. *Bérylle* tombe en syncope à
la vue d'un chat, et moi à la vue d'un livre. Suis-je mieux
nourri et plus lourdement vêtu, suis-je dans ma chambre
à l'abri du nord, ai-je un lit de plume, après vingt ans entiers qu'on me débite dans la place ? J'ai un grand nom,
dites-vous, et beaucoup de gloire ; dites que j'ai beaucoup
de vent qui ne sert à rien : ai-je un grain de ce métal qui
procure toutes choses ? Le vil praticien grossit son mémoire, se fait rembourser de frais qu'il n'avance pas, et

il a pour gendre un comte ou un magistrat. Un homme
*rouge* ou *feuille-morte*[1] devient commis, et bientôt plus
riche que son maître ; il le laisse dans la roture, et avec de
l'argent il devient noble. B\*\*[2] s'enrichit à montrer dans un
cercle des marionnettes ; BB\*\*[3], à vendre en bouteille l'eau
de la rivière. Un autre charlatan[4] arrive ici de delà les monts
avec une malle ; il n'est pas déchargé, que les pensions
courent ; et il est prêt de retourner d'où il arrive, avec des
mulets et des fourgons. *Mercure* est *Mercure*, et rien davantage, et l'or ne peut payer ses médiations et ses intrigues : on y ajoute la faveur et les distinctions. Et, sans
parler que des gains licites, on paye au tuilier sa tuile, et
à l'ouvrier son temps et son ouvrage : paye-t-on à un auteur ce qu'il pense et ce qu'il écrit? et s'il pense très-bien,
le paye-t-on très-largement? se meuble-t-il, s'anoblit-il à
force de penser et d'écrire juste? Il faut que les hommes
soient habillés, qu'ils soient rasés ; il faut que, retirés
dans leurs maisons, ils aient une porte qui ferme bien :
est-il nécessaire qu'ils soient instruits? Folie, simplicité,
imbécillité, continue Antisthène, de mettre l'enseigne d'auteur ou de philosophe! Avoir, s'il se peut, un *office lucratif*,
qui rende la vie aimable, qui fasse prêter à ses amis, et
donner à ceux qui ne peuvent rendre : écrire alors par
jeu, par oisiveté, et comme *Tityre* siffle ou joue de la
flûte ; cela, ou rien : j'écris à ces conditions, et je cède
ainsi à la violence de ceux qui me prennent à la gorge, et
me disent, Vous écrirez. Ils liront pour titre de mon nou-

---

[1] Un laquais, à cause des habits de livrée, qui étaient souvent de couleur *rouge* ou *feuille-morte*.

[2] Benoît, qui a amassé du bien en montrant des figures de cire.

[3] Barbereau, qui a fait fortune en vendant de l'eau de la rivière de
Seine pour des eaux minérales.

[4] Caretti, qui s'est enrichi par quelques secrets qu'il vendait fort
cher.

veau livre : DU BEAU, DU BON, DU VRAI; DES IDÉES ; DU PREMIER PRINCIPE ; *par Antisthène, vendeur de marée.*

Si les ambassadeurs[1] des princes étrangers étaient des singes instruits à marcher sur leurs pieds de derrière, et à se faire entendre par interprète, nous ne pourrions pas marquer un plus grand étonnement que celui que nous donnent la justesse de leurs réponses, et le bon sens qui paraît quelquefois dans leurs discours. La prévention du pays, jointe à l'orgueil de la nation, nous fait oublier que la raison est de tous les climats, et que l'on pense juste partout où il y a des hommes. Nous n'aimerions pas à être traités ainsi de ceux que nous appelons barbares ; et s'il y a en nous quelque barbarie, elle consiste à être épouvantés de voir d'autres peuples raisonner comme nous.

Tous les étrangers ne sont pas barbares, et tous nos compatriotes ne sont pas civilisés : de même toute campagne n'est pas agreste[2], et toute ville n'est pas polie. Il y a dans l'Europe un endroit d'une province maritime d'un grand royaume, où le villageois est doux et insinuant, le bourgeois au contraire et le magistrat grossiers, et dont la rusticité est héréditaire.

Avec un langage si pur, une si grande recherche dans nos habits, des mœurs si cultivées, de si belles lois et un visage blanc, nous sommes barbares pour quelques peuples.

Si nous entendions dire des Orientaux qu'ils boivent ordinairement d'une liqueur qui leur monte à la tête, leur fait perdre la raison et les fait vomir, nous dirions : Cela est bien barbare.

Ce prélat se montre peu à la cour, il n'est de nul com-

---

[1] Ceux de Siam, qui vinrent à Paris dans ce temps-là.
[2] Ce terme s'entend ici métaphoriquement. ( *La Bruyère.* )

merce, on ne le voit point avec des femmes, il ne joue ni
à grande ni à petite prime, il n'assiste ni aux fêtes ni aux
spectacles, il n'est point homme de cabale, et il n'a point
l'esprit d'intrigue; toujours dans son· évêché, où il fait
une résidence continuelle, il ne songe qu'à instruire son
peuple par la parole, et à l'édifier par son exemple; il
consume son bien en des aumônes, et son corps par la pénitence; il n'a que l'esprit de régularité, et il est imitateur
du zèle et de la piété des apôtres. Les temps sont changés,
et il est menacé sous ce règne d'un titre plus éminent.

Ne pourrait-on point faire comprendre aux personnes
d'un certain caractère et d'une profession sérieuse, pour
ne rien dire de plus, qu'ils ne sont point obligés à faire
dire d'eux qu'ils jouent, qu'ils chantent et qu'ils badinent
comme les autres hommes, et qu'à les voir si plaisants et
si agréables, on ne croirait point qu'ils fussent d'ailleurs
si réguliers et si sévères? Oserait-on même leur insinuer
qu'ils s'éloignent par de telles manières de la politesse dont
ils se piquent, qu'elle assortit au contraire et conforme les
dehors aux conditions, qu'elle évite le contraste, et de
montrer le même homme sous des figures différentes, et
qui font de lui un composé bizarre, ou un grotesque?

Il ne faut pas juger des hommes comme d'un tableau ou
d'une figure, sur une seule et première vue; il y a un
intérieur et un cœur qu'il faut approfondir : le voile de la
modestie couvre le mérite, et le masque de l'hypocrisie
cache la malignité. Il n'y a qu'un très-petit nombre de connaisseurs qui discerne, et qui soit en droit de prononcer.
Ce n'est que peu à peu, et forcés même par le temps et les
occasions, que la vertu parfaite et le vice consommé viennent enfin à se déclarer.

### FRAGMENT.

« ..... Il disait[1] que l'esprit dans cette belle personne
« était un diamant bien mis en œuvre. Et, continuant de
« parler d'elle : C'est, ajoutait-il, comme une nuance de
« raison et d'agrément qui occupe les yeux et le cœur de
« ceux qui lui parlent ; on ne sait si on l'aime ou si on
« l'admire : il y a en elle de quoi faire une parfaite amie,
« il y a aussi de quoi vous mener plus loin que l'amitié :
« trop jeune et trop fleurie pour ne pas plaire, mais trop
« modeste pour songer à plaire, elle ne tient compte aux
« hommes que de leur mérite, et ne croit avoir que des
« amis. Pleine de vivacité et capable de sentiments, elle
« surprend et elle intéresse ; et, sans rien ignorer de ce qui
« peut entrer de plus délicat et de plus fin dans les conver-
« sations, elle a encore ces saillies heureuses qui, entre
« autres plaisirs qu'elles font, dispensent toujours de la
« réplique : elle vous parle comme celle qui n'est pas sa-
« vante, qui doute et qui cherche à s'éclaircir ; et elle vous
« écoute comme celle qui sait beaucoup, qui connaît le prix
« de ce que vous lui dites, et auprès de qui vous ne perdez
« rien de ce qui vous échappe. Loin de s'appliquer à vous
« contredire avec esprit, et d'imiter *Elvire*, qui aime
« mieux passer pour une femme vive que marquer du bon
« sens et de la justesse, elle s'approprie vos sentiments,

---

[1] Ce portrait est celui de Catherine Turgot, femme de Gilles d'Ali-
gre, seigneur de Boislandrie, conseiller au parlement, etc. Catherine
Turgot épousa en secondes noces Batte de Chevilly, capitaine au régi-
ment des gardes françaises, et fut aimée de Chaulieu, qui lui a adressé
plusieurs pièces de vers sous le nom d'Iris, de Cathin, etc. C'est Chaulieu lui-même qui nous apprend que la Bruyère fit son portrait sous
le nom d'Artenice : « C'était, dit-il, la plus jolie femme que j'aie con-
« nue, qui joignait à une figure très-aimable la douceur de l'humeur,
« et tout le brillant de l'esprit ; personne n'a jamais mieux écrit qu'elle,
« et peu aussi bien. » (*Voyez* l'édition de Chaulieu ; la Haye, 1774,
tome I, page 34). (*Note communiquée par M. Aimé-Martin*).

« elle les croit siens, elle les étend, elle les embellit; vous
« êtes content de vous d'avoir pensé si bien, et d'avoir
« mieux dit encore que vous n'aviez cru. Elle est toujours
« au-dessus de la vanité, soit qu'elle parle, soit qu'elle
« écrive; elle oublie les traits où il faut des raisons; elle a
« déjà compris que la simplicité est éloquente. S'il s'agit
« de servir quelqu'un et de vous jeter dans les mêmes inté-
« rêts, laissant à Elvire les jolis discours et les belles-lettres
« qu'elle met à tous usages, *Artenice* n'emploie auprès de
« vous que la sincérité, l'ardeur, l'empressement, et la
« persuasion. Ce qui domine en elle, c'est le plaisir de la
« lecture, avec le goût des personnes de nom et de répu-
« tation, moins pour en être connue que pour les connaître.
« On peut la louer d'avance de toute la sagesse qu'elle aura
« un jour, et de tout le mérite qu'elle se prépare par les
« années, puisqu'avec une bonne conduite, elle a de meil-
« leures intentions, des principes sûrs, utiles à celles qui
« sont comme elle exposées aux soins et à la flatterie; et
« qu'étant assez particulière, sans pourtant être farouche,
« ayant même un peu de penchant pour la retraite, il ne
« lui saurait peut-être manquer que les occasions, ou ce
« qu'on appelle un grand théâtre, pour y faire briller toutes
« ses vertus. »

Une belle femme est aimable dans son naturel; elle ne
perd rien à être négligée, et sans autre parure que celle
qu'elle tire de sa beauté et de sa jeunesse : une grâce naïve
éclate sur son visage, anime ses moindres actions; il y
aurait moins de péril à la voir avec tout l'attirail de l'ajustement et de la mode. De même un homme de bien est res-
pectable par lui-même, et indépendamment de tous les
dehors dont il voudrait s'aider pour rendre sa personne

plus grave et sa vertu plus spécieuse. Un air réformé, une modestie outrée, la singularité de l'habit, une ample calotte, n'ajoutent rien à la probité, ne relèvent pas le mérite; ils le fardent, et font peut-être qu'il est moins pur et moins ingénu.

Une gravité trop étudiée devient comique; ce sont comme des extrémités qui se touchent, et dont le milieu est dignité : cela ne s'appelle pas être grave, mais en jouer le personnage : celui qui songe à le devenir ne le sera jamais. Ou la gravité n'est point, ou elle est naturelle; et il est moins difficile d'en descendre que d'y monter.

Un homme de talent et de réputation, s'il est chagrin et austère, il effarouche les jeunes gens, les fait penser mal de la vertu, et la leur rend suspecte d'une trop grande réforme et d'une pratique trop ennuyeuse : s'il est au contraire d'un bon commerce, il leur est une leçon utile, il leur apprend qu'on peut vivre gaiement et laborieusement, avoir des vues sérieuses sans renoncer aux plaisirs honnêtes; il leur devient un exemple qu'on peut suivre.

La physionomie n'est pas une règle qui nous soit donnée pour juger des hommes : elle nous peut servir de conjecture.

L'air spirituel est dans les hommes ce que la régularité des traits est dans les femmes : c'est le genre de beauté où les plus vains puissent aspirer.

Un homme qui a beaucoup de mérite et d'esprit, et qui est connu pour tel, n'est pas laid, même avec des traits qui sont difformes; ou s'il a de la laideur, elle ne fait pas son impression.

Combien d'art pour rentrer dans la nature! combien de temps, de règles, d'attention et de travail pour danser avec la même liberté et la même grâce que l'on sait marcher;

LA BRUYÈRE.

pour chanter comme on parle; parler et s'exprimer comme l'on pense; jeter autant de force, de vivacité, de passion et de persuasion dans un discours étudié et que l'on prononce dans le public, qu'on en a quelquefois naturellement et sans préparation dans les entretiens les plus familiers !

Ceux qui, sans nous connaître assez, pensent mal de nous, ne nous font pas de tort : ce n'est pas nous qu'ils attaquent, c'est le fantôme de leur imagination.

Il y a de petites règles, des devoirs, des bienséances, attachés aux lieux, aux temps, aux personnes, qui ne se devinent point à force d'esprit, et que l'usage apprend sans nulle peine : juger des hommes par les fautes qui leur échappent en ce genre, avant qu'ils soient assez instruits, c'est en juger par leurs ongles ou par la pointe de leurs cheveux ; c'est vouloir un jour être détrompé.

Je ne sais s'il est permis de juger des hommes par une faute qui est unique; et si un besoin extrême, ou une violente passion, ou un premier mouvement, tirent à conséquence.

Le contraire des bruits qui courent des affaires ou des personnes est souvent la vérité.

Sans une grande roideur et une continuelle attention à toutes ses paroles, on est exposé à dire en moins d'une heure le oui ou le non sur une même chose ou sur une même personne, déterminé seulement par un esprit de société et de commerce, qui entraîne naturellement à ne pas contredire celui-ci et celui-là, qui en parlent différemment.

Un homme partial est exposé à de petites mortifications; car, comme il est également impossible que ceux qu'il favorise soient toujours heureux ou sages, et que ceux contre qui il se déclare soient toujours en faute ou malheureux, il naît de là qu'il lui arrive souvent de perdre contenance dans le public, ou par le mauvais succès de ses amis, ou par une nouvelle gloire qu'acquièrent ceux qu'il n'aime point.

Un homme sujet à se laisser prévenir, s'il ose remplir une dignité ou séculière ou ecclésiastique, est un aveugle qui veut peindre, un muet qui s'est chargé d'une harangue, un sourd qui juge d'une symphonie : faibles images, et qui n'expriment qu'imparfaitement la misère de la prévention ! Il faut ajouter qu'elle est un mal désespéré, incurable, qui infecte tous ceux qui s'approchent du malade, qui fait déserter les égaux, les inférieurs, les parents, les amis, jusqu'aux médecins : ils sont bien éloignés de le guérir, s'ils ne peuvent le faire convenir de sa maladie, ni des remèdes, qui seraient d'écouter, de douter, de s'informer, et de s'éclaircir. Les flatteurs, les fourbes, les calomniateurs, ceux qui ne délient leur langue que pour le mensonge et l'intérêt, sont les charlatans en qui il se confie, et qui lui font avaler tout ce qui leur plaît : ce sont eux aussi qui l'empoisonnent et qui le tuent.

La règle de Descartes, qui ne veut pas qu'on décide sur les moindres vérités avant qu'elles soient connues clairement et distinctement, est assez belle et assez juste pour devoir s'étendre au jugement que l'on fait des personnes.

Rien ne nous venge mieux des mauvais jugements que les hommes font de notre esprit, de nos mœurs et de nos manières, que l'indignité et le mauvais caractère de ceux qu'ils approuvent.

Du même fonds dont on néglige un homme de mérite, l'on sait encore admirer un sot.

Un sot est celui qui n'a pas même ce qu'il faut d'esprit pour être fat.

Un fat est celui que les sots croient un homme de mérite.

L'impertinent est un fat outré. Le fat lasse, ennuie, dégoûte, rebute ; l'impertinent rebute, aigrit, irrite, offense ; il commence où l'autre finit.

Le fat est entre l'impertinent et le sot : il est composé de l'un et de l'autre.

Les vices partent d'une dépravation du cœur ; les défauts, d'un vice de tempérament ; le ridicule, d'un défaut d'esprit.

L'homme ridicule est celui qui, tant qu'il demeure tel, a les apparences du sot.

Le sot ne se tire jamais du ridicule, c'est son caractère : l'on y entre quelquefois avec de l'esprit, mais l'on en sort.

Une erreur de fait jette un homme sage dans le ridicule.

La sottise est dans le sot, la fatuité dans le fat, et l'impertinence dans l'impertinent : il semble que le ridicule réside tantôt dans celui qui en effet est ridicule, et tantôt dans l'imagination de ceux qui croient voir le ridicule où il n'est point et ne peut être.

La grossièreté, la rusticité, la brutalité, peuvent être les vices d'un homme d'esprit.

Le stupide est un sot qui ne parle point, en cela plus supportable que le sot qui parle.

La même chose souvent est, dans la bouche d'un homme d'esprit, une naïveté ou un bon mot ; et dans celle du sot, une sottise.

Si le fat pouvait craindre de mal parler, il sortirait de son caractère.

L'une des marques de la médiocrité de l'esprit est de toujours conter.

Le sot est embarrassé de sa personne ; le fat a l'air libre

et assuré ; l'impertinent passe à l'effronterie ; le mérite a de la pudeur.

Le suffisant est celui en qui la pratique de certains détails, que l'on honore du nom d'affaires, se trouve jointe à une très-grande médiocrité d'esprit.

Un grain d'esprit, et une once d'affaires plus qu'il n'en entre dans la composition du suffisant, font l'important.

Pendant qu'on ne fait que rire de l'important, il n'a pas un autre nom : dès qu'on s'en plaint, c'est l'arrogant.

L'honnête homme tient le milieu entre l'habile homme et l'homme de bien, quoique dans une distance inégale de ces deux extrêmes.

La distance qu'il y a de l'honnête homme à l'habile homme s'affaiblit de jour à autre, et est sur le point de disparaître.

L'habile homme est celui qui cache ses passions, qui entend ses intérêts, qui y sacrifie beaucoup de choses, qui a su acquérir du bien ou en conserver.

L'honnête homme est celui qui ne vole pas sur les grands chemins, et qui ne tue personne, dont les vices enfin ne sont pas scandaleux.

On connaît assez qu'un homme de bien est honnête homme ; mais il est plaisant d'imaginer que tout honnête homme n'est pas homme de bien.

L'homme de bien est celui qui n'est ni un saint, ni un dévot [1], et qui s'est borné à n'avoir que de la vertu.

Talent, goût, esprit, bon sens, choses différentes, non incompatibles.

Entre le bon sens et le bon goût il y a la différence de la cause à son effet.

[1] Faux dévot (*La Bruyère*).

Entre esprit et talent, il y a la proportion du tout à sa partie.

Appellerai-je homme d'esprit celui qui, borné et renfermé dans quelque art, ou même dans une certaine science qu'il exerce dans une grande perfection, ne montre hors de là ni jugement, ni mémoire, ni vivacité, ni mœurs, ni conduite; qui ne m'entend pas, qui ne pense point, qui s'énonce mal; un musicien, par exemple, qui, après m'avoir comme enchanté par ses accords, semble s'être remis avec son luth dans un même étui, ou n'être plus, sans cet instrument, qu'une machine démontée, à qui il manque quelque chose, et dont il n'est plus permis de rien attendre?

Que dirai-je encore de l'esprit du jeu? pourrait-on me le définir? ne faut-il ni prévoyance, ni finesse, ni habileté, pour jouer l'hombre ou les échecs? et s'il en faut, pourquoi voit-on des imbéciles qui y excellent, et de très-beaux génies qui n'ont pu même atteindre la médiocrité, à qui une pièce ou une carte dans les mains trouble la vue, et fait perdre contenance?

Il y a dans le monde quelque chose, s'il se peut, de plus incompréhensible. Un homme [1] paraît grossier, lourd, stupide; il ne sait pas parler, ni raconter ce qu'il vient de voir : s'il se met à écrire, c'est le modèle des bons contes; il fait parler les animaux, les arbres, les pierres, tout ce qui ne parle point : ce n'est que légèreté, qu'élégance, que beau naturel et que délicatesse dans ses ouvrages.

Un autre est simple [2], timide, d'une ennuyeuse conversation; il prend un mot pour un autre, et il ne juge de la bonté de sa pièce que par l'argent qui lui en revient; il ne

[1] La Fontaine.
[2] Pierre Corneille.

**sait** pas la réciter, ni lire son écriture. Laissez-le s'élever par la composition, il n'est pas au-dessous d'AUGUSTE, de POMPÉE, de NICOMÈDE, d'HÉRACLIUS ; il est roi, et un grand roi ; il est politique, il est philosophe : il entreprend de faire parler des héros, de les faire agir ; il peint les Romains ; ils sont plus grands et plus Romains dans ses vers que dans leur histoire.

Voulez-vous [1] quelque autre prodige? concevez un homme facile, doux, complaisant, traitable, et tout d'un coup violent, colère, fougueux, capricieux : imaginez-vous un homme simple, ingénu, crédule, badin, volage, un enfant en cheveux gris ; mais permettez-lui de se recueillir, ou plutôt de se livrer à un génie qui agit en lui, j'ose dire, sans qu'il y prenne part, et comme à son insu : quelle verve ! quelle élévation ! quelles images ! quelle latinité ! Parlez-vous d'une même personne? me direz-vous. Oui, du même, de *Théodas*, et de lui seul. Il crie, il s'agite, il se roule à terre, il se relève, il tonne, il éclate ; et du milieu de cette tempête il sort une lumière qui brille qui réjouit : disons-le sans figure, il parle comme un fou, et pense comme un homme sage ; il dit ridiculement des choses vraies, et follement des choses sensées et raisonnables : on est surpris de voir naître et éclore le bon sens du sein de la bouffonnerie, parmi les grimaces et les contorsions. Qu'ajouterai-je davantage? il dit et il fait mieux qu'il ne sait : ce sont en lui comme deux âmes qui ne se connaissent point, qui ne dépendent point l'une de l'autre, qui ont chacune leur tour, ou leurs fonctions toutes séparées. Il manquerait un trait à cette peinture si surprenante, si j'oubliais de dire qu'il est tout à la fois avide et

---

[1] Santeuil, religieux de Saint-Victor, auteur des hymnes du nouveau Bréviaire, et un de nos meilleurs poëtes latins modernes. Il est mort en 1697.

insatiable de louanges , près de se jeter aux yeux de ses
critiques, et dans le fond assez docile pour profiter de leur
censure. Je commence à me persuader moi-même que j'ai
fait le portrait de deux personnages tout différents : il ne
serait pas même impossible d'en trouver un troisième dans
Théodas, car il est bon homme, il est plaisant homme, et
il est excellent homme.

Après l'esprit de discernement, ce qu'il y a au monde
de plus rare, ce sont les diamants et les perles.

Tel, connu dans le monde par de grands talents, honoré et chéri partout où il se trouve, est petit dans son domestique et aux yeux de ses proches, qu'il n'a pu réduire
à l'estimer : tel autre, au contraire, prophète dans son
pays, jouit d'une vogue qu'il a parmi les siens, et qui est
resserrée dans l'enceinte de sa maison ; s'applaudit d'un
mérite rare et singulier, qui lui est accordé par sa famille,
dont il est l'idole, mais qu'il laisse chez soi toutes les fois
qu'il sort, et qu'il ne porte nulle part.

Tout le monde s'élève contre un homme qui entre en
réputation : à peine ceux qu'il croit ses amis lui pardon-
nent-ils un mérite naissant et une première vogue qui semblent l'associer à la gloire dont ils sont déjà en possession.
L'on ne se rend qu'à l'extrémité, et après que le prince
s'est déclaré par les récompenses: tous alors se rapprochent
de lui ; et de ce jour-là seulement il prend son rang
d'homme de mérite.

Nous affectons souvent de louer avec exagération des
hommes assez médiocres , et de les élever, s'il se pouvait,
jusqu'à la hauteur de ceux qui excellent, ou parce que
nous sommes las d'admirer toujours les mêmes personnes,
ou parce que leur gloire ainsi partagée offense moins notre vue, et nous devient plus douce et plus supportable.

L'on voit des hommes que le vent de la faveur pousse
d'abord à pleines voiles ; ils perdent en un moment la terre
de vue, et font leur route : tout leur rit, tout leur succède ;
action, ouvrage, tout est comblé d'éloges et de récompenses ; ils ne se montrent que pour être embrassés et félici-
tés. Il y a un rocher immobile qui s'élève sur une côte ; les
flots se brisent au pied ; la puissance, les richesses, la violence, la flatterie, l'autorité, la faveur, tous les vents ne
l'ébranlent pas : c'est le public, où ces gens échouent.

Il est ordinaire comme naturel de juger du travail d'autrui seulement par rapport à celui qui nous occupe. Ainsi
le poëte rempli de grandes et sublimes idées estime peu le
discours de l'orateur, qui ne s'exerce souvent que sur de
simples faits ; et celui qui écrit l'histoire de son pays ne
peut comprendre qu'un esprit raisonnable emploie sa vie
à imaginer des fictions et à trouver une rime : de même le
bachelier, plongé dans les quatre premiers siècles, traite
toute autre doctrine de science triste, vaine et inutile,
pendant qu'il est peut-être méprisé du géomètre.

Tel a assez d'esprit pour exceller dans une certaine matière et en faire des leçons, qui en manque pour voir qu'il
doit se taire sur quelque autre dont il n'a qu'une faible
connaissance : il sort hardiment des limites de son génie ;
mais il s'égare, et fait que l'homme illustre parle comme
un sot.

*Hérille*, soit qu'il parle, qu'il harangue ou qu'il écrive,
veut citer ; il fait dire au prince des philosophes que le vin
enivre, et à l'orateur romain que l'eau le tempère. S'il se
jette dans la morale, ce n'est pas lui, c'est le divin Platon
qui assure que la vertu est aimable, le vice odieux, ou
que l'un et l'autre se tournent en habitude. Les choses les
plus communes, les plus triviales, et qu'il est même capable de penser, il veut les devoir aux anciens, aux Latins,

aux Grecs : ce n'est ni pour donner plus d'autorité à ce qu'il dit, ni peut-être pour se faire honneur de ce qu'il sait : il veut citer.

C'est souvent hasarder un bon mot et vouloir le perdre, que de le donner pour sien ; il n'est pas relevé, il tombe avec des gens d'esprit, ou qui se croient tels, qui ne l'ont pas dit, et qui devaient le dire. C'est au contraire le faire valoir, que de le rapporter comme d'un autre. Ce n'est qu'un fait, et qu'on ne se croit pas obligé de savoir : il est dit avec plus d'insinuation, et reçu avec moins de jalousie ; personne n'en souffre : on rit s'il faut rire, et s'il faut admirer on admire.

On a dit de SOCRATE qu'il était en délire, et que c'était un fou tout plein d'esprit ; mais ceux des Grecs qui parlaient ainsi d'un homme si sage passaient pour fous. Ils disaient : Quels bizarres portraits nous fait ce philosophe ! quelles mœurs étranges et particulières ne décrit-il point ! où a-t-il rêvé, creusé, rassemblé des idées si extraordinaires ? quelles couleurs ! quel pinceau ! ce sont des chimères. Ils se trompaient ; c'étaient des monstres, c'étaient des vices, mais peints au naturel ; on croyait les voir ; ils faisaient peur. Socrate s'éloignait du cynique ; il épargnait les personnes, et blâmait les mœurs qui étaient mauvaises.

Celui qui est riche par son savoir-faire connaît un philosophe, ses préceptes, sa morale et sa conduite ; et, n'imaginant pas dans tous les hommes une autre fin de toutes leurs actions que celle qu'il s'est proposée lui-même toute sa vie, dit en son cœur : Je le plains, je le tiens échoué, ce rigide censeur ; il s'égare, et il est hors de route ; ce n'est pas ainsi que l'on prend le vent, et que l'on arrive au délicieux port de la fortune ; et, selon ses principes, il raisonne juste.

Je pardonne, dit *Antisthius*, à ceux que j'ai loués dans

mon ouvrage, s'ils m'oublient : qu'ai-je fait pour eux ?
ils étaient louables. Je le pardonnerais moins à tous ceux
dont j'ai attaqué les vices sans toucher à leurs personnes,
s'ils me devaient un aussi grand bien que celui d'être
corrigés : mais comme c'est un événement qu'on ne voit
point, il suit de là que ni les uns ni les autres ne sont
tenus de me faire du bien.

L'on peut, ajoute ce philosophe, envier ou refuser à
mes écrits leur récompense ; on ne saurait en diminuer la
réputation : et si on le fait, qui m'empêchera de le mépriser ?

Il est bon d'être philosophe, il n'est guère utile de passer pour tel. Il n'est pas permis de traiter quelqu'un de philosophe : ce sera toujours lui dire une injure, jusqu'à ce
qu'il ait plu aux hommes d'en ordonner autrement, et, en
restituant à un si beau nom son idée propre et convenable, de lui concilier toute l'estime qui lui est due.

Il y a une philosophie qui nous élève au-dessus de l'ambition et de la fortune, qui nous égale, que dis-je ? qui
nous place plus haut que les riches, que les grands et que
les puissants ; qui nous fait négliger les postes et ceux qui
les procurent ; qui nous exempte de désirer, de demander,
de prier, de solliciter, d'importuner, et qui nous sauve
même l'émotion et l'excessive joie d'être exaucés. Il y a
une autre philosophie qui nous soumet et nous assujettit à
toutes ces choses en faveur de nos proches ou de nos amis :
c'est la meilleure.

C'est abréger, et s'épargner mille discussions, que de
penser de certaines gens qu'ils sont incapables de parler
juste, et de condamner ce qu'ils disent, ce qu'ils ont dit,
et ce qu'ils diront.

Nous n'approuvons les autres que par les rapports que nous sentons qu'ils ont avec nous-mêmes ; et il semble qu'estimer quelqu'un, c'est l'égaler à soi.

Les mêmes défauts qui dans les autres sont lourds et insupportables sont chez nous comme dans leur centre : ils ne pèsent plus ; on ne les sent pas. Tel parle d'un autre, et en fait un portrait affreux, qui ne voit pas qu'il se peint lui-même.

Rien ne nous corrigerait plus promptement de nos défauts que si nous étions capables de les avouer, et de les reconnaître dans les autres : c'est dans cette juste distance que, nous paraissant tels qu'ils sont, ils se feraient haïr autant qu'ils le méritent.

La sage conduite roule sur deux pivots, le passé et l'avenir. Celui qui a la mémoire fidèle et une grande prévoyance est hors du péril de censurer dans les autres ce qu'il a peut-être fait lui-même, ou de condamner une action dans un pareil cas, et dans toutes les circonstances où elle lui sera un jour inévitable.

Le guerrier et le politique, non plus que le joueur habile, ne font pas le hasard ; mais ils le préparent, l'attirent, et semblent presque le déterminer : non-seulement ils savent ce que le sot et le poltron ignorent, je veux dire, se servir du hasard quand il arrive ; ils savent même profiter par leurs précautions et leurs mesures d'un tel ou d'un tel hasard, ou de plusieurs tout à la fois : si ce point arrive, ils gagnent ; si c'est cet autre, ils gagnent encore : un même point souvent les fait gagner de plusieurs manières. Ces hommes sages peuvent être loués de leur bonne fortune comme de leur bonne conduite, et le hasard doit être récompensé en eux comme la vertu.

Je ne mets au-dessus d'un grand politique que celui qui néglige de le devenir, et qui se persuade de plus en plus que le monde ne mérite point qu'on s'en occupe.

Il y a dans les meilleurs conseils de quoi déplaire : ils ne viennent d'ailleurs que de notre esprit ; c'est assez pour être rejetés d'abord par présomption et par humeur, et suivis seulement par nécessité ou par réflexion.

Quel bonheur surprenant a accompagné ce favori pendant tout le cours de sa vie ! quelle autre fortune mieux soutenue, sans interruption, sans la moindre disgrâce ? les premiers postes, l'oreille du prince, d'immenses trésors, une santé parfaite, et une mort douce. Mais quel étrange compte à rendre d'une vie passée dans la faveur, des conseils que l'on a donnés, de ceux qu'on a négligé de donner ou de suivre, des biens que l'on n'a point faits, des maux au contraire que l'on a faits ou par soi-même ou par les autres, en un mot de toute sa prospérité !

L'on gagne à mourir d'être loué de ceux qui nous survivent, souvent sans autre mérite que celui de n'être plus : le même éloge sert alors pour *Caton* et pour *Pison*.

Le bruit court que Pison est mort ; c'est une grande perte, c'était un homme de bien, et qui méritait une plus longue vie : il avait de l'esprit et de l'agrément, de la fermeté et du courage ; il était sûr, généreux, fidèle : ajoutez, pourvu qu'il soit mort.

La manière dont on se récrie sur quelques-uns qui se distinguent par la bonne foi, le désintéressement et la probité, n'est pas tant leur éloge que le décréditement du genre humain.

Tel soulage les misérables, qui néglige sa famille et laisse son fils dans l'indigence : un autre élève un nouvel édifice, qui n'a pas encore payé les plombs d'une maison qui est achevée depuis dix années : un troisième fait des présents et des largesses, et ruine ses créanciers. Je demande, la pitié, la libéralité, la magnificence, sont-ce les vertus d'un homme injuste? ou plutôt si la bizarrerie et la vanité ne sont pas les causes de l'injustice.

Une circonstance essentielle à la justice que l'on doit aux autres, c'est de la faire promptement et sans différer : la faire attendre, c'est injustice.

Ceux-là font bien, ou font ce qu'ils doivent, qui font ce qu'ils doivent. Celui qui, dans toute sa conduite, laisse longtemps dire de soi qu'il fera bien, fait très-mal.

L'on dit d'un grand qui tient table deux fois le jour, et qui passe sa vie à faire digestion, qu'il meurt de faim, pour exprimer qu'il n'est pas riche, ou que ses affaires sont fort mauvaises : c'est une figure; on le dirait plus à la lettre de ses créanciers.

L'honnêteté, les égards et la politesse des personnes avancées en âge de l'un et de l'autre sexe, me donnent bonne opinion de ce qu'on appelle le vieux temps.

C'est un excès de confiance dans les parents d'espérer tout de la bonne éducation de leurs enfants, et une grande erreur de n'en attendre rien et de la négliger.

Quand il serait vrai, ce que plusieurs disent, que l'éducation ne donne point à l'homme un autre cœur ni une autre complexion, qu'elle ne change rien dans le fond, et ne touche qu'aux superficies, je ne laisserais pas de dire qu'elle ne lui est pas inutile.

Il n'y a que de l'avantage pour celui qui parle peu : la présomption est qu'il a de l'esprit; et s'il est vrai qu'il n'en manque pas, la présomption est qu'il l'a excellent.

Ne songer qu'à soi et au présent, source d'erreur dans la politique.

Le plus grand malheur, après celui d'être convaincu
d'un crime, est souvent d'avoir eu à s'en justifier. Tels ar-
rêts nous déchargent et nous renvoient absous, qui sont
infirmés par la voix du peuple.

Un homme est fidèle à de certaines pratiques de religion, on le voit s'en acquitter avec exactitude; personne
ne le loue ni ne le désapprouve, on n'y pense pas : tel autre y revient après les avoir négligées dix années entières,
on se récrie, on l'exalte; cela est libre : moi, je le blâme
d'un si long oubli de ses devoirs, et je le trouve heureux
d'y être rentré.

Le flatteur n'a pas assez bonne opinion de soi ni des
autres.

Tels sont oubliés dans la distribution des grâces, et
font dire d'eux, *Pourquoi les oublier?* qui, si l'on s'en
était souvenu, auraient fait dire, *Pourquoi s'en souvenir?* D'où vient cette contrariété? est-ce du caractère de
ces personnes, ou de l'incertitude de nos jugements, ou
même de tous les deux?

L'on dit communément : Après un tel, qui sera chancelier? qui sera primat des Gaules? qui sera pape? On
va plus loin : chacun, selon ses souhaits ou son caprice,
fait sa promotion, qui est souvent de gens plus vieux et
plus caducs que celui qui est en place; et comme il n'y a
pas de raison qu'une dignité tue celui qui s'en trouve
revêtu, qu'elle sert au contraire à le rajeunir, et à donner
au corps et à l'esprit de nouvelles ressources, ce n'est pas
un événement fort rare à un titulaire d'enterrer son successeur.

La disgrâce éteint les haines et les jalousies; celui-là
peut bien faire, qui ne nous aigrit plus par une grande
faveur: il n'y a aucun mérite, il n'y a sorte de vertus

qu'on ne lui pardonne ; il serait un héros impunément.

Rien n'est bien d'un homme disgracié : vertus, mérite, tout est dédaigné, ou mal expliqué, ou imputé à vice : qu'il ait un grand cœur, qu'il ne craigne ni le fer ni le feu, qu'il aille d'aussi bonne grâce à l'ennemi que BAYARD et MONTREVEL ¹ ; c'est une bravache, on en plaisante ; il n'a plus de quoi être un héros.

Je me contredis, il est vrai : accusez-en les hommes, dont je ne fais que rapporter les jugements ; je ne dis pas de différents hommes, je dis les mêmes, qui jugent si différemment.

Il ne faut pas vingt années accomplies pour voir changer les hommes d'opinion sur les choses les plus sérieuses, comme sur celles qui leur ont paru les plus sûres et les plus vraies. Je ne hasarderai pas d'avancer que le feu en soi, et indépendamment de nos sensations, n'a aucune chaleur, c'est-à-dire rien de semblable à ce que nous éprouvons en nous-mêmes à son approche, de peur que quelque jour il ne devienne aussi chaud qu'il a jamais été. J'assurerai aussi peu qu'une ligne droite tombant sur une autre ligne droite fait deux angles droits, ou égaux à deux droits, de peur que, les hommes venant à y dé-couvrir quelque chose de plus ou de moins, je ne sois raillé de ma proposition. Ainsi, dans un autre genre, je dirai à peine avec toute la France : VAUBAN est infaillible, on n'en appelle point : qui me garantirait que dans peu de temps on n'insinuera pas que, même sur le siége, qui est son fort, et où il décide souverainement, il erre quelquefois, sujet aux fautes comme *Antiphile ?*

Si vous en croyez des personnes aigries l'une contre l'au-

---

¹ Marquis de Montrevel, com. gén. D. L. C. lieutenant général. ( *La Bruyère.* )

tre, et que la passion domine, l'homme docte est un *savantasse*, le magistrat un bourgeois ou un praticien, le financier un *maltôtier*, et le gentilhomme un *gentillâtre;* mais il est étrange que de si mauvais noms, que la colère et la haine ont su inventer, deviennent familiers, et que le dédain, tout froid et tout paisible qu'il est, ose s'en servir.

Vous vous agitez, vous vous donnez un grand mouvement, surtout lorsque les ennemis commencent à fuir, et que la victoire n'est plus douteuse, ou devant une ville après qu'elle a capitulé ; vous aimez dans un combat ou pendant un siége à paraître en cent endroits pour n'être nulle part, à prévenir les ordres du général, de peur de les suivre, et à chercher les occasions plutôt que de les attendre et de les recevoir : votre valeur serait-elle fausse?

Faites garder aux hommes quelque poste où ils puissent être tués, et où néanmoins ils ne soient pas tués : ils aiment l'honneur et la vie.

A voir comme les hommes aiment la vie, pourrait-on soupçonner qu'ils aimassent quelque autre chose plus que la vie, et que la gloire qu'ils préfèrent à la vie ne fût souvent qu'une certaine opinion d'eux-mêmes établie dans l'esprit de mille gens ou qu'ils ne connaissent point ou qu'ils n'estiment point?

Ceux qui, ni guerriers ni courtisans, vont à la guerre et suivent la cour, qui ne font pas un siége, mais qui y assistent, ont bientôt épuisé leur curiosité sur une place de guerre, quelque surprenante qu'elle soit, sur la tranchée, sur l'effet des bombes et du canon, sur les coups de main, comme sur l'ordre et le succès d'une attaque qu'ils entrevoient : la résistance continue, les pluies

surviennent, les fatigues croissent, on plonge dans la
fange, on a à combattre les saisons et l'ennemi, on peut
être forcé dans ses lignes, et enfermé entre une ville et une
armée : quelles extrémités ! on perd courage, on murmure:
est-ce un si grand inconvénient que de lever un siége? le
salut de l'État dépend-il d'une citadelle de plus ou de moins?
ne faut-il pas, ajoutent-ils, fléchir sous les ordres du ciel,
qui semble se déclarer contre nous, et remettre la partie à
un autre temps ? Alors ils ne comprennent plus la fermeté,
et, s'ils osaient dire, l'opiniâtreté du général qui se roidit contre les obstacles, qui s'anime par la difficulté de
l'entreprise, qui veille la nuit et s'expose le jour pour la
conduire à sa fin. A-t-on capitulé, ces hommes si décou-
ragés relèvent l'importance de cette conquête, en prédisent
les suites, exagèrent la nécessité qu'il y avait de la faire,
le péril et la honte qui suivaient de s'en désister, prouvent
que l'armée qui nous couvrait des ennemis était invincible :
ils reviennent avec la cour, passent par les villes et les bourgades, fiers d'être regardés de la bourgeoisie, qui est aux
fenêtres, comme ceux mêmes qui ont pris la place ; ils en
triomphent par les chemins, ils se croient braves. Revenus chez eux, ils vous étourdissent de flancs, de redans,
de ravelins, de fausse-braie, de courtines et de chemins
couverts : ils rendent compte des endroits où *l'envie de
voir* les a portés, et où *il ne laissait pas d'y avoir du péril*, des hasards qu'ils ont courus à leur retour d'être pris ou
tués par l'ennemi : ils taisent seulement qu'ils ont eu peur.

C'est le plus petit inconvénient du monde que de demeurer court dans un sermon ou dans une harangue ; il laisse
à l'orateur ce qu'il a d'esprit, de bon sens, d'imagination,
de mœurs et de doctrine ; il ne lui ôte rien : mais on ne
laisse pas de s'étonner que les hommes, ayant voulu une

fois y attacher une espèce de honte et de ridicule,
s'exposent, par de longs et souvent d'inutiles discours, à
en courir tout le risque.

Ceux qui emploient mal leur temps sont les premiers à
se plaindre de sa brièveté. Comme ils le consument à
s'habiller, à manger, à dormir, à de sots discours, à se
résoudre sur ce qu'ils doivent faire, et souvent à ne rien
faire, ils en manquent pour leurs affaires ou pour leurs
plaisirs : ceux au contraire qui en font un meilleur usage en
ont de reste.

Il n'y a point de ministre si occupé qui ne sache perdre
chaque jour deux heures de temps; cela va loin à la fin
d'une longue vie; et si le mal est encore plus grand dans les
autres conditions des hommes, quelle perte infinie ne se
fait pas dans le monde d'une chose si précieuse, et dont
l'on se plaint qu'on n'a point assez!

Il y a des créatures de Dieu, qu'on appelle des hommes,
qui ont une âme qui est esprit, dont toute la vie est occupée
et toute l'attention est réunie à scier du marbre : cela est
bien simple, c'est bien peu de chose. Il y en a d'autres
qui s'en étonnent, mais qui sont entièrement inutiles, et
qui passent le jour à ne rien faire : c'est encore moins que
de scier du marbre.

La plupart des hommes oublient si fort qu'ils ont une
âme, et se répandent en tant d'actions et d'exercices où
il semble qu'elle est inutile, que l'on croit parler avanta-
geusement de quelqu'un, en disant qu'il pense; cet éloge
même est devenu vulgaire, qui pourtant ne met cet homme
qu'au-dessus du chien ou du cheval.

A quoi vous divertissez-vous? à quoi passez-vous le
temps? vous demandent les sots et les gens d'esprit. Si je
réplique que c'est à ouvrir les yeux et à voir, à prêter

l'oreille et à entendre, à avoir la santé, le repos, la liberté, ce n'est rien dire : les solides biens, les grands biens, les seuls biens ne sont pas comptés, ne se font pas sentir. Jouez-vous? masquez-vous? il faut répondre.

Est-ce un bien pour l'homme que la liberté, si elle peut être trop grande et trop étendue, telle enfin qu'elle ne serve qu'à lui faire désirer quelque chose, qui est d'avoir moins de liberté?

La liberté n'est pas oisiveté : c'est un usage libre du temps, c'est le choix du travail et de l'exercice; être libre, en un mot, n'est pas ne rien faire, c'est être seul arbitre de ce qu'on fait ou de ce qu'on ne fait point : quel bien en ce sens que la liberté!

César n'était point trop vieux pour penser à la conquête de l'univers[1] : il n'avait point d'autre béatitude à se faire que le cours d'une belle vie, et un grand nom après sa mort : né fier, ambitieux, et se portant bien comme il faisait, il ne pouvait mieux employer son temps qu'à conquérir le monde. Alexandre était bien jeune pour un dessein si sérieux : il est étonnant que dans ce premier âge les femmes ou le vin n'aient plus tôt rompu son entreprise.

Un jeune prince[2], d'une race auguste, l'amour et l'espérance des peuples, donné du ciel pour prolonger la félicité de la terre, plus grand que ses aïeux, fils d'un héros qui est son modèle, a déjà montré à l'univers, par ses divines qualités, et par une vertu anticipée, que les enfants des héros sont plus proches de l'être que les autres hommes[3].

[1] Voyez les *Pensées de M. Pascal*, chap. 31, où il dit le contraire. ( *La Bruyère.* )

[2] Le Dauphin, fils de Louis XIV.

[3] Contre la maxime latine et triviale. ( *La Bruyère.* ) Cette maxime ou adage est, *Heroum filii noxæ;* ce qui veut dire que les fils des héros dégénèrent ordinairement de leurs pères.

Si le monde dure seulement cent millions d'années, il
est encore dans toute sa fraîcheur, et ne fait presque que
commencer : nous-mêmes nous touchons aux premiers
hommes et aux patriarches ; et qui pourra ne nous pas confondre avec eux dans des siècles si reculés ? Mais si l'on
juge par le passé de l'avenir, quelles choses nouvelles nous
sont inconnues dans les arts, dans les sciences, dans la
nature, et j'ose dire dans l'histoire ! quelles découvertes
ne fera-t-on point ! quelles différentes révolutions ne doivent point arriver sur toute la face de la terre, dans les
États et dans les empires ! quelle ignorance est la nôtre ! et
quelle légère expérience que celle de six ou sept mille ans !

Il n'y a point de chemin trop long à qui marche lentement et sans se presser : il n'y a point d'avantages trop
éloignés à qui s'y prépare par la patience.

Ne faire sa cour à personne, ni attendre de quelqu'un
qu'il vous fasse la sienne ; douce situation, âge d'or, état
de l'homme le plus naturel !

Le monde est pour ceux qui suivent les cours ou qui
peuplent les villes : la nature n'est que pour ceux qui habitent la campagne ; eux seuls vivent, eux seuls du moins
connaissent qu'ils vivent.

Pourquoi me faire froid, et vous plaindre de ce qui
m'est échappé sur quelques jeunes gens qui peuplent les
cours ? êtes-vous vicieux, ô *Thrasille ?* je ne le savais pas,
et vous me l'apprenez : ce que je sais est que vous n'ê-
tes plus jeune.

Et vous qui voulez être offensé personnellement de ce
que j'ai dit de quelques grands, ne criez-vous point de la
blessure d'un autre ? êtes-vous dédaigneux, malfaisant,
mauvais plaisant, flatteur, hypocrite ? Je l'ignorais, et ne
pensais pas à vous : j'ai parlé des grands.

L'esprit de modération, et une certaine sagesse dans la conduite, laissent les hommes dans l'obscurité : il leur faut de grandes vertus pour être connus et admirés, ou peut-être de grands vices.

Les hommes, sur la conduite des grands et des petits indifféremment, sont prévenus, charmés, enlevés par la réussite : il s'en faut peu que le crime heureux ne soit loué comme la vertu même, et que le bonheur ne tienne lieu de toutes les vertus. C'est un noir attentat, c'est une sale et odieuse entreprise que celle que le succès ne saurait justifier.

Les hommes, séduits par de belles apparences et de spécieux prétextes, goûtent aisément un projet d'ambition que quelques grands ont médité ; ils en parlent avec intérêt, il leur plaît même par la hardiesse ou par la nouveauté que l'on lui impute, ils y sont déjà accoutumés, et n'en attendent que le succès, lorsque, venant au contraire à avorter, ils décident avec confiance, et sans nulle crainte de se tromper, qu'il était téméraire et ne pouvait réussir.

Il y a de tels projets [1], d'un si grand éclat et d'une conséquence si vaste, qui font parler les hommes si longtemps, qui font tant espérer ou tant craindre, selon les divers intérêts des peuples, que toute la gloire et toute la fortune d'un homme y sont commises. Il ne peut pas avoir paru sur la scène avec un si bel appareil, pour se retirer sans rien dire ; quelques affreux périls qu'il commence à prévoir dans la suite de son entreprise, il faut qu'il l'entame ; le moindre mal pour lui est de la manquer.

Dans un méchant homme il n'y a pas de quoi faire un

---

[1] Guillaume de Nassau, prince d'Orange, qui entreprit de passer en Angleterre, d'où il a chassé le roi Jacques II, son beau-père. Il était né le 13 novembre 1650.

grand homme. Louez ses vues et ses projets, admirez sa conduite, exagérez son habileté à se servir des moyens les plus propres et les plus courts pour parvenir à ses fins : si ses fins sont mauvaises, la prudence n'y a aucune part; et où manque la prudence, trouvez la grandeur, si vous le pouvez.

Un ennemi est mort[1], qui était à la tête d'une armée formidable, destinée à passer le Rhin; il savait la guerre, et son expérience pouvait être secondée de la fortune : quels feux de joie a-t-on vus? quelle fête publique? Il y a des hommes au contraire naturellement odieux, et dont l'aversion devient populaire : ce n'est point précisément par les progrès qu'ils font, ni par la crainte de ceux qu'ils peuvent faire, que la voix du peuple[2] éclate à leur mort, et que tout tressaille, jusqu'aux enfants, dès que l'on murmure dans les places que la terre enfin en est délivrée.

O temps! ô mœurs! s'écrie *Héraclite;* ô malheureux siècle! siècle rempli de mauvais exemples, où la vertu souffre, où le crime domine, où il triomphe! Je veux être un *Lycaon,* un *Égisthe,* l'occasion ne peut être meilleure, ni les conjonctures plus favorables, si je désire du moins de fleurir et de prospérer. Un homme dit[3] : Je passerai la mer, je dépouillerai mon père de son patrimoine, je le chasserai, lui, sa femme, son héritier, de ses terres et de ses États; et, comme il l'a dit, il l'a fait. Ce qu'il devait appréhender, c'était le ressentiment de plusieurs rois qu'il outrage en la personne d'un seul roi : mais ils tiennent pour lui; ils lui ont presque dit : Passez la mer, dépouillez votre

---

[1] Le duc Charles de Lorraine, beau-frère de l'empereur Léopold Ier.
[2] Le faux bruit de la mort du prince d'Orange, qu'on croyait avoir été tué au combat de la Boyne.
[3] Le prince d'Orange.

père ¹, montrez à tout l'univers qu'on peut chasser un roi
de son royaume, ainsi qu'un petit seigneur de son château, ou un fermier de sa métairie : qu'il n'y ait plus de
différence entre de simples particuliers et nous ; nous sommes las de ces distinctions : apprenez au monde que ces
peuples que Dieu a mis sous nos pieds peuvent nous
abandonner, nous trahir, nous livrer, se livrer eux-mêmes
à un étranger, et qu'ils ont moins à craindre de nous que
nous d'eux et de leur puissance. Qui pourrait voir des
choses si tristes avec des yeux secs et une âme tranquille?
Il n'y a point de charges qui n'aient leurs priviléges : il
n'y a aucun titulaire qui ne parle, qui ne plaide, qui ne
s'agite pour les défendre : la dignité royale seule n'a plus
de priviléges; les rois eux-mêmes y ont renoncé. Un
seul, toujours bon ² et magnanime, ouvre ses bras à une
famille malheureuse. Tous les autres se liguent comme
pour se venger de lui, et de l'appui qu'il donne à une cause
qui leur est commune : l'esprit de pique et de jalousie
prévaut chez eux à l'intérêt de l'honneur, de la religion
et de leur État; est-ce assez? à leur intérêt personnel et
domestique. Il y va, je ne dis pas de leur élection, mais
de leur succession, de leurs droits comme héréditaires :
enfin, dans tout, l'homme l'emporte sur le souverain. Un
prince délivrait l'Europe ³, se délivrait lui-même d'un
fatal ennemi, allait jouir de la gloire d'avoir détruit un
grand empire ⁴ : il la néglige pour une guerre douteuse.
Ceux qui sont nés ⁵ arbitres et médiateurs temporisent;
et lorsqu'ils pourraient avoir déjà employé utilement leur

¹ Le roi Jacques II.
² Louis XIV, qui donna retraite à Jacques II et à toute sa famille,
après qu'il eut été obligé de se retirer d'Angleterre.
³ L'empereur.
⁴ Le Turc.
⁶ Innocent XI.

médiation, ils la promettent. O pâtres ! continue Héraclite;
ô rustres qui habitez sous le chaume et dans les cabanes !
si les événements ne vont point jusqu'à vous, si vous
n'avez point le cœur percé par la malice des hommes, si
on ne parle plus d'hommes dans vos contrées, mais seulement de renards et de loups cerviers, recevez-moi parmi
vous à manger votre pain noir et à boire l'eau de vos ci-
ternes.

Petits hommes[1] hauts de six pieds, tout au plus de
sept, qui vous enfermez aux foires comme géants, et
comme des pièces rares dont il faut acheter la vue, dès
que vous allez jusques à huit pieds; qui vous donnez sans
pudeur de la *hautesse* et de l'*éminence*, qui est tout
ce que l'on pourrait accorder à ces montagnes voisines du
ciel, et qui voient les nuages se former au-dessous d'elles;
espèce d'animaux glorieux et superbes, qui méprisez toute
autre espèce, qui ne faites pas même comparaison avec
l'éléphant et la baleine, approchez, hommes, répondez un
peu à *Démocrite*. Ne dites-vous pas en commun proverbe,
*des loups ravissants, des lions furieux, malicieux comme
un singe ?* Et vous autres, qui êtes-vous? J'entends corner
sans cesse à mes oreilles, *l'homme est un animal raisonnable :* qui vous a passé cette définition? sont-ce les loups,
les singes et les lions, ou si vous vous l'êtes accordée à
vous-mêmes? C'est déjà une chose plaisante que vous donniez aux animaux, vos confrères, ce qu'il y a de pire,
pour prendre pour vous ce qu'il y a de meilleur : laissez-
les un peu se définir eux-mêmes, et vous verrez comme
ils s'oublieront, et comme vous serez traités. Je ne parle
point, ô hommes, de vos légèretés, de vos folies et de

---

[1] Les princes ligués en faveur du prince d'Orange contre Louis XIV.

vos caprices, qui vous mettent au-dessous de la taupe et de la tortue, qui vont sagement leur petit train, et qui suivent, sans varier, l'instinct de la nature : mais écoutez-moi un moment. Vous dites d'un tiercelet de faucon qui est fort léger, et qui fait une belle descente sur la perdrix, Voilà un bon oiseau ; et d'un lévrier qui prend un lièvre corps à corps, C'est un bon lévrier. Je consens aussi que vous disiez d'un homme qui court le sanglier, qui le met aux abois, qui l'atteint et qui le perce, Voilà un brave homme. Mais si vous voyez deux chiens qui s'aboient, qui s'affrontent, qui se mordent et se déchirent, vous dites, Voilà de sots animaux ; et vous prenez un bâton pour les séparer. Que si l'on vous disait que tous les chats d'un grand pays se sont assemblés par milliers dans une plaine, et qu'après avoir miaulé tout leur soûl ils se sont jetés avec fureur les uns sur les autres, et ont joué ensemble de la dent et de la griffe ; que de cette mêlée il est demeuré de part et d'autre neuf à dix mille chats sur la place, qui ont infecté l'air à dix lieues de là par leur puanteur ; ne diriez-vous pas, Voilà le plus abominable *sabbat* dont on ait jamais ouï parler ? Et si les loups en faisaient de même, quels hurlements ! quelle boucherie ! Et si les uns ou les autres vous disaient qu'ils aiment la gloire, concluriez-vous de ce discours qu'ils la mettent à se trouver à ce beau rendez-vous, à détruire ainsi et à anéantir leur propre espèce ? ou, après l'avoir conclu, ne ririez-vous pas de tout votre cœur de l'ingénuité de ces pauvres bêtes ? Vous avez déjà, en animaux raisonnables, et pour vous distinguer de ceux qui ne se servent que de leurs dents et de leurs ongles, imaginé les lances, les piques, les dards, les sabres et les cimeterres, et à mon gré fort judicieusement ; car avec vos seules mains que pouviez-vous vous faire les

uns aux autres, que vous arracher les cheveux, vous
égratigner au visage, ou tout au plus vous arracher les
yeux de la tête? au lieu que vous voilà munis d'instruments commodes, qui vous servent à vous faire réciproquement de larges plaies d'où peut couler votre sang
jusqu'à la dernière goutte, sans que vous puissiez craindre
d'en échapper. Mais comme vous devenez d'année à autre
plus raisonnables, vous avez bien enchéri sur cette vieille
manière de vous exterminer : vous avez de petits globes [1]
qui vous tuent tout d'un coup, s'ils peuvent seulement
vous atteindre à la tête ou à la poitrine; vous en avez
d'autres [2], plus pesants et plus massifs, qui vous coupent
en deux parts ou qui vous éventrent, sans compter ceux [3]
qui, tombant sur vos toits, enfoncent les planchers, vont
du grenier à la cave, en enlèvent les voûtes, et font sauter
en l'air, avec vos maisons, vos femmes qui sont en couche,
l'enfant et la nourrice : et c'est là encore où *gît* la gloire;
elle aime le *remue-ménage*, et elle est personne d'un
grand fracas. Vous avez d'ailleurs des armes défensives,
et dans les bonnes règles vous devez en guerre être habillés de fer, ce qui est sans mentir une jolie parure, et
qui me fait souvenir de ces quatre puces célèbres que
montrait autrefois un charlatan, subtil ouvrier, dans une
fiole où il avait trouvé le secret de les faire vivre : il leur
avait mis à chacune une salade en tête, leur avait passé
un corps de cuirasse, mis des brassards, des genouillères,
la lance sur la cuisse; rien ne leur manquait, et en cet
équipage elles allaient par sauts et par bonds dans leur
bouteille. Feignez un homme de la taille du mont *Athos :*

---

[1] Les balles de mousquet.
[2] Les boulets de canon.
[3] Les bombes.

pourquoi non? une âme serait-elle embarrassée d'animer un tel corps? elle en serait plus au large : si cet homme avait la vue assez subtile pour vous découvrir quelque part sur la terre avec vos armes offensives et défensives, que croyez-vous qu'il penserait de petits marmousets ainsi équipés, et de ce que vous appelez guerre, cavalerie, infanterie, un mémorable siége, une fameuse journée? N'entendrai-je donc plus bourdonner d'autre chose parmi vous? le monde ne se divise-t-il plus qu'en régiments et en compagnies? tout est-il devenu bataillon ou escadron? *Il a pris une ville, il en a pris une seconde, puis une troisième; il a gagné une bataille, deux batailles; il chasse l'ennemi, il vainc sur mer, il vainc sur terre :* est-ce de quelqu'un de vous autres, est-ce d'un géant, d'un *Athos*, que vous parlez? Vous avez surtout un homme pâle [1] et livide, qui n'a pas sur soi dix onces de chair, et que l'on croirait jeter à terre du moindre souffle. Il fait néanmoins plus de bruit que quatre autres, et met tout en combustion ; il vient de pêcher en eau trouble une île tout entière [2] ; ailleurs, à la vérité, il est battu et poursuivi ; mais il se sauve par *les marais*, et ne veut écouter ni paix ni trêve. Il a montré de bonne heure ce qu'il savait faire, il a mordu le sein de sa nourrice [3] : elle en est morte, la pauvre femme ; je m'entends, il suffit. En un mot, il était né sujet, il ne l'est plus ; au contraire, il est le maître, et ceux qu'il a domptés [4] et mis sous le joug vont à la charrue et labourent de bon courage : ils semblent même appréhender, les bonnes gens, de pouvoir se délier un jour et

---

[1] Le prince d'Orange.      [2] L'Angleterre.
[3] Le prince d'Orange, devenu plus puissant par la couronne d'Angleterre, s'était rendu maitre absolu en Hollande, et y faisait ce qu'il lui plaisait.
[4] Les Anglais-

devenir libres, car ils ont étendu la courroie et allongé le
fouet de celui qui les fait marcher ; ils n'oublient rien
pour accroître leur servitude : ils lui font passer l'eau
pour se faire d'autres vassaux et s'acquérir de nouveaux
domaines : il s'agit, il est vrai, de prendre son père et sa
mère par les épaules, et de les jeter hors de leur maison ;
et ils l'aident dans une si honnête entreprise. Les gens de
delà l'eau et ceux d'en deçà se cotisent et mettent chacun
du leur pour se le rendre à eux tous de jour en jour plus
redoutable : les *Pictes* et les *Saxons* imposent silence
aux *Bataves*, et ceux-ci aux *Pictes* et aux *Saxons ;* tous
se peuvent vanter d'être ses humbles esclaves, et autant
qu'ils le souhaitent. Mais qu'entends-je de certains personnages [1] qui ont des couronnes, je ne dis pas des comtes ou
des marquis, dont la terre fourmille, mais des princes et
des souverains ? ils viennent trouver cet homme dès qu'il
a sifflé, ils se découvrent dès son antichambre, et ils ne
parlent que quand on les interroge. Sont-ce là ces mêmes
princes si pointilleux, si formalistes sur leurs rangs et sur
leurs préséances, et qui consument, pour les régler, les
mois entiers dans une diète ? Que fera ce nouvel *Arconte*
pour payer une si aveugle soumission, et pour répondre
à une si haute idée qu'on a de lui ? S'il se livre une bataille, il doit la gagner, et en personne : si l'ennemi fait
un siége, il doit le lui faire lever, et avec honte, à moins
que tout l'Océan ne soit entre lui et l'ennemi : il ne saurait
moins faire en faveur de ses courtisans. *César* [2] lui-même
ne doit-il pas venir en grossir le nombre ? il en attend du
moins d'importants services : car ou l'*Arconte* échouera

[1] Le prince d'Orange, à son premier retour de l'Angleterre, en 1690,
vint à la Haye, où les princes ligués se rendirent, et où le duc de Bavière
fut longtemps à attendre dans l'antichambre
[2] L'empereur.

avec ses alliés, ce qui est plus difficile qu'impossible à concevoir; ou s'il réussit et que rien ne lui résiste, le voilà tout porté, avec ses alliés jaloux de la religion et de la puissance de César, pour fondre sur lui, pour lui enlever l'*aigle*, et le réduire, lui ou son héritier, à la *fasce d'argent*[1] et aux pays héréditaires. Enfin c'en est fait, ils se sont tous livrés à lui volontairement, à celui peut-être de qui ils devaient se défier davantage. Ésope ne leur dirait-il pas : « La gent volatile d'une certaine contrée prend l'a-« larme et s'effraye du voisinage du lion, dont le seul « rugissement lui fait peur; elle se réfugie auprès de la « bête, qui lui fait parler d'accommodement et la prend « sous sa protection, qui se termine enfin à les croquer « tous l'un après l'autre? »

---

## CHAPITRE XIII.

### *De la mode.*

Une chose folle et qui découvre bien notre petitesse, c'est l'assujettissement aux modes, quand on l'étend à ce qui concerne le goût, le vivre, la santé et la conscience. La viande noire est hors de mode, et par cette raison insipide; ce serait pécher contre la mode que de guérir de la fièvre par la saignée : de même l'on ne mourait plus depuis longtemps par *Théotime*; ses tendres exhortations ne sauvaient plus que le peuple, et Théotime a vu son successeur.

La curiosité n'est pas un goût pour ce qui est bon ou ce qui est beau, mais pour ce qui est rare, unique, pour ce qu'on a, et ce que les autres n'ont point. Ce n'est pas un attachement à ce qui est parfait, mais à ce qui est couru,

---

[1] Armes de la maison d'Autriche.

à ce qui est à la mode. Ce n'est pas un amusement, mais
une passion, et souvent si violente, qu'elle ne cède à l'a-
mour et à l'ambition que par la petitesse de son objet. Ce
n'est pas une passion qu'on a généralement pour les choses
rares et qui ont cours, mais qu'on a seulement pour une
certaine chose qui est rare et pourtant à la mode.

Le fleuriste a un jardin dans un faubourg; il y court au
lever du soleil, et il en revient à son coucher. Vous le
voyez planté, et qui a pris racine au milieu de ses tulipes
et devant la *solitaire* : il ouvre de grands yeux, il frotte
ses mains, il se baisse, il la voit de plus près, il ne l'a jamais vue si belle, il a le cœur épanoui de joie : il la quitte
pour l'*orientale ;* de là il va à la *veuve ;* il passe au *drap-
d'or,* de celle-ci à l'*agate ;* d'où il revient enfin à la *solitaire,* où il se fixe, où il se lasse, où il s'assied, où il oublie de dîner : aussi est-elle nuancée, bordée, huilée, à
pièces emportées ; elle a un beau vase ou un beau calice :
il la contemple, il l'admire. Dieu et la nature sont en tout
cela ce qu'il n'admire point ; il ne va pas plus loin que
l'oignon de sa tulipe, qu'il ne livrerait pas pour mille écus,
et qu'il donnera pour rien quand les tulipes seront négligées, et que les œillets auront prévalu. Cet homme raisonnable, qui a une âme, qui a un culte et une religion,
revient chez soi, fatigué, affamé, mais fort content de
sa journée : il a vu des tulipes.

Parlez à cet autre de la richesse des moissons, d'une
ample récolte, d'une bonne vendange ; il est curieux de
fruits, vous n'articulez pas, vous ne vous faites pas entendre : parlez-lui de figues et de melons, dites que les
poiriers rompent de fruit cette année, que les pêchers ont
donné avec abondance ; c'est pour lui un idiome inconnu,
il s'attache aux seuls pruniers, il ne vous répond pas. Ne

l'entretenez pas même de vos pruniers, il n'a de l'amour
que pour une certaine espèce; toute autre que vous lui
nommez le fait sourire et se moquer. Il vous mène à l'arbre, cueille artistement cette prune exquise, il l'ouvre,
vous en donne une moitié, et prend l'autre. Quelle chair!
dit-il; goûtez-vous cela? cela est-il divin? voilà ce que vous
ne trouverez pas ailleurs: et là-dessus ses narines s'enflent,
il cache avec peine sa joie et sa vanité par quelques dehors
de modestie. O l'homme divin en effet! homme qu'on ne
peut jamais assez louer et admirer! homme dont il sera
parlé dans plusieurs siècles! que je voie sa taille et son
visage pendant qu'il vit; que j'observe les traits et la contenance d'un homme qui seul entre les mortels possède une
telle prune.

Un troisième que vous allez voir vous parle des curieux
ses confrères, et surtout de *Diognète*. Je l'admire, dit-il,
et je le comprends moins que jamais: pensez-vous qu'il
cherche à s'instruire par les médailles, et qu'il les regarde
comme des preuves parlantes de certains faits, et des mo-
numents fixes et indubitables de l'ancienne histoire? rien
moins: vous croyez peut-être que toute la peine qu'il se
donne pour recouvrer une *tête* vient du plaisir qu'il se fait
de ne voir pas une suite d'empereurs interrompue? c'est
encore moins: Diognète sait d'une médaille le *fruste*, le
*flou* [1], et la *fleur de coin;* il a une tablette dont toutes les
places sont garnies, à l'exception d'une seule: ce vide lui
blesse la vue, et c'est précisément, et à la lettre, pour le
remplir qu'il emploie son bien et sa vie.

Vous voulez, ajoute *Démocède*, voir mes estampes? et
bientôt il les étale et vous les montre. Vous en rencontrez

[1] On lit, dans les éditions publiées du vivant de la Bruyère, *le frust,
le feloux*

une qui n'est ni noire, ni nette, ni dessinée, et d'ailleurs
moins propre à être gardée dans un cabinet qu'à tapisser,
un jour de fête, le Petit-Pont ou la rue Neuve : il convient
qu'elle est mal gravée, plus mal dessinée; mais il assure
qu'elle est d'un Italien qui a travaillé peu, qu'elle n'a presque pas été tirée, que c'est la seule qui soit en France de
ce dessin, qu'il l'a achetée très-cher, et qu'il ne la changerait pas pour ce qu'il a de meilleur. J'ai, continue-t-il,
une sensible affliction, et qui m'obligera à renoncer aux
estampes pour le reste de mes jours : j'ai tout *Calot*, hormis une seule qui n'est pas, à la vérité, de ses bons ouvrages, au contraire c'est un des moindres, mais qui m'a-
chèverait Calot; je travaille depuis vingt ans à recouvrer
cette estampe, et je désespère enfin d'y réussir : cela est
bien rude!

Tel autre fait la satire de ces gens qui s'engagent par
inquiétude ou par curiosité dans de longs voyages; qui ne
font ni mémoires, ni relations; qui ne portent point de tablettes; qui vont pour voir, et qui ne voient pas, ou qui
oublient ce qu'ils ont vu; qui désirent seulement de connaître de nouvelles tours ou de nouveaux clochers, et de
passer des rivières qu'on n'appelle ni la Seine, ni la Loire;
qui sortent de leur patrie pour y retourner, qui aiment à
être absents, qui veulent un jour être revenus de loin : et
ce satirique parle juste, et se fait écouter.

Mais quand il ajoute que les livres en apprennent plus
que les voyages, et qu'il m'a fait comprendre par ses discours qu'il a une bibliothèque, je souhaite de la voir; je
vais trouver cet homme, qui me reçoit dans une maison
où dès l'escalier je tombe en faiblesse d'une odeur de
maroquin noir dont ses livres sont tous couverts. Il a beau
me crier aux oreilles, pour me ranimer, qu'ils sont dorés

sur tranche, ornés de filets d'or, et de la bonne édition,
me nommer les meilleurs l'un après l'autre, dire que sa
galerie est remplie, à quelques endroits près qui sont peints
de manière qu'on les prend pour de vrais livres arrangés
sur des tablettes, et que l'œil s'y trompe ; ajouter qu'il ne
lit jamais, qu'il ne met pas le pied dans cette galerie, qu'il
y viendra pour me faire plaisir : je le remercie de sa complaisance, et ne veux non plus que lui visiter sa tannerie,
qu'il appelle bibliothèque.

Quelques-uns, par une intempérance de savoir, et par ne
pouvoir se résoudre à renoncer à aucune sorte de connaissance, les embrassent toutes et n'en possèdent aucune. Ils
aiment mieux savoir beaucoup que de savoir bien, et être
faibles et superficiels dans diverses sciences que d'être
sûrs et profonds dans une seule : ils trouvent en toutes rencontres celui qui est leur maître et qui les redresse ; ils sont
les dupes de leur vaine curiosité, et ne peuvent au plus,
par de longs et pénibles efforts, que se tirer d'une ignorance
crasse.

D'autres ont la clef des sciences, où ils n'entrent jamais ;
ils passent leur vie à déchiffrer les langues orientales et les
langues du Nord, celles des deux pôles, et celle qui se
parle dans la lune. Les idiomes les plus inutiles, avec les
caractères les plus bizarres et les plus magiques, sont précisément ce qui réveille leur passion et qui excite leur travail. Ils plaignent ceux qui se bornent ingénument à savoir
leur langue, ou tout au plus la grecque et la latine. Ces
gens lisent toutes les histoires, et ignorent l'histoire ; ils
parcourent tous les livres, et ne profitent d'aucun : c'est
en eux une stérilité de faits et de principes qui ne peut
être plus grande, mais à la vérité la meilleure récolte et la
richesse la plus abondante de mots et de paroles qui puisse

s'imaginer; ils plient sous le faix; leur mémoire en est
accablée, pendant que leur esprit demeure vide.

Un bourgeois aime les bâtiments; il se fait bâtir un
hôtel si beau, si riche, et si orné, qu'il est inhabitable : le
maître, honteux de s'y loger, ne pouvant peut-être se résoudre à le louer à un prince ou à un homme d'affaires, se
retire au galetas, où il achève sa vie, pendant que l'enfilade
et les planchers de rapport sont en proie aux Anglais et
aux Allemands qui voyagent, et qui viennent là du Palais-
Royal, du palais L... G... [1] et du Luxembourg. On heurte
sans fin à cette belle porte : tous demandent à voir la
maison, et personne à voir monsieur.

On en sait d'autres qui ont des filles devant leurs yeux,
à qui ils ne peuvent pas donner une dot; que dis-je? elles ne
sont pas vêtues, à peine nourries; qui se refusent un tour
de lit et du linge blanc, qui sont pauvres : et la source de
leur misère n'est pas fort loin, c'est un garde-meuble chargé
et embarrassé de bustes rares, déjà poudreux et couverts
d'ordures, dont la vente les mettrait au large, mais qu'ils
ne peuvent se résoudre à mettre en vente.

*Diphile* commence par un oiseau et finit par mille : sa
maison n'en est pas égayée, mais empestée; la cour, la
salle, l'escalier, le vestibule, les chambres, le cabinet,
tout est volière : ce n'est plus un ramage, c'est un vacar-
me; les vents d'automne et les eaux dans leurs plus grandes crues ne font pas un bruit si perçant et si aigu; on ne
s'entend non plus parler les uns les autres que dans ces
chambres où il faut attendre, pour faire le compliment
d'entrée, que les petits chiens aient aboyé. Ce n'est plus
pour Diphile un agréable amusement; c'est une affaire
laborieuse, et à laquelle à peine il peut suffire. Il passe

[1] Lesdiguières.

les jours, ces jours qui échappent et qui ne reviennent
plus, à verser du grain et à nettoyer des ordures; il donne
pension à un homme qui n'a point d'autre ministère
que de siffler des serins au flageolet, et de faire couver
des *canaries*. Il est vrai que ce qu'il dépense d'un côté,
il l'épargne de l'autre, car ses enfants sont sans maîtres
et sans éducation. Il se renferme le soir, fatigué de son
propre plaisir, sans pouvoir jouir du moindre repos que
ses oiseaux ne reposent, et que ce petit peuple, qu'il
n'aime que parce qu'il chante, ne cesse de chanter. Il
retrouve ses oiseaux dans son sommeil; lui-même il est
oiseau, il est huppé, il gazouille, il perche, il rêve la
nuit qu'il mue ou qu'il couve.

Qui pourrait épuiser tous les différents genres de curieux? Devineriez-vous, à entendre parler celui-ci de son
*léopard*, de sa *plume*, de sa *musique* [1], les vanter comme
ce qu'il y a sur la terre de plus singulier et de plus merveilleux, qu'il veut vendre ses coquilles? Pourquoi non,
s'il les achète au poids de l'or?

Cet autre aime les insectes; il en fait tous les jours de
nouvelles emplettes : c'est surtout le premier homme de
l'Europe pour les papillons; il en a de toutes les tailles et
de toutes les couleurs. Quel temps prenez-vous pour lui
rendre visite? il est plongé dans une amère douleur; il a
l'humeur noire, chagrine, et dont toute sa famille souffre;
aussi a-t-il fait une perte irréparable : approchez, regardez
ce qu'il vous montre sur son doigt, qui n'a plus de vie,
et qui vient d'expirer; c'est une chenille, et quelle chenille!

Le duel est le triomphe de la mode, et l'endroit où elle a
exercé sa tyrannie avec plus d'éclat. Cet usage n'a pas
laissé au poltron la liberté de vivre; il l'a mené se faire

[1] Noms de coquillages. ( *La Bruyère.* )

tuer par un plus brave que soi, et l'a confondu avec un homme de cœur ; il a attaché de l'honneur et de la gloire à une action folle et extravagante ; il a été approuvé par la présence des rois ; il y a eu quelquefois une espèce de religion à le pratiquer : il a décidé de l'innocence des hommes, des accusations fausses ou véritables sur des crimes capitaux ; il s'était enfin si profondément enraciné dans l'opinion des peuples, et s'était si fort saisi de leur cœur et de leur esprit, qu'un des plus beaux endroits de la vie d'un très-grand roi a été de les guérir de cette folie.

Tel a été à la mode, ou pour le commandement des armées et la négociation, ou pour l'éloquence de la chaire, ou pour les vers, qui n'y est plus. Y a-t-il des hommes qui dégénèrent de ce qu'ils furent autrefois ? Est-ce leur mérite qui est usé, ou le goût que l'on avait pour eux ?

Un homme à la mode dure peu, car les modes passent : s'il est par hasard homme de mérite, il n'est pas anéanti, et il subsiste encore par quelque endroit ; également estimable, il est seulement moins estimé.

La vertu a cela d'heureux qu'elle se suffit à elle-même, et qu'elle sait se passer d'admirateurs, de partisans et de protecteurs : le manque d'appui et d'approbation non-seulement ne lui nuit pas, mais il la conserve, l'épure, et la rend parfaite : qu'elle soit à la mode, qu'elle n'y soit plus, elle demeure vertu.

Si vous dites aux hommes, et surtout aux grands, qu'un tel a de la vertu, ils vous disent, Qu'il la garde ; qu'il a bien de l'esprit, de celui surtout qui plaît et qui amuse, ils vous répondent, Tant mieux pour lui ; qu'il a l'esprit fort cultivé, qu'il sait beaucoup, ils vous demandent quelle heure il est, ou quel temps il fait : mais si

vous leur apprenez qu'il y a un *Tigillin* qui *souffle* ou qui
*jette en sable* un verre d'eau-de-vie[1], et, chose merveilleuse ! qui y revient à plusieurs fois en un repas, alors ils
disent : Où est-il? amenez-le-moi demain, ce soir ; me l'a-
mènerez-vous? On le leur amène ; et cet homme, propre à
parer les avenues d'une foire et à être montré en chambre
pour de l'argent, ils l'admettent dans leur familiarité.

Il n'y a rien qui mette plus subitement un homme à la
mode, et qui le soulève davantage, que le grand jeu : cela
va de pair avec la crapule. Je voudrais bien voir un homme
poli, enjoué, spirituel, fût-il un CATULLE ou son disciple,
faire quelque comparaison avec celui qui vient de perdre
huit cents pistoles en une séance.

Une personne à la mode ressemble à une *fleur bleue*[2]
qui croît de soi-même dans les sillons, où elle étouffe les
épis, diminue la moisson, et tient la place de quelque
chose de meilleur; qui n'a de prix et de beauté que ce
qu'elle emprunte d'un caprice léger qui naît et qui tombe
presque dans le même instant : aujourd'hui elle est courue,
les femmes s'en parent ; demain elle est négligée et rendue
au peuple.

Une personne de mérite, au contraire, est une fleur
qu'on ne désigne pas par sa couleur, mais que l'on nomme
par son nom, que l'on cultive pour sa beauté ou pour son
odeur; l'une des grâces de la nature, l'une de ces choses
qui embellissent le monde, qui est de tous les temps, et
d'une vogue ancienne et populaire; que nos pères ont es-
timée, et que nous estimons après nos pères ; à qui le dé-

---

[1] *Souffler* ou *jeter en sable* un *verre de vin*, d'*eau-de-vie*, anciennes
expressions proverbiales qui signifient l'avaler d'un trait.

[2] Ces barbeaux qui croissent parmi les seigles furent, un été, à la
mode dans Paris. Les dames en mettaient pour bouquet.

goût ou l'antipathie de quelques-uns ne saurait nuire : un
lis, une rose.

L'on voit *Eustrate* assis dans sa nacelle, où il jouit d'un
air pur et d'un ciel serein : il avance d'un bon vent, et qui
a toutes les apparences de devoir durer ; mais il tombe
tout d'un coup, le ciel se couvre, l'orage se déclare, un
tourbillon enveloppe la nacelle, elle est submergée : on voit
Eustrate revenir sur l'eau et faire quelques efforts, on espère qu'il pourra du moins se sauver et venir à bord ; mais
une vague l'enfonce, on le tient perdu : il paraît une seconde fois, et les espérances se réveillent, lorsqu'un flot
survient et l'abîme ; on ne le revoit plus, il est noyé.

Voiture et Sarrazin étaient nés pour leur siècle, et ils
ont paru dans un temps où il semble qu'ils étaient atten-
dus. S'ils s'étaient moins pressés de venir, ils arrivaient
trop tard ; et j'ose douter qu'ils fussent tels aujourd'hui
qu'ils ont été alors : les conversations légères, les cercles, la
fine plaisanterie, les lettres enjouées et familières, les petites parties où l'on était admis seulement avec de l'esprit, tout a disparu. Et qu'on ne dise point qu'ils les feraient revivre : ce que je puis faire en faveur de leur esprit
est de convenir que peut-être ils excelleraient dans un
autre genre ; mais les femmes sont, de nos jours, ou dévotes, ou coquettes, ou joueuses, ou ambitieuses, quelques-unes même tout cela à la fois ; le goût de la faveur, le
jeu, les galants, les directeurs, ont pris la place, et la
défendent contre les gens d'esprit.

Un homme fat et ridicule porte un long chapeau, un
pourpoint à ailerons, des chausses à aiguillettes et des bot-
tines : il rêve la veille par où et comment il pourra se faire
remarquer le jour qui suit. Un philosophe se laisse habiller par son tailleur : il y a autant de faiblesse à fuir la
mode qu'à l'affecter.

L'on blâme une mode qui, divisant la taille des hommes
en deux parties égales, en prend une tout entière pour le
buste, et laisse l'autre pour le reste du corps : l'on condamne celle qui fait de la tête des femmes la base d'un
édifice à plusieurs étages, dont l'ordre et la structure
changent selon leurs caprices ; qui éloigne les cheveux
du visage, bien qu'ils ne croissent que pour l'accompa-
gner ; qui les relève et les hérisse à la manière des bac-
chantes, et semble avoir pourvu à ce que les femmes changent leur physionomie douce et modeste en une autre qui
soit fière et audacieuse. On se récrie enfin contre une telle
ou une telle mode, qui cependant, toute bizarre qu'elle
est, pare et embellit pendant qu'elle dure, et dont l'on tire
tout l'avantage qu'on en peut espérer, qui est de plaire.
Il me paraît qu'on devrait seulement admirer l'inconstance et la légèreté des hommes, qui attachent successivement les agréments et la bienséance à des choses tout
opposées, qui emploient pour le comique et pour la mascarade ce qui leur a servi de parure grave et d'ornements
les plus sérieux, et que si peu de temps en fasse la différence.

N... est riche ; elle mange bien, elle dort bien ; mais
les coiffures changent ; et lorsqu'elle y pense le moins, et
qu'elle se croit heureuse, la sienne est hors de mode.

*Iphis* voit à l'église un soulier d'une nouvelle mode ; il
regarde le sien, et en rougit ; il ne se croit plus habillé :
il était venu à la messe pour s'y montrer, et il se cache :
le voilà retenu par le pied dans sa chambre tout le reste
du jour. Il a la main douce, et il l'entretient avec une pâte
de senteur. Il a soin de rire pour montrer ses dents : il
fait la petite bouche, et il n'y a guère de moments où il ne
veuille sourire : il regarde ses jambes, il se voit au mi-

roir ; l'on ne peut être plus content de personne qu'il l'est
de lui-même : il s'est acquis une voix claire et délicate,
et heureusement il parle gras : il a un mouvement de tête
et je ne sais quel adoucissement dans les yeux, dont il
n'oublie pas de s'embellir : il a une démarche molle, et le
plus joli maintien qu'il est capable de se procurer : il met
du rouge, mais rarement ; il n'en fait pas habitude : il est
vrai aussi qu'il porte des chausses et un chapeau, et qu'il
n'a ni boucles d'oreilles, ni collier de perles : aussi ne
l'ai-je pas mis dans le chapitre des femmes.

Ces mêmes modes que les hommes suivent si volontiers
pour leurs personnes, ils affectent de les négliger dans
leurs portraits, comme s'ils sentaient ou qu'ils prévissent
l'indécence et le ridicule où elles peuvent tomber dès
qu'elles auront perdu ce qu'on appelle la fleur ou l'agrément de la nouveauté : ils leur préfèrent une parure arbitraire, une draperie indifférente, fantaisies du peintre qui
ne sont prises ni sur l'air, ni sur le visage, qui ne rappellent ni les mœurs, ni la personne : ils aiment des attitudes
forcées ou immodestes, une manière dure, sauvage, étrangère, qui font un capitan d'un jeune abbé, et un matamore
d'un homme de robe, une Diane d'une femme de ville,
comme d'une femme simple et timide une Amazone ou
une Pallas ; une Laïs d'une honnête fille ; un Scythe, un
Attila d'un prince qui est bon et magnanime.

Une mode a à peine détruit une autre mode, qu'elle est
abolie par une plus nouvelle, qui cède elle-même à celle
qui la suit, et qui ne sera pas la dernière : telle est notre
légèreté ; pendant ces révolutions, un siècle s'est écoulé qui
a mis toutes ces parures au rang des choses passées et
qui ne sont plus. La mode alors la plus curieuse et qui fait
plus de plaisir à voir, c'est la plus ancienne : aidée du

temps et des années, elle a le même agrément dans les portraits qu'a la saie ou l'habit romain sur les théâtres, qu'ont la mante, le voile et la tiare [1] dans nos tapisseries et dans nos peintures.

Nos pères nous ont transmis avec la connaissance de leurs personnes celle de leurs habits, de leurs coiffures, de leurs armes [2], et des autres ornements qu'ils ont aimés pendant leur vie : nous ne saurions bien reconnaître cette sorte de bienfait qu'en traitant de même nos descendants.

Le courtisan autrefois avait ses cheveux, était en chausses et en pourpoint, portait de larges canons, et il était libertin : cela ne sied plus ; il porte une perruque, l'habit serré, le bas uni, et il est dévot : tout se règle par la mode.

Celui qui depuis quelque temps à la cour était dévot, et par là, contre toute raison, peu éloigné du ridicule, pouvait-il espérer de devenir à la mode ?

De quoi n'est point capable un courtisan dans la vue de sa fortune, si, pour ne la pas manquer, il devient dévot ?

Les couleurs sont préparées, et la toile est toute prête : mais comment le fixer, cet homme inquiet, léger, inconstant, qui change de mille et mille figures ? Je le peins dévot, et je crois l'avoir attrapé ; mais il m'échappe, et déjà il est libertin. Qu'il demeure du moins dans cette mauvaise situation, et je saurai le prendre dans un point de déréglement de cœur et d'esprit où il sera reconnaissable ; mais la mode presse, il est dévot.

Celui qui a pénétré la cour connaît ce que c'est que vertu et ce que c'est que dévotion [3], et il ne peut plus s'y tromper.

[1] Habits des Orientaux. ( *La Bruyère.*)
[2] Offensives et défensives. ( *La Bruyère.*)
[5] Fausse dévotion. (*La Bruyère.*)

Négliger vêpres comme une chose antique et hors de mode, garder sa place soi-même pour le salut, savoir les êtres de la chapelle, connaître le flanc, savoir où l'on est vu et où l'on n'est pas vu; rêver dans l'église à Dieu et à ses affaires, y recevoir des visites, y donner des ordres et des commissions, y attendre les réponses; avoir un directeur mieux écouté que l'Évangile; tirer toute sa sainteté et tout son relief de la réputation de son directeur ; dédaigner ceux dont le directeur a moins de vogue, et convenir à peine de leur salut; n'aimer de la parole de Dieu que ce qui s'en prêche chez soi ou par son directeur, préférer sa messe aux autres messes, et les sacrements donnés de sa main à ceux qui ont moins de cette circonstance; ne se repaître que de livres de spiritualité, comme s'il n'y avait ni évangiles, ni épîtres des apôtres, ni morale des Pères ; lire ou parler un jargon inconnu aux premiers siècles ; circonstancier à confesse les défauts d'autrui, y pallier les siens ; s'accuser de ses souffrances, de sa patience; dire comme un péché son peu de progrès dans l'héroïsme ; être en liaison secrète avec de certaines gens contre certains autres ; n'estimer que soi et sa cabale, avoir pour suspecte la vertu même; goûter, savourer la prospérité et la faveur, n'en vouloir que pour soi ; ne point aider au mérite ; faire servir la piété à son ambition ; aller à son salut par le chemin de la fortune et des dignités : c'est du moins jusqu'à ce jour le plus bel effort de la dévotion du temps.

Un dévot[1] est celui qui, sous un roi athée, serait athée.

Les dévots[2] ne connaissent de crimes que l'incontinence, parlons plus précisément, que le bruit ou les dehors

[1] Faux dévot. ( *La Bruyère.* )
[2] Faux dévots. (*La Bruyère.*)

de l'incontinence. Si *Phérécide* passe pour être guéri des femmes, ou *Phérénice* pour être fidèle à son mari, ce leur est assez : laissez-les jouer un jeu ruineux, faire perdre leurs créanciers, se réjouir du malheur d'autrui et en profiter, idolâtrer les grands, mépriser les petits, s'enivrer de leur propre mérite, sécher d'envie, mentir, médire, cabaler, nuire, c'est leur état : voulez-vous qu'ils empiètent sur celui des gens de bien, qui avec les vices cachés fuient encore l'orgueil et l'injustice ?

Quand un courtisan sera humble, guéri du faste et de l'ambition, qu'il n'établira point sa fortune sur la ruine de ses concurrents, qu'il sera équitable, soulagera ses vassaux, payera ses créanciers ; qu'il ne sera ni fourbe ni médisant, qu'il renoncera aux grands repas et aux amours illégitimes, qu'il priera autrement que des lèvres, et même hors de la présence du prince : quand d'ailleurs il ne sera point d'un abord farouche et difficile, qu'il n'aura point le visage austère et la mine triste, qu'il ne sera point paresseux et contemplatif, qu'il saura rendre, par une scrupuleuse attention, divers emplois très-compatibles ; qu'il pourra et qu'il voudra même tourner son esprit et ses soins aux grandes et laborieuses affaires, à celles surtout d'une suite la plus étendue pour les peuples et pour tout l'État ; quand son caractère me fera craindre de le nommer en cet endroit, et que sa modestie l'empêchera, si je ne le nomme pas, de s'y reconnaître : alors je dirai de ce personnage, Il est dévot ; ou plutôt, C'est un homme donné à son siècle pour le modèle d'une vertu sincère et pour le discernement de l'hypocrisie.

*Onuphre* n'a pour tout lit qu'une housse de serge grise, mais il couche sur le coton et sur le duvet : de même il est habillé simplement, mais commodément, je veux dire d'une

étoffe fort légère en été, et d'une autre fort moelleuse pendant l'hiver ; il porte des chemises très-déliées, qu'il a un très-
grand soin de bien cacher. Il ne dit point *ma haire* et *ma
discipline*, au contraire ; il passerait pour ce qu'il est, pour
un hypocrite, et il veut passer pour ce qu'il n'est pas, pour
un homme dévot : il est vrai qu'il fait en sorte que l'on croie,
sans qu'il le dise, qu'il porte une haire, et qu'il se donne la
discipline[1]. Il y a quelques livres répandus dans sa chambre
indifféremment ; ouvrez-les, c'est le Combat spirituel, le
Chrétien intérieur, et l'Année sainte : d'autres livres sont
sous la clef. S'il marche par la ville, et qu'il découvre de
loin un homme devant qui il est nécessaire qu'il soit dévot,
les yeux baissés, la démarche lente et modeste, l'air recueilli, lui sont familiers ; il joue son rôle. S'il entre
dans une église, il observe d'abord de qui il peut être vu ;
et, selon la découverte qu'il vient de faire, il se met à genoux et prie, ou il ne songe ni à se mettre à genoux, ni à
prier. Arrive-t-il vers lui un homme de bien et d'autorité
qui le verra et qui peut l'entendre, non-seulement il prie,
mais il médite, il pousse des élans et des soupirs : si l'homme
de bien se retire, celui-ci, qui le voit partir, s'apaise et
ne souffle pas. Il entre une autre fois dans un lieu saint,
perce la foule, choisit un endroit pour se recueillir, et où
tout le monde voit qu'il s'humilie : s'il entend des courtisans qui parlent, qui rient, et qui sont à la chapelle avec
moins de silence que dans l'antichambre, il fait plus de
bruit qu'eux pour les faire taire ; il reprend sa méditation,
qui est toujours la comparaison qu'il fait de ces personnes
avec lui-même, et où il trouve son compte. Il évite une
église déserte et solitaire, où il pourrait entendre deux
messes de suite, le sermon, vêpres et complies, tout cela

---

[1] Critique du *Tartufe* de Molière.

entre Dieu et lui, et sans que personne lui en sût gré : il
aime la paroisse, il fréquente les temples où se fait un
grand concours ; on n'y manque point son coup, on y est
vu. Il choisit deux ou trois jours dans toute l'année, où à
propos de rien il jeûne ou fait abstinence : mais à la fin
de l'hiver il tousse, il a une mauvaise poitrine, il a des
vapeurs, il a eu la fièvre ; il se fait prier, presser, querel-
ler, pour rompre le carême dès son commencement, et il
en vient là par complaisance. Si Onuphre est nommé arbitre dans une querelle de parents ou dans un procès de
famille, il est pour les plus forts, je veux dire pour les
plus riches, et il ne se persuade point que celui ou celle
qui a beaucoup de bien puisse avoir tort. S'il se trouve bien
d'un homme opulent à qui il a su imposer, dont il est le
parasite, et dont il peut tirer de grands secours, il ne cajole
point sa femme, il ne lui fait du moins ni avance ni décla-
ration ; il s'enfuira, il lui laissera son manteau, s'il n'est
aussi sûr d'elle que de lui-même : il est encore plus éloigné d'employer pour la flatter et pour la séduire le jargon
de la dévotion[1] ; ce n'est point par habitude qu'il le parle,
mais avec dessein, et selon qu'il lui est utile, et jamais
quand il ne servirait qu'à le rendre très-ridicule[2]. Il sait
où se trouvent des femmes plus sociables et plus dociles
que celle de son ami ; il ne les abandonne pas pour longtemps, quand ce ne serait que pour faire dire de soi dans
le public qu'il fait des retraites : qui en effet pourrait en
douter, quand on le revoit paraître avec un visage exténué
et d'un homme qui ne se ménage point ? Les femmes d'ailleurs qui fleurissent et qui prospèrent à l'ombre de la dévotion[3] lui conviennent, seulement avec cette petite diffé-

[1] Fausse dévotion. (*La Bruyère.*)
[2] Critique du *Tartufe.*
[3] Fausse dévotion. (*La Bruyère.*)

rence qu'il néglige celles qui ont vieilli, et qu'il cultive les jeunes, et entre celles-ci les plus belles et les mieux faites; c'est son attrait : elles vont, et il va; elles reviennent, et il revient; elles demeurent, et il demeure; c'est en tous lieux et à toutes les heures qu'il a la consolation de les voir : qui pourrait n'en être pas édifié? elles sont dévotes, et il est dévot. Il n'oublie pas de tirer avantage de l'aveuglement de son ami, et de la prévention où il l'a jeté en sa faveur : tantôt il lui emprunte de l'argent, tantôt il fait si bien que cet ami lui en offre : il se fait reprocher de n'avoir pas recours à ses amis dans ses besoins. Quelquefois il ne veut pas recevoir une obole sans donner un billet, qu'il est bien sûr de ne jamais retirer. Il dit une autre fois, et d'une certaine manière, que rien ne lui manque, et c'est lorsqu'il ne lui faut qu'une petite somme : il vante quelque autre fois publiquement la générosité de cet homme, pour le piquer d'honneur et le conduire à lui faire une grande largesse : il ne pense point à profiter de toute sa succession, ni à s'attirer une donation générale de tous ses biens, s'il s'agit surtout de les enlever à un fils, le légitime héritier. Un homme dévot n'est ni avare, ni violent, ni injuste, ni même intéressé. Onuphre n'est pas dévot, mais il veut être cru tel, et, par une parfaite, quoique fausse imitation de la piété, ménager sourdement ses intérêts : aussi ne se joue-t-il pas à la ligne directe, et il ne s'insinue jamais dans une famille où se trouvent tout à la fois une fille à pourvoir et un fils à établir; il y a là des droits trop forts et trop inviolables; on ne les traverse point sans faire de l'éclat, et il l'appréhende, sans qu'une pareille entreprise vienne aux oreilles du prince, à qui il dérobe sa marche, par la crainte qu'il a d'être découvert et de paraître ce

qu'il est[1]. Il en veut à la ligne collatérale, on l'attaque
plus impunément : il est la terreur des cousins et des cou-
sines, du neveu et de la nièce, le flatteur et l'ami déclaré
de tous les oncles qui ont fait fortune. Il se donne pour
l'héritier légitime de tout vieillard qui meurt riche et sans
enfants ; et il faut que celui-ci le déshérite, s'il veut que
ses parents recueillent sa succession : si Onuphre ne trouve
pas jour à les en frustrer à fond, il leur en ôte du moins
une bonne partie : une petite calomnie, moins que cela,
une légère médisance lui suffit pour ce pieux dessein ; et
c'est le talent qu'il possède à un plus haut degré de perfection : il se fait même souvent un point de conduite de ne
le pas laisser inutile ; il y a des gens, selon lui, qu'on
est obligé en conscience de décrier, et ces gens sont ceux
qu'il n'aime point, à qui il veut nuire, et dont il désire
la dépouille. Il vient à ses fins sans se donner même la
peine d'ouvrir la bouche : on lui parle d'*Eudoxe*, il sourit ou il soupire ; on l'interroge, on insiste, il ne répond rien ;
et il a raison, il en a assez dit.

Riez, *Zélie*, soyez badine et folâtre à votre ordinaire :
qu'est devenue votre joie ? Je suis riche, dites-vous, me
voilà au large, et je commence à respirer. Riez plus haut,
Zélie, éclatez : que sert une meilleure fortune, si elle
amène avec soi le sérieux et la tristesse ? Imitez les grands
qui sont nés dans le sein de l'opulence : ils rient quelquefois, ils cèdent à leur tempérament ; suivez le vôtre ; ne
faites pas dire de vous qu'une nouvelle place ou que quelque mille livres de rente de plus ou de moins vous font
passer d'une extrémité à l'autre. Je tiens, dites-vous, à
la faveur par un endroit. Je m'en doutais, Zélie ; mais,

[1] Criti.que du *Tartufe*.

croyez-moi, ne laissez pas de rire, et même de me sourire en passant, comme autrefois : ne craignez rien, je
n'en serai ni plus libre ni plus familier avec vous : je
n'aurai pas une moindre opinion de vous et de votre poste ;
je croirai également que vous êtes riche et en faveur.
Je suis dévote, ajoutez-vous. C'est assez, Zélie, et je dois
me souvenir que ce n'est plus la sérénité et la joie que le
sentiment d'une bonne conscience étale sur le visage ; les
passions tristes et austères ont pris le dessus et se répandent
sur les dehors ; elles mènent plus loin, et l'on ne s'étonne
plus de voir que la dévotion[1] sache, encore mieux que
la beauté et la jeunesse, rendre une femme fière et dé-
daigneuse.

L'on a été loin depuis un siècle dans les arts et dans les
sciences, qui toutes ont été poussées à un grand point de raffinement, jusques à celle du salut, que l'on a réduite en
règle et en méthode, et augmentée de tout ce que l'esprit
des hommes pouvait inventer de plus beau et de plus sublime. La dévotion[2] et la géométrie ont leurs façons de parler, ou ce qu'on appelle les termes de l'art ; celui qui ne
les sait pas n'est ni dévot ni géomètre. Les premiers
dévots, ceux même qui ont été dirigés par les apôtres,
ignoraient ces termes : simples gens qui n'avaient que la
foi et les œuvres, et qui se réduisaient à croire et à bien
vivre.

C'est une chose délicate à un prince religieux de réformer la cour, et de la rendre pieuse : instruit jusqu'où le
courtisan veut lui plaire, et aux dépens de quoi il ferait sa
fortune, il le ménage avec prudence, il tolère, il dissimule, de peur de le jeter dans l'hypocrisie ou le sacrilége :

[1] Fausse dévotion. ( *La Bruyère* ).
[2] *Idem.*

il attend plus de Dieu et du temps que de son zèle et de son industrie.

C'est une pratique ancienne dans les cours, de donner des pensions et de distribuer des grâces à un musicien, à un maître de danse, à un farceur, à un joueur de flûte, à un flatteur, à un complaisant; ils ont un mérite fixe et des talents sûrs et connus qui amusent les grands, et qui les délassent de leur grandeur. On sait que Favier est beau danseur, et que Lorenzani fait de beaux motets : qui sait au contraire si l'homme dévot a de la vertu? il n'y a rien pour lui sur la cassette ni à l'épargne, et avec raison; c'est un métier aisé à contrefaire, qui, s'il était récompensé, exposerait le prince à mettre en honneur la dissimulation et la fourberie, et à payer pension à l'hypocrite.

L'on espère que la dévotion de la cour ne laissera pas d'inspirer la résidence.

Je ne doute point que la vraie dévotion ne soit la source du repos; elle fait supporter la vie et rend la mort douce : on n'en tire pas tant de l'hypocrisie.

Chaque heure en soi, comme à notre égard, est unique : est-elle écoulée une fois, elle a péri entièrement, les millions de siècles ne la ramèneront pas. Les jours, les mois, les années, s'enfoncent et se perdent sans retour dans l'abîme des temps. Le temps même sera détruit : ce n'est qu'un point dans les espaces immenses de l'éternité, et il sera effacé. Il y a de légères et frivoles circonstances du temps qui ne sont point stables, qui passent, et que j'appelle des modes, la grandeur, la faveur, les richesses, la puissance, l'autorité, l'indépendance, le plaisir, les joies, la superfluité. Que deviendront ces modes quand le temps même aura disparu? la vertu seule, si peu à la mode, va au delà des temps.

# CHAPITRE XIV.

## De quelques usages.

Il y a des gens qui n'ont pas le moyen d'être nobles.

Il y en a de tels, que, s'ils eussent obtenu six mois de délai de leurs créanciers, ils étaient nobles [1].

Quelques autres se couchent roturiers et se lèvent nobles [2].

Combien de nobles dont le père et les aînés sont roturiers !

Tel abandonne son père qui est connu, et dont on cite le greffe ou la boutique, pour se retrancher sur son aïeul, qui, mort depuis longtemps, est inconnu et hors de prise. Il montre ensuite un gros revenu, une grande charge, de belles alliances; et pour être noble, il ne lui manque que des titres.

Réhabilitations, mot en usage dans les tribunaux, qui a fait vieillir et rendu gothique celui de lettres de noblesse, autrefois si français et si usité. Se faire réhabiliter suppose qu'un homme devenu riche, originairement est noble, qu'il est d'une nécessité plus que morale qu'il le soit; qu'à la vérité son père a pu déroger ou par la charrue, ou par la houe, ou par la malle, ou par les livrées; mais qu'il ne s'agit pour lui que de rentrer dans les premiers droits de ses ancêtres, et de continuer les armes de sa maison, les mêmes pourtant qu'il a fabriquées, et tout autres que celles de sa vaisselle d'étain; qu'en un mot les lettres de noblesse ne lui conviennent plus, qu'elles n'honorent que le roturier, c'est-à-dire celui qui cherche encore le secret de devenir riche.

[1] Vétérans. ( *La Bruyère.*)
[2] *Idem.*

Un homme du peuple, à force d'assurer qu'il a vu un
prodige, se persuade faussement qu'il a vu un prodige.
Celui qui continue de cacher son âge pense enfin lui-
même être aussi jeune qu'il veut le faire croire aux autres. De même le roturier qui dit par habitude qu'il
tire son origine de quelque ancien baron ou de quelque
châtelain, dont il est vrai qu'il ne descend pas, a le
plaisir de croire qu'il en descend.

Quelle est la roture un peu heureuse et établie à qui il
manque des armes, et dans ces armes une pièce honorable, des suppôts, un cimier, une devise, et peut-être le
cri de guerre? Qu'est devenue la distinction des *casques* et
des *heaumes?* le nom et l'usage en sont abolis; il ne s'agit
plus de les porter de front ou de côté, ouverts ou fermés,
et ceux-ci de tant ou de tant de grilles : on n'aime pas les
minuties, on passe droit aux couronnes, cela est plus
simple; on s'en croit digne, on se les adjuge. Il reste
encore aux meilleurs bourgeois une certaine pudeur qui
les empêche de se parer d'une couronne de marquis,
trop satisfaits de la comtale : quelques-uns même ne vont
pas la chercher fort loin, et la font passer de leur enseigne
à leur carrosse.

Il suffit de n'être point né dans une ville, mais sous
une chaumière répandue dans la campagne, ou sous une
ruine qui trempe dans un marécage, et qu'on appelle
château, pour être cru noble sur sa parole.

Un bon gentilhomme veut passer pour un petit seigneur, et il y parvient. Un grand seigneur affecte la
principauté, et il use de tant de précautions, qu'à force
de beaux noms, de disputes sur le rang et les préséances,
de nouvelles armes, et d'une généalogie que D'HOZIER
ne lui a pas faite, il devient enfin un petit prince.

Les grands en toutes choses se forment et se moulent sur
de plus grands, qui de leur part, pour n'avoir rien de
commun avec leurs inférieurs, renoncent volontiers à toutes
les rubriques d'honneurs et de distinctions dont leur condition se trouve chargée, et préfèrent à cette servitude une
vie plus libre et plus commode; ceux qui suivent leur
piste observent déjà par émulation cette simplicité et cette
modestie : tous ainsi se réduiront par hauteur à vivre naturellement et comme le peuple. Horrible inconvénient!

Certaines gens portent trois noms, de peur d'en manquer ; ils en ont pour la campagne et pour la ville, pour
les lieux de leur service ou de leur emploi. D'autres ont un
seul nom dissyllabe qu'ils anoblissent par des particules,
dès que leur fortune devient meilleure. Celui-ci, par la
suppression d'une syllabe, fait de son nom obscur un
nom illustre; celui-là, par le changement d'une lettre en
une autre, se travestit, et de *Syrus* devient *Cyrus*. Plusieurs suppriment leurs noms, qu'ils pourraient conserver
sans honte, pour en adopter de plus beaux, où ils n'ont
qu'à perdre, par la comparaison que l'on fait toujours d'eux
qui les portent, avec les grands hommes qui les ont portés. Il s'en trouve enfin qui, nés à l'ombre des clochers
de Paris, veulent être Flamands ou Italiens, comme si la
roture n'était pas de tout pays, allongent leurs noms
français d'une terminaison étrangère, et croient que venir
de bon lieu, c'est venir de loin.

Le besoin d'argent a réconcilié la noblesse avec la roture, et a fait évanouir la preuve des quatre quartiers.

A combien d'enfants serait utile la loi qui déciderait
que c'est le ventre qui anoblit! mais à combien d'autres
serait-elle contraire!

Il y a peu de familles dans le monde qui ne touchent aux

plus grands princes par une extrémité, et par l'autre au simple peuple.

Il n'y a rien à perdre à être noble : franchises, immunités, exemptions, priviléges ; que manque-t-il à ceux qui ont un titre? Croyez-vous que ce soit pour la noblesse que des solitaires [1] se sont faits nobles? Ils ne sont pas si vains : c'est pour le profit qu'ils en reçoivent. Cela ne leur sied-il pas mieux que d'entrer dans les gabelles? je ne dis pas à chacun en particulier, leurs vœux s'y opposent, je dis même à la communauté.

Je le déclare nettement, afin que l'on s'y prépare, et que personne un jour n'en soit surpris : s'il arrive jamais que quelque grand me trouve digne de ses soins, si je fais enfin une belle fortune, il y a un Geoffroy de la Bruyère que toutes les chroniques rangent au nombre des plus grands seigneurs de France qui suivirent GODEFROY DE BOUILLON à la conquête de la terre sainte : voilà alors de qui je descends en ligne directe.

Si la noblesse est vertu, elle se perd par tout ce qui n'est pas vertueux ; et si elle n'est pas vertu, c'est peu de chose.

Il y a des choses qui, ramenées à leurs principes et à leur première institution, sont étonnantes et incompréhensibles. Qui peut concevoir en effet que certains abbés à qui il ne manque rien de l'ajustement, de la mollesse et de la vanité des sexes et des conditions, qui entrent auprès des femmes en concurrence avec le marquis et le financier, et qui l'emportent sur tous les deux, qu'eux-mêmes soient originairement, et dans l'étymologie de leur nom, les pères et les chefs de saints moines et d'humbles

---

[1] Maison religieuse secrétaire du roi. (*La Bruyère*). Plusieurs maisons religieuses, pour jouir des priviléges et franchises attachés à la noblesse, avaient acheté des charges de secrétaire du roi.

solitaires, et qu'ils en devraient être l'exemple? Quelle
force, quel empire, quelle tyrannie de l'usage! Et, sans
parler de plus grands désordres, ne doit-on pas craindre
de voir un jour un simple abbé en velours gris et à ramages
comme une éminence, ou avec des mouches et du rouge
comme une femme?

Que les saletés des dieux, la Vénus, le Ganymède, et
les autres nudités du Carrache aient été faites pour des
princes de l'Église, et qui se disent successeurs des apôtres, le palais Farnèse en est la preuve.

Les belles choses le sont moins hors de leur place : les
bienséances mettent la perfection, et la raison met les
bienséances. Ainsi l'on n'entend point une gigue à la chapelle, ni dans un sermon des tons de théâtre ; l'on ne
voit point d'images profanes [1] dans les temples, un Christ,
par exemple, et le jugement de Pâris dans le même sanctuaire, ni à des personnes consacrées à l'Église le train et
l'équipage d'un cavalier.

Déclarerai-je donc ce que je pense de ce qu'on appelle
dans le monde un beau salut, la décoration souvent profane, les places retenues et payées, des livres [2] distribués
comme au théâtre, les entrevues et les rendez-vous fré-
quents, le murmure et les causeries étourdissantes, quelqu'un monté sur une tribune qui y parle familièrement, sèchement, et sans autre zèle que de rassembler le peuple,
l'amuser, jusqu'à ce qu'un orchestre, le dirai-je? et des
voix qui concertent depuis longtemps se fassent entendre?
Est-ce à moi à m'écrier que le zèle de la maison du Seigneur me consume, et à tirer le voile léger qui couvre les
mystères, témoins d'une telle indécence? Quoi! parce

---

[1] Tapisseries. ( *La Bruyère.* )
[2] Le motet traduit en vers français par LL**. ( *La Bruyère.* )

qu'on ne danse pas encore aux TT** ¹, me forcera-t-on d'appeler tout ce spectacle office divin?

L'on ne voit point faire de vœux ni de pèlerinages pour obtenir d'un saint d'avoir l'esprit plus doux, l'âme plus reconnaissante, d'être plus équitable et moins malfaisant, d'être guéri de la vanité, de l'inquiétude et de la mauvaise raillerie.

Quelle idée plus bizarre que de se représenter une foule de chrétiens de l'un et de l'autre sexe, qui se rassemblent à certains jours dans une salle, pour y applaudir à une troupe d'excommuniés, qui ne le sont que par le plaisir qu'ils leur donnent, et qui est déjà payé d'avance? Il me semble qu'il faudrait, ou fermer les théâtres, ou prononcer moins sévèrement sur l'état des comédiens.

Dans ces jours qu'on appelle saints, le moine confesse pendant que le curé tonne en chaire contre le moine et ses adhérents : telle femme pieuse sort de l'autel, qui entend au prône qu'elle vient de faire un sacrilége. N'y a-t-il point dans l'Église une puissance à qui il appartienne, ou de faire taire le pasteur, ou de suspendre pour un temps le pouvoir du *barnabite?*

Il y a plus de rétributions dans les paroisses pour un mariage que pour un baptême, et plus pour un baptême que pour la confession. L'on dirait que ce soit un taux sur les sacrements, qui semblent par là être appréciés. Ce n'est rien au fond que cet usage; et ceux qui reçoivent pour les choses saintes ne croient point les vendre, comme ceux qui donnent ne pensent point à les acheter : ce sont peut-être des apparences qu'on pourrait épargner aux simples et aux indévots.

Un pasteur frais et en parfaite santé, en linge fin et en

Théatins.

{point de Venise, a sa place dans l'œuvre après les pour-
pres et les fourrures; il y achève sa digestion, pendant
que le feuillant ou le récollet quitte sa cellule et son désert, où il est lié par ses vœux et par la bienséance, pour
venir le prêcher, lui et ses ouailles, et en recevoir le salaire, comme d'une pièce d'étoffe. Vous m'interrompez,
et vous dites : Quelle censure! et combien elle est nouvelle et peu attendue! Ne voudriez-vous point interdire à
ce pasteur et à son troupeau la parole divine, et le pain de
l'Évangile? Au contraire, je voudrais qu'il le distribuât
lui-même le matin, le soir, dans les temples, dans les maisons, dans les places, sur les toits; et que nul ne prétendît
à un emploi si grand, si laborieux, qu'avec des intentions,
des talents et des poumons capables de lui mériter les belles offrandes et les riches rétributions qui y sont attachées.
Je suis forcé, il est vrai, d'excuser un curé sur cette conduite,
par un usage reçu, qu'il trouve établi, et qu'il laissera à
son successeur; mais c'est cet usage bizarre et dénué de
fondement et d'apparence que je ne puis approuver, et
que je goûte encore moins que celui de se faire payer quatre
fois des mêmes obsèques, pour soi, pour ses droits, pour
sa présence, pour son assistance.

*Tite*, par vingt années de service dans une seconde
place, n'est pas encore digne de la première, qui est vacante : ni ses talents, ni sa doctrine, ni une vie exem-
plaire, ni le vœu des paroissiens, ne sauraient l'y faire
asseoir. Il naît de dessous terre un autre clerc [1] pour la
remplir. Tite est reculé ou congédié; il ne se plaint pas :
c'est l'usage.

Moi, dit le chefecier, je suis maître du chœur : qui me
forcera d'aller à matines? mon prédécesseur n'y allait point;

[1] Ecclésiastique. (*La Bruyère.*)

suis-je de pire condition? dois-je laisser avilir ma dignité entre mes mains, ou la laisser telle que je l'ai reçue? Ce n'est point, dit l'écolâtre, mon intérêt qui me mène, mais celui de la prébende : il serait bien dur qu'un grand chanoine fût sujet au chœur, pendant que le trésorier, l'archidiacre, le pénitencier et le grand vicaire s'en croient exempts. Je suis bien fondé, dit le prévôt, à demander la rétribution sans me trouver à l'office : il y a vingt années entières que je suis en possession de dormir les nuits ; je veux finir comme j'ai commencé, et l'on ne me verra point déroger à mon titre : que me servirait d'être à la tête d'un chapitre? mon exemple ne tire point à conséquence. Enfin c'est entre eux tous à qui ne louera point Dieu, à qui fera voir, par un long usage, qu'il n'est point obligé de le faire : l'émulation de ne se point rendre aux offices divins ne saurait être plus vive ni plus ardente. Les cloches sonnent dans une nuit tranquille ; et leur mélodie, qui réveille les chantres et les enfants de chœur, endort les chanoines, les plonge dans un sommeil doux et facile, et qui ne leur procure que de beaux songes : ils se lèvent tard, et vont à l'église se faire payer d'avoir dormi.

Qui pourrait s'imaginer, si l'expérience ne nous le mettait devant les yeux, quelle peine ont les hommes à se résoudre d'eux-mêmes à leur propre félicité, et qu'on ait besoin de gens d'un certain habit, qui par un discours préparé, tendre et pathétique, par de certaines inflexions de voix, par des larmes, par des mouvements qui les mettent en sueur et qui les jettent dans l'épuisement, fassent enfin consentir un homme chrétien et raisonnable, dont la maladie est sans ressource, à ne se point perdre et à faire son salut?

La fille d'*Aristippe* est malade et en péril ; elle envoie

vers son père, veut se réconcilier avec lui et mourir dans
ses bonnes grâces : cet homme si sage, le conseil de toute
une ville, fera-t-il de lui-même cette démarche si raisonnable? y entraînera-t-il sa femme? ne faudra-t-il point,
pour les remuer tous deux, la machine du directeur?

Une mère, je ne dis pas qui cède et qui se rend à la vocation de sa fille, mais qui la fait religieuse, se charge
d'une âme avec la sienne, en répond à Dieu même, en est
la caution : afin qu'une telle mère ne se perde pas, il faut
que sa fille se sauve.

Un homme joue et se ruine : il marie néanmoins l'aînée
de ses deux filles de ce qu'il a pu sauver des mains d'un
*Ambreville*. La cadette est sur le point de faire ses vœux,
qui n'a point d'autre vocation que le jeu de son père.

Il s'est trouvé des filles qui avaient de la vertu, de la
santé, de la ferveur, et une bonne vocation, mais qui
n'étaient pas assez riches pour faire dans une riche abbaye vœu de pauvreté.

Celui qui délibère sur le choix d'une abbaye ou d'un
simple monastère, pour s'y renfermer, agite l'ancienne
question de l'état populaire et du despotique.

Faire une folie et se marier *par amourette*, c'est épouser *Mélite*, qui est jeune, belle, sage, économe, qui plaît,
qui vous aime, qui a moins de bien qu'*Ægine* qu'on
vous propose, et qui, avec une riche dot, apporte de riches dispositions à la consumer, et tout votre fonds avec
sa dot.

Il était délicat autrefois de se marier ; c'était un long
établissement, une affaire sérieuse, et qui méritait qu'on
y pensât : l'on était pendant toute sa vie le mari de sa
femme, bonne ou mauvaise ; même table, même demeure,
même lit ; l'on n'en était point quitte pour une pension ;

avec des enfants et un ménage complet, l'on n'avait pas
les apparences et les délices du célibat.

Qu'on évite d'être vu seul avec une femme qui n'est
point la sienne, voilà une pudeur qui est bien placée : qu'on
sente quelque peine à se trouver dans le monde avec des
personnes dont la réputation est attaquée, cela n'est pas
incompréhensible. Mais quelle mauvaise honte fait rougir
un homme de sa propre femme, et l'empêche de paraître
dans le public avec celle qu'il s'est choisie pour sa compagne inséparable, qui doit faire sa joie, ses délices, et toute
sa société ; avec celle qu'il aime et qu'il estime, qui est
son ornement, dont l'esprit, le mérite, la vertu, l'alliance, lui font honneur? Que ne commence-t-il par rougir de son mariage?

Je connais la force de la coutume, et jusqu'où elle maîtrise les esprits et contraint les mœurs, dans les choses
mêmes les plus dénuées de raison et de fondement : je sens
néanmoins que j'aurais l'impudence de me promener au
cours, et d'y passer en revue avec une personne qui serait
ma femme.

Ce n'est pas une honte ni une faute à un jeune homme
que d'épouser une femme avancée en âge ; c'est quelquefois prudence, c'est précaution. L'infamie est de se jouer
de sa bienfaitrice par des traitements indignes, et qui lui
découvrent qu'elle est la dupe d'un hypocrite et d'un ingrat. Si la fiction est excusable, c'est où il faut feindre de
l'amitié : s'il est permis de tromper, c'est dans une occasion où il y aurait de la dureté à être sincère. Mais elle vit
longtemps : aviez-vous stipulé qu'elle mourût après avoir
signé votre fortune et l'acquit de toutes vos dettes? n'a-t-
elle plus après ce grand ouvrage qu'à retenir son haleine,
qu'à prendre de l'opium ou de la ciguë? a-t-elle tort de

vivre? si même vous mourez avant celle dont vous aviez déjà réglé les funérailles, à qui vous destiniez la grosse sonnerie et les beaux ornements, en est-elle responsable?

Il y a depuis longtemps dans le monde une manière [1] de faire valoir son bien qui continue toujours d'être pratiquée par d'honnêtes gens, et d'être condamnée par d'habiles docteurs.

On a toujours vu dans la république de certaines charges qui semblent n'avoir été imaginées la première fois que pour enrichir un seul aux dépens de plusieurs : les fonds ou l'argent des particuliers y coule sans fin et sans interruption; dirai-je qu'il n'en revient plus, ou qu'il n'en revient que tard? C'est un gouffre; c'est une mer qui reçoit les eaux des fleuves, et qui ne les rend pas; ou si elle les rend, c'est par des conduits secrets et souterrains, sans qu'il y paraisse, ou qu'elle en soit moins grosse et moins enflée; ce n'est qu'après en avoir joui longtemps, et quelle ne peut plus les retenir.

Le fonds perdu [2], autrefois si sûr, si religieux et si inviolable, est devenu avec le temps, et par les soins de ceux qui en étaient chargés, un bien perdu. Quel autre secret de doubler mes revenus et de thésauriser? entrerai-je dans le huitième denier, ou dans les aides? serai-je avare, partisan, ou administrateur?

Vous avez une pièce d'argent, ou même une pièce d'or, ce n'est pas assez; c'est le nombre qui opère : faites-en, si vous pouvez, un amas considérable et qui s'élève en pyramide, et je me charge du reste. Vous n'avez ni naissance, ni esprit, ni talent, ni expérience, qu'importe? ne

[1] Billets et obligations. (*La Bruyère.*)
[2] Allusion à la banqueroute des hôpitaux de Paris et des Incurables en 1689, qui fit perdre aux particuliers qui avaient des deniers à fonds perdu sur ces établissements la plus grande partie de leurs biens.

diminuez rien de votre monceau, et je vous placerai si haut que vous vous couvrirez devant votre maître, si vous en avez : il sera même fort éminent, si avec votre métal, qui de jour à autre se multiplie, je ne fais en sorte qu'il se découvre devant vous.

*Orante* plaide depuis dix ans entiers en règlement de juges, pour une affaire juste, capitale, et où il y va de toute sa fortune : elle saura peut-être dans cinq années quels seront ses juges, et dans quel tribunal elle doit plaider le reste de sa vie.

L'on applaudit à la coutume qui s'est introduite dans les tribunaux d'interrompre les avocats au milieu de leur action, de les empêcher d'être éloquents et d'avoir de l'esprit, de les ramener au fait et aux preuves toutes sèches qui établissent leurs causes et le droit de leurs parties ; et cette pratique si sévère, qui laisse aux orateurs le regret de n'avoir pas prononcé les plus beaux traits de leurs discours, qui bannit l'éloquence du seul endroit où elle est en sa place, et va faire du parlement une muette juridiction, on l'autorise par une raison solide et sans réplique, qui est celle de l'expédition : il est seulement à désirer qu'elle fût moins oubliée en toute autre rencontre, qu'elle réglât au contraire les bureaux comme les audiences, et qu'on cherchât une fin aux écritures [1], comme on a fait aux plaidoyers.

Le devoir des juges est de rendre la justice, leur métier est de la différer : quelques-uns savent leur devoir, et font leur métier.

Celui qui sollicite son juge ne lui fait pas honneur ; car, ou il se défie de ses lumières et même de sa probité, ou il cherche à le prévenir, ou il lui demande une injustice.

---

[1] Procès par écrit. ( *La Bruyère.* )

Il se trouve des juges auprès de qui la faveur, l'autorité, les droits de l'amitié et de l'alliance, nuisent à une bonne cause, et qu'une trop grande affectation de passer pour incorruptibles expose à être injustes.

Le magistrat coquet ou galant est pire dans les conséquences que le dissolu : celui-ci cache son commerce et ses liaisons, et l'on ne sait souvent par où aller jusqu'à lui ; celui-là est ouvert par mille faibles qui sont connus, et l'on y arrive par toutes les femmes à qui il veut plaire.

Il s'en faut peu que la religion et la justice n'aillent de pair dans la république, et que la magistrature ne consacre les hommes comme la prêtrise. L'homme de robe ne saurait guère danser au bal, paraître aux théâtres, renoncer aux habits simples et modestes, sans consentir à son propre avilissement ; et il est étrange [1] qu'il ait fallu une loi pour régler son extérieur, et le contraindre ainsi à être grave et plus respecté.

Il n'y a aucun métier qui n'ait son apprentissage ; et en montant des moindres conditions jusques aux plus grandes, on remarque dans toutes un temps de pratique et d'exercice qui prépare aux emplois, où les fautes sont sans conséquence, et mènent au contraire à la perfection. La guerre même, qui ne semble naître et durer que par la confusion et le désordre, a ses préceptes : on ne se massacre pas par pelotons et par troupes, en rase campagne, sans l'avoir appris, et l'on s'y tue méthodiquement ; il y a l'école de la guerre : où est l'école du magistrat ? Il y a un usage, des lois, des coutumes : où est le temps, et le temps assez long que l'on emploie à les digérer et à s'en instruire ? L'essai et l'apprentissage d'un jeune adolescent

---

[1] Un arrêt du conseil obligea les conseillers à être en rabat ; avant ce temps ils étaient presque toujours en cravate.

qui passe de la férule à la pourpre, et dont la consignation a fait un juge, est de décider souverainement des vies et des fortunes des hommes.

La principale partie de l'orateur, c'est la probité : sans elle il dégénère en déclamateur, il déguise ou il exagère les faits, il cite faux, il calomnie, il épouse la passion et les haines de ceux pour qui il parle ; et il est de la classe de ces avocats dont le proverbe dit qu'ils sont payés pour dire des injures.

Il est vrai, dit-on, cette somme lui est due, et ce droit lui est acquis ; mais je l'attends à cette petite formalité ; s'il l'oublie, il n'y revient plus, et *conséquemment* il perd sa somme, ou il est *incontestablement* déchu de son droit : or, il oubliera cette formalité. Voilà ce que j'appelle une conscience de praticien.

Une belle maxime pour le palais, utile au public, remplie de raison, de sagesse et d'équité, ce serait précisément la contradictoire de celle qui dit que la forme emporte le fond.

La question est une invention merveilleuse et tout à fait sûre pour perdre un innocent qui a la complexion faible, et sauver un coupable qui est né robuste.

Un coupable puni est un exemple pour la canaille ; un innocent condamné est l'affaire de tous les honnêtes gens.

Je dirai presque de moi : Je ne serai pas voleur ou meurtrier ; je ne serai pas un jour puni comme tel : c'est parler bien hardiment.

Une condition lamentable est celle d'un homme innocent à qui la précipitation et la procédure ont trouvé un crime ; celle même de son juge peut-elle l'être davantage ?

Si l'on me racontait qu'il s'est trouvé autrefois un prévôt, ou l'un de ces magistrats créés pour poursuivre les voleurs et les exterminer, qui les connaissait tous depuis longtemps de nom et de visage, savait leurs vols, j'entends l'espèce, le nombre et la quantité, pénétrait si avant dans toutes ces profondeurs et était si initié dans tous ces affreux mystères, qu'il sut rendre à un homme de crédit un bijou qu'on lui avait pris dans la foule au sortir d'une assemblée, et dont il était sur le point de faire de l'éclat ; que le parlement intervint dans cette affaire, et fit le procès à cet officier : je regarderais cet événement comme l'une de ces choses dont l'histoire se charge, et à qui le temps ôte la croyance. Comment donc pourrais-je croire qu'on doive présumer par des faits récents, connus et circonstanciés, qu'une connivence si pernicieuse dure encore, qu'elle ait même tourné en jeu et passé en coutume?

Combien d'hommes qui sont forts contre les faibles, fermes et inflexibles aux sollicitations du simple peuple, sans nuls égards pour les petits, rigides et sévères dans les minuties, qui refusent les petits présents, qui n'écoutent ni leurs parents ni leurs amis, et que les femmes seules peuvent corrompre!

Il n'est pas absolument impossible qu'une personne qui se trouve dans une grande faveur perde un procès.

Les mourants qui parlent dans leurs testaments peuvent s'attendre à être écoutés comme des oracles : chacun les tire de son côté, et les interprète à sa manière ; je veux dire selon ses désirs ou ses intérêts.

Il est vrai qu'il y a des hommes dont on peut dire que la mort fixe moins la dernière volonté qu'elle ne leur ôte avec la vie l'irrésolution et l'inquiétude. Un dépit pendant qu'ils vivent les fait tester ; ils s'apaisent et déchirent leur minute, la voilà en cendre. Ils n'ont pas moins de testa-

ments dans leur cassette que d'almanachs sur leur table ;
ils les comptent par les années : un second se trouve détruit par un troisième, qui est anéanti lui-même par un
autre mieux digéré, et celui-ci encore par un cinquième
*olographe*. Mais si le moment, ou la malice, ou l'autorité,
manque à celui qui a intérêt de le supprimer, il faut qu'il
en essuie les clauses et les conditions : car *appert*-il mieux
des dispositions des hommes les plus inconstants que par
un dernier acte, signé de leur main, et après lequel ils
n'ont pas du moins eu le loisir de vouloir tout le contraire ?

S'il n'y avait point de testaments pour régler le droit
des héritiers, je ne sais si l'on aurait besoin de tribunaux
pour régler les différends des hommes. Les juges seraient
presque réduits à la triste fonction d'envoyer au gibet les
voleurs et les incendiaires. Qui voit-on dans les lanternes
des chambres, au parquet, à la porte ou dans la salle
du magistrat ? des héritiers *ab intestat ?* Non, les lois
ont pourvu à leurs partages : on y voit les testamentaires
qui plaident en explication d'une clause ou d'un article ;
les personnes exhérédées ; ceux qui se plaignent d'un testament fait avec loisir, avec maturité, par un homme
grave, habile, consciencieux, et qui a été aidé d'un bon
conseil ; d'un acte où le praticien n'a rien *obmis* de son
jargon et de ses finesses ordinaires : il est signé du testa-
teur et des témoins publics, il est paraphé ; et c'est en cet
état qu'il est cassé et déclaré nul.

*Titius* assiste à la lecture d'un testament avec des yeux
rouges et humides, et le cœur serré de la perte de celui
dont il espère recueillir la succession : un article lui donne
la charge, un autre les rentes de ville, un troisième le
rend maître d'une terre à la campagne ; il y a une clause
qui, bien entendue, lui accorde une maison située au mi-

lieu de Paris, comme elle se trouve, et avec les meubles;
son affliction augmente, les larmes lui coulent des yeux :
le moyen de les contenir? il se voit officier, logé aux
champs et à la ville, meublé de même; il se voit une
bonne table et un carrosse : *Y avait-il au monde un plus
honnête homme que le défunt, un meilleur homme?* Il
y a un codicille, il faut le lire : il fait *Mœvius* légataire
universel, et il renvoie Titius dans son faubourg, sans
rentes, sans titre, et le met à pied. Il essuie ses larmes :
c'est à Mævius à s'affliger.

La loi qui défend de tuer un homme n'embrasse-t-elle
pas dans cette défense le fer, le poison, le feu, l'eau, les
embûches, la force ouverte, tous les moyens enfin qui
peuvent servir à l'homicide? La loi qui ôte aux maris et
aux femmes le pouvoir de se donner réciproquement n'a
t-elle connu que les voies directes et immédiates de donner? a-t-elle manqué de prévoir les indirectes? a-t-elle
introduit les fidéicommis, ou si même elle les tolère? Avec
une femme qui nous est chère et qui nous survit, lègue-t-
on son bien à un ami fidèle par un sentiment de reconnaissance pour lui, ou plutôt par une extrême confiance,
et par la certitude qu'on a du bon usage qu'il saura faire
de ce qu'on lui lègue? Donne-t-on à celui que l'on peut
soupçonner de ne devoir pas rendre à la personne à qui
en effet l'on veut donner? faut-il se parler, faut-il s'écrire,
est-il besoin de pacte ou de serments pour former cette
collusion? Les hommes ne sentent-ils pas en cette rencontre ce qu'ils peuvent espérer les uns des autres? Et si au
contraire la propriété d'un tel bien est dévolue au fidéicom-
missaire, pourquoi perd-il sa réputation à le retenir? sur
quoi fonde-t-on la satire et les vaudevilles? Voudrait-on
le comparer au dépositaire qui trahit le dépôt, à un do-

mestique qui vole l'argent que son maître lui envoie porter? On aurait tort : y a-t-il de l'infamie à ne pas faire une
libéralité, et à conserver pour soi ce qui est à soi? Étrange
embarras, horrible poids que le fidéicommis! Si par la
révérence des lois on se l'approprie, il ne faut plus passer
pour homme de bien : si par le respect d'un ami mort l'on
suit ses intentions en le rendant à sa veuve, on est confi-
dentiaire, on blesse la loi; elle cadre donc bien mal avec
l'opinion des hommes : cela peut être, et il ne me convient pas de dire ici, La loi pèche, ni, Les hommes se
trompent.

J'entends dire de quelques particuliers, ou de quelques
compagnies : Tel et tel corps se contestent l'un à l'autre la
préséance; le mortier et la pairie se disputent le pas. Il
me paraît que celui des deux qui évite de se rencontrer
aux assemblées est celui qui cède, et qui, sentant son
faible, juge lui-même en faveur de son concurrent.

*Typhon* fournit un grand de chiens et de chevaux : que
ne lui fournit-il point! Sa protection le rend audacieux;
il est impunément dans sa province tout ce qu'il lui plaît
d'être, assassin, parjure; il brûle ses voisins, et il n'a
pas besoin d'asile : il faut enfin que le prince se mêle lui-
même de sa punition.

Ragoûts, liqueurs, entrées, entremets, tous mots qui
devraient être barbares et inintelligibles en notre langue; et
s'il est vrai qu'ils ne devraient pas être d'usage en pleine
paix, où ils ne servent qu'à entretenir le luxe et la gour-
mandise, comment peuvent-ils être entendus dans le
temps de la guerre et d'une misère publique, à la vue de
l'ennemi, à la veille d'un combat, pendant un siége? Où
est-il parlé de la table de *Scipion* ou de celle de *Marius?*
Ai-je lu quelque part que *Miltiade*, qu'*Épaminondas*,

qu'*Agésilas*, aient fait une chère délicate? Je voudrais
qu'on ne fît mention de la délicatesse, de la propreté et de
la somptuosité des généraux, qu'après n'avoir plus rien à
dire sur leur sujet, et s'être épuisé sur les circonstances
d'une bataille gagnée et d'une ville prise : j'aimerais
même qu'ils voulussent se priver de cet éloge.

*Hermippe* est l'esclave de ce qu'il appelle ses petites
commodités : il leur sacrifie l'usage reçu, la coutume,
les modes, la bienséance; il les cherche en toutes choses;
il quitte une moindre pour une plus grande; il ne néglige
aucune de celles qui sont praticables; il s'en fait une étude,
et il ne se passe aucun jour qu'il ne fasse en ce genre une
découverte. Il laisse aux autres hommes le dîner et le souper, à peine en admet-il les termes; il mange quand il a
faim, et les mets seulement où son appétit le porte. Il voit
faire son lit: quelle main assez adroite ou assez heureuse
pourrait le faire dormir comme il veut dormir? Il sort rarement de chez soi; il aime la chambre, où il n'est ni oisif ni
laborieux, où il n'agit point, où il *tracasse*, et dans l'é-
quipage d'un homme qui a pris médecine. On dépend
servilement d'un serrurier et d'un menuisier, selon ses
besoins : pour lui, s'il faut limer il a une lime, une scie
s'il faut scier, et des tenailles s'il faut arracher. Imaginez,
s'il est possible, quelques outils qu'il n'ait pas, et meilleurs et plus commodes à son gré que ceux mêmes dont
les ouvriers se servent : il en a de nouveaux et d'inconnus,
qui n'ont point de nom, productions de son esprit, et dont
il a presque oublié l'usage. Nul ne se peut comparer à
lui pour faire en peu de temps et sans peine un travail
fort inutile : il faisait dix pas pour aller de son lit dans
sa garde-robe, il n'en fait plus que neuf, par la manière
dont il a su tourner sa chambre; combien de pas épargnés

dans le cours d'une vie! Ailleurs l'on tourne la clef, l'on
pousse contre, ou l'on tire à soi, et une porte s'ouvre :
quelle fatigue! voilà un mouvement de trop qu'il sait s'é-
pargner; et comment? c'est un mystère qu'il ne révèle
point : il est à la vérité un grand maître pour le ressort et
pour la mécanique, pour celle du moins dont tout le
monde se passe. Hermippe tire le jour de son appartement
d'ailleurs que de la fenêtre ; il a trouvé le secret de monter et de descendre autrement que par l'escalier, et il cherche celui d'entrer et de sortir plus commodément que par
la porte.

Il y a déjà longtemps que l'on improuve les médecins,
et que l'on s'en sert : le théâtre et la satire ne touchent
point à leurs pensions ; ils dotent leurs filles, placent leurs
fils au parlement et dans la prélature, et les railleurs eux-
mêmes fournissent l'argent. Ceux qui se portent bien deviennent malades; il leur faut des gens dont le métier soit
de les assurer qu'ils ne mourront point : tant que les hommes pourront mourir, et qu'ils aimeront à vivre, le médecin sera raillé et bien payé.

Un bon médecin est celui qui a des remèdes spécifi-
ques, ou s'il en manque, qui permet à ceux qui les ont
de guérir son malade.

La témérité des charlatans, et leurs tristes succès, qui
en sont les suites, font valoir la médecine et les médecins :
si ceux-ci laissent mourir, les autres tuent.

*Carro Carri*[1] débarque avec une recette qu'il appelle
un prompt remède, et qui quelquefois est un poison lent :
c'est un bien de famille, mais amélioré en ses mains; de

---

- [1] Caretti, Italien qui acquit de la fortune et de la réputation en vendant fort cher des remèdes qu'il faisait sagement payer d'avance, et qui
ne tuaient pas toujours les malades.

spécifique qu'il était contre la colique, il guérit de la fièvre quarte, de la pleurésie, de l'hydropisie, de l'apoplexie, de l'épilepsie. Forcez un peu votre mémoire, nommez une maladie, la première qui vous viendra en l'esprit : l'hémorragie, dites-vous ? il la guérit : il ne ressuscite personne, il est vrai ; il ne rend pas la vie aux hommes, mais il les conduit nécessairement jusqu'à la décrépitude ; et ce n'est que par hasard que son père et son aïeul, qui avaient ce secret, sont morts fort jeunes. Les médecins reçoivent pour leurs visites ce qu'on leur donne, quelques-uns se contentent d'un remercîment : Carro Carri est si sûr de son remède, et de l'effet qui en doit suivre, qu'il n'hésite pas de s'en faire payer d'avance, et de recevoir avant que de donner : si le mal est incurable, tant mieux, il n'en est que plus digne de son application et de son remède : commencez par lui livrer quelques sacs de mille francs, passez-lui un contrat de constitution, donnez-lui une de vos terres, la plus petite, et ne soyez pas ensuite plus inquiet que lui de votre guérison. L'émulation de cet homme a peuplé le monde de noms en O et en I, noms vénérables qui imposent aux malades et aux maladies. Vos médecins, FAGON [1], et de toutes les facultés, avouez-le, ne guérissent pas toujours, ni sûrement ; ceux au contraire qui ont hérité de leurs pères la médecine pratique, et à qui l'expérience est échue par succession, promettent toujours, et avec serments, qu'on guérira. Qu'il est doux aux hommes de tout espérer d'une maladie mortelle, et de se porter encore passablement bien à l'agonie ! La mort surprend agréablement et sans s'être fait craindre : on la sent plus tôt qu'on n'a songé à s'y préparer et à s'y

---

[1] Fagon, premier médecin du roi.

résoudre. O Fagon Esculape! faites régner sur toute la terre le quinquina et l'émétique ; conduisez à sa perfection la science des simples qui sont donnés aux hommes pour prolonger leur vie ; observez dans les cures, avec plus de précision et de sagesse que personne n'a encore fait, le climat, les temps, les symptômes, et les complexions ; guérissez de la manière seule qu'il convient à chacun d'être guéri ; chassez des corps, où rien ne vous est caché de leur économie, les maladies les plus obscures et les plus invétérées ; n'attentez pas sur celles de l'esprit, elles sont incurables : laissez à *Corinne*, à *Lesbie*, à *Canidie*, à *Trimalcion* et à *Carpus*, la passion ou la fureur des charlatans.

L'on souffre dans la république les chiromanciens et les devins, ceux qui font l'horoscope et qui tirent la figure, ceux qui connaissent le passé par le mouvement du *sas*, ceux qui font voir dans un miroir ou dans un vase d'eau la claire vérité ; et ces gens sont en effet de quelque usage : ils prédisent aux hommes qu'ils feront fortune, aux filles qu'elles épouseront leurs amants ; consolent les enfants dont les pères ne meurent point, et charment l'inquiétude des jeunes femmes qui ont de vieux maris ; ils trompent enfin à très-vil prix ceux qui cherchent à être trompés.

Que penser de la magie et du sortilége ? La théorie en est obscure, les principes vagues, incertains, et qui approchent du visionnaire. Mais il y a des faits embarrassants, affirmés par des hommes graves qui les ont vus, ou qui les ont appris de personnes qui leur ressemblent : les admettre tous, ou les nier tous, paraît un égal inconvénient ; et j'ose dire qu'en cela, comme dans toutes les choses extraordinaires et qui sortent des communes règles, il y a un parti à trouver entre les âmes crédules et les esprits forts.

L'on ne peut guère charger l'enfance de la connaissance de trop de langues, et il me semble que l'on dèvrait mettre toute son application à l'en instruire : elles sont utiles à toutes les conditions des hommes, et elles leur ouvrent également l'entrée ou à une profonde ou à une facile et agréable érudition. Si l'on remet cette étude si pénible à un âge un peu plus avancé, et qu'on appelle la jeunesse, où l'on n'a pas la force de l'embrasser par choix, ou l'on n'a pas celle d'y persévérer; et si l'on y persévère, c'est consumer à la recherche des langues le même temps qui est consacré à l'usage que l'on en doit faire, c'est borner à la science des mots un âge qui veut déjà aller plus loin et qui demande des choses, c'est au moins avoir perdu les premières et les plus belles années de sa vie. Un si grand fonds ne se peut bien faire que lorsque tout s'imprime dans l'âme naturellement et profondément, que la mémoire est neuve, prompte et fidèle, que l'esprit et le cœur sont encore vides de passions, de soins et de désirs, et que l'on est déterminé à de longs travaux par ceux de qui l'on dépend. Je suis persuadé que le petit nombre d'habiles, ou le grand nombre de gens superficiels, vient de l'oubli de cette pratique.

L'étude des textes ne peut jamais être assez recommandée : c'est le chemin le plus court, le plus sûr et le plus agréable pour tout genre d'érudition. Ayez les choses de la première main, puisez à la source; maniez, remaniez le texte, apprenez-le de mémoire, citez-le dans les occasions, songez surtout à en pénétrer le sens dans toute son étendue et dans ses circonstances; conciliez un auteur original, ajustez ses principes, tirez vous-mêmes les conclusions. Les premiers commentateurs se sont trouvés dans le cas où je désire que vous soyez : n'empruntez leurs lumières et ne suivez leurs vues qu'où les vôtres seraient trop courtes ; leurs explications ne sont pas à vous, et peuvent aisément vous échapper : vos observations, au contraire, naissent de votre esprit, et y demeurent; vous les retrouvez plus ordinairement dans la conversation, dans la consultation, et dans la dispute. Ayez le plaisir de voir que vous n'êtes arrêté dans la lecture que par les difficultés qui sont invincibles, où les commentateurs et les scoliastes eux-mêmes demeurent court, si fertiles d'ailleurs, si abondants et si chargés d'une vaine et fastueuse érudition dans les endroits clairs, et qui ne font de peine ni à eux ni aux autres : achevez ainsi de vous convaincre, par cette méthode d'étudier, que c'est la paresse des hommes qui a encouragé le pédantisme à grossir plutôt qu'à enrichir les bibliothèques, à faire périr le texte sous le poids des commentaires; et qu'elle a en cela agi contre soi-même et contre ses plus chers intérêts, en multipliant les lectures, les recherches et le travail qu'elle cherchait à éviter.

Qui règle les hommes dans leur manière de vivre et d'user des aliments? la santé et le régime? cela est douteux. Une nation entière mange les viandes après les fruits ; une autre fait tout le contraire. Quelques-uns commencent leurs repas par de certains fruits, et les finissent par d'autres : est-ce raison? est-ce usage? Est-ce par un soin de leur santé que les hommes s'habillent jusqu'au menton, portent des fraises et des collets, eux qui ont eu si longtemps la poitrine découverte? Est-ce par bienséance, surtout dans un temps où ils avaient trouvé le secret de paraître nus tout habillés? Et d'ailleurs, les femmes, qui

montrent leur gorge et leurs épaules, sont-elles d'une
complexion moins délicate que les hommes, ou moins
sujettes qu'eux aux bienséances? Quelle est la pudeur
qui engage celles-ci à couvrir leurs jambes et presque
leurs pieds, et qui leur permet d'avoir les bras nus au-
dessus du coude? Qui avait mis autrefois dans l'esprit
des hommes qu'on était à la guerre ou pour se défendre
ou pour attaquer, et qui leur avait insinué l'usage des armes offensives et des défensives? Qui les oblige aujour-
d'hui de renoncer à celles-ci, et, pendant qu'ils se bottent
pour aller au bal, de soutenir sans armes et en pourpoint
des travailleurs, exposés à tout le feu d'une contrescarpe?
Nos pères, qui ne jugeaient pas une telle conduite utile au
prince et à la patrie, étaient-ils sages ou insensés? Et nous-
mêmes, quels héros célébrons-nous dans notre histoire?
un Guesclin, un Clisson, un Foix, un Boucicaut, qui tous
ont porté l'armet et endossé une cuirasse.

Qui pourrait rendre raison de la fortune de certains
mots, et de la proscription de quelques autres? *Ains* a
péri : la voyelle qui le commence, et si propre pour l'éli-
sion, n'a pu le sauver; il a cédé à un autre monosyllabe [1],
et qui n'est au plus que son anagramme. *Certes* est beau
dans sa vieillesse, et a encore de la force sur son déclin :
la poésie le réclame, et notre langue doit beaucoup aux
écrivains qui le disent en prose, et qui se commettent
pour lui dans leurs ouvrages. *Maint* est un mot qu'on ne
devait jamais abandonner, et par la facilité qu'il y avait
à le couler dans le style, et par son origine, qui est française. *Moult*, quoique latin, était dans son temps d'un
même mérite; et je ne vois pas par où *beaucoup* l'emporte
sur lui. Quelle persécution le *car* n'a-t-il pas essuyée! et

[1] *Mais.* (La Bruyère.)

s'il n'eût trouvé de la protection parmi les gens polis,
n'était-il pas banni honteusement d'une langue à qui il a
rendu de si longs services, sans qu'on sût quel mot lui
substituer? *Cil* a été dans ses beaux jours le plus joli mot
de la langue française, et il est douloureux pour les poëtes
qu'il ait vieilli. *Douloureux* ne vient pas plus naturellement de *douleur*, que de *chaleur* vient *chaleureux* ou
*chaloureux*; celui-ci se passe, bien que ce fût une richesse
pour la langue, et qu'il se dise fort juste où *chaud* ne
s'emploie qu'improprement. *Valeur* devait aussi nous conserver *valeureux*; *haine*, *haineux*; *peine*, *peineux*;
*fruit*, *fructueux*; *pitié*, *piteux*; *joie*, *jovial*; *foi*, *féal*;
*cour*, *courtois*; *gîte*, *gisant*; *haleine*, *halené*; *vanterie*,
*vantard*; *mensonge*, *mensonger*; *coutume*, *coutumier*[1] :
comme *part* maintient *partial*; *point*, *pointu* et *pointilleux*; *ton*, *tonnant*; *son*, *sonore*; *frein*, *effréné*; *front*,
*effronté*; *ris*, *ridicule*; *loi*, *loyal*; *cœur*, *cordial*; *bien*,
*bénin*; *mal*, *malicieux*. *Heur* se plaçait où *bonheur* ne
saurait entrer; il a fait *heureux*, qui est si français, et il a
cessé de l'être : si quelques poëtes s'en sont servis, c'est
moins par choix que par la contrainte de la mesure. *Issue*
prospère, et vient d'*issir*, qui est aboli. *Fin* subsiste sans
conséquence pour *finer*, qui vient de lui, pendant que
*cesse* et *cesser* règnent également. *Verd* ne fait plus *ver-
doyer*; ni *fête*, *fétoyer*; ni *larme*, *larmoyer*; ni *deuil*,
*se douloir*, *se condouloir*; ni *joie*, *s'éjouir*, bien qu'il fasse
toujours *se réjouir*, *se conjouir*; ainsi qu'*orgueil*, *s'enor-
gueillir*. On a dit *gent*, le corps *gent* : ce mot si facile
non-seulement est tombé, l'on voit même qu'il a entraîné
*gentil* dans sa chute. On dit *diffamé*, qui dérive de *fâme*,

_____

[1] La plupart de ces mots que la Bruyère regrette sont rentrés dans la

qui ne s'entend plus. On dit *curieux*, dérivé de *cure*, qui
est hors d'usage. Il y avait à gagner de dire *si que* pour
*de sorte que*, ou *de manière que*; *de moi*, au lieu de *pour
moi* ou de *quant à moi*; de dire, *je sais que c'est qu'un
mal*, plutôt que *je sais ce que c'est qu'un mal*, soit par
l'analogie latine, soit par l'avantage qu'il y a souvent à
avoir un mot de moins à placer dans l'oraison. L'usage a
préféré *par conséquent* à *par conséquence*, et *en conséquence* à *en conséquent*; *façons de faire* à *manières de
faire*, et *manières d'agir* à *façons d'agir*... dans les ver-
bes, *travailler* à *ouvrer*, *être accoutumé* à *souloir*, *convenir* à *duire*, *faire du bruit* à *bruire*, *injurier* à *vilainer*,
*piquer* à *poindre*, *faire ressouvenir* à *ramentevoir*... et
dans les noms, *pensées* à *pensers*, un si beau mot, et dont
le vers se trouvait si bien; *grandes actions* à *prouesses*,
*louanges* à *loz*, *méchanceté* à *mauvaistié*, *porte* à *huis*,
*navire* à *nef*, *armée* à *ost*, *monastère* à *monstier*, *prai-
ries* à *prées*... tous mots qui pouvaient durer ensemble
d'une égale beauté, et rendre une langue plus abondante.
L'usage a, par l'addition, la suppression, le changement
ou le dérangement de quelques lettres, fait *frelater* de
*fralater*, *prouver* de *preuver*, *profit* de *proufit*, *froment*
de *froument*, *profil* de *pourfil*, *provision* de *pourveoir*,
*promener* de *pourmener*, et *promenade* de *pourmenade*.
Le même usage fait, selon l'occasion, d'*habile*, d'*utile*, de
*facile*, de *docile*, de *mobile*, et de *fertile*, sans y rien
changer, des genres différents : au contraire de *vil*, *vile*,
*subtil*, *subtile*, selon leur terminaison, masculins ou fémi-
nins. Il a altéré les terminaisons anciennes : de *scel* il a
fait *sceau*; de *mantel*, *manteau*; de *capel*, *chapeau*; de
*coutel*, *couteau*; de *hamel*, *hameau*; de *damoisel*, *da-
moiseau*; de *jouvencel*, *jouvenceau*; et cela sans que l'on

voie guère ce que la langue française gagne à ces différences et à ces changements. Est-ce donc faire pour le progrès
d'une langue que de déférer à l'usage? serait-il mieux de
secouer le joug de son empire si despotique? Faudrait-il,
dans une langue vivante, écouter la seule raison, qui
prévient les équivoques, suit la racine des mots, et le rapport qu'ils ont avec les langues originaires dont ils sont
sortis, si la raison d'ailleurs veut qu'on suive l'usage?

Si nos ancêtres ont mieux écrit que nous, ou si nous
l'emportons sur eux par le choix des mots, par le tour
et l'expression, par la clarté et la brièveté du discours,
c'est une question souvent agitée, toujours indécise : on ne
la terminera point en comparant, comme l'on fait quelquefois, un froid écrivain de l'autre siècle aux plus célèbres de
celui-ci, ou les vers de Laurent, payé pour ne plus écrire,
à ceux de MAROT et de DESPORTES. Il faudrait, pour prononcer juste sur cette matière, opposer siècle à siècle, et
excellent ouvrage à excellent ouvrage; par exemple, les
meilleurs rondeaux de BENSERADE ou de VOITURE à ces
deux-ci, qu'une tradition nous a conservés sans en marquer le temps ni l'auteur :

> Bien à propos s'en vint Ogier en France
> Pour le païs de mescréans monder :
> Ja n'est besoin de conter sa vaillance,
> Puisqu'ennemis n'osoient le regarder.
>
> Or, quand il eut tout mis en assurance ,
> De voyager il voulut s'enharder ;
> En paradis trouva l'eau de jouvance,
> Dont il se sçeut de vieillesse engarder
>           Bien à propos.

> Puis par cette eau son corps tout décrepite
> Transmué fut par manière subite
> En jeune gars, frais, gracieux et droit.
> Grand dommage est que cecy soit sornettes;
> Filles connoy qui ne sont pas jeunettes ,
> A qui cette eau de jouvance viendroit
>           Bien à propos.

De cettuy preux maints grands clercs ont escrit
Qu'oncques dangier n'étonna son courage :
Abusé fut par le malin esprit,
Qu'il épousa sous feminin visage.

Si piteux cas à la fin découvrit
Sans un seul brin de peur ni de dommage;
Dont grand renom par tout le monde acquit,
Si qu'on tenoit très-honneste langage
        De cettuy preux.

Bien-tost après fille de roy s'éprit
De son amour, qui voulentiers s'offrit
Au bon Richard en second mariage.

Donc s'il vaut mieux ou diable ou femme avoir,
Et qui des deux bruît plus en ménage;
Ceulx qui voudront, si le pourront sçavoir
        De cettuy preux.

## CHAPITRE XV.

### De la chaire.

Le discours chrétien est devenu un spectacle. Cette tristesse évangélique qui en est l'âme ne s'y remarque plus : elle est suppléée par les avantages de la mine, par les inflexions de la voix, par la régularité du geste, par le choix des mots, et par les longues énumérations. On n'écoute plus sérieusement la parole sainte : c'est une sorte d'amusement entre mille autres; c'est un jeu où il y a de l'émulation et des parieurs.

L'éloquence profane est transposée, pour ainsi dire, du barreau, où LE MAÎTRE, PUCELLE et FOURCROY l'ont fait régner, et où elle n'est plus d'usage, à la chaire, où elle ne doit pas être.

L'on fait assaut d'éloquence jusqu'au pied de l'autel et en la présence des mystères. Celui qui écoute s'établit juge de celui qui prêche, pour condamner ou pour applaudir, et n'est pas plus converti par le discours qu'il favorise que par celui auquel il est contraire. L'orateur plaît aux uns, déplaît aux autres, et convient avec tous en une chose, que comme il ne cherche point à les rendre meilleurs, ils ne pensent pas aussi à le devenir.

Un apprenti est docile, il écoute son maître, il profite de ses leçons, et il devient maître. L'homme indocile critique le discours du prédicateur comme le livre du philosophe, et il ne devient ni chrétien ni raisonnable.

Jusqu'à ce qu'il revienne un homme qui, avec un style nourri des saintes Écritures, explique au peuple la parole divine uniment et familièrement, les orateurs et les déclamateurs seront suivis.

Les citations profanes, les froides allusions, le mauvais pathétique, les antithèses, les figures outrées, ont fini : les portraits finiront, et feront place à une simple explication de l'Évangile, jointe aux mouvements qui inspirent la conversion.

Cet homme que je souhaitais impatiemment, et que je ne daignais pas espérer de notre siècle, est enfin venu. Les courtisans, à force de goût et de connaître les bienséances, lui ont applaudi : ils ont, chose incroyable ! abandonné la chapelle du roi pour venir entendre avec le peuple la parole de Dieu annoncée par cet homme apostolique [1]. La ville n'a pas été de l'avis de la cour. Où il a prêché, les paroissiens ont déserté ; jusqu'aux marguilliers ont disparu : les pasteurs ont tenu ferme ; mais les ouailles se sont dispersées, et les orateurs voisins en ont grossi leur auditoire. Je devais le prévoir, et ne pas dire qu'un tel homme n'avait qu'à se montrer pour être suivi, et qu'à parler pour être écouté : ne savais-je pas quelle est dans les hommes et en toutes choses la force indomptable de

[1] Le P. de la Rue.

l'habitude? Depuis trente années on prête l'oreille aux
rhéteurs, aux déclamateurs, aux *énumérateurs* : on
court ceux qui peignent en grand, ou en miniature. Il n'y
a pas longtemps qu'ils avaient des chutes ou des transitions
ingénieuses, quelquefois même si vives et si aiguës qu'elles
pouvaient passer pour épigrammes ; ils les ont adoucies,
je l'avoue, et ce ne sont plus que des madrigaux. Ils ont
toujours, d'une nécessité indispensable et géométrique,
trois sujets admirables de vos attentions : ils prouveront
une telle chose dans la première partie de leur discours,
cette autre dans la seconde partie, et cette autre encore
dans la troisième. Ainsi vous serez convaincu d'abord
d'une certaine vérité, et c'est leur premier point ; d'une
autre vérité, et c'est leur second point ; et puis d'une
troisième vérité, et c'est leur troisième point : de sorte que
la première réflexion vous instruira d'un principe des plus
fondamentaux de votre religion ; la seconde, d'un autre
principe qui ne l'est pas moins ; et la dernière réflexion,
d'un troisième et dernier principe le plus important de
tous, qui est remis pourtant, faute de loisir, à une autre
fois : enfin, pour reprendre et abréger cette division,
et former un plan... « Encore ! dites-vous, et quelles pré-
« parations pour un discours de trois quarts d'heure qui
« leur reste à faire ! Plus ils cherchent à le digérer et à
« l'éclaircir, plus ils m'embrouillent. » Je vous crois sans
peine ; et c'est l'effet le plus naturel de tout cet amas d'i-
dées qui reviennent à la même, dont ils chargent sans
pitié la mémoire de leurs auditeurs. Il semble, à les voir
s'opiniâtrer à cet usage, que la grâce de la conversion
soit attachée à ces énormes partitions : comment néanmoins serait-on converti par de tels apôtres, si l'on ne
peut qu'à peine les entendre articuler, les suivre, et ne
les pas perdre de vue? Je leur demanderais volontiers

qu'au milieu de leur course impétueuse ils voulussent plusieurs fois reprendre haleine, souffler un peu, et laisser souffler leurs auditeurs. Vains discours, paroles perdues! Le temps des homélies n'est plus; les Basiles, les Chrysostomes, ne le ramèneraient pas : on passerait en d'autres diocèses pour être hors de la portée de leur voix et de leurs familières instructions. Le commun des hommes aime les phrases et les périodes, admire ce qu'il n'entend pas, se suppose instruit, content de décider entre un premier et un second point, ou entre le dernier sermon et le pénultième.

Il y a moins d'un siècle qu'un livre français était un certain nombre de pages latines où l'on découvrait quelques lignes ou quelques mots en notre langue. Les passages, les traits et les citations n'en étaient pas demeurés là : Ovide et Catulle achevaient de décider des mariages et des testaments, et venaient avec les Pandectes au secours de la veuve et des pupilles. Le sacré et le profane ne se quittaient point ; ils s'étaient glissés ensemble jusque dans la chaire : saint Cyrille, Horace, saint Cyprien, Lucrèce, parlaient alternativement : les poëtes étaient de l'avis de saint Augustin et de tous les Pères : on parlait latin et longtemps devant des femmes et des marguilliers ; on a parlé grec : il fallait savoir prodigieusement pour prêcher si mal. Autre temps, autre usage : le texte est encore latin, tout le discours est français et d'un beau français ; l'Évangile même n'est pas cité : il faut savoir aujourd'hui très-peu de chose pour bien prêcher.

L'on a enfin banni la scolastique de toutes les chaires des grandes villes, et on l'a reléguée dans les bourgs et dans les villages, pour l'instruction et pour le salut du laboureur et du vigneron.

C'est avoir de l'esprit que de plaire au peuple dans un

sermon par un style fleuri, une morale enjouée, des figures
réitérées, des traits brillants, et de vives descriptions;
mais ce n'est point en avoir assez. Un meilleur esprit néglige ces ornements étrangers, indignes de servir à l'É-
vangile ; il prêche simplement, fortement, chrétienne-
ment.

L'orateur fait de si belles images de certains désordres,
y fait entrer des circonstances si délicates, met tant d'esprit, de tour et de raffinement dans celui qui pèche, que,
si je n'ai pas de pente à vouloir ressembler à ses portraits,
j'ai besoin du moins que quelque apôtre, avec un style
plus chrétien, me dégoûte des vices dont l'on m'avait fait
une peinture si agréable.

Un beau sermon est un discours oratoire qui est dans
toutes ses règles, purgé de tous ses défauts, conforme aux
préceptes de l'éloquence humaine, et paré de tous les ornements de la rhétorique. Ceux qui entendent finement
n'en perdent pas le moindre trait ni une seule pensée ; ils
suivent sans peine l'orateur dans toutes les énumérations
où il se promène, comme dans toutes les élévations où il
se jette : ce n'est une énigme que pour le peuple.

Le solide et l'admirable discours que celui qu'on vient
d'entendre ! les points de religion les plus essentiels, comme
les plus pressants motifs de conversion, y ont été traités :
quel grand effet n'a-t-il pas dû faire sur l'esprit et dans
l'âme de tous les auditeurs ! Les voilà rendus ; ils en sont
émus et touchés au point de résoudre dans leur cœur, sur
ce sermon de *Théodore*, qu'il est encore plus beau que le
dernier qu'il a prêché.

La morale douce et relâchée tombe avec celui qui la
prêche : elle n'a rien qui réveille et qui pique la curiosité
d'un homme du monde, qui craint moins qu'on ne pense

une doctrine sévère, et qui l'aime même dans celui qui fait son devoir en l'annonçant. Il semble donc qu'il y ait dans l'Église comme deux états qui doivent la partager : celui de dire la vérité dans toute son étendue, sans égards, sans déguisement ; celui de l'écouter avidement, avec goût, avec admiration, avec éloges, et de n'en faire cependant ni pis ni mieux.

L'on peut faire ce reproche à l'héroïque vertu des grands hommes, qu'elle a corrompu l'éloquence, ou du moins amolli le style de la plupart des prédicateurs : au lieu de s'unir seulement avec les peuples pour bénir le ciel de si rares présents qui en sont venus, ils ont entré en société avec les auteurs et les poëtes ; et devenus comme eux panégyristes, ils ont enchéri sur les épîtres dédicatoires, sur les stances et sur les prologues ; ils ont changé la parole sainte en un tissu de louanges, justes à la vérité, mais mal placées, intéressées, que personne n'exige d'eux, et qui ne conviennent point à leur caractère. On est heureux si, à l'occasion du héros qu'ils célèbrent jusque dans le sanctuaire, ils disent un mot de Dieu et du mystère qu'ils devaient prêcher : il s'en est trouvé quelques-uns qui, ayant assujetti le saint Évangile, qui doit être commun à tous, à la présence d'un seul auditeur, se sont vus déconcertés par des hasards qui le retenaient ailleurs, n'ont pu prononcer devant des chrétiens un discours chrétien qui n'était pas fait pour eux, et ont été suppléés par d'autres orateurs qui n'ont eu le temps que de louer Dieu dans un sermon précipité.

*Théodule* a moins réussi que quelques-uns de ses auditeurs ne l'appréhendaient ; ils sont contents de lui et de son discours : il a mieux fait à leur gré que de charmer l'esprit et les oreilles, qui est de flatter leur jalousie.

Le métier de la parole ressemble en une chose à celui de la guerre : il y a plus de risque qu'ailleurs, mais la fortune y est plus rapide.

Si vous êtes d'une certaine qualité, et que vous ne vous sentiez point d'autre talent que celui de faire de froids discours, prêchez, faites de froids discours : il n'y a rien de pire pour sa fortune que d'être entièrement ignoré. *Théodat* a été payé de ses mauvaises phrases et de son ennuyeuse monotonie.

L'on a eu de grands évêchés par un mérite de chaire qui présentement ne vaudrait pas à son homme une simple prébende.

Le nom de ce panégyriste semble gémir sous le poids des titres dont il est accablé : leur grand nombre remplit de vastes affiches qui sont distribuées dans les maisons, ou que l'on lit par les rues en caractères monstrueux, et qu'on ne peut non plus ignorer que la place publique. Quand sur une si belle montre l'on a seulement essayé du personnage, et qu'on l'a un peu écouté, l'on reconnaît qu'il manque au dénombrement de ses qualités celle de mauvais prédicateur.

L'oisiveté des femmes, et l'habitude qu'ont les hommes de les courir partout où elles s'assemblent, donnent du nom à de froids orateurs, et soutiennent quelque temps ceux qui ont décliné.

Devrait-il suffire d'avoir été grand et puissant dans le monde pour être louable ou non, et, devant le saint autel et dans la chaire de la vérité, loué et célébré à ses funérailles ? N'y a-t-il point d'autre grandeur que celle qui vient de l'autorité et de la naissance ? Pourquoi n'est-il pas établi de faire publiquement le panégyrique d'un homme qui a excellé pendant sa vie dans la bonté, dans l'équité,

dans la douceur, dans la fidélité, dans la piété? Ce qu'on
appelle une oraison funèbre n'est aujourd'hui bien reçue
du plus grand nombre d'auditeurs qu'à mesure qu'elle
s'éloigne davantage du discours chrétien ; ou, si vous' l'aimez mieux ainsi, qu'elle approche de plus près d'un éloge
profane.

L'orateur cherche par ses discours un évêché : l'apôtre
fait des conversions ; il mérite de trouver ce que l'autre
cherche.

L'on voit des clercs revenir de quelques provinces où
ils n'ont pas fait un long séjour, vains des conversions
qu'ils ont trouvées toutes faites, comme de celles qu'ils
n'ont pu faire, se comparer déjà aux VINCENTS et aux
XAVIERS, et se croire des hommes apostoliques : de si
grands travaux et de si heureuses missions ne seraient pas
à leur gré payées d'une abbaye.

Tel tout d'un coup, et sans y avoir pensé la veille, prend
du papier, une plume, dit en soi-même, Je vais faire un
livre, sans autre talent pour écrire que le besoin qu'il a de
cinquante pistoles. Je lui crie inutilement : Prenez une
scie, *Dioscore ;* sciez, ou bien tournez, ou faites une jante
de roue, vous aurez votre salaire. Il n'a point fait l'apprentissage de tous ces métiers. Copiez donc, transcrivez,
soyez au plus correcteur d'imprimerie ; n'écrivez point. Il
veut écrire et faire imprimer ; et parce qu'on n'envoie pas
à l'imprimeur un cahier blanc, il le barbouille de ce qui
lui plaît ; il écrirait volontiers que la Seine coule à Paris,
qu'il y a sept jours dans la semaine, ou que le temps est
à la pluie ; et comme ce discours n'est ni contre la religion
ni contre l'État, et qu'il ne fera point d'autre désordre dans
le public que de lui gâter le goût et l'accoutumer aux
choses fades et insipides, il passe à l'examen, il est im-

primé, et, à la honte du siècle, comme pour l'humiliation des bons auteurs, réimprimé. De même un homme dit en son cœur, Je prêcherai, et il prêche; le voilà en chaire, sans autre talent ni vocation que le besoin d'un bénéfice.

Un clerc mondain ou irréligieux, s'il monte en chaire, est déclamateur.

Il y a au contraire des hommes saints, et dont le seul caractère est efficace pour la persuasion : ils paraissent, et tout un peuple qui doit les écouter est déjà ému et comme persuadé par leur présence; le discours qu'ils vont prononcer fera le reste.

L'évêque de Meaux et le P. Bourdaloue me rappellent Démosthène et Cicéron. Tous deux, maîtres dans l'éloquence de la chaire, ont eu le destin des grands modèles : l'un a fait de mauvais censeurs, l'autre de mauvais copistes.

L'éloquence de la chaire, en ce qui y entre d'humain et du talent de l'orateur, est cachée, connue de peu de personnes, et d'une difficile exécution : quel art en ce genre pour plaire en persuadant! Il faut marcher par des chemins battus, dire ce qui a été dit, et ce que l'on prévoit que vous allez dire : les matières sont grandes, mais usées et triviales; les principes sûrs, mais dont les auditeurs pénètrent les conclusions d'une seule vue. Il y entre des sujets qui sont sublimes : mais qui peut traiter le sublime? Il y a des mystères que l'on doit expliquer, et qui s'expliquent mieux par une leçon de l'école que par un discours oratoire. La morale même de la chaire, qui comprend une matière aussi vaste et aussi diversifiée que le sont les mœurs des hommes, roule sur les mêmes pivots, retrace les mêmes images, et se prescrit des bornes bien plus étroites que la satire. Après l'invective commune contre

les honneurs, les richesses et le plaisir, il ne reste plus à
l'orateur qu'à courir à la fin de son discours et à congédier l'assemblée. Si quelquefois on pleure, si on est ému,
après avoir fait attention au génie et au caractère de ceux
qui font pleurer, peut-être conviendra-t-on que c'est la
matière qui se prêche elle-même, et notre interêt le plus
capital qui se fait sentir; que c'est moins une véritable
éloquence que la ferme poitrine du missionnaire qui nous
ébranle et qui cause en nous ces mouvements. Enfin le
prédicateur n'est point soutenu, comme l'avocat, par des
faits toujours nouveaux, par de différents événements,
par des aventures inouïes; il ne s'exerce point sur les
questions douteuses, il ne fait point valoir les violentes
conjectures et les présomptions; toutes choses néanmoins
qui élèvent le génie, lui donnent de la force et de l'étendue, et qui contraignent bien moins l'éloquence qu'elles
ne la fixent et ne la dirigent : il doit au contraire tirer son
discours d'une source commune, et où tout le monde
puise; et s'il s'écarte de ces lieux communs, il n'est
plus populaire, il est abstrait ou déclamateur, il ne prêche plus l'Évangile. Il n'a besoin que d'une noble simplicité, mais il faut l'atteindre; talent rare, et qui passe
les forces du commun des hommes : ce qu'ils ont de
génie, d'imagination, d'érudition et de mémoire ne leur
sert souvent qu'à s'en éloigner.

La fonction de l'avocat est pénible, laborieuse, et suppose, dans celui qui l'exerce, un riche fonds et de grandes
ressources. Il n'est pas seulement chargé, comme le prédicateur, d'un certain nombre d'oraisons composées avec
loisir, récitées de mémoire, avec autorité, sans contradic-
teurs, et qui avec de médiocres changements lui font honneur plus d'une fois : il prononce de graves plaidoyers devant

des juges qui peuvent lui imposer silence, et contre des ad-
versaires qui l'interrompent; il doit être prêt sur la réplique;
il parle en un même jour, dans divers tribunaux, de différentes affaires. Sa maison n'est pas pour lui un lieu de repos et de retraite, ni un asile contre les plaideurs : elle est
ouverte à tous ceux qui viennent l'accabler de leurs questions et de leurs doutes; il ne se met pas au lit, on ne
l'essuie point, on ne lui prépare point des rafraîchissements; il ne se fait point dans sa chambre un concours de
monde de tous les états et de tous les sexes, pour le féliciter sur l'agrément et sur la politesse de son langage, lui
remettre l'esprit sur un endroit où il a couru risque de
demeurer court, ou sur un scrupule qu'il a sur le chevet
d'avoir plaidé moins vivement qu'à l'ordinaire. Il se dé-
lasse d'un long discours par de plus longs écrits; il ne fait
que changer de travaux et de fatigues : j'ose dire qu'il
est, dans son genre, ce qu'étaient dans le leur les premiers
hommes apostoliques.

Quand on a ainsi distingué l'éloquence du barreau de
la fonction de l'avocat, et l'éloquence de la chaire du ministère du prédicateur, on croit voir qu'il est plus aisé de
prêcher que de plaider, et plus difficile de bien prêcher
que de bien plaider.

Quel avantage n'a pas un discours prononcé sur un ouvrage qui est écrit! Les hommes sont les dupes de l'action et de la parole, comme de tout l'appareil de l'auditoire : pour peu de prévention qu'ils aient en faveur de
celui qui parle, ils l'admirent, et cherchent ensuite à le
comprendre : avant qu'il ait commencé, ils s'écrient qu'il
va bien faire; ils s'endorment bientôt, et, le discours fini,
ils se réveillent pour dire qu'il a bien fait. On se passionne
moins pour un auteur : son ouvrage est lu dans le loisir

de la campagne ou dans le silence du cabinet : il n'y a
point de rendez-vous publics pour lui applaudir, encore
moins de cabale pour lui sacrifier tous ses rivaux, et pour
l'élever à la prélature. On lit son livre, quelque excellent
qu'il soit, dans l'esprit de le trouver médiocre : on le feuil-
lette, on le discute, on le confronte ; ce ne sont pas des
sons qui se perdent en l'air, et qui s'oublient ; ce qui est
imprimé demeure imprimé. On l'attend quelquefois plusieurs jours avant l'impression pour le décrier ; et le plaisir
le plus délicat que l'on en tire vient de la critique qu'on
en fait : on est piqué d'y trouver à chaque page des traits
qui doivent plaire, on va même souvent jusqu'à appréhender d'en être diverti, et on ne quitte ce livre que parce
qu'il est bon.

Tout le monde ne se donne pas pour orateur ; les phrases, les figures, le don de la mémoire, la robe ou l'engagement de celui qui prêche ne sont pas des choses qu'on ose
ou qu'on veuille toujours s'approprier : chacun, au contraire, croit penser bien, et écrire encore mieux ce qu'il
a pensé ; il en est moins favorable à celui qui pense et qui
écrit aussi bien que lui. En un mot, le *sermonneur* est
plus tôt évêque que le plus solide écrivain n'est revêtu
d'un prieuré simple ; et dans la distribution des grâces,
de nouvelles sont accordées à celui-là, pendant que l'auteur grave se tient heureux d'avoir ses restes.

S'il arrive que les méchants vous haïssent et vous per-
sécutent, les gens de bien vous conseillent de vous humi-
lier devant Dieu, pour vous mettre en garde contre la vanité qui pourrait vous venir de déplaire à des gens de ce
caractère : de même, si certains hommes sujets à se récrier sur le médiocre désapprouvent un ouvrage que vous
aurez écrit, ou un discours que vous venez de prononcer

en public, soit au barreau, soit dans la chaire, ou ailleurs, humiliez-vous; on ne peut guère être exposé à une tentation d'orgueil plus délicate et plus prochaine.

Il me semble qu'un prédicateur [1] devrait faire choix dans chaque discours d'une vérité unique, mais capitale, terrible ou instructive; la manier à fond et l'épuiser; abandonner toutes ces divisions si recherchées, si retournées, si remaniées, et si différenciées; ne point supposer ce qui est faux, je veux dire que le grand ou le beau monde sait sa religion ou ses devoirs, et ne pas appréhender de faire, ou à ces bonnes têtes, ou à ces esprits si raffinés, des catéchismes; ce temps si long que l'on use à composer un long ouvrage, l'employer à se rendre si maître de sa matière, que le tour et les expressions naissent dans l'action, et coulent de source; se livrer, après une certaine préparation, à son génie et aux mouvements qu'un grand sujet peut inspirer : qu'il pourrait enfin s'épargner ces prodigieux efforts de mémoire qui ressemblent mieux à une gageure qu'à une affaire sérieuse, qui corrompent le geste et défigurent le visage; jeter au contraire, par un bel enthousiasme, la persuasion dans les esprits et l'alarme dans le cœur, et toucher ses auditeurs d'une tout autre crainte que de celle de le voir demeurer court.

Que celui qui n'est pas encore assez parfait pour s'oublier soi-même dans le ministère de la parole sainte ne se décourage point par les règles austères qu'on lui prescrit, comme si elles lui ôtaient les moyens de faire montre de son esprit, et de monter aux dignités où il aspire : quel plus beau talent que celui de prêcher apostoliquement? et quel autre mérite mieux un évêché? FÉNELON en était-

[1] Le P. de la Rue.

il indigne? aurait-il pu échapper au choix du prince que par un autre choix?

## CHAPITRE XVI.

### *Des esprits forts.*

Les esprits forts savent-ils qu'on les appelle ainsi par ironie? Quelle plus grande faiblesse que d'être incertain quel est le principe de son être, de sa vie, de ses sens, de ses connaissances, et quelle en doit être la fin? Quel découragement plus grand que de douter si son âme n'est point matière comme la pierre et le reptile, et si elle n'est point corruptible comme ces viles créatures? N'y a-t-il pas plus de force et de grandeur à recevoir dans notre esprit l'idée d'un être supérieur à tous les êtres, qui les a tous faits, et à qui tous se doivent rapporter; d'un être souverainement parfait, qui est pur, qui n'a point commencé et qui ne peut finir, dont notre âme est l'image, et, si j'ose dire, une portion comme esprit et comme immortelle?

Le docile et le faible sont susceptibles d'impressions : l'un en reçoit de bonnes, l'autre de mauvaises; c'est-à-dire que le premier est persuadé et fidèle, et que le second est entêté et corrompu. Ainsi l'esprit docile admet la vraie religion; et l'esprit faible, ou n'en admet aucune, ou en admet une fausse : or l'esprit fort, ou n'a point de religion, ou se fait une religion; donc l'esprit fort, c'est l'esprit faible.

J'appelle mondains, terrestres ou grossiers, ceux dont l'esprit et le cœur sont attachés à une petite portion de ce monde qu'ils habitent, qui est la terre; qui n'estiment rien, qui n'aiment rien au delà : gens aussi limités que

ce qu'ils appellent leurs possessions ou leur domaine,
que l'on mesure, dont on compte les arpents, et dont on
montre les bornes. Je ne m'étonne pas que des hommes
qui s'appuient sur un atome chancellent dans les moindres
efforts qu'ils font pour sonder la vérité, si avec des vues
si courtes ils ne percent point, à travers le ciel et les astres, jusques à Dieu même; si, ne s'apercevant point ou
de l'excellence de ce qui est esprit, ou de la dignité de
l'âme, ils ressentent encore moins combien elle est difficile
à assouvir, combien la terre entière est au-dessous d'elle,
de quelle nécessité lui devient un être souverainement parfait qui est Dieu, et quel besoin indispensable elle a d'une
religion qui le lui indique, et qui lui en est une caution
sûre. Je comprends au contraire fort aisément qu'il est
naturel à de tels esprits de tomber dans l'incrédulité ou
l'indifférence, et de faire servir Dieu et la religion à la
politique, c'est-à-dire à l'ordre et à la décoration de ce
monde, la seule chose, selon eux, qui mérite qu'on y
pense.

Quelques-uns achèvent de se corrompre par de longs
voyages, et perdent le peu de religion qui leur restait;
ils voient de jour à autre un nouveau culte, diverses mœurs,
diverses cérémonies; ils ressemblent à ceux qui entrent
dans les magasins, indéterminés sur le choix des étoffes
qu'ils veulent acheter : le grand nombre de celles qu'on
leur montre les rend plus indifférents; elles ont chacune
leur agrément et leur bienséance; ils ne se fixent point,
ils sortent sans emplette.

Il y a des hommes qui attendent à être dévots et religieux que tout le monde se déclare impie et libertin : ce
sera alors le parti du vulgaire; ils sauront s'en dégager.
La singularité leur plaît dans une matière si sérieuse et

si profonde ; ils ne suivent la mode et le train commun
que dans les choses de rien et de nulle suite : qui sait même
s'ils n'ont pas déjà mis une sorte de bravoure et d'intrépidité à courir tout le risque de l'avenir? Il ne faut pas
d'ailleurs que, dans une certaine condition, avec une certaine étendue d'esprit et de certaines vues, l'on songe à
croire comme les savants et le peuple.

L'on doute de Dieu dans une pleine santé, comme l'on
doute que ce soit pécher que d'avoir un commerce avec
une personne libre [1] : quand l'on devient malade, et que
l'hydropisie est formée, l'on quitte sa concubine, et l'on
croit en Dieu.

Il faudrait s'éprouver et s'examiner très-sérieusement
avant que de se déclarer esprit fort ou libertin, afin au
moins, et selon ses principes, de finir comme l'on a vécu ;
ou si l'on ne se sent pas la force d'aller si loin, se résoudre
de vivre comme l'on veut mourir.

Toute plaisanterie dans un homme mourant est hors de
sa place : si elle roule sur de certains chapitres, elle est
funeste. C'est une extrême misère que de donner à ses dépens, à ceux que l'on laisse, le plaisir d'un bon mot.

Dans quelque prévention où l'on puisse être sur ce qui
doit suivre la mort, c'est une chose bien sérieuse que de
mourir : ce n'est point alors le badinage qui sied bien,
mais la constance.

Il y a eu de tout temps de ces gens d'un bel esprit et
d'une agréable littérature, esclaves des grands dont ils ont
épousé le libertinage et porté le joug toute leur vie, contre
leurs propres lumières et contre leur conscience. Ces hommes n'ont jamais vécu que pour d'autres hommes, et ils
semblent les avoir regardés comme leur dernière fin. Ils ont

[1] Une fille. ( *La Bruyère.* )

eu honte de se sauver à leurs yeux, de paraître tels qu'ils étaient peut-être dans le cœur, et ils se sont perdus par déférence ou par faiblesse. Y a-t-il donc sur la terre des grands assez grands et des puissants assez puissants pour mériter de nous que nous croyions et que nous vivions à leur gré, selon leur goût et leurs caprices, et que nous poussions la complaisance plus loin en mourant non de la manière qui est la plus sûre pour nous, mais de celle qui leur plaît davantage?

J'exigerais de ceux qui vont contre le train commun et les grandes règles, qu'ils sussent plus que les autres, qu'ils eussent des raisons claires, et de ces arguments qui emportent conviction.

Je voudrais voir un homme sobre, modéré, chaste, équitable, prononcer qu'il n'y a point de Dieu; il parlerait du moins sans intérêt : mais cet homme ne se trouve point.

J'aurais une extrême curiosité de voir celui qui serait persuadé que Dieu n'est point; il me dirait du moins la raison invincible qui a su le convaincre.

L'impossibilité où je suis de prouver que Dieu n'est pas me découvre son existence.

Dieu condamne et punit ceux qui l'offensent, seul juge en sa propre cause; ce qui répugne, s'il n'est lui-même la justice et la vérité, c'est-à-dire s'il n'est Dieu.

Je sens qu'il y a un Dieu, et je ne sens pas qu'il n'y en ait point; cela me suffit, tout le raisonnement du monde m'est inutile : je conclus que Dieu existe. Cette conclusion est dans ma nature; j'en ai reçu les principes trop aisément dans mon enfance, et je les ai conservés depuis trop naturellement dans un âge plus avancé, pour les soupçonner de fausseté : mais il y a des esprits qui se défont de ces principes ; c'est une grande question s'il s'en trouve de tels ; et quand il serait ainsi, cela prouve seulement qu'il y a des monstres.

L'athéisme n'est point. Les grands, qui en sont le plus soupçonnés, sont trop paresseux pour décider en leur esprit que Dieu n'est pas : leur indolence va jusqu'à les rendre froids et indifférents sur cet article capital, comme sur la nature de leur âme et sur les conséquences d'une vraie religion ; ils ne nient ces choses ni ne les accordent, ils n'y pensent point.

Nous n'avons pas trop de toute notre santé, de toutes nos forces et de tout notre esprit pour penser aux hommes ou au plus petit intérêt : il semble au contraire que la bienséance et la coutume exigent de nous que nous ne pensions à Dieu que dans un état où il ne reste en nous qu'autant de raison qu'il faut pour ne pas dire qu'il n'y en a plus.

Un grand croit s'évanouir, et il meurt ; un autre grand périt insensiblement, et perd chaque jour quelque chose de soi-même avant qu'il soit éteint : formidables leçons, mais inutiles ! Des circonstances si marquées et si sensiblement opposées ne se relèvent point, et ne touchent personne. Les hommes n'y ont pas plus d'attention qu'à une fleur qui se fane, ou à une feuille qui tombe : ils envient les places qui demeurent vacantes, ou ils s'informent si elles sont remplies, et par qui.

Les hommes sont-ils assez bons, assez fidèles, assez équitables, pour mériter toute notre confiance, et ne nous pas faire désirer du moins que Dieu existât, à qui nous puissions appeler de leurs jugements, et avoir recours quand nous en sommes persécutés ou trahis?

Si c'est le grand et le sublime de la religion qui éblouis-

sent ou qui confondent les esprits forts, ils ne sont plus
des esprits forts, mais de faibles génies et de petits
esprits ; et si c'est au contraire ce qu'il y a d'humble et de
simple qui les rebute, ils sont à la vérité des esprits forts,
et plus forts que tant de grands hommes si éclairés, si élevés, et néanmoins si fidèles, que les Léons, les Basiles,
les Jérômes, les Augustins.

Un Père de l'Eglise, un docteur de l'Église, quels noms !
quelle tristesse dans leurs écrits ! quelle sécheresse ! quelle
froide dévotion ! et, peut-être, quelle scolastique ! disent
ceux qui ne les ont jamais lus. Mais plutôt quel étonnement
pour tous ceux qui se sont fait une idée des Pères si éloignée
de la vérité, s'ils voyaient dans leurs ouvrages plus de
tour et de délicatesse, plus de politesse et d'esprit, plus
de richesse d'expression et plus de force de raisonnement,
des traits plus vifs et des grâces plus naturelles, que l'on
n'en remarque dans la plupart des livres de ce temps,
qui sont lus avec goût, qui donnent du nom et de la vanité à leurs auteurs ! Quel plaisir d'aimer la religion, et de
la voir crue, soutenue, expliquée par de si beaux génies
et par de si solides esprits ! surtout lorsque l'on vient à
connaître que, pour l'étendue de connaissances, pour la
profondeur et la pénétration, pour les principes de la pure
philosophie, pour leur application et leur développement,
pour la justesse des conclusions, pour la dignité du discours, pour la beauté de la morale et des sentiments, il
n'y a rien, par exemple, que l'on puisse comparer à saint
Augustin que Platon et que Cicéron.

L'homme est né menteur : la vérité est simple et ingé-
nue, et il veut du spécieux et de l'ornement ; elle n'est
pas à lui, elle vient du ciel toute faite, pour ainsi dire, et

dans toute sa perfection ; et l'homme n'aime que son propre ouvrage, la fiction et la fable. Voyez le peuple : il controuve, il augmente, il charge, par grossièreté et par sottise : demandez même au plus honnête homme s'il est toujours vrai dans ses discours, s'il ne se surprend pas quelquefois dans des déguisements où engagent nécessairement la vanité et la légèreté ; si, pour faire un meilleur conte, il ne lui échappe pas souvent d'ajouter à un fait qu'il récite une circonstance qui y manque. Une chose arrive aujourd'hui, et presque sous nos yeux ; cent personnes qui l'ont vue la racontent en cent façons différentes ; celui-ci, s'il est écouté, la dira encore d'une manière qui n'a pas été dite : quelle créance donc pourrais-je donner à des faits qui sont anciens, et éloignés de nous par plusieurs siècles ? quel fondement dois-je faire sur les plus graves historiens ? que devient l'histoire ? César a-t-il été massacré au milieu du sénat ? y a-t-il eu un César ? Quelle conséquence ! me dites-vous ; quels doutes ! quelle demande ! Vous riez ! vous ne me jugez pas digne d'aucune réponse ; et je crois même que vous avez raison. Je suppose néanmoins que le livre qui fait mention de César ne soit pas un livre profane, écrit de la main des hommes, qui sont menteurs, trouvé par hasard dans les bibliothèques parmi d'autres manuscrits qui contiennent des histoires vraies ou apocryphes ; qu'au contraire il soit inspiré, saint, divin ; qu'il porte en soi ces caractères ; qu'il se trouve depuis près de deux mille ans dans une société nombreuse qui n'a pas permis qu'on y ait fait pendant tout ce temps la moindre altération, et qui s'est fait une religion de le conserver dans toute son intégrité ; qu'il y ait même un engagement religieux et indispensable d'a-

voir de la foi pour tous les faits contenus dans ce volume
où il est parlé de César et de sa dictature : avouez-le, *Lucile*, vous douterez alors qu'il y ait eu un César.

Toute musique n'est pas propre à louer Dieu et à être
entendue dans le sanctuaire. Toute philosophie ne parle
pas dignement de Dieu, de sa puissance, des principes de
ses opérations, et de ses mystères : plus cette philosophie
est subtile et idéale, plus elle est vaine et inutile pour
expliquer des choses qui ne demandent des hommes qu'un
sens droit pour être connues jusques à un certain point,
et qui au delà sont inexplicables. Vouloir rendre raison de
Dieu, de ses perfections, et, si j'ose ainsi parler, de ses
actions, c'est aller plus loin que les anciens philosophes,
que les apôtres, que les premiers docteurs ; mais ce n'est
pas rencontrer si juste, c'est creuser longtemps et profondément sans trouver les sources de la vérité. Dès qu'on a
abandonné les termes de bonté, de miséricorde, de justice
et de toute-puissance, qui donnent de Dieu de si hautes
et de si aimables idées, quelque grand effort d'imagination qu'on puisse faire, il faut recevoir les expressions
sèches, stériles, vides de sens ; admettre les pensées creu-
ses, écartées des notions communes, ou tout au plus les
subtiles et les ingénieuses ; et, à mesure que l'on acquiert
d'ouverture dans une nouvelle métaphysique, perdre un
peu de sa religion.

Jusques où les hommes ne se portent-ils point par l'intérêt de la religion, dont ils sont si peu persuadés, et
qu'ils pratiquent si mal !

Cette même religion que les hommes défendent avec
chaleur et avec zèle contre ceux qui en ont une toute contraire, ils l'altèrent eux-mêmes dans leur esprit par des
sentiments particuliers ; ils y ajoutent et ils en retranchent

mille choses souvent essentielles, selon ce qui leur convient, et ils demeurent fermes et inébranlables dans cette forme qu'ils lui ont donnée. Ainsi, à parler populairement, on peut dire d'une seule nation qu'elle vit sous un même culte, et qu'elle n'a qu'une seule religion; mais, à parler exactement, il est vrai qu'elle en a plusieurs, et que chacun presque y a la sienne.

Deux sortes de gens fleurissent dans les cours, et y dominent dans divers temps, les libertins et les hypocrites : ceux-là gaiement, ouvertement, sans art et sans dissimulation; ceux-ci finement, par des artifices, par la cabale. Cent fois plus épris de la fortune que les premiers, ils en sont jaloux jusqu'à l'excès; ils veulent la gouverner, la posséder seuls, la partager entre eux, et en exclure tout autre : dignités, charges, postes, bénéfices, pensions, honneurs, tout leur convient et ne convient qu'à eux, le reste des hommes en est indigne; ils ne comprennent point que sans leur attache on ait l'impudence de les espérer. Une troupe de masques entre dans un bal : ont-ils la main, ils dansent, ils se font danser les uns les autres; ils dansent encore, ils dansent toujours, ils ne rendent la main à personne de l'assemblée, quelque digne qu'elle soit de leur attention : on languit, on sèche de les voir danser et de ne danser point, quelques-uns murmurent, les plus sages prennent leur parti, et s'en vont.

Il y a deux espèces de libertins : les libertins, ceux du moins qui croient l'être; et les hypocrites ou faux dévots, c'est-à-dire ceux qui ne veulent pas être crus libertins : les derniers, dans ce genre-là, sont les meilleurs.

Le faux dévot, ou ne croit pas en Dieu, ou se moque de Dieu : parlons de lui obligeamment, il ne croit pas en Dieu.

Si toute religion est une crainte respectueuse de la Divinité, que penser de ceux qui osent la blesser dans sa plus
vive image, qui est le prince?

Si l'on nous assurait [1] que le motif secret de l'ambassade
des Siamois a été d'exciter le roi très-chrétien à renoncer
au christianisme, à permettre l'entrée de son royaume
aux *talapoins*, qui eussent pénétré dans nos maisons
pour persuader leur religion à nos femmes, à nos enfants,
et à nous-mêmes, par leurs livres et par leurs entretiens;
qui eussent élevé des *pagodes* au milieu des villes, où ils
eussent placé des figures de métal pour être adorées : avec
quelles risées et quel étrange mépris n'entendrions-nous
pas des choses si extravagantes! Nous faisons cependant
six mille lieues de mer pour la conversion des Indes, des
royaumes de Siam, de la Chine, et du Japon, c'est-à-dire
pour faire très-sérieusement à tous ces peuples des propositions qui doivent leur paraître très-folles et très-ridicu-
les. Ils supportent néanmoins nos religieux et nos prêtres;
ils les écoutent quelquefois, leur laissent bâtir leurs égli-
ses et faire leurs missions : qui fait cela en eux et en nous?
ne serait-ce point la force de la vérité?

Il ne convient pas à toute sorte de personnes de lever
l'étendard d'aumônier, et d'avoir tous les pauvres d'une
ville assemblés à sa porte, qui y reçoivent leurs portions :
qui ne sait pas, au contraire, des misères plus secrètes,
qu'il peut entreprendre de soulager, ou immédiatement et
par ses secours, ou du moins par sa médiation? De même
il n'est pas donné à tous de monter en chaire, et d'y distribuer en missionnaire ou en catéchiste la parole sainte :
mais qui n'a pas quelquefois sous sa main un libertin à
réduire, et à ramener par de douces et insinuantes conver-

_____
[1] L'ambassade des Siamois, envoyée au roi en 1680

sations a la docilité? Quand on ne serait pendant sa vie que l'apôtre d'un seul homme, ce ne serait pas être en vain sur la terre, ni lui être un fardeau inutile.

Il y a deux mondes : l'un où l'on séjourne peu, et dont l'on doit sortir pour n'y plus rentrer ; l'autre où l'on doit bientôt entrer pour n'en jamais sortir. La faveur, l'autorité, les amis, la haute réputation, les grands biens, servent pour le premier monde ; le mépris de toutes ces choses sert pour le second. Il s'agit de choisir.

Qui a vécu un seul jour a vécu un siècle : même soleil, même terre, même monde, mêmes sensations ; rien ne ressemble mieux à aujourd'hui que demain : il y aurait quelque curiosité à mourir, c'est-à-dire à n'être plus un corps, mais à être seulement esprit. L'homme cependant, impatient de la nouveauté, n'est point curieux sur ce seul article : né inquiet et qui s'ennuie de tout, il ne s'ennuie point de vivre ; il consentirait peut-être à vivre toujours. Ce qu'il voit de la mort le frappe plus violemment que ce qu'il en sait : la maladie, la douleur, le cadavre, le dégoûtent de la connaissance d'un autre monde ; il faut tout le sérieux de la religion pour le réduire.

Si Dieu avait donné le choix ou de mourir ou de toujours vivre, après avoir médité profondément ce que c'est que de ne voir nulle fin à la pauvreté, à la dépendance, à l'ennui, à la maladie, ou de n'essayer des richesses, de la grandeur, des plaisirs et de la santé, que pour les voir changer inviolablement, et par la révolution des temps, en leurs contraires, et être ainsi le jouet des biens et des maux, l'on ne saurait guère à quoi se résoudre. La nature nous fixe, et nous ôte l'embarras de choisir ; et la mort, qu'elle nous rend nécessaire, est encore adoucie par la religion.

**Si** ma religion était fausse, je l'avoue, voilà le piége le
mieux dressé qu'il soit possible d'imaginer ; il était inévitable de ne pas donner tout au travers et de n'y être pas
pris : quelle majesté, quel éclat des mystères ! quelle suite
et quel enchaînement de toute la doctrine! quelle raison
éminente! quelle candeur, quelle innocence de mœurs!
quelle force invincible et accablante des témoignages rendus successivement et pendant trois siècles entiers par des
millions de personnes les plus sages, les plus modérées qui
fussent alors sur la terre, et que le sentiment d'une même
vérité soutient dans l'exil, dans les fers, contre la vue de
la mort et du dernier supplice! Prenez l'histoire, ouvrez,
remontez jusques au commencement du monde, jusques
à la veille de sa naissance : y a-t-il eu rien de semblable
dans tous les temps? Dieu même pouvait-il jamais mieux
rencontrer pour me séduire? par où échapper? où aller, où
me jeter, je ne dis pas pour trouver rien de meilleur, mais
quelque chose qui en approche? S'il faut périr, c'est par
là que je veux périr; il m'est plus doux de nier Dieu que
de l'accorder avec une tromperie si spécieuse et si entière :
mais je l'ai approfondi, je ne puis être athée; je suis donc
ramené et entraîné dans ma religion, c'en est fait.

   **La** religion est vraie, ou elle est fausse : si elle n'est
qu'une vaine fiction, voilà, si l'on veut, soixante années
perdues pour l'homme de bien, pour le chartreux ou le
solitaire; ils ne courent pas un autre risque : mais si elle
est fondée sur la vérité même, c'est alors un épouvanta-
ble malheur pour l'homme vicieux ; l'idée seule des maux
qu'il se prépare me trouble l'imagination; la pensée est
trop faible pour les concevoir, et les paroles trop vaines
pour les exprimer. Certes, en supposant même dans le
monde moins de certitude qu'il ne s'en trouve en effet sur

la vérité de la religion, il n'y a point pour l'homme un meilleur parti que la vertu.

Je ne sais si ceux qui osent nier Dieu méritent qu'on s'efforce de le leur prouver, et qu'on les traite plus sérieusement que l'on n'a fait dans ce chapitre. L'ignorance, qui est leur caractère, les rend incapables des principes les plus clairs et des raisonnements les mieux suivis : je consens néanmoins qu'ils lisent celui que je vais faire, pourvu qu'ils ne se persuadent pas que c'est tout ce que l'on pouvait dire sur une vérité si éclatante.

Il y a quarante ans que je n'étais point, et qu'il n'était pas en moi de pouvoir jamais être, comme il ne dépend pas de moi, qui suis une fois, de n'être plus : j'ai donc commencé, et je continue d'être par quelque chose qui est hors de moi, qui durera après moi, qui est meilleur et plus puissant que moi : si ce quelque chose n'est pas Dieu, qu'on me dise ce que c'est.

Peut-être que moi qui existe n'existe ainsi que par la force d'une nature universelle qui a toujours été telle que nous la voyons, en remontant jusques à l'infinité des temps [1]. Mais cette nature, ou elle est seulement esprit, et c'est Dieu ; ou elle est matière, et ne peut par conséquent avoir créé mon esprit ; ou elle est un composé de matière et d'esprit, et alors ce qui est esprit dans la nature, je l'appelle Dieu.

Peut-être aussi ce que j'appelle mon esprit n'est qu'une portion de matière qui existe par la force d'une nature universelle qui est aussi matière, qui a toujours été et qui sera toujours telle que nous la voyons, et qui n'est point Dieu [2]. Mais du moins faut-il m'accorder que ce que j'ap-

[1] Objection du système des libertins. ( *La Bruyère.* )
[2] Instance des libertins. ( *La Bruyère* ).

pelle mon esprit, quelque chose que ce puisse être, est
une chose qui pense; et que, s'il est matière, il est nécessairement une matière qui pense : car l'on ne me per ·
suadera point qu'il n'y ait pas en moi quelque chose qui
pense pendant que je fais ce raisonnement. Or, ce quelque chose qui est en moi, et qui pense, s'il doit son être
et sa conservation à une nature universelle qui a toujours
été et qui sera toujours, laquelle il reconnaisse comme sa
cause, il faut indispensablement que ce soit à une nature
universelle, ou qui pense, ou qui soit plus noble et plus
parfaite que ce qui pense; et si cette nature ainsi faite
est matière, l'on doit encore conclure que c'est une matière
universelle qui pense, ou qui est plus noble et plus parfaite
que ce qui pense.

Je continue, et je dis : Cette matière, telle qu'elle vient
d'être supposée, si elle n'est pas un être chimérique,
mais réel, n'est pas aussi imperceptible à tous les sens ;
et si elle ne se découvre pas par elle-même, on la connaît
du moins dans le divers arrangement de ses parties, qui
constitue les corps, et qui en fait la différence; elle est
donc elle-même tous ces différents corps; et comme elle
est une matière qui pense, selon la supposition, ou qui
vaut mieux que ce qui pense, il s'ensuit qu'elle est telle
du moins selon quelques-uns de ces corps, et par une
suite nécessaire selon tous ces corps, c'est-à-dire qu'elle
pense dans les pierres, dans les métaux, dans les mers,
dans la terre, dans moi-même qui ne suis qu'un corps,
comme dans toutes les autres parties qui la composent :
c'est donc à l'assemblage de ces parties si terrestres, si
grossières, si corporelles, qui toutes ensemble sont la
matière universelle ou ce monde visible, que je dois ce
quelque chose qui est en moi, qui pense, et que j'appelle
mon esprit; ce qui est absurde.

Si au contraire cette nature universelle, quelque chose
que ce puisse être, ne peut pas être tous ces corps, ni
aucun de ces corps, il suit de là qu'elle n'est point matière, ni perceptible par aucun des sens : si cependant
elle pense, ou si elle est plus parfaite que ce qui pense,
je conclus encore qu'elle est esprit, ou un être meilleur
et plus accompli que ce qui est esprit : si d'ailleurs il ne
reste plus à ce qui pense en moi, et que j'appelle mon
esprit, que cette nature universelle à laquelle il puisse
remonter pour rencontrer sa première cause et son unique
origine, parce qu'il ne trouve point son principe en soi,
et qu'il le trouve encore moins dans la matière, ainsi
qu'il a été démontré, alors je ne dispute point des noms ;
mais cette source originaire de tout esprit, qui est esprit
elle-même, et qui est plus excellente que tout esprit, je
l'appelle Dieu.

En un mot, je pense, donc Dieu existe : car ce qui
pense en moi, je ne le dois point à moi-même, parce
qu'il n'a pas plus dépendu de moi de me le donner une
première fois, qu'il dépend encore de moi de me le conserver un seul instant ; je ne le dois point à un être qui
soit au-dessus de moi, et qui soit matière, puisqu'il est
impossible que la matière soit au-dessus de ce qui pense :
je le dois donc à un être qui est au-dessus de moi, et qui
n'est point matière ; et c'est Dieu.

De ce qu'une nature universelle qui pense exclut de
soi généralement tout ce qui est matière, il suit nécessairement qu'un être particulier qui pense ne peut pas
aussi admettre en soi la moindre matière ; car, bien qu'un
être universel qui pense renferme dans son idée infiniment plus de grandeur, de puissance, d'indépendance et
de capacité qu'un être particulier qui pense, il ne renferme pas néanmoins une plus grande exclusion de ma-

tière, puisque cette exclusion dans l'un et l'autre de ces deux êtres est aussi grande qu'elle peut être et comme infinie, et qu'il est autant impossible que ce qui pense en moi soit matière, qu'il est inconcevable que Dieu soit matière : ainsi, comme Dieu est esprit, mon âme aussi est esprit.

Je ne sais point si le chien choisit, s'il se ressouvient, s'il affectionne, s'il craint, s'il imagine, s'il pense : quand donc l'on me dit que toutes ces choses ne sont en lui ni passions ni sentiment, mais l'effet naturel et nécessaire de la disposition de sa machine préparée par le divers arrangement des parties de la matière, je puis au moins acquiescer à cette doctrine. Mais je pense, et je suis certain que je pense : or quelle proportion y a-t-il de tel ou de tel arrangement des parties de la matière, c'est-à-dire d'une étendue selon toutes ses dimensions, qui est longue, large et profonde, et qui est divisible dans tous ces sens, avec ce qui pense?

Si tout est matière, et si la pensée en moi, comme dans tous les autres hommes, n'est qu'un effet de l'arrangement des parties de la matière, qui a mis dans le monde toute autre idée que celle des choses matérielles ? La matière a-t-elle dans son fonds une idée aussi pure, aussi simple, aussi immatérielle qu'est celle de l'esprit? comment peut-elle être le principe de ce qui la nie et l'exclut de son propre être? comment est-elle dans l'homme ce qui pense, c'est-à-dire ce qui est à l'homme même une conviction qu'il n'est point matière?

Il y a des êtres qui durent peu, parce qu'ils sont composés de choses très-différentes, et qui se nuisent réciproquement; il y en a d'autres qui durent davantage, parce qu'ils sont plus simples; mais ils périssent, parce qu'ils ne laissent pas d'avoir des parties selon lesquelles ils peuvent être divisés. Ce qui pense en moi doit durer beaucoup, parce que c'est un être pur, exempt de tout mélange et de toute composition ; et il n'y a pas de raison qu'il doive périr : car qui peut corrompre ou séparer un être simple et qui n'a point de parties ?

L'âme voit la couleur par l'organe de l'œil, et entend les sons par l'organe de l'oreille ; mais elle peut cesser de voir ou d'entendre quand ces sens ou ces objets lui manquent, sans que pour cela elle cesse d'être, parce que l'âme n'est point précisément ce qui voit la couleur ou ce qui entend les sons ; elle n'est que ce qui pense : or comment peut-elle cesser d'être telle ? ce n'est point par le défaut d'organe, puisqu'il est prouvé qu'elle n'est point matière ; ni par le défaut d'objet, tant qu'il y aura un Dieu et d'éternelles vérités : elle est donc incorruptible.

Je ne conçois point qu'une âme que Dieu a voulu remplir de l'idée de son être infini et souverainement parfait doive être anéantie.

Voyez, *Lucile*, ce morceau de terre[1], plus propre et plus orné que les autres terres qui lui sont contiguës : ici ce sont des compartiments mêlés d'eaux plates et d'eaux jaillissantes ; là des allées en palissades qui n'ont pas de fin, et qui vous couvrent des vents du nord : d'un côté c'est un bois épais qui défend de tous les soleils, et d'un autre un beau point de vue : plus bas une Yvette ou un Lignon, qui coulait obscurément entre les saules et les peupliers, est devenu un canal qui est revêtu ; ailleurs de longues et fraîches avenues se perdent dans la campagne, et annoncent la maison, qui est entourée d'eaux. Vous

[1] Chantilly.

récrierez-vous : Quel jeu du hasard! combien de belles
choses se sont rencontrées ensemble inopinément! Non
sans doute ; vous direz au contraire : Cela est bien imaginé et bien ordonné ; il règne ici un bon goût et beaucoup
d'intelligence. Je parlerai comme vous, et j'ajouterai que
ce doit être la demeure de quelqu'un de ces gens chez qui un
LE NOSTRE va tracer et prendre des alignements dès le jour
même qu'ils sont en place. Qu'est-ce pourtant que cette
pièce de terre ainsi disposée, et où tout l'art d'un ouvrier
habile a été employé pour l'embellir, si même toute la terre
n'est qu'un atome suspendu en l'air, et si vous écoutez ce
que je vais dire?

Vous êtes placé, ô Lucile, quelque part sur cet atome ; il
faut donc que vous soyez bien petit, car vous n'y occupez
pas une grande place : cependant vous avez des yeux,
qui sont deux points imperceptibles ; ne laissez pas de les
ouvrir vers le ciel : qu'y apercevez-vous quelquefois? la
lune dans son plein? elle est belle alors et fort lumineuse,
quoique sa lumière ne soit que la réflexion de celle du
soleil : elle paraît grande comme le soleil, plus grande
que les autres planètes, et qu'aucune des étoiles ; mais
ne vous laissez pas tromper par les dehors : il n'y a rien
au ciel de si petit que la lune, sa superficie est treize fois
plus petite que celle de la terre, sa solidité quarante-
huit fois ; et son diamètre de sept cent cinquante lieues
n'est que le quart de celui de la terre : aussi est-il vrai
qu'il n'y a que son voisinage qui lui donne une si grande
apparence, puisqu'elle n'est guère plus éloignée de nous
que de trente fois le diamètre de la terre, ou que sa distance n'est que de cent mille lieues. Elle n'a presque pas
même de chemin à faire en comparaison du vaste tour que
le soleil fait dans les espaces du ciel; car il est certain

qu'elle n'achève par jour que cinq cent quarante mille
lieues : ce n'est par heure que vingt-deux mille cinq cents
lieues, et trois cent soixante et quinze lieues dans une
minute. Il faut néanmoins, pour accomplir cette course,
qu'elle aille cinq mille six cents fois plus vite qu'un cheval de poste qui ferait quatre lieues par heure, qu'elle
vole quatre-vingts fois plus légèrement que le son, que
le bruit, par exemple, du canon et du tonnerre, qui parcourt en une heure deux cent soixante et dix-sept lieues.

Mais quelle comparaison de la lune au soleil pour la
grandeur, pour l'éloignement, pour la course! vous verrez qu'il n'y en a aucune. Souvenez-vous seulement du
diamètre de la terre, il est de trois mille lieues; celui du
soleil est cent fois plus grand, il est donc de trois cent
mille lieues. Si c'est là sa largeur en tout sens, quelle
peut être toute sa superficie! quelle est sa solidité! com-
prenez-vous bien cette étendue, et qu'un million de terres
comme la nôtre ne seraient toutes ensemble pas plus gros-
ses que le soleil? Quel est donc, direz-vous, son éloignement, si l'on en juge par son apparence! Vous avez raison, il est prodigieux; il est démontré qu'il ne peut pas
y avoir de la terre au soleil moins de dix mille diamètres
de la terre, autrement moins de trente millions de lieues :
peut-être y a-t-il quatre fois, six fois, dix fois plus loin;
on n'a aucune méthode pour déterminer cette distance.

Pour aider seulement votre imagination à se la représenter, supposons une meule de moulin qui tombe du soleil sur la terre; donnons-lui la plus grande vitesse qu'elle
soit capable d'avoir, celle même que n'ont pas les corps
tombant de fort haut; supposons encore qu'elle conserve
toujours cette même vitesse, sans en acquérir et sans en
perdre; qu'elle parcourt quinze toises par chaque se-

conde de temps, c'est-à-dire la moitié de l'élévation des plus hautes tours, et ainsi neuf cents toises en une minute ; passons-lui mille toises en une minute, pour une plus grande facilité : mille toises font une demi-lieue commune ; ainsi en deux minutes la meule fera une lieue, et en une heure elle en fera trente, et en un jour elle fera sept cent vingt lieues : or elle a trente millions à traverser avant que d'arriver à terre ; il lui faudra donc quarante-un mille six cent soixante–six jours, qui sont plus de cent quatorze années, pour faire ce voyage. Ne vous effrayez pas, Lucile, écoutez-moi : la distance de la terre à Saturne est au moins décuple de celle de la terre au soleil ; c'est vous dire qu'elle ne peut être moindre que de trois cents millions de lieues, et que cette pierre emploierait plus d'onze cent quarante ans pour tomber de Saturne en terre.

Par cette élévation de Saturne élevez vous-même, si vous le pouvez, votre imagination à concevoir quelle doit être l'immensité du chemin qu'il parcourt chaque jour au-dessus de nos têtes : le cercle que Saturne décrit a plus de six cents millions de lieues de diamètre, et par conséquent plus de dix-huit cents millions de lieues de circonférence ; un cheval anglais qui ferait dix lieues par heure n'aurait à courir que vingt mille cinq cent quarante-huit ans pour faire ce tour.

Je n'ai pas tout dit, ô Lucile, sur le miracle de ce monde visible, ou, comme vous parlez quelquefois, sur les merveilles du hasard, que vous admettez seul pour la cause première de toutes choses. Il est encore un ouvrier plus admirable que vous ne pensez : connaissez le hasard, laissez-vous instruire de toute la puissance de votre Dieu. Savez-vous que cette distance de trente millions

de lieues qu'il y a de la terre au soleil, et celle de trois
cents millions de lieues de la terre à Saturne, sont si peu de
chose, comparées à l'éloignement qu'il y a de la terre aux
étoiles, que ce n'est pas même s'énoncer assez juste que
de se servir, sur le sujet de ces distances, du terme de
comparaison? Quelle proportion à la vérité de ce qui se
mesure, quelque grand qu'il puisse être, avec ce qui ne
se mesure pas? On ne connaît point la hauteur d'une
étoile; elle est, si j'ose ainsi parler, *immensurable*; il n'y
a plus ni angles, ni sinus, ni parallaxes, dont on puisse
s'aider : si un homme observait à Paris une étoile fixe,
et qu'un autre la regardât du Japon, les deux lignes qui
partiraient de leurs yeux pour aboutir jusqu'à cet astre ne
feraient pas un angle, et se confondraient en une seule et
même ligne, tant la terre entière n'est pas espace par
rapport à cet éloignement. Mais les étoiles ont cela de
commun avec Saturne et avec le soleil : il faut dire quelque chose de plus. Si deux observateurs, l'un sur la terre
et l'autre dans le soleil, observaient en même temps une
étoile, les deux rayons visuels de ces deux observateurs ne
formeraient point d'angle sensible. Pour concevoir la chose
autrement : si un homme était situé dans une étoile,
notre soleil, notre terre, et les trente millions de lieues
qui les séparent, lui paraîtraient un même point : cela
est démontré.

On ne sait pas aussi la distance d'une étoile d'avec une
autre étoile, quelque voisines qu'elles nous paraissent.
Les Pléiades se touchent presque, à en juger par nos
yeux : une étoile paraît assise sur l'une de celles qui forment la queue de la grande Ourse; à peine la vue peut-
elle atteindre à discerner la partie du ciel qui les sépare,
c'est comme une étoile qui paraît double. Si cependant tout

l'art des astronomes est inutile pour en marquer la distance, que doit-on penser de l'éloignement de deux étoiles
qui en effet paraissent éloignées l'une de l'autre , et à plus
forte raison des deux polaires? quelle est donc l'immensité
de la ligne qui passe d'une polaire à l'autre ? et que sera-ce
que le cercle dont cette ligne est le diamètre? Mais n'est-
ce pas quelque chose  de plus que de sonder  les abîmes ,
que de vouloir imaginer la solidité du globe dont ce cercle
n'est qu'une section? Serons-nous encore surpris que ces
mêmes étoiles , si démesurées dans leur grandeur, ne nous
paraissent néanmoins que comme des étincelles ? N'admi-
rerons-nous pas plutôt que d'une hauteur si prodigieuse
elles puissent conserver une certaine apparence, et qu'on
ne les perde pas toutes de vue? Il n'est pas aussi imagi-
nable combien il nous en échappe. On fixe le nombre des
étoiles, oui, de celles qui sont apparentes : le moyen de
compter celles qu'on n'aperçoit point, celles, par exemple,
qui composent la voie de lait, cette trace lumineuse qu'on
remarque au ciel dans une nuit sereine du nord au midi ,
et qui, par leur extraordinaire élévation, ne pouvant per-
cer jusqu'à nos yeux pour être vues chacune en particulier, ne font au plus que blanchir cette route des cieux
où elles sont placées ?

Me voilà donc sur la terre comme sur un grain de sable qui ne tient à rien, et qui est suspendu au milieu des
airs : un nombre presque infini de globes de feu d'une
grandeur inexprimable et qui confond l'imagination , d'une
hauteur qui surpasse nos conceptions, tournent, roulent
autour de ce grain de sable, et traversent chaque jour,
depuis plus de six mille ans , les vastes et immenses espaces des cieux. Voulez-vous un autre système, et qui
ne diminue rien du merveilleux? La terre elle-même est

emportée avec une rapidité inconcevable autour du soleil, le centre de l'univers. Je me les représente, tous ces
globes, ces corps effroyables qui sont en marche ; ils ne
s'embarrassent point l'un l'autre ; ils ne se choquent point,
ils ne se dérangent point : si le plus petit d'eux tous venait à se démentir et à rencontrer la terre, que devien-
drait la terre ? Tous au contraire sont en leur place, demeurent dans l'ordre qui leur est prescrit, suivent la
route qui leur est marquée, et si paisiblement à notre égard,
que personne n'a l'oreille assez fine pour les entendre marcher, et que le vulgaire ne sait pas s'ils sont au monde. O
économie merveilleuse du hasard ! l'intelligence même
pourrait-elle mieux réussir ? Une seule chose, Lucile, me
fait de la peine : ces grands corps sont si précis et si constants dans leurs marches, dans leurs révolutions, et dans
tous leurs rapports, qu'un petit animal relégué en un
coin de cet espace immense qu'on appelle le monde, après
les avoir observés, s'est fait une méthode infaillible de
prédire à quel point de leur course tous ces astres se trou-
veront d'aujourd'hui en deux, en quatre, en vingt mille
ans : voilà mon scrupule, Lucile ; si c'est par hasard qu'ils
observent des règles si invariables, qu'est-ce que l'ordre ?
qu'est-ce que la règle ?

Je vous demanderai même ce que c'est que le hasard :
est-il corps ? est-il esprit ? est-ce un être distingué des autres êtres, qui ait son existence particulière, qui soit quelque part ? ou plutôt n'est-ce pas un mode, ou une façon
d'être ? Quand une boule rencontre une pierre, l'on dit,
C'est un hasard ; mais est-ce autre chose que ces deux
corps qui se choquent fortuitement ? Si par ce hasard ou
cette rencontre la boule ne va plus droit, mais obliquement ; si son mouvement n'est plus direct, mais réfléchi ;

si elle ne roule plus sur son axe, mais qu'elle tournoie et
qu'elle pirouette; conclurai-je que c'est par ce même hasard qu'en général la boule est en mouvement? ne soup-
çonnerai-je pas plus volontiers qu'elle se meut, ou de soi-
même, ou par l'impulsion du bras qui l'a jetée? Et parce
que les roues d'une pendule sont déterminées l'une par l'autre à un mouvement circulaire d'une telle ou telle vitesse,
examinerai-je moins curieusement quelle peut être la cause
de tous ces mouvements; s'ils se font d'eux-mêmes, où
par la force mouvante d'un poids qui les emporte? Mais
ni ces roues ni cette boule n'ont pu se donner le mouvement
d'eux-mêmes, ou ne l'ont point par leur nature, s'ils peuvent le perdre sans changer de nature; il y a donc apparence qu'ils sont mus d'ailleurs, et par une puissance qui
leur est étrangère. Et les corps célestes, s'ils venaient à
perdre leur mouvement, changeraient-ils de nature? se-
raient-ils moins des corps? je ne l'imagine pas ainsi : ils
se meuvent cependant, et ce n'est point d'eux-mêmes et
par leur nature. Il faudrait donc chercher, ô Lucile, s'il
n'y a point hors d'eux un principe qui les fait mouvoir :
qui que vous trouviez, je l'appelle Dieu.

Si noussupposions que cesgrands corps sont sans mouvement, on ne demanderait plus, à la vérité, qui les met
en mouvement, mais on serait toujours reçu à demander
qui a fait ces corps, comme on peut s'informer qui a fait
ces roues ou cette boule; et quand chacun de ces grands
corps serait supposé un amas fortuit d'atomes qui se sont
liés et enchaînés ensemble par la figure et la conformation
de leurs parties, je prendrais un de ces atomes, et je dirais : Qui a créé cet atome? est-il matière? est-il intelligence? a-t-il eu quelque idée de soi-même avant que de se
faire soi-même? il était donc un moment avant que d'être;

il était et il n'était pas tout à la fois ; et s'il est auteur de son être. et de sa manière d'être, pourquoi s'est-il fait corps plutôt qu'esprit ? bien plus, cet atome n'a-t-il point commencé ? est-il éternel ? est-il infini ? ferez-vous un Dieu de cet atome ?

Le ciron a des yeux, il se détourne à la rencontre des objets qui lui pourraient nuire ; quand on le met sur de l'ébène pour le mieux remarquer, si dans le temps qu'il marche vers un côté on lui présente le moindre fétu, il change de route : est-ce un jeu du hasard que son cristallin, sa rétine et son nerf optique ?

L'on voit dans une goutte d'eau, que le poivre qu'on y a mis tremper a altérée, un nombre presque innombrable de petits animaux, dont le microscope nous fait apercevoir la figure, et qui se meuvent avec une rapidité incroyable, comme autant de monstres dans une vaste mer : chacun de ces animaux est plus petit mille fois qu'un ciron, et néanmoins c'est un corps qui vit, qui se nourrit, qui croît, qui doit avoir des muscles, des vaisseaux équivalents aux veines, aux nerfs, aux artères, et un cerveau pour distribuer les esprits animaux.

Une tache de moisissure de la grandeur d'un grain de sable paraît dans le microscope comme un amas de plusieurs plantes très-distinctes, dont les unes ont des fleurs, les autres des fruits ; il y en a qui n'ont que des boutons à demi ouverts, il y en a quelques-unes qui sont fanées : de quelle étrange petitesse doivent être les racines et les filtres qui séparent les aliments de ces petites plantes ! et si l'on vient à considérer que ces plantes ont leurs graines, ainsi que les chênes et les pins, et que ces petits animaux dont je viens de parler se multiplient par voie de génération, comme les éléphants et les baleines, où cela ne mène-

t-il point? Qui a su travailler à des ouvrages si délicats,
si fins, qui échappent à la vue des hommes, et qui tiennent
de l'infini comme les cieux, bien que dans l'autre extrémité? Ne serait-ce point celui qui a fait les cieux, les astres, ces masses énormes, épouvantables par leur grandeur, par leur élévation, par la rapidité et l'étendue de
leur course, et qui se joue de les faire mouvoir?

Il est de fait que l'homme jouit du soleil, des astres,
des cieux et de leurs influences, comme il jouit de l'air
qu'il respire, et de la terre sur laquelle il marche et qui le
soutient; et s'il fallait ajouter à la certitude d'un fait la convenance ou la vraisemblance, elle y est tout entière, puisque les cieux et tout ce qu'ils contiennent ne peuvent
pas entrer en comparaison, pour la noblesse et la dignité, avec le moindre des hommes qui sont sur la terre, et
que la proportion qui se trouve entre eux et lui est celle de
la matière incapable de sentiment, qui est seulement une
étendue selon trois dimensions, à ce qui est esprit, raison,
ou intelligence. Si l'on dit que l'homme aurait pu se
passer à moins pour sa conservation, je réponds que Dieu
ne pouvait moins faire pour étaler son pouvoir, sa bonté
et sa magnificence, puisque, quelque chose que nous
voyions qu'il ait faite, il pouvait faire infiniment davantage.

Le monde entier, s'il est fait pour l'homme, est litté-
ralement la moindre chose que Dieu ait faite pour l'homme;
la preuve s'en tire du fond de la religion : ce n'est donc ni
vanité ni présomption à l'homme de se rendre sur ses
avantages à la force de la vérité; ce serait en lui stupidité
et aveuglement de ne pas se laisser convaincre par l'enchaînement des preuves dont la religion se sert pour lui
faire connaître ses priviléges, ses ressources, ses espérances, pour lui apprendre ce qu'il est et ce qu'il peut deve-

nir. Mais la lune est habitée ; il n'est pas du moins impossible qu'elle le soit. Que parlez-vous, Lucile, de la lune, et à quel propos? en supposant Dieu, quelle est en effet la chose impossible?·Vous demandez peut-être si nous sommes les seuls dans l'univers que Dieu ait si bien traités ; s'il n'y a point dans la lune, ou d'autres hommes, ou d'autres créatures, que Dieu ait aussi favorisées. Vaine curiosité! frivole demande! La terre, Lucile, est habitée ; nous l'habitons, et nous savons que nous l'habitons ; nous avons nos preuves, notre évidence., nos convictions sur tout ce que nous devons penser de Dieu et de nous-mêmes : que ceux qui peuplent les globes célestes, quels qu'ils puissent être, s'inquiètent pour eux-mêmes ; ils ont leurs soins, et nous les nôtres. Vous avez, Lucile, observé la lune ; vous avez reconnu ses taches, ses abîmes, ses inégalités, sa hauteur, son étendue, son cours, ses éclipses ; tous les astronomes n'ont pas été plus loin : imaginez de nouveaux instruments, observez-la avec plus d'exactitude : voyez-vous qu'elle soit peuplée, et de quels animaux? ressemblent-ils aux hommes? sont-ce des hommes? Laissez-moi voir après vous, et si nous sommes convaincus l'un et l'autre que des hommes habitent la lune, examinons alors s'ils sont chrétiens, et si Dieu a partagé ses faveurs entre eux et nous.

Tout est grand et admirable dans la nature; il ne s'y voit rien qui ne soit marqué au coin de l'ouvrier : ce qui s'y voit quelquefois d'irrégulier et d'imparfait suppose règle et perfection. Homme vain et présomptueux! faites un vermisseau que vous foulez aux pieds, que vous méprisez : vous avez horreur du crapaud, faites un crapaud, s'il est possible : quel excellent maître que celui qui fait des ouvrages, je ne dis pas que les hommes admirent, mais

qu'ils craignent! Je ne vous demande pas de vous mettre
a votre atelier pour faire un homme d'esprit, un homme
bien fait, une belle femme; l'entreprise est fort au-dessus
de vous : essayez seulement de faire un bossu, un fou, un
monstre, je suis content.

Rois, monarques, potentats, sacrées majestés! vous
ai-je nommés par tous vos superbes noms? grands de la
terre, très-hauts, très-puissants et peut-être *tout-puissants
seigneurs!* nous autres hommes nous avons besoin pour
nos moissons d'un peu de pluie, de quelque chose de
moins, d'un peu de rosée : faites de la rosée, envoyez sur
la terre une goutte d'eau.

L'ordre, la décoration, les effets de la nature, sont po-
pulaires; les causes, les principes, ne le sont point : demandez à une femme comment un bel œil n'a qu'à s'ouvrir
pour voir; demandez-le à un homme docte.

Plusieurs millions d'années, plusieurs centaines de millions d'années, en un mot, tous les temps ne sont qu'un
instant, comparés à la durée de Dieu, qui est éternelle :
tous les espaces du monde entier ne sont qu'un point,
qu'un léger atome, comparés à son immensité. S'il est
ainsi, comme je l'avance ( car quelle proportion du fini à
l'infini?), je demande qu'est-ce que le cours de la vie
d'un homme? qu'est-ce qu'un grain de poussière qu'on
appelle la terre? qu'est-ce qu'une petite portion de cette
terre que l'homme possède et qu'il habite? Les méchants
prospèrent pendant qu'ils vivent; quelques méchants, je
l'avoue. La vertu est opprimée et le crime impuni sur la
terre; quelquefois, j'en conviens. C'est une injustice. Point
du tout : il faudrait, pour tirer cette conclusion, avoir prouvé
qu'absolument les méchants sont heureux, que la vertu
ne l'est pas, et que le crime demeure impuni : il faudrait

du moins que ce peu de temps où les bons souffrent et où
les méchants prospèrent eût une durée, et que ce que nous
appelons prospérité et fortune ne fût pas une apparence
fausse et une ombre vaine qui s'évanouit ; que cette terre,
cet atome où il paraît que la vertu et le crime rencontrent
si rarement ce qui leur est dû, fût le seul endroit de la
scène où se doivent passer la punition et les récompenses.

De ce que je pense, je n'infère pas plus clairement que
je suis esprit, que je conclus de ce que je fais ou ne fais
point, selon qu'il me plaît, que je suis libre : or liberté,
c'est choix, autrement une détermination volontaire au
bien ou au mal, et ainsi une action bonne ou mauvaise, et ce
qu'on appelle vertu ou crime. Que le crime absolument soit
impuni, il est vrai, c'est injustice ; qu'il le soit sur la terre,
c'est un mystère. Supposons pourtant, avec l'athée, que
c'est injustice : toute injustice est une négation ou une pri-
vation de justice ; donc toute injustice suppose justice.
Toute justice est une conformité à une souveraine raison :
je demande, en effet, quand il n'a pas été raisonnable
que le crime soit puni, à moins qu'on ne dise que c'est
quand le triangle avait moins de trois angles. Or toute
conformité à la raison est une vérité : cette conformité,
comme il vient d'être dit, a toujours été ; elle est donc de
celles que l'on appelle des éternelles vérités. Cette vérité
d'ailleurs, ou n'est point et ne peut être, ou elle est l'objet d'une connaissance ; elle est donc éternelle, cette connaissance, et c'est Dieu.

Les dénoûments qui découvrent les crimes les plus cachés, et où la précaution des coupables pour les dérober
aux yeux des hommes a été plus grande, paraissent si
simples et si faciles, qu'il semble qu'il n'y ait que Dieu
seul qui puisse en être l'auteur ; et les faits d'ailleurs que

l'on en rapporte sont en si grand nombre, que s'il plaît à quelques-uns de les attribuer à de purs hasards, il faut donc qu'ils soutiennent que le hasard de tout temps a passé en coutume.

Si vous faites cette supposition, que tous les hommes qui peuplent la terre, sans exception, soient chacun dans l'abondance, et que rien ne leur manque, j'infère de là que nul homme qui est sur la terre n'est dans l'abondance, et que tout lui manque. Il n'y a que deux sortes de richesses, et auxquelles les autres se réduisent, l'argent et les terres : si tous sont riches, qui cultivera les terres et qui fouillera les mines ? Ceux qui sont éloignés des mines ne les fouilleront pas, ni ceux qui habitent des terres incultes et minérales ne pourront pas en tirer des fruits : on aura recours au commerce, et on le suppose. Mais si les hommes abondent de biens, et que nul ne soit dans le cas de vivre par son travail, qui transportera d'une région à une autre les lingots ou les choses échangées ? qui mettra des vaisseaux en mer ? qui se chargera de les conduire ? qui entreprendra des caravanes ? on manquera alors du nécessaire et des choses utiles. S'il n'y a plus de besoins, il n'y a plus d'arts, plus de sciences, plus d'invention, plus de mécanique. D'ailleurs cette égalité de possessions et de richesses en établit une autre dans les conditions, bannit toute subordination, réduit les hommes à se servir eux-mêmes, et à ne pouvoir être secourus les uns des autres; rend les lois frivoles et inutiles; entraîne une anarchie universelle; attire la violence, les injures, les massacres, l'impunité.

Si vous supposez au contraire que tous les hommes sont pauvres, en vain le soleil se lève pour eux sur l'horizon, en vain il échauffe la terre et la rend féconde, en vain le ciel verse sur elle ses influences, les fleuves en vain l'arrosent, et répandent dans les diverses contrées la fertilité et l'abondance ; inutilement aussi la mer laisse sonder ses abîmes profonds, les rochers et les montagnes s'ouvrent pour laisser fouiller dans leur sein et en tirer tous les trésors qu'ils y renferment. Mais si vous établissez que de tous les hommes répandus dans le monde, les uns soient riches et les autres pauvres et indigents, vous faites alors que le besoin rapproche mutuellement les hommes, les lie, les réconcilie : ceux-ci servent, obéissent, inventent, travaillent, cultivent, perfectionnent ; ceux-là jouissent, nourrissent, secourent, protégent, gouvernent : tout ordre est rétabli, et Dieu se découvre.

Mettez l'autorité, les plaisirs et l'oisiveté d'un côté, la dépendance, les soins et la misère de l'autre ; ou ces choses sont déplacées par la malice des hommes, ou Dieu n'est pas Dieu.

Une certaine inégalité dans les conditions, qui entretient l'ordre et la subordination, est l'ouvrage de Dieu, ou suppose une loi divine : une trop grande disproportion, et telle qu'elle se remarque parmi les hommes, est leur ouvrage, ou la loi des plus forts.

Les extrémités sont vicieuses, et partent de l'homme : toute compensation est juste, et vient de Dieu.


Si on ne goûte point ces Caractères, je m'en étonne ; et si on les goûte, je m'en étonne de même.

# Table

*Avant-propos* ............................................................ 7
*Préface* .................................................................... 13

Chapitre premier : Des ouvrages de l'esprit ............ 16
Chapitre      II  : Du mérite personnel ..................... 41
Chapitre      III : Des femmes ................................. 55
Chapitre      IV  : Du cœur ...................................... 77
Chapitre      V   : De la société et de la conversa-
                     tion ...................................... 88
Chapitre      VI  : Des biens de fortune ..................... 114
Chapitre      VII : De la ville ................................ 137
Chapitre      VIII : De la cour ................................ 150
Chapitre      IX  : Des grands ................................ 179
Chapitre      X   : Du souverain ou de la République 199
Chapitre      XI  : De l'homme ................................ 219
Chapitre      XII : Des jugements ............................. 268
Chapitre      XIII : De la mode ............................... 310
Chapitre      XIV : De quelques usages ...................... 331
Chapitre      XV  : De la chaire .............................. 359
Chapitre      XVI : Des esprits forts ........................ 372

*Cet ouvrage a été réalisé par la*
**SOCIÉTÉ NOUVELLE FIRMIN-DIDOT**
*Mesnil-sur-l'Estrée*
*pour le compte des Éditions du Rocher*
*en avril 1996*

Éditions du Rocher
28, rue Comte-Félix-Gastaldi
Monaco


*Imprimé en France*
Dépôt légal : avril 1996
CNE section commerce et industrie Monaco : 19023
N° d'impression : 34361